国家自然科学基金重点项目群
现代农业发展的政策研究丛书

现代农业的产业组织体系及创新研究

黄祖辉　张晓山　郭红东
徐旭初　苑　鹏　梁　巧　著

科学出版社
北　京

内 容 简 介

本书梳理了农业产业组织和组织体系相关理论及我国农业产业组织的变革，调研和分析了多个国家和地区的农业产业组织发展，设计了比较完整的农业产业组织与组织体系的效率评价指标，并从多个维度做了实践测评应用，以及分产业、分类型的农业产业组织模式的比较，揭示和回应了我国农业组织的多类型特征和异化现象，评析了现阶段我国农民专业合作社在农业产业组织体系中的地位和作用，研判了信息技术和互联网发展对农业产业组织发展的影响和对政府决策的参考意义，最后提出中国农业产业组织的创新优化路径对策和发展前瞻。

本书适合关注我国农业产业组织发展问题的高校和科研机构的学者、研究人员和研究生，以及从事"三农"相关工作的政府决策部门和实践部门人员参考阅读。

图书在版编目（CIP）数据

现代农业的产业组织体系及创新研究/黄祖辉等著. —北京：科学出版社，2019.12

（现代农业发展的政策研究丛书）

ISBN 978-7-03-060593-1

Ⅰ. ①现…　Ⅱ. ①黄…　Ⅲ. ①农业产业-产业组织-研究-中国　Ⅳ. ①F320.1

中国版本图书馆 CIP 数据核字（2019）第 033809 号

责任编辑：郝　悦/ 责任校对：贾娜娜

责任印制：徐晓晨 / 封面设计：正典设计

科学出版社 出版

北京东黄城根北街 16 号

邮政编码：100717

http://www.sciencep.com

北京建宏印刷有限公司印刷

科学出版社发行　各地新华书店经销

*

2019 年 12 月第　一　版　开本：720×1000　1/16

2021 年 1 月第二次印刷　印张：26 1/4

字数：529 000

定价：262.00 元

（如有印装质量问题，我社负责调换）

“现代农业发展的政策研究”项目指导专家组

组　长：

钟甫宁	教　授	南京农业大学
黄季焜	教　授	北京大学

成　员：

程国强	教　授	同济大学
宋洪远	研究员	农业农村部农村经济研究中心
温思美	教　授	华南农业大学
顾海英	教　授	上海交通大学
黄祖辉	教　授	浙江大学
罗必良	教　授	华南农业大学
张俊飚	教　授	华中农业大学
周应恒	教　授	江西财经大学

“农业产业组织体系与农民合作社发展：以农民合作组织发展为中心的农业产业组织体系创新与优化研究”课题组成员

主持单位： 浙江大学

负 责 人： 黄祖辉　教授

主要成员：

张晓山　研究员
郭红东　教　授
徐旭初　教　授
苑　鹏　研究员
顾益康　主　任
潘　劲　研究员
金少胜　教　授
崔红志　研究员
梁　巧　副教授
傅琳琳　博　士
徐一宁　博　士

总　　序

中国农业发展取得了令世人瞩目的巨大成就。然而，要实现中国这一14亿人口国家的农业现代化，仍然面临着一系列严峻挑战。综合考虑管理学科发展的重要基础性问题与国家重大发展战略需求等因素，国家自然科学基金委员会管理科学部在“十二五”发展规划部署中，将“新农村建设中的农业与农村发展政策”列为优先发展领域之一。在优先资助领域的框架下，于2013年底启动了“现代农业发展的政策研究”重点项目群。经过5年多的努力，该项目群实施进展顺利，于2019年初组织了结题验收工作并获得良好评价。

国家自然科学基金委员会管理科学部遴选重点项目群的原则是适应管理科学基础研究的规律和特点，针对核心科学问题，在前期研究基础较好、有望形成特色或取得重要突破的领域，形成具有统一目标或方向的重点项目群，实施相对长期的多个重点项目支持，以激励创新、推动某一领域的跨越式发展。重点项目群是属于重点项目的一种资助方式，其研究既注意项目群内项目的相互联系性，又注重与其他类型资助项目的互补关系。

“现代农业发展的政策研究”重点项目群围绕农业发展中的基础性和前瞻性的重大战略问题，下设“现代农业科技发展创新体系研究”、“国家食物安全预测预警和发展战略研究”、“气候变化背景下低碳农林业发展战略及政策研究”、“农业产业组织体系与农民合作社发展”、“农村土地与相关要素市场培育与改革研究”和“新时期农业发展的国家政策支持体系研究”6个重点项目。该项目群的指导专家组汇集了国内农林经济管理领域的顶尖学者，承担单位包括国家自然科学基金委员会管理科学部支持的首批创新群体团队和国家双一流学科建设单位等七家研究机构，研究基础雄厚。五年来，项目群既鼓励协作攻关又倡导自由探索，既坚持目标导向又强调重点突破，在现代农业发展领域开展了一系列的政策研究，产生了一大批在国内外具有良好影响力的原创性成果。

本套学术丛书即是“现代农业发展的政策研究”重点项目群的创新性研究成果的集成。丛书基于中国特殊的国情与农情，重点围绕新时期农业发展所面临的新形势和新挑战，采用科学的理论与分析方法，对与现代农业发展紧密相关的现代农业科技发展政策与改革、国家粮食安全战略与管理、气候变化对农业影响与适应策略、现代农业产业组织体系、土地与相关要素市场的培育与改革、现代农业发展国家政策支持体系等重大的理论与政策问题，开展了全局性、战略性与前瞻性的研究，提出了实现农业现代化的新目标、新思路和新举措。该重点项目群的实施，一定程度上提升了农业经济管理学科的国际学术地位和影响，也为国家制定农业农村发展战略和政策提供了科学依据，并培养了一批在国内外学术界有成长性和影响力的中青年人才。

希望本套丛书的出版能够对我国管理科学尤其是农林经济管理的理论研究起到促进与深化作用，对政府有关决策部门进一步落实“乡村振兴”战略和加快现代农业发展起到政策咨询作用，同时也能对广大“三农”工作者以及所有关心中国农业现代化发展的人士有所启迪。

吴启迪

国家自然科学基金委员会管理科学部主任

2019 年 9 月

前　言

我国正处在转型发展和现代化发展的关键时期，党的十九大报告作出了实施乡村振兴战略的重大决策部署，提出按照“产业兴旺、生态宜居、乡风文明、治理有效、生活富裕”的总要求，实施乡村振兴战略。该要求包含经济、生态、文化、社会、教育、科技等的振兴，涉及农业农村发展的方方面面。其中，关于产业方面，明确提出要“实现小农户和现代农业发展有机衔接”。这一方面表明，党中央非常清醒地认识到，在今后相当长的时期内，一家一户的小农户生产形式可能还会一直存在，短期内并不可能将小农户排除在现代农业以外。另一方面，则凸显了我国小农户与现代农业发展有机衔接所面临的挑战。这种挑战主要表现为以小农户为主体的家庭经营制度在面临耕地细碎化、劳动力老龄化，以及科学技术进步、市场竞争日益激烈、消费者需求愈加多样化的内部动因和外部环境双重变化时所表现的力不从心。因此，小农户如何与现代农业接轨、与大市场对接，是新时代我国实施乡村振兴战略所必须解决的重大问题。

要实现小农户和现代农业发展的有机衔接，主要有两条出路：一是内涵发展之路，就是用先进的技术和设施，使小农户能从事精细化、集约化和高附加值产品的生产；二是外延发展之路，重点是通过各种不同的生产组织方式，化解小生产之痛，解决好小农户与大市场的对接。基于我国农户异质性且以能力较弱的小农户为主的现实，外延发展之路应是大多数小农户的可行途径，即通过组织化的路径，为小农户提供现代农业服务。现代农业的产业组织主要包括农户家庭经营组织、农民合作组织、公司与企业组织，而现代农业的产业组织体系是指这些组织相互联系所形成的产业组织链、组织结构和组织模式。

应该看到，在该组织体系中，农民合作组织有着特殊的地位。现实中，农民合作组织可以较多地在农业投入品采购方面体现合作化功能，而在农产品销售方面，常常表现出内在性的产业化或一体化关系。同时，农民合作组织还能将部分生产环节或业务外包给其他社会化服务组织，或者在满足成员自我服务的基础上成为外包服务提供者，从而表现出社会化的功能。尽管连接农业产业上下游交易关系的中间组织有多种形式，但从国际经验看，农民合作组织仍是其中最重要的组织形式。农民合作组织能够将家庭经营、合作经营、企业经营和行业协会协调有机地结合起来，形成“四位一体”的农业社会化服务体系，从而支撑和实现小农户和现代农业发展的有机衔接。

本书正是基于这样的农业产业组织体系框架，建立状态-结构-行为-绩效（situation-structure-conduct-performance，SSCP）的产业组织研究范式，围绕两大基本问题对农业产业组织的理论和实践开展系统性的深入研究。一是研究农业发展进程中的农业产业组织体系的演进规律、发展模式、基本功能与优化特征，揭示其理论依据、内在逻辑和发展路径。二是研究以农民专业合作社为中心的农业产业组织体系的创新与优化，揭示农民合作组织的作用机理、产业契合与制度创新，寻求其在外部环境、具体产业与环节条件下，与相关产业组织、经营机制、服务体系的契合模式与制度安排。本书主要内容包括：农业产业组织体系相关理论、演进机理与评价体系；我国农业产业组织的历史变迁、现状与国际经验借鉴；各种类型农业产业组织体系创新和不同产品类型农业产业组织体系比较；农民专业合作社在我国农业产业组织体系中的地位；新的制度和技术环境下农业产业组织的发展；我国农业产业组织体系创新优化路径对策和发展前瞻。

本书是我主持的国家自然科学基金重点项目群：“农业产业组织体系与农民合作社发展：以农民合作组织发展为中心的农业产业组织体系创新与优化研究”（2013.12~2018.12）的成果之一。自我主持该课题以来，在各子课题负责人中国社会科学院张晓山研究员和苑鹏研究员、浙江大学中国农村发展研究院徐旭初教授和郭红东教授，其他主要参与人中国社会科学院潘劲研究员等、浙江大学中国农村发展研究院金少胜教授和梁巧副教授等、北京商业干部管理学院王军主任、农业农村部管理干部学院邵科博士、杭州电子科技大学吴彬博士、福建农林大学郑思宁副教授和刘颖娴博士等，以及多位博士和硕士研究生（部分已毕业）李霖、傅琳琳、郑军南、徐一宁、王长川、李懿芸、阿迪拉、董涵等的共同努力下，我们完成了多个子课题报告，提交政策建议报告 30 多份，获得各种奖项 10 余项，出版相关专著 16 本；发表与接受发表重要期刊论文 100 多篇，其中，SCI/SSCI 收录论文 20 多篇，另有数篇论文被国外编著收录。

本书也是我国改革开放 40 周年的纪念成果之一。始于 1978 年的中国改革开放首先是从农村开始的。回顾自己 40 年来聚焦中国“三农”问题的研究经历，深感中国“三农”问题的重要和解决“三农”问题的艰难。我的第一篇“三农”文章是在 1978 年我大学一年级期间与几位同学一起撰写的《应重视国营农场的经营管理》。这篇文章是我在学到一点理论知识后，对当时的国营农场经营管理体制的弊端的反思，也是我在黑龙江农场知青生活 9 年后的感悟。该文之后得到了著名经济学家于光远先生的重视和推荐，进而发表在了 1978 年第 12 期的《经济研究》

杂志上。从那时开始，我与中国“三农”问题的研究就结下了不解之缘。在40年的“三农”问题研究中，农业产业组织一直是我最重视的领域之一。如今，在改革开放40周年之际，我期望借此专著，梳理本人和合作者近年来在农业产业组织领域的部分研究成果，为此领域相关研究的同仁和政策实践者提供一些有意义的理论和对策方面的建议。

黄祖辉

2018年于浙江大学

目　　录

第一篇　绪　　论

第二篇　中国农业产业组织的历史变迁和发展现状

第三篇 国际农业产业组织体系创新和经验借鉴

第五篇 农民专业合作社在农业产业组织体系中的作用

第六篇　制度环境、技术变迁与农业产业组织体系

第七篇　主要结论、政策启示和未来发展

第一篇　绪　　论

第一章 导 论

第一节 研究背景

在中国农业现代化发展过程中，一个难以回避的问题是，农业家庭经营能否适应现代农业的发展和现代市场的竞争，即小农户能否与现代农业有机衔接，如何通过农民合作组织的发展，将农业的家庭经营、合作经营、公司经营、集体经营有机结合起来，形成集约化、规模化、专业化的经营主体与产业化、组织化、社会化的服务主体相结合的现代农业产业组织体系和新型农业经营体系。对这一问题进行深入研究与科学求证，不仅对农业经济理论与管理实践的发展有重要意义，而且对中国农业的转型和现代农业的发展具有重要的应用价值。

中国现行的农业经营体制与产业组织体系已难以满足现代农业发展的需要，正面临着进一步的变革和创新。始于 20 世纪 80 年代的家庭承包经营制度，虽然赋予了农民比较稳定的土地承包经营权，调动了农民的生产积极性与创造性，促进了农业与农村经济的迅速发展，但也形成了农业生产小规模、分散化的格局，导致了农业产业组织体系不顺、组织化程度不高、专业化服务和产业化经营水平不高，以及国际竞争力不足等问题。

当前，以小农户为主体的家庭经营制度与产业组织体系面临着重大挑战。这种挑战主要表现在三个方面：一是小规模、分散化的家庭经营制度与产业组织体系难以实现农业的集约化、专业化和规模化；二是小规模、分散化的农业家庭经营制度与产业组织体系难以适应日益激烈的市场竞争；三是小规模、分散化的农业家庭经营制度与产业组织体系难以实现农业的产业化经营和纵向一体化。

尽管小规模、分散化的家庭经营制度与产业组织体系在现代农业发展和现代市场竞争中面临不少挑战，存在不少劣势和局限，但是，建立与现代农业发展和现代市场竞争相适应的农业产业组织体系，并不意味着要抛弃农业的家庭经营，而是要在农业家庭经营的基础上，完善农业的家庭经营，建立既能发挥农业家庭经营制度优势，又能克服其内在不足的现代农业产业组织体系。即要建立能够支撑新型农业主体发展、多种服务体系并存、多元经营机制耦合、产业组织模式优化及产业化水平提升的现代农业产业组织体系。这是本书需要着重研究与解决的关键性问题。

第二节　研究目标与研究内容

基于上述研究背景，本书亟须解决两大问题：第一，研究农业发展进程中的农业产业组织体系演进的一般规律、发展模式、基本功能与优化特征，揭示其理论依据、内在逻辑和发展路径。第二，研究以农民专业合作社为核心的农业产业组织体系创新与优化，揭示农民合作组织的作用机理、产业契合与制度创新，寻求其在一定的外部环境、具体产业与环境条件下，与相关产业组织、经营机制、服务体系的创新模式与制度安排（体制机制与政策措施）。本书的研究目标和内容将体现在以下四个方面：

（1）揭示农业发展进程中产业组织体系演进的一般规律、组织模式、基本功能与优化特征。

（2）揭示农业产业组织体系演进过程中农民合作组织的作用机理与制度特征。

（3）建构农业产业组织体系评价指标体系，测评不同类型农业（产品）产业组织体系、组织模式、服务体系、经营机制的效率。

（4）提出适应中国农业转型发展的现代农业产业组织体系创新与优化的路径与对策。

第三节　研究框架与研究方法

基于上述四个方面的研究目标，本书从五个方面展开（框架见图 1-1）。首先基于相关理论进行农业产业组织体系演进机理与评价体系研究；在理论研究的基础上开展我国农业产业组织的历史变迁、现状与国际经验借鉴、不同产品类型农业产业组织体系比较和以农民合作组织为中心的农业产业组织体系创新的实证研究；最后基于实证研究，探讨我国农业产业组织体系创新优化路径与对策。

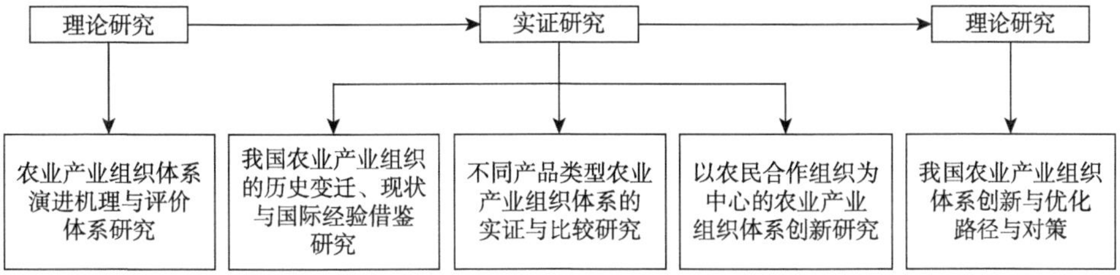

图 1-1 本书的基本框架

本书将理论研究与实证研究相结合，在研究过程中，运用分类、归纳、比较及计量等分析方法，对我国农业产业组织体系的创新与优化、产业组织体系与产业的契合、合作组织与其他相关组织的结合、不同类型农业产业组织体系的比较等问题，进行专题与综合的研究，并提出相应的发展思路及对策建议。对于不同的研究内容和研究阶段，将应用不同的研究方法。

一、社会调查法

本书将产业组织主体调查、产业组织类型比较和宏观背景分析结合起来，一方面，从宏观角度对统计资料进行分析处理；另一方面，深入调查样本所在省份的不同区域、不同产业，进行多轮的田野调查以收集微观资料。在此基础上，对相关资料与数据进行定性与定量分析。

在实证研究过程中，主要应用社会调查法中的问卷调查和案例分析。问卷调查：将访问者分成专业农户、合作社负责人、农业龙头企业管理者、农村社区领导者、行业组织领导人、政府部门有关人员六组，对每一组采用分组抽样，进行问卷调查与访谈，问卷与访谈内容的设计涉及农业产业组织体系与合作社发展的各个主要方面。案例分析：在样本区选择一些具有代表性和典型性的案例，深入剖析不同类型农业（产品）产业组织体系的状况，相互差异，重点考察以合作社为中心的农业产业组织体系的创新与内在机理。在评估调查问题的效度时，将对田野调查的效度进行比较（即将调查问卷的答案与访谈来源信息进行比对），主要从结构效度（construct validity）、预测效度（predictive validity）及区分效度（discriminate validity）等方面进行分析，通过有效控制协变量、提高测试效度，使得调研结果能顺利转化为可计量数据。

二、分类研究法

由于不同农产品的技术特性与产品属性存在差异，不同的区域存在经济社会发展和资源禀赋的差异，这些差异均会对农业产业组织体系的形成与优化产生影响。为此，本书注重分类研究和比较研究。一方面，按劳动密集型和土地密集型两个大类对农业产业进行分类；另一方面，根据农产品的技术属性，将农业产业分成土地密集型种植业、劳动密集型种植业、劳动密集型养殖业这三大类农业产业；对农业产业组织（主体）的分类，则从整个农业产业链的视角出发，将其分成农户、合作社、农业公司（企业）、农业行业组织（协会）四大类农业产业组织（主体）。通过这种分类研究，可以深入了解不同地区与农业产业的特点，并在此基础上进行分类分析及其比较与综合，进而提出适合不同类型农业产业特点和产业组织特点的产业组织体系创新与优化的思路与对策。

三、计量研究法

本书建构农业产业组织体系的效率测度方法和指标体系，并将其模型化，用以对不同类型的农业产业组织体系的状况与效率进行评价。同时，在揭示农民合作组织对产业组织体系的嵌入性，提高农业产业组织化与产业化经营程度时，引入计量经济分析方法，建立分析模型。采用面板数据 Logit 方法，以解决本项目调研地点多，单个数据采集点获得有效数据不充分的问题，并有效解决最后计量检验的异方差问题和确保检验结果的稳健性。采用 BFG 两步法模型、倾向得分匹配法和内生转换模型等计量工具，以克服本课题在对不同类型农业（产品）产业组织体系分类研究和合作社所发挥的作用研究中的内生性问题及数据磨损问题。

第四节　研究内容和本书结构

本书共分为七篇、二十六章：

第一篇，绪论。共有两章。介绍了研究背景、研究目标、研究框架和方法，并描述了本书的框架和具体内容；梳理了国内外研究现状，以及本书的主要创新。

第二篇，中国农业产业组织的历史变迁和发展现状。共有四章。将我国产业组织的发展分为三个阶段：一是民国至中华人民共和国成立前的农业产业组织状况与特点分析，以及合作社建设在组织体系构建中的地位；二是中华人民共和国成立后至改革开放前的农业产业组织状况与变化分析；三是改革开放后农业产业组织的变革与特点分析，并论述了新型农业经营体系建设的进展和模式，以了解和把握我国农业产业组织体系的变迁过程、基本规律，以及成效和不足。此外，该篇专门介绍和分析了新型农业经营主体的概念、模式、作用和问题。

第三篇，国际农业产业组织体系创新和经验借鉴。共有五章。一是美国农业产业组织体系发展及经验借鉴；二是以多元化发展模式为特征的德国生猪产业体系创新；三是以合作社为核心的丹麦猪肉产业组织体系创新；四是日本综合农协引领小农生产发展现代农业的经验启示；五是以色列农业合作组织历史演进与启示。通过对代表性国家的产业组织发展与体系变迁的分析与比较，为中国的农业产业组织体系的创新与优化提供具体的启示与借鉴。

第四篇，不同产业组织的发展、效率与绩效。共有六章。将农业产业组织体系的研究与具体的农业产业（产品）相结合，将理论研究与实证研究相结合，对不同产品类型的农业产业组织体系进行实证分析、比较分析与优化测评。首先，对中国奶业、生猪和蔬菜三大产业的组织体系进行分析，进而构建农业产业组织体系的效率测评的指标体系；其次，应用该指标体系，对不同类型产业组织体系（土地密集型种植业、劳动密集型种植业和劳动密集型养殖业）进行效率测算和比较；再次，对不同产业组织体系下农户的收入水平进行测算和分析；最后，开展了农户选择产业组织模式的影响因素分析。

第五篇，农民专业合作社在农业产业组织体系中的作用。共有四章。首先通过理论分析揭示了农民专业合作社在农业产业组织体系中的角色及其在促进小农户与现代农业有机衔接中的作用，进而基于实证分析，检验了农民专业合作社对于提高农户收入和减缓贫困的作用。拟通过该篇的分析，能够提出将发展农民合作组织作为创新与完善我国农业产业组织体系的重要突破口，进而建构以合作社为中心、“四位一体”、功能齐全的中国现代农业产业组织体系。

第六篇，制度环境、技术变迁与农业产业组织体系。共有两章。从世界各国农业经济发展的轨迹来看，农业产业组织体系优化所产生的绩效改进，不仅仅来自产业组织、组织契约制度与治理结构的创新，更多来自产业组织体系以外的制度变迁与安排。该篇旨在观察新的制度、经济和技术环境的变化，并论述新环境下农业产业组织和农民专业合作社的发展和变化，主要包含两个方面的论述：一是政府干预对农民专业合作社发展和绩效的影响；二是互联网发展对农业产业组织体系的影响。

第七篇，主要结论、政策启示和未来发展。共有三章。围绕本书需要解决的两大基本问题，提炼出研究结论和政策建议，其中前者主要包括以下几个方面：一是基于本书内容提出我国农业产业组织体系发展的相关结论，如我国农业产业组织发展的重要性和效率测评指标、农民专业合作社在农业产业组织体系中的地位等；二是从全局上提出中国农业产业组织发展值得研究与解决的问题，并提炼中国农业产业组织进一步发展的前瞻，为理论研究提供有价值的研究结论和进一步的研究方向；三是提出我国农业产业组织体系发展的相关政策建议，为实践者提供可操作的改善措施。

第二章　文献综述

第一节　关于农业组织化的研究

产业组织一词，最早是英国经济学家马歇尔提出的。马歇尔在其《经济学原理》一书中，把组织视为一种能够强化知识作用的新的生产要素，其内容包括企业内部组织、同一产业中各种企业间的组织、不同产业间的组织形态及政府组织等（马歇尔，1980）。切斯特（1997）认为组织的本质是一种开放性的社会协作系统，包含三大基本要素：协作的意愿、共同的目标和信息交流。Richardson（1972）则认为合作与交易是协调组织内经济行为的主要模式，为协调高度互补且并不相似的活动需要而形成组织内复杂合作与关系网络。

现代产业组织理论主要包括哈佛学派、芝加哥学派和新产业组织理论学派三个分支。哈佛学派的奠基人 Bain（1968）率先提出了 SCP（structure-conduct-performance，结构–行为–绩效）分析范式，考察了市场结构对价格和组织行为决策的影响，并进一步推论企业垄断市场的行为可能是资源配置效率低下、产业整体绩效差的主因。因此他认为，为提高市场的资源配置效率，应通过适当政府干预维护竞争性的产业组织结构。与之相对应，芝加哥学派则反对政府干预，他们认为自身运作效率高的组织更易获得利润和扩大规模，并可能导致产业链整合和市场集中度提升（Alchian and Demsetz，1972）。也就是说，包括垄断在内的市场组织结构是自由竞争、优胜劣汰的结果，价格机制依然有效。新产业组织理论学派的学者则另辟蹊径，利用非合作博弈的相关理论分析了产业链中的企业组织行为。例如，Arrow（1975）提出由于上游生产商掌握更多投入品信息，为改善这种信息不对称情况，下游企业便倾向于进行后向一体化。同时，产业链中已经一体化的组织所进行的“内部交易”因可能提高组织个体的潜在竞争力和配置效率，而被认为利于产业链利润最大化（Comanor and Frech，1985；Mathewson and Winter，1987），Telser（1960）、Mathewson 和 Winter（1984）则讨论了当存在价格控制或价格保护时，生产商纵向一体化或产业链产生纵向约束的原因。

一般而言，国外学者认为农业组织化主要指农产品生产的纵向协调问题，即在农产品生产与销售体系中，各个经营主体（农场主、农产品加工与销售企业）通过纵向一体化或纵向限制的方法，实现上下游生产环节上的紧密结合，使得处于上下游环节的生产经营单位之间形成一种稳定的连接关系（Eswaran and Kotwal，1985）。由此，国外学者主要从纵向协调的视角进行研究，即主要讨论以下一些问题：①什么时候和什么条件下合约或所有权控制的纵向协调会出现？②农产品生产链中哪些阶段需要通过纵向协调机制进行连接？③在合约或所有权控制的协调体系中，谁将拥有最大的控制权和权威？④在合约或所有权控制的协调体系中，各参与方是如何分享利益和分摊风险的？对于这些问题，国外学者运用新制度经济学相关理论（特别是交易费用理论）、社会网络理论进行了卓有成效的研究（Cook et al.，2004；Nilsson et al.，2012）。

在我国，通常把农业组织化定义为农业生产经营的一体化，其研究成果主要反映在有关农业产业化，特别是 20 世纪 90 年代中期以来有关农业产业化经营的研究成果中。农业产业化经营[①]指的是，不受部门、地区和所有制的限制，把农业产品的生产、加工、销售等环节连成一体，形成有机结合、相互促进的组织形式和经营机制，既能奠定农民家庭联产承包经营的基础，维护农民财产权，又能推动农民进入市场，使其采用现代科学技术，扩大生产经营规模，增强市场竞争力，提高农业综合效益。这是我国农业逐步走向现代化的有效途径。据考证，全国最早提出农业产业化口号的是山东省潍坊市，并于 1993 年 8 月见于《农民日报》。但是，这一口号当时并未引起理论界和实际部门的重视。直到 1995 年 12 月 11 日《人民日报》发表了《论农业产业化》的社论后，农业产业化的提法才开始在社会上流行，而理论界对农业产业化的概念尚未达成共识（刘玉满，1998）。牛若峰（2002）指出，农业产业化经营是市场经济高度发达的产物、农业相关产业融合的结果；中国的农业产业化经营与国外的农业一体化是名异质同的农业经营方式。

农业产业化的过程，就是农民组织化的过程（杨欢进和杨洪进，1998），农业产业化的实质是农业的纵向一体化（黄祖辉，2008）。可以说，农业产业化的发展进程和绩效，在相当程度上依赖于其组织形式的选择和经营机制构建的成效。农业产业组织的本质是农户专业化经营的一种交易协调机制，是农户为了实现专业化生产而与相关企业、合作组织或相互之间进行的交易活动的协调方式或契约关系（罗必良，2005；汪爱娥和包玉泽，2014），具有专业化、社会化、组织化、规模化、市场化与科技化的特点，旨在发挥服务、管理和调控等职能（刘玉满，1998）。

① 党的十五届三中全会通过的《中共中央关于农业和农村工作若干重大问题的决定》，1998 年 10 月 12~14 日。

随着我国农业产业化的发展，在分散的小农户经营基础上兴起的多样化的产业组织，大体可以分为三种形式：一是契约一体化的组织，也称为订单农业，农户与下游企业之间建立起相对稳定的契约形式，以降低农户和企业面临的市场交易费用和风险；二是垂直一体化的组织，即农户与上下游交易商以资本、土地入股等方式形成的合作社和公司等，实现专业化生产和规模经营；三是横向一体化的组织，包括专业技术协会、服务型合作社等，为农户提供相关社会化服务，以改进技术和降低风险。总体来说，我国农业产业组织的发展明显滞后于农业产业化发展的要求（黄祖辉，2008）。

罗必良（2005）利用“产权结构-计量能力-环境特性-经济绩效”解释模型来进行农业产业组织分析，研究证实，农业经济组织的经济绩效，既取决于组织内部的制度安排，也取决于农业组织制度安排与环境的相容。郑风田和程郁（2005）指出农业产业化、组织化生产过程中，形成经济主体间专业化的分工协作，能够创造难以模仿的竞争优势，从而促进小规模的分散经营者聚合，形成小规模经营者与大市场的有效连接机制。罗必良（2012）指出农业的小规模分散经营格局是我国农业现代化进程中的最大障碍。推进农业的组织化，已经成为农业经营制度创新的重大战略问题。孔祥智等（2012）对农民组织化的绩效进行了实证研究，发现现今农民合作组织的组织化程度欠缺主要源于其内部激励不足、社会化服务供求不平衡等。

不少学者的研究都表明，农业组织化的核心问题是利益机制问题，关键是要建立健全合理的利益分配机制，使不同的利益主体形成利益共同体，实现利益共享、风险共担（牛若峰，2002；尹成杰，2008；罗必良，2007；张利庠和张喜才，2011；黄宗智，2010）。

研判农业组织化研究成果，不难发现，农业组织化，一般是指各涉农要素主体，以利益机制为纽带，以产业化经营为基本形式，依据农业产业网络关系，进行有效整合的过程或状态。其核心是农民组织化，但不等同于农民组织化；其与农业产业化在概念上比较相似，但两者仍有一定差异。而且，各生产经营主体之间的互动和协作，关系到整个产业组织体系的形成；良性的产业经营单位的互动协作，本身就意味着构建完整而高效的产业组织体系。

第二节 关于农业产业组织体系的研究

Robbins（1974）对组织体系的研究指出，产业组织体系是由若干相关组织相互联系、互相制约而构成的行动集体。纵观产业组织的相关论述，发现国外学者比较关注企业的组织形态与市场交易效率，较少讨论如何进行体系构建与完善。Granovetter（1985）在组织稳定研究中引入社会嵌入理论框架，分析经济交换对组织形态稳定性的影响，认为结构性嵌入通过组织体系的限制性进入条件、共同认可的行为准则及声誉机制来保障组织行动的一致性与利益趋同性。众多产业正日益采用网络治理方法来实现组织体系治理，在不确定性和竞争的环境中，交易通常借助于非正式的社会机制来协调，这进一步突出了组织结构/产业组织体系治理研究的重要性。

在农业产业组织体系研究方面，Carter（1987）所设定的农业产业体系是生产、经营、市场、科技、教育、服务等诸方面相互作用和相互依赖的具有提升农业地位、增强农业竞争力、促进农村经济发展、推动农村现代化进程的有机整体。Kalaitzandonakes 和 Bjornson（1997）就美国生物技术的发展对美国农业产业的演进过程展开论述，其研究证实，随着农业生物技术的发展，受农业产业化与商业化运行导向，美国农业产业组织形态也出现了垂直整合与横向联盟并存的局面，农业企业战略和行业结构之间的交互作用日趋复杂。Cramer 等（2001）研究了美国农业产业组织结构，详细介绍了美国农业产业化、农业产业主体构成及生产发育状态，其研究更多关注的是农业企业化运作对粮食产量、食品安全及整个农业发展进程的影响。近些年，由于西方国家的现代农业已具备较为完整的产业体系，其研究重点主要集中在如何通过产业链整合资源、发挥集群效应来提高产业竞争力，以及如何通过产业集群来实现由农业龙头企业引领的生物技术创新（Capitanio et al.，2010；Enzing et al.，2011；Traill and Meulenberg，2002；Veugelers and Cassiman，1999）。

随着农业商品化与全球化的深入推进，一部分国外研究者逐渐将视角聚焦到农业产业组织体系或者农业产业链框架内的小农户如何提升其市场竞争力，如何与其他组织行为主体进行关联，甚至如何通过组织合作来全面参与农业产业组织体系或产业链构建的研究上（Markelova and Mwangi，2010；Poulton et al.，2005；Shepherd，2007）。关于实现产业组织体系有效运行的关键因素研究中，研究者指出社会资本、交流便利性、相互信任、学习能力及合作机制设计等起到了至关重要的作用（Mungandi et al.，2012；Matopoulos et al.，2007；Nilsson et al.，2012；Richmond et al.，2017）。

从总体上看，国外学者对农业产业组织体系的研究更多着眼于微观层面研究某些农业产业的产业链构成与价值链攀升演化机制，而对于农业产业组织体系的整体架构设计，以及如何构建和优化农业产业组织体系（各行动集团的协调互补作用的体现）并没有过多描述与论证。

与国外研究不同，国内关于农业产业组织体系的研究则相对宏观。赵绪福和王雅鹏（2004）对农业产业链、农业产业化与农业产业体系进行了比较研究，指出农业产业体系是以一定的农产品为基础，为满足特定市场需求所进行的一切活动的总和，是一个多部门的复合体；完善的农业产业组织体系能将相关产业链诸环节连为一体，构成一体化的经济系统。

在国内学者看来，农业产业组织体系可认为是由市场化农业及与其相关的产业所构成的组织结构和经营机制（曹利群，2007）。张永丽和柳建平（2005）认为，我国资源禀赋状况和农村社会经济发展水平决定了现阶段农户家庭是我国农业产业组织体系的核心，市场主导型合作经济组织和企业主导型一体化经济组织是农户与市场联系的纽带。而曹利群（2007）认为农业产业组织体系是经过历史演化和市场竞争所构成的农业产业化的高端形式。具体来说，农业产业组织体系隐含着这样几个意思：①它是从田头到餐桌的、纵向的供应链和价值链；②它还是横向的、网状的各类产业组织形式，包含着家庭农场、合作社、社会化服务组织、龙头企业、产业协会组织等多种组织形式及其构成的复杂的关系（制度、合约、组织等）；③它涉及宏观意义上的（全国）、中观意义上的（产区）及微观组织上的（如农户、合作社、企业等）层面，具体包括产业制度环境、产业技术特性、产业主体状况、产业组织结构四个层面；④不同的产品、不同的产区、不同的时期，其产业组织体系是不一样的状态，所以对于产业组织体系的讨论需针对特定对象进行。

可以认为，农业产业化仅仅是农业产业组织体系发展的过程，不能简单地认为实现农业产业化就是实现农业现代化。那么，中国农业产业组织体系是否构建完成？是如何演进的？谁能担当农业产业组织体系构建的主导力量？如何依托产业化发展来实现农业产业组织体系优化？如何实现农业产业竞争力的提升？钱忠好（2000）和万俊毅（2008）通过案例研究，认为农业产业化是一种组织和制度创新，它形成纵向一体化，通过组织边界的扩张，实现组织对市场的替代。程郁等（2009）认为形成农业产业化需要建立优势产业集群，应先由市场的扩张发展带动产业集群的配套完善和技术的适应性创新，而后以自主品种的开发推动集群由生产基地向技术中心和创新中心转变，形成农业产业化、规模化与组织化生产。而张晓山（2008）、黄祖辉和梁巧（2009）、黄祖辉和高钰玲（2012）、温铁军（2009）等则反复指出，形成依托农民自己组织成立的农民专业合作组织的力量，有助于完善农业产业组织体系，并且这对于建构农业新型双层经营体制，实现农业生产适度规模化经营具有重要意义。

对农业产业组织体系与农业产业链的相关文献进行回顾后发现，农业产业化仅仅是农业产业组织体系构建中的一个阶段，甚至可以认为实现农业产业组织体系优化的必要条件是农业产业化；要形成农业产业组织体系，则需要实现产业化、商品化、标准化、集约化的综合治理。农业产业化与农业产业组织体系构建的论述既相互叠加，又存在区别。

同时，现有的研究缺乏对农业产业链构建与农业组织体系优化主导力量构成的论证，即便是提及了通过合作社建设来实现农业产业组织体系优化的假设，但其论述大多停留在定性研究与路径分析上，并未将合作社发展嵌入农业产业链、农业组织体系优化进行系统的理论研究和实证检验。

第三节 关于农民合作组织的研究

农民合作组织作为农业现代化的主要内容和必由之路，一直是国内外农业经济学者关注的热点领域。而西方对合作经济的理论研究相对领先，全面体现在研究主题、理论工具及其研究的形式化程度上。众多国外学者分别对农业合作社从新古典厂商理论、产权理论、交易费用、治理结构、合约理论、博弈论等视角进行了深入研究（Alchian and Demsetz，1972；Fama and Jensen，1983；Novkovic，2008；Ferrier and Porter，1991；Bontems and Fulton，2009），他们早已从寻求合作社存在合理性的解释，走到对合作社制度进行深入剖析，进而关注在新的经济社会技术条件下合作社制度的调整和创新。Nourse（1992）提出农民通过合作社进入市场，不但改善了其在市场中的地位，提高了其收入，而且更重要的是使得市场竞争更加激烈。这迫使其他投资者所拥有的企业也不得不提高效率，从而使得整个社会市场的效率得以提高（Nourse，1992；Liang and Hendrikse，2016）。拉坦（1991）从制度创新的角度出发，认为合作社作为一种创新组织制度形式，其产生的原因与分割技术进步所带来的新收入流有关。

总体而言，我国农民专业合作社理论研究是一种典型的实践驱动型研究范式。20 世纪 90 年代后期，随着农业产业化经营的迅速发展，农民专业合作组织（特别是农民专业协会）普遍进入学者的研究视野，许多学者着力论证我国发展农民专业合作组织的必要性、重要性和迫切性，同时积极讨论我国农村合作经济组织的发展思路。进入 21 世纪，特别是 2007 年《中华人民共和国农民专业合作社法》（以下简称《农民专业合作社法》）颁布实施以来，出现了一个合作社研究的“井喷”时期，相关研究论文持续激增，研究主题也逐渐从发展必要性、制度特性到发展现状、发展机制和制度安排，再到绩效评价、制约因素和环境应对等。这些研究成果主要围绕以下几个方面展开。

一是关于发展农民合作组织必要性和迫切性的研究。理论界普遍认为，市场经济的发展和家庭经营制度的缺陷是农民专业合作组织产生和发展的基本原因。

黄祖辉（2000）从理论上说明了农民合作的必然性和普遍性在于农业生产的自然性、分散性和分散经营的家庭特性，进而提出在农业家庭经营的基础上，引导和推动农民的合作，尽快建立农业家庭经营制度与农民合作制度相结合的农业制度与组织体系。牛若峰（2006）认为数以亿计的超小农户要真正与大市场接轨，按照市场经济要求进行生产，发展农产品运销和加工，他们就必须走向联合。更多的学者从推进农业产业化经营的角度来讨论发展农民专业合作组织的必要性。张晓山（2006）认为尽管“公司+农户”模式成功地缓解了小农户与大市场的矛盾，但农业产业化发展过程中农民组织化严重滞后的问题亟待解决。发展合作社等中介组织是推进农业产业化向更高层次发展的有效途径（于建嵘，2007）。

二是关于影响我国农民合作组织发展因素的研究。不少学者分别从面上研究和案例研究等不同角度对影响农民专业合作经济组织的发展因素状况进行了研究。黄祖辉等（2002）通过对浙江省农民专业合作组织发展现状的分析，从理论上提出了影响农民专业合作经济组织发展的因素大致可归结为产品特性因素、生产集群因素、合作成员因素和制度环境因素。郭红东和蒋文华（2004）、石敏俊和金少胜（2004）则对影响农户参与专业合作组织的意愿和行为的因素进行了实证研究。他们的研究表明，农户参与专业合作经济组织的行为受到农户的生产经营状况（如兼业与商品化程度）、受教育程度、对合作社制度的认知程度、政府支持等多方面因素的比较显著的影响。

三是农民专业合作社的制度安排与运营机制研究。张晓山和苑鹏（2009）则对各种功能的农民专业合作社进行了详细描述与分析。徐旭初（2006）基于浙江省农民专业合作社的发展现状，提出了新的基于组织能力的阐述视角，认为各种合作主体的利益与能力的异质性和耦合性直接决定了合作社产权安排的复杂性与多样性，农民妥协让渡部分控制权，实现与资本控制者（关键因素控制者）的利益均衡。潘劲（2011）强调合作社成员持股是社员身份的标识，合作社必须由成员所有并控制，实现所有者与控制者的身份统一。而孔祥智和蒋忱忱（2010）提出合作社治理机制的变迁是在人力资本拥有量变动过程中的合理制度安排，是一种“帕累托改进”与“激励相容”的制度演进。

四是关于农民合作组织的制度环境研究。苑鹏（2009a）指出合作社制度的反市场性决定了其对国家选择具有天然的倾向性，在农村市场化进程中，国家与农民专业合作组织之间的关系表现为相互渗透、相互作用的权力的分立。由于我国合作社发展尚处在初期发展阶段，政府和社会外部的扶持就显得尤为重要。夏英等（2010）提出发展合作社内部合作金融业务是破解农村金融问题的一种有益探索，政府应该加大对合作社范围的农村合作金融产业的扶持力度。任大鹏和郭海霞（2008）指出政府对合作社的干预应该限定在对合作社领办成员（核心社员）的权益的保障，以及防止合作社治理结构中出现“内部人控制”的局面。

五是关于合作社经营一体化的研究。张晓山（2006）将农业一体化经营归纳为“农工商综合体”、合约制与合作社主导型三种不同形态。合作经营形成产业链的前向与后向整合，其目的是促使小规模经营农户实现联合，提高谈判地位，节约交易费用，从而实现市场交易环境的改善。合作社通过实施纵向一体化，融入供应链的上、下游环节的绩效，主要受资产专用性、交易不确定性及交易频率的影响（郭红东等，2009）。

纵观上述文献，我们发现，现有的农民专业合作社较多地将注意力集中在合作社制度安排上和经营成效的研究上，因而还需加强农民合作组织与整个农业产业组织体系的契合与互动关系的研究。

第四节　关于合作社与农业产业链耦合发展的研究

近年来，众多国内外学者逐渐认识到在农业产业链构建及治理过程中，合作社的作用已经逐渐从参与者向治理者和主导者过渡（Chen et al., 1992; Barrett et al., 2012）。Galdeano-Gómez 和 Céspedes-Lorente（2008）指出，伴随着农产品销售渠道的不断集中和世界农产品市场的竞争与开放加剧，农业生产与食品市场的联系越来越紧密，从“田间到餐桌”的食品供应链体系的建立促进了农产品直接进入销售中心。农业合作社这种生产经营模式正在成为农产品供应链中最重要的产业组织。另外，Pattison（2000）的研究显示，全球约 1/3 的食品生产由合作社管理和主宰。张雨等（2004）结合我国农业发展的现状，借鉴先进国家发展农业产业链的经验，给出了农民销售合作组织、农工贸一体化经营组织和食品供应链物流管理模式三种成功的食品供应组织模式。李晓明（2006）认为我国农产品供应链组织模式应该以农民合作组织与农业龙头企业发展为主导，将上游广大分散农户有机组织起来，使其与处于链条中游的加工企业建立战略合作关系，形成以加工、运销为产业核心的供应链体系。

胡定寰等（2009）指出农产品的质量安全同农产品的供应组织结构紧密结合，采用“超市+农产品加工企业（合作社为主）+农户”的新型农业产业化模式能够有效地保证农产品安全。韩美贵和周应堂（2007）也认为，通过生鲜农产品产供销一体化建设，形成以“龙头企业+农民专业合作组织”为主导，以生产基地为组织载体，以生鲜超市和综合超市为销售载体，强化流通领域的物流管理，能够有效促进生鲜农产品安全与高效的“产–供–销”渠道。李莹等（2011）通过实证检验发现，虽然农民专业合作社参与“农超对接”的程度直接影响其实施效果，但是合作社参与对接受到运营时间、资本规模、产品供应能力、产品种类和对接意愿等一系列因素影响，因而加大对这些影响因素的解释，将有助于农民专业合作社提高农业产业链的绩效。

蒋燕和冯开文（2008）认为，农民专业合作社的一体化建设是我国农业经济组织的一种创新，是实现我国农业产业化与集约化发展的新途径，也是我国农业现代化的必然选择。姜增伟（2010）与缪建平（2008）就强调创建新型农产品产销体系应从农民专业合作社与连锁超市物流配送等商业环节对接入手，实现基于农民专业合作社的高效农产品生产运销渠道。黄祖辉和梁巧（2009）在案例研究的基础上认识到，农民专业合作社虽然是农民的自有组织，但是在面对市场时，应完全扮演以利益最大化为目标的经济组织，应在现有发展水平上提高营利能力，逐渐实现企业化管理，通过合作制与股份制相结合，建立新型的合作社治理结构。张晓山（2009）则指出在供应链环境下，原有的农民产业化经营中的“公司+农户”的形式正内生于合作社经营中。

我国农业产业化路径存在异于欧美国家的先合作化后纵向一体化的先产业化（纵向一体化）后合作化（横向一体化）发展模式，造成我国农民合作组织的产业链嵌入机制、发展方式与目标的特质性（徐旭初，2012）。这也为我们通过发展农民专业合作社来推进农业产业化、组织化进程的机理研究与路径分析埋下了伏笔。

总体来看，这些年我国在农民合作组织和农业组织化等方面所做的大量研究，无论是揭示的问题，还是提出的改革思路和政策主张，对实践和理论发展均极具价值，为本项目的研究提供了基础。但是，综观已有的研究成果，把农民合作组织的发展问题置于建构与优化农业产业组织体系层面的研究仍需深化。或者说，关于以农民合作组织发展为突破口，提高农业产业组织化程度与产业化经营水平的内在机理、演化路径、效率评测等问题尚缺乏具体、深入的研究。这将成为本项目设计和研究的一个重点。

第五节　本书主要创新

基于上述的研究现状，本书主要创新如下。

从内容上来看，主要有三方面的创新。第一，本书跳出合作社本身，将合作社纳入整个农业产业组织体系之中，系统地研究以合作社为中心的农业产业组织体系创新与优化的内在机理。并将重点放在以合作社为中心的产业组织模式创新、多元服务体系创新、农业经营机制创新三个既相互联系又存在差异的创新实践上，使理论研究与实践探索紧密结合，层次分明，结构清晰。这一研究设计特色鲜明，具有创新性。

第二，项目设计了完整而合意的农业产业组织体系效率与优化的特征变量与测评体系。农业集约化发展、专业化分工、多元化服务、产业化经营、组织化协调、区域化拓展、市场化竞争六个特征变量，充分考虑了农业产业组织体系的效率与优化特征，并将其体系化、指标化和模型化，建构了适用于不同类型农业（产品）产业组织体系现状与发展的评价指标与综合评价方法。这在国内外尚属首例，具有创新性和突破性。

第三，本书将近年来出现的新的制度和技术环境因素纳入研究范围，主要包括互联网在农业和农村的广泛应用、小农户与现代农业有机衔接的新型农业组织体系的构建、政府对农民专业合作社的支持的变化趋势、精准扶贫背景下农民专业合作社的作用等方面。讨论新的环境下农业产业组织体系的发展和变革，以填补以往文献中相关内容的空白，同时提出具有前瞻性的理论依据和政策建议。

从数据和方法上来看，本书结合不同类型农业产业（产品）的技术特性，分地区、分产品，采用案例研究、统计分析、数理分析、区域比较研究等形式和方法，进行分类、比较与综合相结合的实证研究。特别是对黑龙江、内蒙古、吉林、山东、河南、四川、浙江、陕西等省区的粮食产业、蔬果茶产业、奶业及生猪、水产等养殖业的农业产业组织体系的实际运行进行定点观察与调研，从具体农产品产业链的各个环节的组织体系、经营机制、服务体系等方面进行实证分析。这种将产品特性、区域特性、组织特性等相结合的实证研究，具有一定特色和创新性。

从结论上来看，本书提出，需辩证地看待农民专业合作社在农业产业组织体系中的作用。

当前中国的农民专业合作社是产业化和制度性色彩鲜明的股份合作制的改进型和过渡型中间组织，这是由我国农业和农村发展路径及进入新阶段的现实要求所决定的。这些合作社的治理模式尽管与理想中的合作社有一定差异，但或多或少地具有合作制属性，并非许多人指责的“伪”合作社。因此，学者应结合农业发展实际，适当释放合作社的定义域。其中，在合作制基础上引入股份制的股份合作组织还将进一步发展。具体来说，随着农村土地股份合作改革的深化，村集体和农民承包土地的股份合作组织会获得较快的发展。此外，在产业化经营的发展过程中，纵向一体的股份合作组织也将进一步发展。就农业供给侧结构性改革而言，通过政府职能的进一步转换，既发挥市场机制的作用，又发挥行业组织的作用，建立政府、市场、行业组织“三位一体”的农业供给侧调控结构是必然趋势。

第二篇　中国农业产业组织的历史变迁和发展现状

第三章　民国时期农业产业组织发展的雏形

五四运动以后，海外各种新思潮不断在国内涌现，一批留学的学子开始研究和宣传合作社，并且进行了早期的合作社实践。在南京国民政府的推动下，全国合作社曾得到长足的发展。

第一节　民国时期合作社发展概况

一、初创时期

合作社初创时期，大体指国民政府定都南京到《中华民国合作社法》颁布前的一段时期，其主要特征是国民党领导的合作运动开始在灾区和“剿匪”区兴起。

国民革命的先驱孙中山等很早就对合作社给予关注，并将合作社作为实现“三民主义”，尤其是“民生主义”的重要因素。但从整体上说，在 1927 年前的整个时期，国民党对于合作社基本上处于理论探索时期，并未付诸实施。1927 年，国民政府定都南京后，鉴于中国的农村经济危机和民族危机，以及乡村建设运动的影响，国民政府开始用行政手段推行合作。然而，国民党所领导的合作社作为一种运动，则始于 20 世纪 30 年代初期，其直接原因是赈灾和“反共”的政治需要。

1931 年，长江、淮河流域发生严重水灾。南京国民政府在上海成立了救济水灾委员会，委托华洋义赈会负责农赈事宜。这次农赈，江西拨款 35 万余元，安徽拨款近 90 万元（章元善和许仕廉，1935），湖南拨款 54 万元（寿勉成和郑厚博，

1937)，放款期限 2~5 年。华洋义赈会在上述各省组织的互助社和合作社分别为 1 000 多个、2 000 多个和 1 930 多个（寿勉成和郑厚博，1937）。各省赈款大部分回收后，即作为当地发展合作事业的基金。

“九・一八”事变后，日本帝国主义侵占东北，并时常南下袭击临近地区。为救济这些受兵灾侵扰的农村，1933 年，国民政府在北京设立了“华北农村救济委员会”（后改组为“华北合作事业委员会”），依照江淮各省的办法，在冀东以互助社和合作社形式实施农赈。在华北合作事业委员会与华洋义赈会（河北为华洋义赈会合作事业的主要阵地）的推动下，河北的合作社也迅速发展起来。

国民政府成立后，为巩固其一党统治，开始对苏区革命根据地展开“围剿”。在“围剿”过程中，提出“三分军事、七分政治”与“与匪争民”等口号，企图通过经济上的合作社和政治上的保甲制度达到全面控制农村的目的。为此，先后颁布赣、鄂、豫、皖“剿匪”区内农村合作社条例、模范章程等，并设立农村合作指导员训练所、农村合作委员会等。经过行政推动，四省“剿匪”区合作社迅速发展，至 1934 年 9 月，数量已达 2 067 个（秦孝仪，1986）。

二、规范化发展时期

合作社规范化发展时期，指自《中华民国合作社法》颁布并实施到抗战时期，其主要特征是在合作社法规指导下，合作社运动开始由苏、浙两省以及灾区和“剿匪”区向全国各地推进。

1934 年以前，苏、浙、冀等一些省区及“剿匪”区的合作社有所发展，但都是各自为政，通行不同的法规。苏、浙、鲁、冀、宁等省市都先后制定过合作社法规，作为合作社设立的依据。尽管国民党政府实业部于 1931 年 4 月发布了《农村合作社暂行规程》，通令各省施行，但仍难改变多种法规并存的局面。据不完全统计，1932~1934 年，在有关合作社的各类法规中，“剿匪”区军政单位颁布的有 16 种，各省市颁布的有 13 种，国民政府颁布的达数十种。为了加强合作社统一管理，促进全国范围内的合作社不断发展，1934 年 2 月国民政府立法院正式通过《中华民国合作社法》，与第二年 8 月实业部颁布的《合作社法施行细则》一并实施。

在《中华民国合作社法》颁布实施的第二年，国民政府在实业部正式设立合作司，专门负责合作社发展事宜，具体包括对合作社的发展计划、管理监督和指导，以及合作资金调剂、合作人才的培训及统计调查等。全国各省市、各团体组建的合作社均被纳入统一的管理体系，并规定各类合作社必须在所属县政府进行甄别并重新登记。截至 1936 年 2 月，凡不符合《中华民国合作社法》的合作社一律取消。至此，合作社进入规范化发展时期。该法律颁布当年，合作社就由上年的 5 335 个一跃增长为 14 649 个，增长了近两倍，以后每年度除 1936 年增加近 1 万个以外，其余年度均增加 1 万个以上。

三、战时体制时期

1937 年卢沟桥事变后，日本侵略军迅速占领了华北、华东、华中、华南的大半中国领土，沦陷区内的合作社均遭到不同程度的破坏。为了推动合作事业的发展，国民政府采取一系列措施，强化合作社在战时国民经济中的地位和作用，逐步把合作社纳入战时体制。

1938 年，行政院实业部改为经济部，合作事业由农村司第五科主管。1939 年为了加强对合作经济的指导，又在经济部设立合作事业管理局。针对战区合作社大批停顿或解体的状况，国民政府及时发布《战区及接近战区合作社组织暂行办法》和《战区及接近战区合作事业推进办法纲要》等法规，要求设法维护原有合作社，已经停顿的要予以恢复，并力求深入游击区、敌占区，以农村乡镇为中心，建立中心社，然后向下发展基层社。为了抗日救国，陕西、河南、山东、江苏等十余省制定了非常时期开展合作社工作的方案。山东省于 1939 年开展了整顿旧社、发展新社工作，在其可活动的 40 多个县域内，在一年多的时间内办起各种合作社 1 096 个，重点开展生产、运销业务（杨德寿，1998）。

为了使合作社适应战时的需要，国民政府行政院 1940 年 8 月颁布《县各级合作社组织大纲》，规定合作社是国民经济的基层单位，与“地方自治”相配合。合作社设置与行政区域相一致，每保一社，每户一社员；保合作社加入乡（镇）合作社，乡（镇）合作社加入县联社；保、乡（镇）合作社一般兼营其他业务，专业合作社另行组织，形成系统。《县各级合作社组织大纲》颁布后，中国农村出现了一种新型的合作社，即乡镇保合作社及联合社。由于乡镇保合作社是靠行政力量推动的，因而发展速度很快，从 1942 年开始，每年以 2 万个左右的速度递增。抗战结束时已达 7 万多个。与此同时，一般类型的合作社也有显著增长，最高时曾达 14 万个。在全国各省区中，国民政府所在地四川省的合作社发展尤为迅速。抗战爆发时，四川省的合作社总数仅为一两千个，而到 1939 年超过 1 万个，在以后的几年里大体维持在这一水平。这样，在国民政府的推动下，尽管抗战期间沦陷区合作社遭受破坏，但就全国而言，合作社总数不仅没有减少，反而不断增加，到 1945 年抗战结束时，合作社已达到 17 万多个，这是整个民国时期合作社发展的最高峰。

四、停滞与衰落时期

1945 年 5 月抗战胜利前夕，国民党召开了第六次全国代表大会。在有关农业合作政策方面，提倡合作运销和合作农场，实现农村合作化。根据国民党六大精神，合作事业管理局于 1946 年 2 月拟定了《设置合作农场办法》，鼓励自耕农进行合作经营。1946 年 11 月，国民政府颁布了《绥靖区合作事业实施办法》，以简化的组织程序在绥靖区发展合作社，特别是合作农场，以配合军事上对解放区的进攻。1947 年，为了推动全国的国民党员、团员参加合作事业、训练合作指导干部，国民党成立了由中央组织部长、行政院社会部长、三民主义青年团主管处处长、合作事业管理局局长、中央合作金库理事长、总经理及若干合作社专家等组成的中央合作指导委员会。委员会成立后，每月举行一次会议，先后就合作制度、合作组织、合作业务、合作行政、合作教育等诸多方面做出决议并加以实施。

尽管国民党采取许多措施推进合作社发展，但是从总体上看，合作社发展基本上是停滞的。合作社数基本上维持在 16 万左右，而且随着国民党的溃败而呈衰落趋势，见表 3-1。到 1949 年初，中国大部分地区获得解放，国民党组建的合作社部分自行解体，部分为解放区人民政府改组。

表 3-1　1928~1948 年全国合作社发展情况　　单位：个

年份	合作社数	乡镇保合作社及联合社	一般合作社及其他合作社
1928	722		722
1929	1 612		1 612
1930	2 463		2 463
1931	3 618		3 618
1932	3 978		3 978
1933	5 335		5 335
1934	14 649		14 649
1935	26 224		26 224
1936	37 318		23 318
1937	46 983		46 983
1938	64 565		64 565
1939	91 426		91 426
1940	133 542		133 542
1941	155 647	8 410	147 237
1942	160 393	29 999	130 394

续表

年份	合作社数	乡镇保合作社及联合社	一般合作社及其他合作社
1943	166 826	46 276	117 550
1944	171 681	65 753	105 928
1945	172 053	73 169	98 884
1946	160 222	77 341	82 881
1947	167 387	90 236	76 764
1948 年 10 月	168 864	95 506	70 358

资料来源：中国供销合作社史料丛书编辑室. 中国供销合作社史料选编（第 3 辑）. 北京：中国财政经济出版社，1991：194，469

第二节　民国时期合作社发展的特点

一、政府自上而下推动发展

与欧美发达国家合作运动不同的是，国民党领导的合作运动不是由民众自下而上自发发展起来的，而是由政府自上而下推动起来的。这种自上而下的推动主要表现在以下两个方面。

（一）政府自上而下定立合作社法规

以政府名义颁布的合作社法规，以江苏、浙江两省于 1928 年颁布的《江苏省合作社暂行条例》及《浙江省农村信用合作社暂行条例》为开端。继江、浙两省之后，沪、宁、鲁、冀等省市也相继颁布一些合作社法规。1931 年 4 月实业部颁布《农村合作社暂行规程》，这是最早的全国性合作社法规。但是，这些法规都以地方政府或部令形式颁布，并非立法院正式通过并经国民政府公布，因此不具有法律效应。鉴于此，1934 年，正值国民政府在重庆商定《宪法》之时，合作界人士纷纷要求将合作事业列入《宪法》，终获通过。《宪法》在第十章“中央与地方之权限”中，把合作事业作为中央、省、县立法并执行的内容之一。在第十三章“基本国策”中，明确“合作事业应受国家之奖励与扶助”。《宪法》这两条条文，是产生《合作社法》的重要依据。1934 年 2 月，立法院正式通过《中华民国合作社法》，并于 3 月 1 日由国民政府公布。

《中华民国合作社法》是中国历史上第一部合作社法。对合作社的设立、社员股金及盈余、合作社的解散与清算，以及合作社联合社等都做了原则性规定。在《中华民国合作社法》颁布的第二年，实业部又颁布了《合作社法施行细则》，与《中华民国合作社法》同时施行。《合作社法施行细则》在《中华民国合作社法》原则规定的基础上又做了比较详细、具体的规定。正是由于规定较具体，因此公布后做了数次修正。合作社列入宪法，以及《中华民国合作社法》及《合作社法施行细则》的颁布与实施，确立了合作社的法律地位，并在国人并不熟识合作社的环境下自上而下设计了一个合作社发展模式，这为合作社的规范化发展并在全国范围内掀起合作社运动奠定了基础。

（二）自上而下设置合作行政管理机构

国民党政府在合作社不同发展时期设置不同的合作行政机构，合作行政的变迁可以反映出国民党所领导的合作事业的兴衰。尽管在合作运动初期，国民党对合作社只是原则性提倡，并未设置统一的行政机构。但是一些地方政府出于自身的需要，则在相关部门设置合作行政机构，如 1928 年江苏省在农矿厅设立合作事业指导委员会，将全省划分为八个区，各区设立合作指导所，各乡设合作指导员。1929 年浙江省在建设厅第二科设置合作事业室，在 22 个县设置合作事业促进员。此后，鄂、赣、鲁等省及沪、宁两市也先后设立了合作行政机构。1932 年，国民党在“剿匪”区设立了农村合作委员会，承办鄂、豫、皖、赣四省合作事业。合作委员会所割范围虽然超过了一省，但仍属在一定区域内设置的合作行政机构。第一个全国规模的统一的合作行政机构要属 1935 年 5 月在实业部设置的合作司。合作司成立后，原全国经济委员会于 1935 年 10 月设立的合作事业委员会，于 1936 年 11 月撤销。其经办事务，统归合作司接管。原由军事委员会委员长行营指导的“剿匪”区内合作事业，于 1936 年 4 月移交合作司管理。至此，全国合作行政事务统一集中于合作司。合作司采取了一系列措施推动了合作社的发展。

1938 年 1 月抗战之初，国民政府在紧缩战时行政机构时，一度削弱了合作行政机构，将实业部合作司撤销，合作行政事务归经济部农林司第五科主管。随着后方各省市合作事业的兴起，经济部农林司兼办全国合作行政事务有力所不及之处，于是，1939 年 5 月，在经济部正式成立合作事业管理局。合作事业管理局分设四科及秘书、会计、统计三室。四科分别负责总务、研究设计、登记、合作金融。抗战期间，之所以在沦陷区合作社大批停顿的条件下，全国合作社仍有大的发展，在很大程度上得益于合作事业管理局的统一领导。

二、合作社业务发展很不平衡，信用合作占突出地位

国民党领导创办的合作社涉及多种业务。根据《合作社法施行细则》，合作社业务包括信用、供给、生产、运销、保险、利用等 10 余种，但以信用合作所占比重为最大。1931 年，信用合作社有 3 000 多个，占全部合作社的 87.5%。自国民党发起合作社运动到抗战初期，信用合作社一直占绝大比重，有些年份甚至接近 90%。信用合作社主要是在农村组建的，因此，如果说此间中国农村合作社的发展也就是信用合作社的发展，也并不为过。只是到了抗战中期，为了配合“新县制”而颁发的《县各级合作社组织大纲》，要求合作社设置要与行政区域相一致，导致乡镇保合作社迅速发展，加之抗战爆发后，后方物资紧缺，国民政府相继颁布诸多促进生产、运销、消费合作社发展的办法，从而使农产品生产、供销合作社得到发展。至此，信用合作社比例才有所下降，但所占比重仍居所有合作社之首，见表 3-2。

表 3-2　1931~1947 年合作业务分配比率表

年份	农业生产	工业生产	供给	运销	消费	公用	信用	保险	其他
1931	5.5%			0.8%	3.4%		87.5%		2.8%
1932	6.8%			1.4%	5.5%		82.1%		4.2%
1933	9.3%			1.2%	4.4%		78.5%		6.6%
1934	8.6%			7.2%			67.2%	3.7%	13.3%
1935	8.9%			8.9%			60.8%		21.4%
1936	8.6%		0.7%	6.3%	0.8%	0.2%	55.2%		28.2%
1937	5.7%		0.4%	2.5%	0.4%	0.1%	73.6%		17.3%
1938	11.0%		0.4%	2.3%	0.4%		85.9%		
1939	6.8%	1.7%	0.4%	1.8%	0.5%	0.4%	88.3%	0.1%	
1940	7.0%	1.7%	0.4%	2.0%	1.4%	0.3%	87.0%	0.1%	0.1%
1941	9.1%	1.5%	0.6%	1.8%	1.7%	0.3%	84.9%	0.1%	
1942	7.0%	5.5%	0.6%	1.8%	2.3%	0.3%	82.4%	0.1%	
1943	14.2%	4.6%	8.1%	10.3%	10.1%	2.6%	48.1%	2.0%	
1944	16.8%	5.0%	8.7%	10.6%	13.0%	2.8%	41.2%	1.9%	
1945	18.0%	4.9%	9.4%	11.0%	14.0%	2.8%	38.0%	1.9%	
1946	19.2%	6.0%	9.9%	11.1%	14.9%	2.6%	34.1%	2.2%	
1947	21.7%	4.8%	10.1%	13.7%	13.8%	2.8%	30.9%	2.2%	

资料来源：中国合作事业协会. 抗战以来之合作运动. 郑州：大象出版社，1946：32-33

信用合作社长期占中国农村合作社主导地位是有其经济和政治原因的。首先，

中国农民在封建地主的剥削下十分困苦，加之天灾人祸不断，亟须资金救济。而通过组建信用合作社或类似组织将救济款下发到农户，是一种较实用的解困方式。也正因如此，国民政府，包括华洋义赈会等一些团体，都以信用互助社或合作社形式组织农民统一使用赈款。从农民方面看，由于生活极度贫困，又遭高利贷盘剥，得知组织信用合作社可以获得低利借款，当然纷纷要求加入，这就使得信用合作社不断发展起来。其次，中国农村人口庞大，土地稀少，劳动生产率很低，土地产出物很少。加之中国农民大多为佃农，租用地主土地，收获物相当一部分要以地租形式交还地主，自己所剩无几。在这种情况下，产品运销合作社是难以得到发展的。同时由于小农经济自给自足的特性，农业生产所需要的种子、肥料、饲料等都取自自家土地，很少向外购买，至于新式农具的购买和使用更谈不上。因此，供应合作社、设备利用合作社等在当时的中国都难觅发展土壤。信用合作社以外的合作社难得发展，信用合作社的地位和作用也就凸显出来。

三、注重合作教育和宣传

国民党领导的合作运动之所以得到一定程度的发展，一个重要原因是对合作教育的重视。合作教育在当时被称作“合作运动之母”。国民党通过合作教育培养了大量的不同层次的合作人才。合作教育可以划分为高级教育、中级教育及初级教育。

高级合作教育旨在培养高级合作研究人才和领导骨干，包括合作学院、大学里的合作系、研究班等。1927 年国民党中央党务学校（即后来的中央政治学校大学部）成立时就曾设有合作课。1935 年 7 月中央政治学校设立合作学院，这是中国规模最大的独立的合作社研究培训机构，招生对象均为大学毕业生。此外，抗战前的南开大学、浙江大学，抗战期间的四川省立教育学院、国立社会教育学院等，以及抗战胜利后的国立复旦大学、湖南大学等，包括一些私立高等院校都相继设有合作组（系）等，为国民政府培养了大量的高级合作研究和管理人才。

中级合作教育主要是培养省、市、县合作指导人才，大多采取短期培训的形式，包括合作指导人员养成所、中等职业学校的合作训练班等。抗战前，中级合作教育主要有中央政治学校合作学院委托中国合作学社代办的全国合作人员训练所、实业部在中央农业实验所设立的合作技术人员讲习所。抗战期间，合作事业管理局曾设立全国合作人员训练所，先后培训学员 1 844 人。除全国规模的合作培训外，各省对合作指导人员的培训也极为重视。到 1947 年底，累计培训合作指导人员近万人（中国合作事业协会，1946）。

初级合作教育旨在向合作社社员、职员及群众灌输合作社常识和业务知识等。一般采取讲习会、巡回教育、通俗讲演及张贴挂图等方式进行，主要由各团体和地方政府在农闲时间组织。据对鄂、赣、粤等 18 个省的统计，截至 1947 年，累计培训人员 248 万人（中国合作事业协会，1946）。

国民政府还通过发行合作报刊和书籍、制作合作标识、创作合作歌曲、纪念国际合作节等活动，宣传合作知识，提高合作社知名度，扩大合作社影响。

第三节　对国民党所领导的合作运动的评价

一、积极意义

（一）合作社对赈灾、调剂农村金融和流通、支援抗战起到了一定的作用

国民党大规模开展合作运动是从赈灾（包括自然灾害和战争灾害）开始的。1931 年江淮水灾，国民政府成立救济水灾委员会，并委托华洋义赈会负责具体实施。华洋义赈会在灾区组织农民成立资金互助社，统一使用救济款，灾后又指导其发展成为合作社。合作社的组建对于缓解灾荒并进行灾后重建起了一定的作用，见表 3-3。“九·一八”事变后，日军占领中国东北并经常骚扰相邻地区，冀东一带战争灾害不断。1933 年，国民政府成立华北战区救济委员会，内设农赈组，通过组建互助社发放贷款。合作社在某种程度上减轻了兵灾所造成的损失，见表 3-4。

表 3-3　华洋义赈会在皖赣湘鄂四省办理的合作事业（1936 年 2 月）

省份	合作社数/个		互助社数/个	合作社自集资金/元		贷款数/元	
	已承认	未承认		已承认	未承认	已承认合作社	互助社
安徽	949	2 847	1 132	93 943.48	137 340.00	579 533.00	1 011 920.92
江西	791	149	818	59 791.50	12 279.50	536 813.00	352 932.40
湖南	555	326	824	35 346.14	16 333.00	337 501.00	332 272.00
湖北	380	386		8 099.42	6 378.97	215 934.00	
合计	2 675	3 708	2 774	197 180.54	172 331.47	1 669 781.00	1 697 125.32

资料来源：秦孝仪. 十年来之中国经济建设. 南京扶轮日报，1937：32

表 3-4　华北合作事业委员会办理的合作社（1936 年 2 月）

合作社数/个		互助社数/个	合作社社员数/人		互助社社员数/人	自集资金/元
已承认	未承认		已承认	未承认		
1 462	666	2 947	57 096	20 673	141 544	113 807.50

资料来源：秦孝仪. 十年来之中国经济建设. 南京扶轮日报，1937：32

通过组建信用合作社，一部分农民可以以较低的利息获得贷款，从而缓解高利贷的盘剥。据统计，国家银行对合作社的贷款数额逐年增加，到 1947 年已近 2 000 亿元，见表 3-5。而通过组建运销合作社，农产品可以顺利销出并获得相对高的价格。据 1933 年统计，河北棉花运销合作社每百斤[①]棉花售价 36.35 元，高出本地售价 3 元多，棉农可多得 10%左右的利润（卢广绵，1933）。

表 3-5　国家银行对合作社的放款数　　单位：元

年份	贷款结余数	每社平均贷款数	每社员平均贷款数
1935	9 956 674	38.91	9.91
1936	20 174 974	540.61	12.39
1937	27 055 948	575.87	12.65
1938	61 948 345	959.47	19.90
1939	112 611 898	1 231.73	25.79
1940	155 578 662	1 165.02	21.50
1941	249 878 770	1 605.02	26.66
1942	387 694 457	2 417.15	38.23
1943	802 376 044	4 809.66	58.13
1944	1 187 853 797	6 918.96	75.06
1945	2 482 932 926	14 431.21	144.09
1946	10 080 424 895	62 915.36	513.66
1947	194 681 276 000	1 163 060.90	3 795.69

资料来源：中国合作事业协会. 抗战以来之合作运动. 郑州：大象出版社，1946：46-47

抗战期间，合作社在协助政府给军队以便利、协助银行推行辅币、禁止伪币流通、将战区内重要物资运入安全区等方面都作出了贡献。例如，浙江省政府于 1939 年 4 月组织了战区合作工作队，在一年时间内就组建了 478 个茶叶、蚕丝、棉花、桐油等合作社，收购、抢运了价值 200 余万元的经济作物，为军需民用、外贸出口提供了部分货源。其中收购毛茶 1 万多担，箱茶 1 万多箱。为扶持群众茧蚕生产，从沦陷区抢购茧种 2 万多张、鲜茧 400 多担、干茧 100 多担。为扶持

① 1 斤=0.5 千克。

茶农自己加工茶叶，增加收入，向茶农贷款 33 万余元（杨德寿，1998）。

（二）合作社建设已成体系，并为在台湾获得成功准备了资源

1934 年，《中华民国合作社法》颁布，合作社开始进入规范化发展时期。同年在实业部设合作司，统管全国合作行政。在其前后，各地方合作行政机构也相继建立。各省、市、县也建立起合作金库，为合作社发展提供了资金保障。从中央到地方对合作教育给予应有的重视，为合作社建设提供了不同层次的人才。这样，至抗战前夕，合作社建设已基本上规范化、系统化。只是由于频繁的战争，合作社被纳入战时体制，并随着国民党的溃败而宣告结束。国民党在大陆领导的合作社运动，在小农经济的汪洋大海中探寻组织农民之途，不失为一种有益的尝试。

国民党溃守台湾后，移植大陆合作社资源，包括合作社法制、组织制度、行政管理、合作人才，尤其是在大陆办合作社的经验，使得台湾的合作社建设获得成功。目前台湾的"合作社法"就是在对 1934 年的《中华民国合作社法》进行修订的基础上形成的，它对规范和促进台湾合作社发展起了重要的作用。国民党在台湾领导的合作社运动，最初的合作人才基本上是在大陆合作运动中培养并成长起来的。因此可以说，国民党在大陆领导的合作社运动为台湾合作运动的成功奠定了基础。

二、合作运动存在的问题

（一）合作社覆盖面小，所起作用有限

尽管国民政府采取了许多措施促进合作社的发展，但就全国而言，合作社覆盖面很小，主要表现为两个方面：其一，合作社社员占全国人口比重很小。合作社社员占全国人口比重是衡量合作社覆盖面的重要指标。在民国时期，这一比例一直都很低。直到抗战爆发，这一比例也不足百分之一。1942 年开始实行新县制以后，要求户户入社，这一比例才有所上升，但也只是百分之几，见表 3-6。其二，合作社大多分布于为数不多的几个省份。由于国民党定都南京之初只控制政府所在地附近地区，所以，江浙等省的合作社相对较多。随着赈灾和"剿匪"的深入，皖、鄂、赣等省的合作社有所发展。冀鲁两省的合作社在抗战前也有所发展。抗战爆发后，战区合作社大量停顿和解体，后方尤其是国民党陪都所在地四川省合作社有所发展。从总体而言，合作社主要分布于江、浙、皖、鄂、赣、冀、鲁、川等省，其他地区则分布较为零散。

表 3-6 合作社社员占全国人口比重

年份	1932	1935	1938	1942	1944	1947
社员人数/万人	15	100	311	1 014	1 582	2 213
占人口比重	0.03%	0.25%	0.77%	2.54%	3.96%	5.53%

注：（1）抗战前社员人数来自郑厚博. 中国合作运动现状之分析. 合作月刊，1936，8（5）：134；抗战后社员人数来自中国合作事业协会. 抗战以来之合作运动. 郑州：大象出版社，1946：27-29

（2）占全国人口比重是以中国 4 亿人口为基数计算的

合作社覆盖面之小，决定其所起作用也很有限。从全国规模看，合作社并未起到改善农村经济、促进生产发展的目的。仅以中国合作运动主要形式信用合作为例。组建信用社的主要目的是调剂农村资金，抑制高利贷重利盘剥。然而，信用社成绩并不尽如人意。首先，信用社为农民提供借款的比例很低。对农民借款来源的调查显示，来自合作社的借款 1931 年为 2.6%、1933 年为 1.3%（骆耕漠，1934），即使在户户入社的新县制下，最高年份也只占 34%，最低年份仅占 17%[①]。来自私人、钱庄、典当业等的借款比重很高。其次，合作社并未抑制高利贷的重利盘剥。据对中国 23 个省的统计，1933~1934 年，农村现金借贷年利率在 30%以上。许多省份月利率在 10 分左右，有的高达 20 分（中央银行经济研究处，1936）。

（二）合作社在组建与运作过程中存在的问题

首先，合作社，尤其是信用合作社自有资金缺乏，难以自主经营。自有资金缺乏曾被一些人认为是当时农村合作社的最大缺陷（张德粹，1946）。据 1940 年对浙、皖、赣、鄂、川等 17 个省的调查，共有合作社 10.3 万个，社员 566 万人，股金 2 098 万元，每社平均有股金 202 元，每人平均缴纳股金仅为 4 元。在所调查的合作社中，87%为信用合作社，其余 13%为生产、运销、消费合作社等，后者股金较多，在某种程度上也抬高了合作社的人均入股额。另据 1940 年对陕西 300 多个信用社的调查，每个合作社的社股数几乎与其社员数相当，而股金总额基本等于社员人数的 2 倍（张德粹，1946）。也就是说，每人只入一股，每股金额 2 元已成为普遍现象。如此低额股金固然与中国农民贫困有关，但农民贫困程度未必如此整齐划一，况且参加合作社之人并非中国农村最贫困者（最贫困者往往被排除在合作社之外）。由此可知其入社目的只是取得借款资格，其入社股金也只是符合法律规定的最低限度而已。自有资金如此之低，决定其运作主要依赖外来资金，诸如银行、社团组织的贷款。如果外来资金消失，合作社自身也就难以开展业务。

① 资料来源：伍德海. 中华年鉴. 北京：中华年鉴社，1948：1257.

其次，由于国民政府曾以“提倡合作社并确有成效者”作为奖励官员的标准，这就使合作社组织者以能获得贷款来诱使农民入社，而对合作社的运作无所用心，“总是以在短的期间，多组织成几个合作社为能事”，“光想多拉社员，组织不严密，训练不切实”，“没有一点服务心，完全当升官发财的差事去做”（佩萱，1933）。

最后，合作社为有权势人所把持，贫苦农民或由于贫困无钱入社，或被剥夺入社资格，或入社以后只能听命于权势人物的摆布，很难平等分享合作社所带来的利益。据1933年江苏农民银行的调查资料测算，74%的社员借款在50元以下，借款额占合作社总贷款额的33%；18%的社员借款在50~200元，借款额却占合作社总贷款额的56%；有5%以上的社员借不到款，而有的人却能借到三四百元（骆耕漠，1934）。以国家银行提供的农贷资金为例，1938~1940年，地主、富农、商人所得到的农贷资金占该项资金总额的40%左右[①]。可见，合作社所带来的利益，为少数权势人物所垄断。

总体而言，民国时期农村合作社的建立和发展，是整个近代中国农村经济组织的新生力量，也是国民政府企图把中国农业推向近代化的一次有益的尝试。虽然这一时期农村合作运动取得了一定的社会和经济效应，但是其作用依然比较有限。作为一个多目标性的国家政策，它并没有达到政府的预期。

民国时期农村合作运动是和整个中国农村合作运动的发展大环境紧密联系在一起的，其目的也不能脱离国民政府的要旨，即这场轰轰烈烈的农村改良运动的真正目的是缓和阶级矛盾、恢复农民的纳税能力、挽救政府财政危机和严重的政治危机。在丝毫没有改变封建剥削制度的前提下，在农村土地制度没有发生根本性变革之前，在广大农民没有产生合作的意愿和要求之前，仅靠人为的力量来推动或加速这个过程，靠政治手段来达到经济目的的做法，使得合作运动不可能起到真正挽救农业和复兴农村经济的作用。

① 资料来源：吴菊英. 国民党五届五中全会财政部财政报告. 民国档案，1986，(7)：61-76.

第四章　中华人民共和国成立后至改革开放前我国农业产业组织状况与变化分析

中华人民共和国成立后，中国共产党带领全国各族人民开展了空前规模的土地改革运动和社会主义改造与建设工程，打破了中国延续千年的封建土地所有制，使“耕者有其田”真正成为现实，深刻改变了我国农业发展的基础及农业产业组织演变的方向。在这一时期，我国农业生产总体处于产品供不应求的短缺经济、计划经济环境中，各个农产品生产者之间基本不存在市场竞争关系。加之现代产业组织理论的产生和形成是以西方资本主义社会特定的市场经济体制为背景的，而且是对制造业等非农领域产业组织变革与创新实践的理论概括，因而将现代产业组织理论引入我国产业组织分析特别是农业产业组织分析，显然会遇到一些不适应的问题（靳相木，1998）。基于此，本部分对我国农业产业组织的研究将着重分析各类生产经营主体的演变，不太考虑主体之间的相互关系和市场结构问题。

第一节　我国农业产业组织演变的宏观背景

中华人民共和国成立后，在中国共产党的领导下，我国制定和实施了一系列新的治国理政方略，开展了轰轰烈烈的土地改革和社会主义改造工程，使我国农业生产的要素条件和制度环境发生了重大变化，农业产业组织的演变脱离了千百年自然演化进程，多次出现急转式、跳跃式变迁。其中，土地改革、统购统销政策、“大跃进”、“农业学大寨”等制度安排和重大事件对这一时期我国农业产业组织演变产生了重要影响。

一、土地改革及其影响

中华人民共和国成立之后，为更好地推动土地改革工作，中央人民政府成立了中央土地改革委员会，并从中央和地方抽调大批干部组织了土改工作队。1950年6月28日，中央人民政府委员会通过了《中华人民共和国土地改革法》，为指导新解放区土地改革提供了基本法律依据。从1950年冬季开始，一场历史上空前规模的土地改革运动在新解放区有领导、有步骤、分阶段地展开。至1953年春，除部分少数民族地区外，土改在全国大陆基本完成，3亿多个无地少地农民（包括新老解放区在内）无偿获得7亿亩[①]土地和其他生产资料，免除每年交纳给地主的700亿斤粮食的地租（王贵宸，1988）。封建土地所有制被彻底摧毁。

土地改革对当时我国农业产业组织演变产生了重大影响，它使数以亿计的农民获得了最重要的农业生产资料，使农民家庭成为最基本的农业生产经营主体，并为农户之间开展互助合作创造了条件。

二、统购统销政策的实行及其影响

1953年10月16日，中共中央通过《关于实行粮食的计划收购与计划供应的决议》。1953年11月19日，政务院第194次政务会议通过《关于实行粮食的计划收购和计划供应的命令》，要求从1953年12月初开始，除西藏和台湾外，全国城乡开始实行粮食统购统销。根据中共中央的决议和政务院的命令，我国粮食统购统销政策主要包括计划收购、计划供应、由国家严格控制粮食市场和中央对粮食实行统一管理四个组成部分。1953年11月15日，中共中央作出《关于在全国实行计划收购油料的决定》。1954年7月13日，中央批准《中财委关于改变棉花购销制度的建议》。1954年9月9日，政务院第224次政务会议通过了《关于实行棉布计划收购和计划供应的命令》和《关于棉花计划收购的命令》，要求从1954年9月起，城乡开始凭布票购买棉布。1955年3月3日，中共中央、国务院发出《关于迅速布置粮食购销工作安定农民生产情绪的紧急指示》，决定在全国实行粮食“三定”（定产、定购、定销）制度。1955年8月25日，国务院发布《农村粮食统购统销暂行办法》和《市镇粮食定量供应暂行办法》，前者对定产、定购、定销事宜作了详细的规定，后者规定市镇粮食统销按人定量供应，并发行粮票。

① 1亩=666.67平方米。

统购统销政策的实行在当时物资比较缺乏的情况下起到了保证供给、支持建设、稳定物价等积极作用。其主要弊端是限制了价值规律在农业生产和农产品经营中的作用，割断了农民同市场的联系，影响了农民生产积极性的发挥。在此政策作用下，无论是农民、合作社还是人民公社、生产大队、生产队等，都不再是完全意义上的农业生产经营主体，既无权自主决定生产什么产品，也无权自主处理所生产的产品，在一定意义上可以说他们只是国家这个“大工厂”的一个“生产车间”。

三、“大跃进”及其影响

1957 年 11 月 13 日，《人民日报》又发表题为“发动全民，讨论四十条纲要，掀起农业生产的新高潮”的社论，号召批判右倾保守思想，“在生产战线上来一个大的跃进”，开始了对农业“大跃进”的发动。1957 年末至 1958 年初在农村掀起的以兴修水利、养猪积肥和改良土壤为中心的农业生产高潮，实际上拉开了“大跃进”的序幕。1958 年 5 月，中国共产党第八次全国代表大会第二次会议召开，正式提出“鼓足干劲、力争上游、多快好省地建设社会主义”的总路线。这条总路线的出发点是要尽快地改变我国经济文化落后的状况，但是忽视了经济发展的客观规律。会后，以片面追求工农业生产和建设的高速度，大幅度地提高和修改计划指标为标志的“大跃进”运动在全国范围内开展起来。

“大跃进”突出表现为生产发展上的高指标和浮夸风，使人们主观地认为农业合作社的规模越大，公有化程度越高，就越能促进生产。“造成似乎高级社这种组织形式已经不适应生产发展要求的假象。它又成为生产关系再一次变革的主要依据”（王贵宸，1988）。

四、“农业学大寨”及其影响

1963 年 8 月，山西省昔阳县大寨大队遭受特大洪水灾害，社员依靠自力更生、艰苦奋斗，取得了抗灾夺丰收的胜利。1964 年 2 月 10 日，《人民日报》发表题为“大寨之路”的长篇通讯，介绍了大寨人的事迹。1964 年，毛泽东向全国人民发出了“农业学大寨”的号召，提出“农业主要靠大寨精神，自力更生”。“文化大革命”以后，“农业学大寨”逐渐成为一场声势浩大的全国性群众运动，并从农业生产战线上自力更生、艰苦奋斗的先进典型被扭曲为一个推行“左”的政策的样板（孙林，2001）。1970 年 9 月 23 日，《人民日报》发表的社论“农业学大寨”中提出，学大寨就是要学习大寨大队一贯坚持政治挂帅、思想领先的原则。1975 年 9 月，国务院在山西省昔阳县召开全国第一次农业学大寨会议，提出了“全党动员，大办农业，为普及大寨县而奋斗”的口号。

“文化大革命”期间，大寨经验被总结为“三条根本原则”，即大批修正主义、大批资本主义、大干社会主义。其核心内容是宣扬“阶级斗争一抓就灵”，搞“穷过渡”，把社员经营的自留地和家庭副业、农林集市贸易均当作“资本主义尾巴”割掉，无偿调用生产单位的劳力、资金、物资，只算政治账不算经济账等。这些做法进一步限制了农业农村领域个体私营经济的发展空间，极大地挫伤了广大社员的生产积极性，使“三级所有、队为基础”人民公社体制的内在缺陷更加突显，难以为继。

第二节　1949~1956 年我国农业产业组织演变历程

1949~1956 年是我国完成社会主义改造、基本确立社会主义制度的重要时期。在此期间，我国实施了声势浩大的土地改革，在较短时期内将我国农村的封建土地所有制转变为农民个体所有制，广泛开展了农业合作化运动，推动农业生产组织方式由以农民个体经济为主逐步转变为以合作社集体经济为主，完成了农业的社会主义改造。

1951 年 9 月 20~30 日，中共中央召开全国第一次互助合作会议，通过《关于农业生产互助合作的决议（草案）》，提出，为了帮助农民克服一家一户个体经营中的困难，避免两极分化，为了发展生产，兴修水利，抵御自然灾害，采用农业机械和其他新技术，使国家得到更多的粮食和工业原料，必须提倡“组织起来”，发挥农民劳动互助的积极性。1951 年 12 月 15 日，《中共中央关于农业生产互助合作的决议（草案）》正式印发各级党委试行实施。根据这个决议，农业生产互助合作运动很快在全国范围开展起来。到 1952 年底，已经组织起来的农户占全国总农户的 40%左右，比 1950 年增加了三倍。互助组发展到 8 026 万个，其中常年互助组 1 756 万个，参加的农户 11 448 万户。初级农业生产合作社 3 644 个，参加农户 59 万户，平均每个社 162 户。

1953 年 2 月，党中央将 1951 年下发试行的《关于农业生产互助合作的决议（草案）》作了个别修改，作为正式决议发给各中央局、分局并转各省、市委施行，要求在条件比较成熟的地区，有领导、有重点地发展以土地入股为特点的初级农业生产合作社。我国农业生产合作社至此从试办阶段进入发展阶段。1953 年

4 月 3 日，中共中央农村工作部召开第一次全国农村工作会议。邓子恢在会上批评了当时互助合作运动中发生的急躁冒进的偏向，阐述了“稳步前进”的方针。1953 年，互助组经过整顿和巩固，数量由 1952 年底的 802.6 万个减少到 745 万个，但参加农户有所增加。其中，常年互助组增加到 181.6 万个，参加农户发展到 1 332.8 万户。初级农业生产合作社经整顿后有 1.5 万多个，参加农户 27.5 万户，平均每社 18.3 户。由于工作比较扎实，生产组织程度比较适当，当年有 90%以上的互助组、合作社增产。合作社的产量大都超过同样土地的单干户和一般互助组的水平，显示出初级农业生产合作社的优越性。

1954 年初，随着《中共中央关于发展农业生产合作社的决议》的传达贯彻，以及党在过渡时期总路线宣传教育活动的展开，全国农村很快掀起了一个大办农业社的热潮。到 1954 年 10 月，全国农业社增加到 22.5 万个。至 1954 年底，全国农业生产合作社总数增加到 48 万个，发展势头越来越猛。但与此同时，一些地方合作社发展过程中工作粗糙，引起一些农民的不满，个别地方出现非正常的杀猪宰牛、不热心积肥和备耕等现象。

1955 年 1 月 10 日，针对农业合作社发展中存在的过急、过快问题，中共中央发出《关于整顿和巩固农业生产合作社的通知》，提出合作化运动应基本转入控制发展、着重巩固的阶段。4 月 21 日至 5 月 7 日，受中共中央委托，中央农村工作部召开第三次全国农村工作会议，传达了中央书记处提出的方针。到 1955 年 6 月底，全国农业合作社达 65 万个，比 4 月减少了 2 万个。其中，浙江减少 15 607 个，山东减少 4 000 多个，河北减少 7 000 多个，陕西、河南、吉林、云南等省份还有所增加。总体来看，这次整顿农业社取得了较好效果。1955 年夏收，全国保留的 65 万个农业社中，有 80%以上增产。到 1956 年底，全国高级社的数量增加到 54 万个，每个高级社的平均户数达到 158.6 户。参加农业生产合作社的农户占到农户总数的 96.3%，其中高级社农户占农户总数的比重达到 87.8%（王贵宸，1988）。至此，全国基本完成了农业生产资料私有制向公有制的转变，农业合作化进入一个新的阶段。

第三节　1957~1978 年我国农业产业组织演变历程

1957~1978 年是我国全面开展社会主义建设的重要时期。在这一时期，受极左思想影响和“大跃进”等的鼓动，我国从 1957 年、1958 年开始了新一轮农业产业组织方式的重大调整，多数地区在较短时期内建立起了集“工农商学兵”于一体的人民公社。人民公社成为新的农业生产经营主体，并在资源调配、核算单位、分配制度等方面经过多次调整变化而不断完善，于1962年基本形成“三级所有、队为基础”的人民公社经营体制，并一直持续到20世纪80年代初。

1958年8月17~30日，中共中央政治局在北戴河举行扩大会议，讨论和通过了《中共中央关于在农村建立人民公社问题的决定》。决议指出，“人民公社将是建成社会主义和逐步向共产主义过渡的最好的组织形式”，“共产主义在我国的实现，已经不是什么遥远将来的事情了”。会后，全国很快形成了人民公社化运动的高潮，在短短几个月的时间内全国农村就普遍建立起人民公社。据中央农村工作部1958年9月30日编印的《人民公社化运动简报》第4期报道，到1958年9月29日为止，全国农村已基本实现了公社化。除西藏外，全国其他27个省（自治区、直辖市）共建立人民公社23 384个，入社农户占总农户的90.4%。其中，有12个省份达到100%；平均每社4 797户。河南、吉林等13个省份有94个县以县为单位建立了县人民公社或县联社。1958年11月27日，中央农村工作部报告，到1958年10月底，农村共有人民公社26 576个，参加的农户占农户总数的99.1%。至此，我国农村多数在1956年上半年建立起来的数十万高级农业生产合作社才刚满两年就被2万多个政社合一的人民公社所代替，平均大约28个农业生产合作社并为一个公社。到1958年10月底，据不完全统计，全国农村共举办公共食堂265万多个，在食堂吃饭的人占农村总人口的近90%。已建托儿所、幼儿园475万个，幸福院10万多个。河北、贵州、辽宁等20个省（自治区、直辖市）共建民兵师1 052个、民兵团24 525个（薄一波，2008）。1958年11月28日到12月10日，中共中央在武昌召开八届六中全会，讨论和通过了《关于人民公社若干问题的决议》。决议指出：不应当无根据地宣布农村人民公社“立即实行全民所有制”，甚至“立即进入共产主义”。在今后一个历史时期内，人民公社仍应保留按劳分配制度，人民公社的商品生产和商品交换，必须有一个很大的发展。

1959年2月27日到3月5日，中共中央在郑州举行政治局扩大会议（即第二次郑州会议）。会议要求公社在统一分配上，承认队与队、社员与社员之间收入的合理差别；在体制上，实行权力下放，三级管理，三级核算，以队（大体相当原高级农业生产合作社，有的地方是生产队，有的地方是生产大队或管理区）为基础。

1960年11月3日，中共中央发出《关于农村人民公社当前政策问题的紧急指示信》（简称《十二条》）。《十二条》规定：人民公社实行三级所有，队（相当原高级农业生产合作社）为基础，至少七年不变；彻底纠正“一平二调”的错误；允许社员经营少量的自留地和家庭副业；从各方面节约劳动力，加强农业生产第一线；认真实行劳逸结合；整风整社等。《十二条》对于扭转当时农村的形势起了积极作用。

1961年3月6日，安徽省省委根据农民群众的要求，决定试行“定产到田，责任到人”的田间管理责任制。试行以来，得到农民群众的热烈欢迎。到秋末，全省 85.4%的生产队都实行了这种办法。同时，在全国各省区也有 20%以上的地区实行了类似的办法。其中，甘肃临夏地区达 74%，浙江新昌县、四川江北县达 70%，广西龙胜县达 42.3%，福建连城县达 42%，贵州全省达 40%，广东、湖南、河北和东北三省也都出现了这种形式（薄一波，2008）。1961年3月15~23日，中共中央在广州举行工作会议。在总结农村人民公社过去三年多的经验和贯彻《十二条》的经验的基础上，毛泽东主持制定《农村人民公社工作条例（草案）》（简称《农业六十条》）。它对纠正社、队规模偏大，公社对下级管得太多太死，民主制度和经营管理制度不健全等方面的问题，都作了比较系统的规定。5月21日到6月12日，中共中央在北京举行工作会议，对《农村人民公社工作条例（草案）》进行了修改，制定了《农村人民公社工作条例（修正草案）》。修改部分主要是取消原草案中公共食堂和供给制的规定。据中央农村工作部 1961 年 9 月 6 日报告：《农村人民公社工作条例（草案）》下发后，各地调整了社队规模，调整后，全国农村人民公社总数为 55 682 个，比调整前增加了 30 478 个；大队总数为 708 912 个，比调整前增加了 225 098 个；生产队总数为 4 549 474 个，比调整前增加了 1 561 306 个。

1962年2月13日，党中央正式发出《关于改变农村人民公社基本核算单位问题的指示》，决定农村人民公社一般以生产队（即小队，相当于初级社）为基本核算单位。这样，便将组织生产和进行分配的单位统一起来，从而在一定程度上解决了自1956年高级社以来已存在，而在人民公社成立后更趋严重的生产队之间的平均主义问题。1962年6~9月，中央又组织对《农村人民公社工作条例（修正草案）》进行了两次修改。1962年9月29日，八届十中全会正式通过《农村人民公社工作条例（修正草案）》，继续坚持以生产队为基本核算单位。该修正草案一直到1978年十一届三中全会前再未修改，是这十几年里我国农村人民公社和整个农村工作的指导性文件。据国家统计局统计：1962 年平均每个农村人民公社有 9.4 个大队，每个生产大队有 7.9 个生产队，每个生产队有 24.9 户（薄一波，2008）。至此，“三级所有、队为基础”的人民公社农业生产组织形式基本成型。

第四节　1949~1978年我国农业生产经营绩效分析

我国学者对于农业产业组织绩效的研究大都从某一具体农产品产业链入手，

从多个角度设计农业产业组织绩效评价指标体系，并运用层次分析法、因子分析法、数据包络分析法、结构方程模型等进行实证检验（汪爱娥和包玉泽，2014）。例如，任伯琪和胡承波（2014）从经济绩效、社会绩效、生态绩效三个维度构建了农业产业组织整体绩效评估指标体系，采用强制评分法和 Delphi 法确定各指标权重，选取辽宁部分地区的农业产业组织蔬菜基地作为分析对象进行了实证测评。借鉴相关测评方法，同时考虑在 1949~1978 年，尽最大可能增加农产品供给，特别是粮食供给，是我国农业的压倒性目标，本节将主要从农林牧渔总产值、粮食产量、单位面积粮食产量、人均粮食产量等维度对这一时期我国农业产业组织的绩效进行粗略的评估、评价。

回顾 1949~1978 年我国农业产业组织的演变历程，不难发现，1956 年是我国农业产业组织演变的重要转折期。在此之前的几年里，我国的农业生产主体既有个体农民（单干户），也有互助组、初级社，农民拥有土地，对农业生产经营具有完全或部分决定权，农民的收入受劳动付出、经营绩效、要素租金等多重因素影响。1956 年之后，无论是高级社还是人民公社，农民基本都丧失了农业生产经营的决定权，农民收入与农业生产绩效、劳动付出之间只有很微弱的关联，与农民个人的财产积累基本无关。因此，从一般经济学意义上讲，我国 1956 年前的农业产业组织相对于 1956 年后的农业产业组织，其产权激励更加有效，生产责任更加明确，责、权、利之间更加对等，理应创造更高的农业生产经营绩效，如更高的粮食产量、更高的单位面积粮食产量、更高的人均粮食产量等。

基于国家统计局网站公开的年度数据，我们采集了 1950~1978 年我国农林牧渔业总产值、粮食产量、单位面积粮食产量、人均粮食产量等数据。从农林牧渔业总产值看，如图 4-1 所示，1950~1956 年及 1961~1978 年，全国农林牧渔业总产值基本保持增强态势，且 1961 年后的增长速度要略快于 1956 年之前。但 1957~1960 年，全国农林牧渔总产值出现了明显下降。

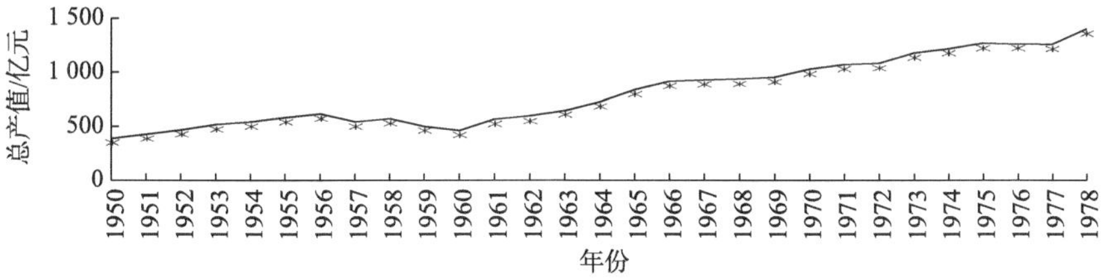

图 4-1　1950~1978 年我国农林牧渔业总产值

从粮食产量看，如图 4-2 所示，1959~1961 年，全国粮食产量出现了大幅下滑。其他年份则基本保持增长态势，且 1961 年后的增长速度略快于 1958 年之前。

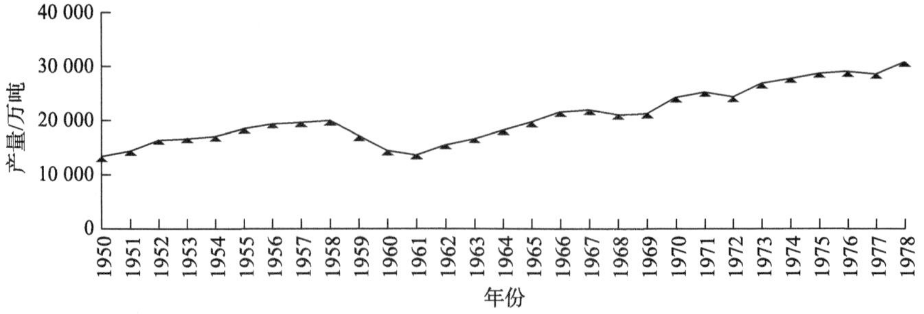

图 4-2　1950~1978 年我国粮食产量

从单位面积粮食产量来看，如图 4-3 所示，1959~1961 年，全国单位面积粮食产量出现了明显下降，其他年份则基本保持增长态势，且 1962 年后的增长速度略快于 1958 年之前，1962 年后的单位面积粮食产量平均值明显高于 1958 年之前，反映出后一阶段全国土地生产率有较大提升。

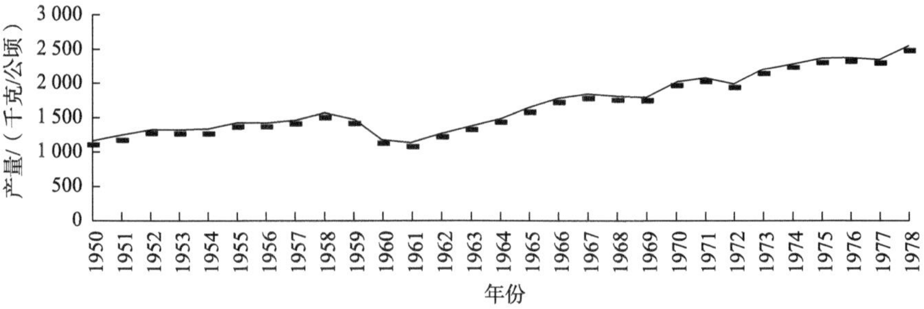

图 4-3　1950~1978 年我国单位面积粮食产量

从人均粮食产量看，如图 4-4 所示，除 1958~1962 年外，全国人均粮食产量都保持缓慢增长态势。其中，1952~1957 年，全国人均粮食产量在 300 千克左右。1962~1970 年，全国人均粮食产量普遍低于 300 千克。1970 年后，全国人均粮食产量略高于 300 千克。

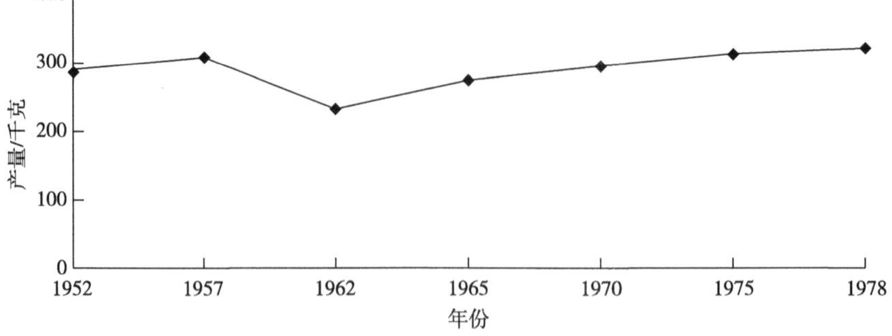

图 4-4　1952~1978 年我国人均粮食产量

综合以上几个指标，可以很明显地看出，1957~1962 年，我国农业发展出现了明显的停滞甚至倒退。究其原因，我们认为既与这一时期农业生产组织从高级社向人民公社转得过急过快及农业生产资料公有化程度过高有关，也与这一时期国家在农业生产管理上出现的“大跃进”“浮夸风”“共产风”等问题有关。但与这一时期发生的自然灾害关系倒不是太大，因为受灾统计数据显示，1958~1961 年的农业受灾面积基本保持常年平均水平，反倒是接下来的 1962 年、1963 年、1964 年受灾面积显著高于常年。除此时期之外，我国农林牧渔业总产值、粮食产量、单位面积粮食产量、人均粮食产量在 1950~1978 年基本都呈增长态势，且 1962 年后的增长速度还略快于 1958 年之前，未能证明互助组、初级社、高级社等农业产业组织形式的绩效明显优于人民公社。究其原因，我们认为，农业生产绩效的高低除了与产业组织自身的产权激励大小、经营管理水平有关外，还与农业技术进步、农业生产资源条件及非物质激励等因素密切相关。经过多年大规模的农田水利建设，我国的人民公社时期相比互助组、初级社、高级社时期，农业基础设施条件无疑有较大改善，农业技术水平和机械化水平有较大程度提高，人口规模和投入的劳动力也有较大幅度增加。加之党和政府较强的组织动员能力，一定程度上弥补了人民公社在产权激励和分配激励方面的不足，实现了农业生产的稳定较快增长。

第五节　总体评价

总体来看，中华人民共和国成立后，为满足人民快速发展农业生产力、提高生活水平的良好愿望，党和国家领导和支持广大人民开展多种形式的互助合作，创建了多层次广覆盖的农业生产合作社、供销合作社和农村信用合作社，完成了农业的社会主义改造。农业生产的组织化水平大幅提高，农田水利建设取得重大成就，主要农产品产量总体也有所增加。当然，在此期间的多数时间里，党和人民对早日建成社会主义、共产主义社会的愿望过于急迫，对社会主义的本质特征及农业发展的客观规律认识不够充分，对苏联社会主义模式盲目照搬，加之部分党和国家领导人对形势任务的判断出现偏差，在工作方法上简单搬抄革命战争中惯用的发动群众运动、大兵团作战经验，导致我国农业产业组织迅速由以小农户、互助组为主体转变为以初级社、高级社、人民公社为主体，生产组织一大二公，生产管理责任不明，收入分配平均主义，农业劳动生产率水平和农民生活水平提高有限。

第六节 几点思考

基于对 1949~1978 年我国农业产业组织演变历程的回顾及农业生产绩效的分析，结合薄一波、杜润生等亲历者对这一时期我国农业合作化进程的回顾与反思，我们从这一时期农业产业组织演变得出以下几点思考。

（1）合作化是 1949~1978 年我国农业产业组织演变的主线，农民家庭经营、个体经营等生产组织形式仅在中华人民共和国成立初期及自留地、副业生产等少数时间、少数领域得以保留和延续。

（2）农业是在辽阔的土地上生产，不可能把大家集聚在一块土地上，对劳动者也不可能靠直接的监督，劳动和收益不是直接联系（杜润生，2005），导致农业生产的规模化水平及组织化程度受多种客观因素制约。单方面改造生产关系，盲目提高农业生产组织的公有化程度，不切实际地采取人海战术和大兵团作战，很可能会挫伤农民群众的生产积极性，造成对农业生产力的严重破坏。

（3）合作社既可能是基于个体私有经济基础之上的劳动合作、服务合作、经营合作，也可能是生产资料归集体支配甚至是归集体所有的资本合作、股份合作。不同内涵的合作社之间在产权设置、经营决策、核算、分配等方面都存在显著差异，政府在倡导发展合作社时需充分认识到农业合作社的多元性和差异性，承认历史发展的阶段性，不将合作化水平与社会主义道路简单挂钩。

（4）从历史的纵向来看，我国初级社、高级社、人民公社等不同时期的农业生产绩效并未表现出显著差异，在一定程度上反映出个体经济性质多一些的农业产业组织与集体性质多一些的农业产业组织相比，各有利弊，不存在绝对意义上的孰优孰劣的问题。政府在引导农业产业组织演替时不宜一刀切和千篇一律，而应更多地尊重生产者的自主选择。

第五章 改革开放以来农业产业组织体系的变迁[①]

第一节 背 景

早在40年前，我国农村地区便实施了改革开放政策。40年来，中国农业和农村的发展取得了很大进展，其中农业组织制度是最具有突破性创新的领域之一。正如North和Thomas（1976）所言，有效的经济组织是经济增长的关键。20世纪70年代后期，农业生产中家庭联产承包责任制的采用使得农民同时承担了生产风险和市场风险，农民只有寻求更好的技术、服务和市场才能生存下去。此外，发展中国家的农业部门正逐步受到全球市场发展的影响，如全球贸易自由化的发展（Singbo and Lansink，2010），中国自然也不例外。随着专业化和分工的不断演进，农民面临愈加多元化、高质量的消费需求，利润空间不断变小。可以说，农业产业化和制度创新是帮助农民脱贫的根本途径。

我国农业产业化始于20世纪90年代，主要标志为工商资本进入农村地区。农业产业化基于家庭联产承包责任制、现代生产技术和管理、市场导向，依托农业龙头企业和农民专业合作社等组织实现专业化和规模经济。可以说，农业产业化的过程就是农户的制度创新过程，即取决于产业组织的发展程度。

著名经济学家马歇尔在他的著作《经济学原理》中首次定义了产业组织。组织的核心包括合作意愿、共同目标和信息交换。农业组织要实现农业生产和营销的纵向一体化，即要建立供应链不同环节之间的联系（Eswaran and Kotwal，1985；黄祖辉，2008）。我国有不同类型的农业组织，如农业企业、多种类型的农民合作

---

① 本章部分内容发表于：Huang Z H，Liang Q. Agricultural organizations and the role of farmer cooperatives in China since 1978：past and future. China Agricultural Economic Review，2018，10（1）：48-64.

社、家庭农场等，这些组织所有权、决策权和收益权等治理结构方面各不相同。具体而言，农业企业被少数股东拥有和控制，农民专业合作社由自身的社员拥有和控制，而家庭农场主要由家庭成员拥有和经营。这些组织在一体化的程度和方式上也均有不同，如合约、横向或纵向一体化等。

本章描绘了近40年来我国各种农业组织的兴起和演变，分析了农业组织体系的发展现状和趋势。然后进一步讨论了农民专业合作社在组织体系中的作用，以回应国际上关于中国合作社合法性的争论。此外，还探讨了在供需双方环境不断变化下农业组织机构的发展趋势。

第二节 自1978年实施改革开放政策以来我国农业组织的演变

本章对我国改革开放以来农业组织每十年的发展状况分别进行总结：1978~1987年，家庭联产承包责任制的实施和农民专业技术协会（以下简称农民协会）的出现；1988~1997年，农业龙头企业和农民专业合作社的兴起；1998~2007年，农业龙头企业和农民专业合作社的蓬勃发展；2008~2017年，农民专业合作社持续高速发展，家庭农场和联合社的兴起。

一、1978~1987年：家庭联产承包责任制的实施和农民协会的兴起

自20世纪70年代末实施改革开放以来，我国农业管理体系和制度经历了曲折而深刻的变迁，即引入和建立了与之前完全不同的产权结构和组织体系。其中，最重要的变化就是从集体所有制向家庭联产承包责任制的转变，表现为农地经营权分配给农民，集体仍保留土地所有权。农民在向政府交出固定数量的产出后，余下的粮食可自由处置。可以说，农村的这一改革为后来大量的制度创新奠定了基础。

农民开始追求更好的技术，实现产品产量和价值的最大化。20世纪80年代初期，一些有能力的农民与当地的科技协会共同发起了农民协会。农民协会旨在促进某一特定产业部门的发展，为农户提供技术指导、市场信息、农户和买家之间的中介服务等。此外，它还是政府与农民之间有效的沟通桥梁。然而，协会是非

法人组织，不能直接参与市场经济活动。

二、1988~1997 年：农业龙头企业和农民专业合作社的兴起

虽然家庭联产承包责任制的实施使农户拥有了对土地产出的所有权，但由于农户生产规模较小和缺乏市场信息，无法与其他市场参与者进行有效谈判。在这种背景下，农业龙头企业的出现，满足了农户对技术和市场的需求。农业龙头企业是指从事农业投入品供应、农产品加工和流通的企业。随着 20 世纪 80 年代我国实行农业产业化，对于劳动分工、生产与流通有效链接、供应链的延伸、产品质量的提高等需求变得尤为突出。农村企业家创办了大量的大型农业龙头企业，农业龙头企业数量在 20 世纪 90 年代呈现出高速增长态势。农业龙头企业向农户提供技术指导和/或与农户签订购买合同。该种方式使得农户和企业均获益，因为农户通过向企业提供产品而进入市场，而公司也由于获得稳定的产品供应而降低了交易成本。

尽管农民协会和农业龙头企业的出现在一定程度上减缓了农户的困境，但农户仍然面临着多种挑战，如很难从产品的附加值中受益、农业龙头企业和农户之间的合同并不稳定等。此外，随着工业化的实施，一系列新的挑战也随之增加，如边际利润较小、专业化、信息化及其他供应链主体的全球化等。小农户缺乏与其他供应链主体进行有效谈判的能力。最终，农民专业合作社得以发展，帮助农户应对这些问题。农民专业合作社最初是在政府的推动下建立起来的，发展速度适中。农民专业合作社具有农户所有和农户受益的特点，因而能够帮助农户消除与企业间不稳定合约而产生的弊端。

三、1998~2007 年：农业龙头企业和农民专业合作社的蓬勃发展

自 1998 年十五大和三中全会召开以来，在政府的呼吁下，农业龙头企业的发展进一步加快。2000 年，政府制定和颁布了支持农业龙头企业发展的各种措施和法规。同年，有 151 家企业被列为国家重点农业龙头企业，其次为省级和市级重点农业龙头企业。

农民专业合作社在 21 世纪开始迅速发展并遍布全国，政府也非常重视农民专业合作社的发展。自 2004 年以来，农民专业合作社在每年的中央一号文件中都被多次提及；与此同时，部分农民协会通过重组和重新注册转变为农民专业合作社，

以便能够开展市场活动并代表农户社员进行谈判。

四、2008~2017 年：农民专业合作社的持续高速发展，家庭农场和联合社的兴起

自 2007 年《农民专业合作社法》颁布后，合作社的增长速度进一步加快。与此同时，其他形式的合作社如土地股份合作社和联合社也开始兴起。2013 年的一号文件将“农民专业合作社”的表述改为“农业合作社”，以适应合作社形式多样化的需求。经过 10 年的发展，2017 年底，经修订的《农民专业合作社法》正式发布。

农地分散造成的小规模生产限制了规模经济的实现，从而导致生产效率低下、附加值低、交易成本高、农户缺少话语权等（黄祖辉和傅夏仙，2001；冀县卿和钱忠好，2010；张晓山，2010；马迅，2012）。我国人均耕地为 1.4 亩，且近半数省份人均耕地不足 1 亩。Wan 和 Cheng（2001）认为，如果消除土地分散，中国的粮食产量将增加 7 140 万吨。由于我国城市化和工业化的快速发展，许多农民从农村迁移至城市从事非农工作。这种趋势加剧了我国农村对农地流转、农业企业家和技术进步的需求（高强等，2013），也推动了家庭农场和土地股份合作社的出现。

我国政府于 2008 年正式提出将家庭农场作为最重要的经营主体之一，并在 2013 年的一号文件中首次提及家庭农场。家庭农场被定义为“主要由家庭经营的，从事农业生产、加工和销售的市场和利润导向型的经济企业”[①]（高强等，2013）。农业部强调，家庭农场开展生产所需的劳动力主要来自家庭成员，而非雇用长期工人。此外，家庭的大部分收入来自农业为家庭农场的一个主要特征。家庭农场通过扩大农业规模实现了生产效率和农户收入的提高，并可以通过加入农民专业合作社，获得技术服务和市场准入。

2013 年，政府正式提出土地股份合作社，并通过各种实践不断推进其发展。土地股份合作社基于土地的流转和经营而建立。从理论上讲，合作社所有权的分配依据个体成员加入合作社的土地规模而定。合作社或第三方企业对集体土地进行合并和重组，从而达到提高生产效率和增加产品附加值的目的。

虽然农民专业合作社比个体农户能够更好地进入市场，但大多数合作社仍然缺乏与同行竞争的能力。因此，同一部门或同一地区的农民专业合作社成立了联

① 目前尚未有家庭农场规模的标准。一些省份要求种植水果、蔬菜和其他经济作物的家庭农场的规模要大于 30 亩，而那些种植谷类作物的家庭农场要求大于 50 亩。一些地区要求种植面积至少 100 亩。

合社，以此来提高它们的竞争力。联合社的成员共同分享技术、市场信息、品牌和/或进行融资合作。一些上游原材料供应商或下游加工商也会加入联合社，以提高纵向一体化的程度、节约交易成本。2013 年的一号文件，首次正式提出关于联合社发展的问题。

五、总结

图 5-1 显示了 1978 年以来我国各种农业组织的发展历程。在实施家庭联产承包责任制和农业产业化的背景下，农民协会和农业龙头企业的出现迎合了农户对生产技术和市场准入的需求。农民专业合作社的成立在于帮助农户提高议价能力，使其获得更多的产品附加值。当意识到小农经济的局限后，家庭农场在政府的推动下于过去十年里迅速发展。最后，土地股份合作社和联合社等各种形式的合作社不断涌现，以解决个体农户和合作社面临的各种挑战。

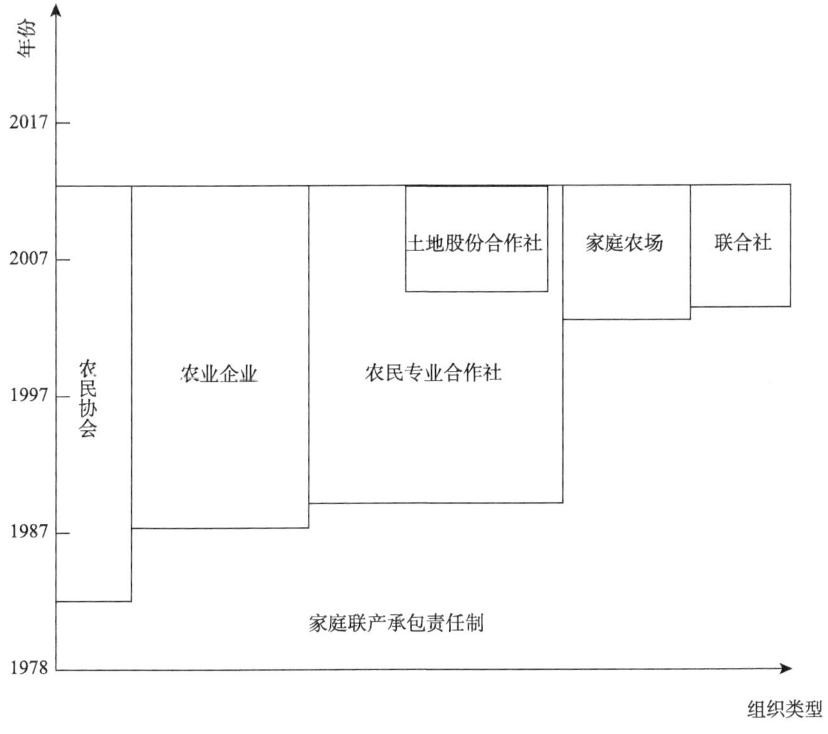

图 5-1 1978 年以来我国各种农业组织发展历程

第三节 我国农业产业组织的现状

目前我国主要的农业组织类型分别是农业企业、农民专业合作社和家庭农场，本章在这一节中描述了每种组织的发展状况和所面临的挑战。

一、农业企业

2015 年底，我国共有农业企业 129 000 家，超过 40%的农户将自己生产的产品销售给农业企业，超过三分之一的农产品通过农业企业进行销售。自农民专业合作社和家庭农场快速发展以来，农业企业的增速放缓，但其仍然是我国最主要的组织之一。农业龙头企业根据资产总额、固定资产、销售收入和与农户联系的广泛性等差异可分为三个等级，即国家级农业龙头企业、省级农业龙头企业和市级农业龙头企业。

农业企业和农户间存在着多种业务关系。第一种类型，农户通过现货和随机交易将产品销售给农业企业。这种类型的企业通常位于产区，向当地农户收购农产品，但企业往往不向农户提供技术指导或要求。第二种类型为企业和农户间实施订单农业，在粮食、牲畜等经济作物相关产业比较常见。两者间签订的合约要么是正式的书面合约，要么是非正式的口头合约。企业为农户提供所需的投入，并要求农户按照企业的标准进行生产；农户依据合约规定，以较为灵活或者固定的价格向企业销售产品。第三种类型为“企业+农户”模式，企业向农户租赁土地进行统一规模化生产、统一加工和统一销售。农户为企业打工，并获得固定的租金和工资收入。这种合约模式被广泛应用于高价值和资本密集型的产品领域。

但是，农户与企业的关系存在着协调上的脆弱性和农户获取附加值困难等诸多弱点（周立群和曹利群，2001）。当存在更高收益的其他选择时，农户和/或企业有时会出于机会主义而违约。在多数情况下，农户是价格接受者。由于双方市场力量悬殊，农户很容易受到下游企业的威胁、阻碍和控制。此外，农业企业更喜欢与种养殖大户签订合同，因为他们拥有较为先进的技术，且具备标准化生产的能力。

二、农民专业合作社

在过去十年里，我国农民专业合作社经历了快速发展。表 5-1 列出了 2007 年 1 月至 2017 年 7 月期间，我国农民专业合作社总数、注册资金、社员规模和平均社员规模等信息。2007 年，农民专业合作社的数量为 2.6 万家，2017 年 7 月增至 193.3 万家。截至 2017 年 7 月底，我国有超过 1 亿的农户加入了农民专业合作社，占农户总数的 46.8%。2007 年平均社员规模略大于 13 户，2017 年增至约 60 户。

不同行业农民专业合作社的数量不尽相同。种植业、畜牧业、服务业、林业、渔业和其他行业内的合作社数量占比分别为 53.2%、24.3%、8.1%、5.9%、3.4%和 5.1%，在所有的种植业合作社中，38.9%为粮食合作社，18%为蔬菜合作社。虽然社员规模仍然较小，但社员规模超过 100 的合作社的比例从 2008 年的 1.8%上升至 2016 年的 3.8%。

表 5-1　我国农民专业合作社的发展（2007~2017.07）

时间	合作社总数/万家	注册资金/100 亿元	社员规模/万户	平均社员规模/户
2007	2.6	30	35	13
2008	11.09	90	142	13
2009	24.64	250	392	16
2010	37.91	450	716	19
2011	52.17	720	1 196	23
2012	68.89	1 100	2 373	34
2013	98.24	1 890	2 951	30
2014	128.88	2 730	9 227	72
2015	153.11	3 230	10 090	66
2016	179.4		10 667	59
2017.07	193.3		11 243	58

资料来源：根据国家工商行政管理总局公布的统计数据汇总

土地股份合作社是农民专业合作社的一种特殊类型。农户通过将土地流转给合作社获得社员资格。截至 2015 年底，共有 85 222 家土地股份合作社，占农民专业合作社总数的 6.4%。土地股份合作社要么自身统一经营集中的土地，要么将土地经营权委托给第三方企业。在我国，从事粮食生产的土地股份合作社倾向于整合土地并自行经营，而许多从事高价值产品生产的土地股份合作社则将土地经营权委托给第三方企业。前者的优势在于成员可以获得农业的增加值，而劣势可能在于获得资金和进入市场的渠道有限；后一类型合作社的社员无法获得产品的附加值，仅能获得固定的租金，该种类型的合作社主要功能是代表所有社员与第三方谈判，降低了交易成本。

政府提供了各项支持以促进农民专业合作社的发展，包括提供关于生产技术和管理才能的培训，并给予大量补贴帮助农民专业合作社等。例如，2010~2015年，农民专业合作社获得的政府补贴总额约为250亿元，但是补贴合作社的覆盖范围有限，仅占农业合作社总量的2.5%。根据示范性合作社在经营规模、产品质量、品牌建设和进入广阔市场的能力等方面的良好表现，由政府进行排名和奖励。截至2015年底，我国共有示范性农民专业合作社135 000家，占农民专业合作社总量的9.5%，示范性合作社又被分为三个等级，分别为国家级、省级和市级。

农民专业合作社面临着各种各样的挑战。第一，我国农民专业合作社所有权和控制权的分配向少数核心成员或发起人倾斜，大部分的普通成员仅从事农业生产，几乎不参与合作社的管理和决策。第二，与西方国家相比，我国农民专业合作社的社员规模较小。2017年，我国平均社员规模为58户。由于登记门槛低和政府的推动，农民专业合作社的数量快速增长。第三，农民专业合作社的市场竞争力弱于其他同行业竞争者。为了增强其市场抗衡能力，合作社对人才和金融资本的需求较大。因此，人才培养和组织内部信贷合作较为可取。第四，大部分的农民专业合作社的增加值很低。农民专业合作社提供的服务大多包括原材料采购、产品销售和/或仅限于分级和包装的初加工。第五，政府区分成员受益合作社和企业家受益合作社的成本高昂，导致各种政府支持的流失，进而导致合作社的异化。

三、家庭农场

自2008年政府第一次提出家庭农场之后，家庭农场发展十分迅速。从农业部2016年底进行的家庭农场普查来看，我国共有877 000个家庭农场。家庭农场通过土地流转和整合扩大了生产规模，其平均规模达到107亩[①]，其中超过一半（55.2%）的家庭农场的规模低于50亩，小部分（3.7%）规模高于500亩。政府在注册登记、土地流转、购买机器设备和其他固定资产方面都给予家庭农场一定的补贴。此外，银行也努力给家庭农场提供优惠的利率贷款。正是这些有利的政策因素促使家庭农场的数量迅速增长。

然而，家庭农场在规模经济、信息获得和市场进入方面存在不足，导致它们在市场竞争中处于劣势。另外，家庭农场在提升产品质量，增加产品附加值方面仍有一定难度。一些家庭农场通过加入合作社来获得统购统销、统一技术指导带来的好处。此外，家庭农场的异化需要引起重视。一些家庭农场并不是真正的家

① 资料来源：孔祥智. 发展家庭农场需要解决的三个问题. 金融时报，2014-03-31.

庭农场，因为它们主要雇佣劳工从事生产而不是利用家庭自身的劳动力。但是，政府很难将那些假的家庭农场与真的区分开来，而且成本很高。这种政府支持的错位损害了真正的家庭农场的利益。

四、农业组织体系

总体来说，目前我国的农业组织体系主要由农业企业、农业合作社和家庭农场构成。除此之外，协会在提供技术推广和培训、生产示范和推广、制定质量标准等一系列服务中发挥着重要作用。图 5-2 描绘了我国的农业组织体系，农业组织在政府推动下形成了一个“四位一体”的体系，包括家庭农场、农业合作社（包含农民专业合作社、土地股份合作社和合作社联合社）、农业企业和农民协会。

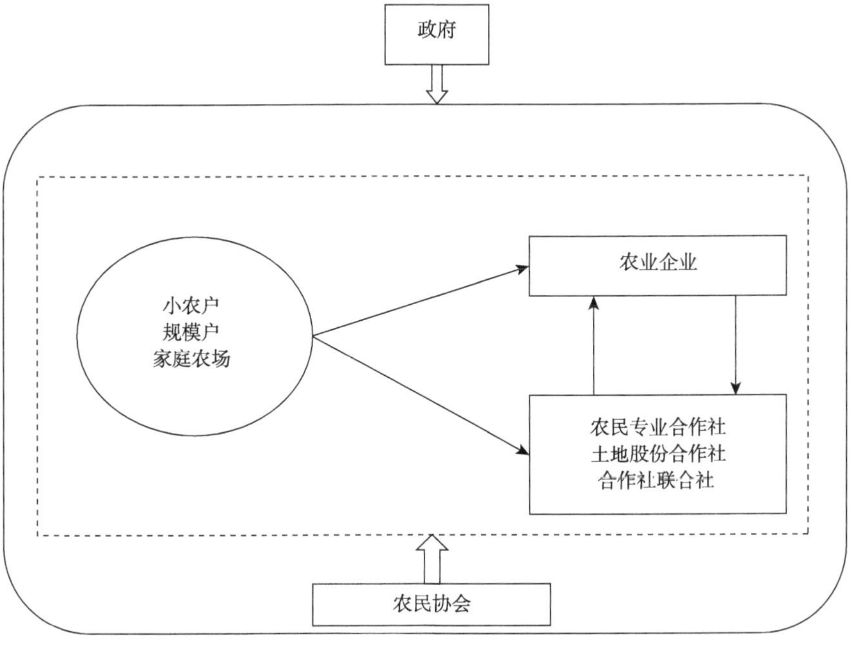

图 5-2　我国的“四位一体”农业组织体系

从我国各种农业组织的演变来看，不难发现组织是在工业化之后发展起来的。这在国际范围内并不常见。大多数国家的农业组织是伴随着农业产业化进程逐步发展起来的。目前不同国家的农业组织体系基本相同，但具有不同的特点。例如，美国农业组织体系的特点是将家庭农场作为政府公共服务、行业协会社会服务、农业企业市场服务和农民专业合作社自助服务的基础性组织；日本农业组织体系的特点是具有综合全面的协会网络；而在以色列，农业合作社在农业组织体系中占据主导地位（苑鹏，2015）。

第四节 农民专业合作社的作用

从国际视角看，农业组织正在从多样化向统一、规范和综合的方向发展。农业科技和市场的变化创造了对组织创新和进一步纵向一体化的农业企业体系的需求（Höhler and Kühl，2014），中国也不例外。一些学者认为农业合作社在我国农业组织体系中占主导地位，而另一些人则持不同意见（曹俐和雷岁江，2005；张永丽和柳建平，2005；罗元青和王家能，2008）。

一、关于农民专业合作社的作用的争论

部分发达国家的事实表明了农民专业合作社的核心作用。在欧洲，合作社生产和销售了超过 50%的农产品（Bijman et al.，2012）。例如，欧洲各国的乳制品合作社拥有超过 50%的市场份额（Bijman et al.，2012）；在美国，超过 80%的农场牛奶由合作社销售（Cakir and Balagtas，2012）；合作社占据了新西兰奶制品行业 99%的市场份额（Iliopoulos et al.，2012）。

然而，与西方国家相比，我国的合作社具有一些鲜明的特征，从而引起了对我国合作社合法性的争论（Liang et al.，2015）。首先，自我国合作社兴起以来，国内外学者一直在讨论我国合作社的“真”“假”问题。合作社的控制权和收益权掌握在一些核心成员而非全体社员手里（Liang et al.，2015）。大部分的普通成员只关注农业生产，几乎不参与财务出资或决策。我国合作社的这一特点与传统合作社社员控制和社员受益的原则相矛盾，因此引起了国内外的热议。

其次，我国合作社的特点是规模小和地域性强（Deng et al.，2010；Xu et al.，2013）。我国 2017 年合作社的平均社员规模为 58 户，与西方国家地区或全球合作社相差甚远。合作社的社员大多来自当地或邻近村庄。这一现状引起了众多学者对我国农民专业合作社市场竞争力的疑虑。

最后，我国的合作社除了经济目标外，通常还承担着其他功能（Song et al.，2014）。除了通过统购统销获得较高的市场盈余外，我国许多合作社还提供各类服务，如开展技术培训和提供市场信息、代表农户与政府协商、减少农业生产女性化

的问题和农业劳动力老龄化问题等（Song and Vernooy，2010；Liang and Hendrikse，2013a）。合作社角色的多样性引起了关于合作社市场效应的争论。由于我国农业合作社有着这些鲜明的特点，它们在农业组织体系中的地位有待进一步商讨。

二、农民专业合作社和其他组织的关系

为了明确农业组织体系的核心作用，笔者绘制了各组织间的关系图，具体见图 5-3。图中虚线表明农业企业与其他组织通常为竞争关系或交易关系。农户要么与农业企业进行现货交易，要么与其签订合同。无论哪种形式，农户由于议价能力较低，均处于劣势，为纯粹的价格接受者。

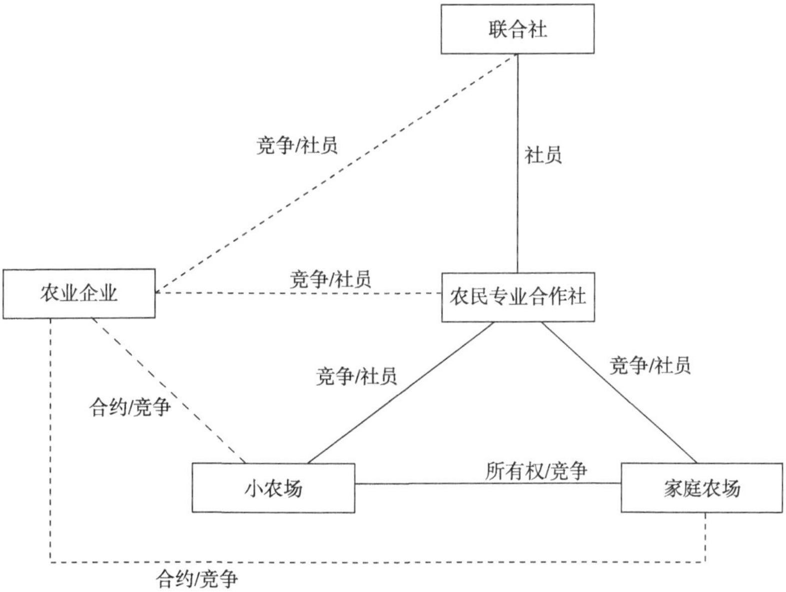

图 5-3　各组织间的关系

图 5-3 中由农民专业合作社引出的三条黑色实线表明农民专业合作社的建立使得农户和企业之间的现货交易或合约关系转变为社员关系。随着社会化劳动分工和专业化程度的提升，小规模农户和家庭农场寻求外部服务来提升产品质量，以开拓更好的销路。理论上来说，农户拥有合作社的所有权和收益权，因此农户和组织间的关系更为稳定和紧密。除此之外，农业企业也可以加入合作社，以稳定其产品供应和实施质量标准。根据《农民专业合作社法》规定，企业持有的合作社股份最高不得超过 20%。

从上述描述的关系中可见，农民专业合作社在我国农业组织体系中有着特殊且十分重要的地位。尽管农业企业仍占据主导地位，家庭农场发展迅速，但农民专业合作社在各种农业组织中发挥着重要的载体作用，主要有以下几点原因：首先，农业企业和小农户间的合约关系并不稳定，如果小农户成立合作社开展集体行动，这一状况将得到改善；其次，农产品生产风险高和易腐性等特点导致了农户的弱势，家庭农场的市场地位仍然很低，加入合作社有益于它们获得各类服务；最后，农民专业合作社为农户所有，他们正在并将长时间内在我国的农业生产中占据主导地位，为农户提供各种经济和非经济服务，如技术培训、市场信息、加工、营销、信贷支持、基础设施建设、代表农户与政府谈判及各类娱乐活动等。

农民专业合作社的出现将家庭经营、合作经营、企业经营和协会协调有机地结合起来。因此，笔者认为农民专业合作社是我国农业组织体系的核心。但是，要建立一个囊括集约化、规模化、专业化的产业组织和工业化、系统化、社会化的服务提供者的现代农业组织体系，我国还有很长的路要走。

三、农民专业合作社的定位

为了明确农民专业合作社的定位，确保农业组织体系的全面发展，需要注意三个关系：第一，培育现代农业经营主体和建设农业服务体系的关系。农民专业合作社需要政府和下游生产商等利益相关者提供的服务，同时向社员提供服务，即它们既是服务的需求者，也是服务的供给者。因此，农民专业合作社的规范发展和竞争力提升是服务需求和供给均衡的先决条件。

第二，外包与内部化之间的选择。服务市场化和非市场化的权衡取决于相对成本。农民专业合作社应该一方面扩大内部服务供给，另一方面寻求外部服务，降低社员成本。

第三，政府对不同地区、部门和农业组织进行公共服务的分配和提供政府支持时，需要同时考虑公平和效率。建立公共服务和政府支持的绩效评估体系尤为重要，其中农户的收益应该作为一项重要的评价指标。

第五节　我国农业组织发展面临的新挑战

除了农业组织广泛面临的如全球化和专业化等环境变化外，我国还面临着一些与众不同的或与发展阶段相关的趋势和挑战，如从事农业生产的劳动力减少、消费者偏好多样化、优质的产品，以及农村电子商务的蓬勃发展。本节详细描述了这些环境变化，并进一步分析了政府和农户的应对措施。

一、一些新挑战

（一）农业生产的劳动力数量下降

随着我国城镇化和人口老龄化，从事农业生产的劳动力数量急剧下降。2015年底，我国城镇化率达到56.1%，迁移至城市从事非农工作的农村人口大多是拥有相对较高学历和能力的“精英”劳动力，而留在农村的主要是女性和老人，他们无法应用新技术或增加产品附加值。根据2010年的第六次人口普查，老年人（大于等于60岁）的比例大约为55%，而这一比例还在增长[①]。农村劳动力的减少给我国农业的可持续发展带来了严峻挑战。

（二）消费者对多样化、优质产品的偏好

消费需求正在朝着多样化和差异化的产品发展。消费者不但关心产品的质量和生产过程，而且要求个性化服务和获得的便利性。随着一系列食品安全事件的发生，消费者关于食品安全的意识和知识在不断增加。农户需要生产基于品牌和认证的安全和优质产品。对多样化食品的需求随着经济水平的增长而增长，许多学者发现收入水平与消费多样性之间存在正相关性（Theil and Finke，1983；Thiele and Weiss，2003）。

（三）信息化和电子商务的蓬勃发展

2010年，农业电子商务因其在降低交易成本、提高经济效益、扩大目标市场和促进服务业发展等方面的优势而迅速发展起来（桂学文，2013）。电子商务的发展打破了地理区隔，实现了产品的跨区域销售。一些垄断性的电子商务和传统企业如阿里巴巴、京东和苏宁等开始瞄准农村市场，并投入了大量资金开发。例如，阿里巴巴计划在接下来的3~5年内在农村投资100亿元建设1 000个县级水平的电子商务运营中心和 100 000 个村服务站；京东正在广大的农村寻找电子商务代理

① 资料来源：《中国人口和就业统计年鉴（2016）》.

商；苏宁拟 5 年内在农村建立 10 000 多个购买服务站（张鸣峰等，2015）。根据农业部发布的数据来看，2015 年我国农产品通过电子商务实现的总销售额为 1 500 亿元，并预计在 2020 年达到 8 000 亿元[①]。在政府和企业的不断努力下，农村公路等基础设施建设得到很大改善，互联网普及率也快速增长。从需求来看，线上购物越来越受欢迎，表明农业电子商务的市场容量仍会不断扩大（苑金凤等，2014）。

二、政府和农户的应对措施

（一）政府的应对措施

供给侧结构性改革。2015 年底召开的全国农村工作会议上首次提到了农业供给侧结构改革的必要性，2016 年发布的一号文件正式提出这一概念。改革的主要目标为去库存、节约成本和提升竞争力。改革的重点在于生产结构和制度升级。无论是生产结构还是生产和营销制度，都在寻求调整，以优化农业生产和销售。

政府对供给侧结构性改革的呼吁基于以下几个背景因素。一方面，我国过去十分强调农业产出、进口和库存的增长。粮食产出由 2003 年的 4 307 亿千克增至 2015 年的 6 215 亿千克（罗必良，2017）。据政府估算，我国每年的粮食总需求大约为 6 400 亿~6 450 亿千克（陈锡文，2016）。也就是说，我国有 250 亿千克粮食的短缺。然而，我国 2015 年进口了将近 1 250 亿千克的粮食，造成了我国的高库存现象（陈锡文，2016）。另一方面，原材料、劳动力及土地成本的提高降低了利润空间，阻碍了农户从事农业生产的积极性。政府采取了价格补贴政策以带动农户生产，这一举措导致了“价格倒挂”，即国内粮食价格高于国外市场；而且我国粮食在国外市场上的竞争力较弱，进而导致了进口和库存的增加。要克服这些挑战，农业生产结构的改革是关键。

2017 年的一号文件里提到，深化农业供给侧结构性改革要实现“三大激活”，即激活市场、激活主体（组织）和激活要素。其中，激活市场、减少政府干预是核心，否则无法实现组织和要素的激活。

一二三产业的融合。随着全球化的发展和利润空间的变窄，农业供应链竞争日趋激烈，产生了对规模化生产与纵向一体化相结合的需求。政府提出要实施三产融合，增加农业生产和加工过程中的附加值，并将附加值所产生的盈余留在农业内部。从本质上讲，产业融合其实就是不同部门或环节的横向或纵向

① 资料来源：《全国农产品加工业与农村一二三产业融合发展规划（2016—2020 年）》.

一体化。换句话说，它是各种组织以及它们的收益间的协调和制度安排。融合的方式有以下几种。较为基础的模式为部门间的横向融合，如作物种植和畜牧业一体化。更先进的融合模式为生产、加工和营销的纵向一体化。最综合全面的模式为基于农业的多功能性，将农业生产与休闲、旅游、文化等多个其他产业相融合。

（二）农户的应对措施

在政府的支持和指导下，农户采取了多项措施来应对各类环境变化和挑战。首先，我国的新农人增长迅速。新农人是指从事农产品生产和销售、拥有较高学历、了解现代农业科技，并具备管理能力的一类人，其收入主要来自于农产品的生产和销售。我国目前已有超过 100 万的新农人（陈亮，2015）。信息不对称和市场渠道有限是我国传统农民面临的两个最突出的问题（Markelova et al.，2009；Poulton et al.，2010）。而新农人则可以直接与消费者沟通，他们采用先进的技术和科学的生产管理，依靠在线网络开拓传统农民无法获得的潜在市场。新农人重视品牌建设和品牌增值，以及消费者的感受和反馈。除此之外，他们在生产和营销过程中与时俱进并且了解各种流程。大量的新农人都有线上商店，如微信或淘宝店铺，他们通过这一渠道广泛销售自己的农产品，不再受地理限制。新农人要么独立经营，要么通过成立合作社或企业集中利用资源。

其次，除了家庭农场、农业合作社、农业合作社联合社和农业企业的快速发展以外，还建立了农业产业化联合体（以下简称联合体）。虽然各个组织在提高专业化分工的程度、扩大生产规模、加工和营销方面发挥着重要作用，但是各个组织、上下游主体及不同部门间的有效联系不足。此外，金融资本的缺乏限制了土地流转和产品增值投资。联合体通常是由农业龙头企业牵头，至少链接一个农业合作社和五个家庭农场而形成的联盟，它不是一个法律实体，不需要正式注册。农业企业和上游组织，包括合作社和家庭农场，它们之间本质上是合约交易。参与联合体的组织要制定章程，签署合同，订立责任与义务。农业企业和家庭农场间往往会签订关于生产计划和产品质量标准的合同，农业企业将生产投入以优惠的价格销售给家庭农场，并以协商价收购家庭农场生产的产品，而家庭农场可持续地向企业提供高质量产品。合作社向农场提供各种服务，如生产技术、土地流转和资金互助等，同时监督产品的质量。总体来说，联合体是农业企业和个体农户之间通过建立更好的协调机制进行监督和利益分配，实现订单农业精细化的操作模式。

最后，传统农民试图通过集体行为提升现代农业实践的参与度。鉴于小农户长期的主导地位，没有传统农民参与供应链的现代农业模式是失败和无效的。建立土地股份合作社可帮助农户较为有效地获得产品的附加值。尽管农户没有太多的资产，但他们拥有土地的经营权，因此，将土地作为资本并从土地产生的收益中获得利益尤为重要。

第六节　结论和政策建议

一、结论

我国过去40年里，农业组织机构经历了巨大创新。农业生产灵活和监管难的特点，决定了家庭联产承包责任制的存在。此外，农业组织正朝着一体化的方向发展以降低交易成本和提高附加值。农业企业兴起于20世纪80年代，其随着农业产业化的发展而发展。然而企业和农户间的合约并不稳定，农户没有议价能力，是纯粹的价格接受者。农民专业合作社的建立则实现了农户通过集体行动进入市场。在意识到土地分散的缺陷后，家庭农场在过去的十年里发展迅速，通过土地流转扩大生产规模。但是，大多数家庭农场还未找到恰当的与农业合作社等其他组织相融合的方式来获得服务。

尽管农业组织在过去40年里经历了巨大创新，但它们目前面临着许多迅速变化的、不利的环境挑战。例如，从事农业生产的劳动力数量降低，日益增长的对多样化、优质产品的需求，以及农业电子商务的蓬勃发展。政府和农户采取了各种措施来应对这些变化，如供给侧结构性改革、产业融合、新农人兴起、联合体的建立和采取集体行动等。

综上所述，小农经济、各类产业组织的并存及其他组织的创新，将在中国长期保持下去。

二、政策建议

本章基于上述对我国农业组织体系的分析提出了一些政策建议：

第一，农业组织需要实施多样化，如建立多种模式的合作社、联合体等。我国农业人口多，且彼此之间存在异质性的现状导致了对多种类型农业组织的需求，法律和法规以及政府应该允许并支持农业组织的多样化。

第二，农业发展需要更多的社会资本投资，并且需要以农业企业和合作社等组织为载体投放到农业中。日益增长的对优质产品的需求需要更多生产投资，随着利润率的降低，生产效率需要不断提高，设施和机器设备投资是必要措施之一。

第三，我国迎来了将农业组织发展从数量增长转移到质量升级的契机。例如，自 2000 年以来，合作社的数量呈现火箭般增长，然而，与西方国家的农业企业或合作社相比，我国合作社的竞争力相对较弱，需要进一步提高合作社和家庭农场的市场竞争力。

第四，尽管新农人和各种组织发展迅速，但传统农民有效参与现代农业非常重要。农户通过合作社以合意的方式集体行动，这在很大程度上决定了农民专业合作社在我国农业组织中的核心地位。

第五，中央和当地政府的指导和支持对资源的定位和合理分配具有重大影响。因此，政府干预必须以适当的方式促进农业组织体系的全面发展，而过多地支持新农人，可能会对传统农民的利益造成负面影响。

第六章　新型农业经营体系建设的进展和模式

第一节　新型农业经营体系建设的政策背景

十八大以来，在坚持和完善农村基本经营制度的基础上，构建新型农业经营体系成为党中央建设现代农业的一项重要战略部署。

2012 年党的十八大报告首次提出要“发展农民专业合作和股份合作，培育新型经营主体，发展多种形式规模经营，构建集约化、专业化、组织化、社会化相结合的新型农业经营体系”。2013 年党的十八届三中全会通过的《中共中央关于全面深化改革若干重大问题的决定》进一步指出要“加快构建新型农业经营体系。坚持家庭经营在农业中的基础性地位，推进家庭经营、集体经营、合作经营、企业经营等共同发展的农业经营方式创新”。该决定强调“家庭经营”在农业中的基础性地位，其有利于广大兼业承包农户承包权与经营权分离，将土地经营权流转给家庭农场、专业农户等新型经营主体，使商品型农户而不是生存型自给型农户，逐步成为家庭经营的主体力量，同时强调农业经营方式的多元化、多样化、多层次。2015 年党的十八届五中全会通过的《中共中央关于制定国民经济和社会发展第十三个五年规划的建议》，提出了“着力构建现代农业产业体系、生产体系、经营体系，……走产出高效、产品安全、资源节约、环境友好的农业现代化道路”。并明确提出要“构建培育新型农业经营主体的政策体系”，将新型农业经营体系的建设置于构建现代农业体系中来，为现代农业产业体系、生产体系建设提供组织运行载体支撑。并且，政府的政策导向从过去分别支持某一类型的经营组织（如合作社，或家庭农场，或龙头企业等），转向将各类新型经营主体作为一个整体、统一制定政策，反映出政府政策的优化与完善，充分体现政府为各类市场主体营造公平竞争运行环境的行政理念。

根据党的十八届三中、五中全会精神，2013~2016 年连续 4 年的中央一号文件均提出了关于新型农业经营体系建设的具体政策。2013 年中央一号文件提出要创新农业生产经营体制、努力提高农户集约经营水平，支持发展多种形式的农民合作组织，培育壮大龙头企业，并“要坚持主体多元化、服务专业化、运行市场化的方向，加快构建公益性服务与经营性服务相结合、专项服务与综合服务相协调的新型农业社会化服务体系”。并明确了新型农业经营体系建设的基本原则和主要内容。2014 年中央一号文件明确要“以解决好地怎么种为导向加快构建新型农业经营体系”，并从发展多种形式规模经营、多种形式的农民专业合作社，以及多种形式的社会化服务，推行合作式、订单式、托管式等服务模式，构建新型农业经营体系。该文件还进一步提出了新型农业经营体系的具体运行模式。2015 年中央一号文件具体提出新型农业经营体系建设要“创新土地流转和规模经营方式，积极发展多种形式适度规模经营，提高农民组织化程度。鼓励发展规模适度的农户家庭农场，完善对粮食生产规模经营主体的支持服务体系”。该文件强调规模经营的适度性，以农户为载体发展家庭农场，围绕生产粮食的规模经营主体强化服务体系建设。2016 年中央一号文件更加明确要“坚持以农户家庭经营为基础，支持新型农业经营主体和新型农业服务主体成为建设现代农业的骨干力量”，“完善财税、信贷保险、用地用电、项目支持等政策，加快形成培育新型农业经营主体的政策体系”，“积极培育家庭农场、专业大户、农民合作社、农业产业化龙头企业等新型农业经营主体。支持多种类型的新型农业服务主体开展代耕代种、联耕联种、土地托管等专业化规模化服务”。该文件不仅明确了新型农业经营体系由新型农业经营主体和服务主体两大部分组成，而且提出了构建培育新型农业经营主体的政策体系的重点内容。

从对十八大以来党中央文件精神的简要梳理中可以看出，现代农业经营体系与产业体系和生产体系一道，构成了中国特色现代农业体系。以家庭承包经营为基础的新型农业经营体系由新型农业经营主体和新型农业服务主体组成，它们正在成为我国建设现代农业的主力军。本章第二节介绍新型农业经营体系建设现状，第三节探讨新型农业经营体系在现代农业建设中的作用及其面临的问题，第四节提出完善新型农业经营体系建设的政策建议。

第二节　新型农业经营体系建设现状

一、新型农业经营主体建设

（一）新型农业生产经营主体建设

家庭承包经营是我国建设现代农业的基本出发点，然而现阶段的家庭承包经营存在着规模超小化、生产粗放化、经营分散化和兼业化、经营目标兼具自我消费与市场出售多元化等问题，这成为我国建设现代农业面临的严重制约。在农产品买方市场的硬约束和政策诱导新型农业经营主体创新的外部激励下，以家庭农场、专业大户、农民专业合作社和龙头企业等为代表的各类新型农业经营主体应运而生，它们以市场为导向，以适度规模经营为前提，以现代科技为支撑，以订单生产为保障，开展专业化、集约化、标准化的生产经营活动，努力提高全要素生产率，建设农产品供应链，追求利润最大化，促进了一二三产业融合发展，以及现代农业产业体系和生产体系的建设步伐。

目前，新型农业生产经营主体创新可以分为家庭经营、合作经营、企业经营等三种基本类型。

（1）家庭经营类主体，以家庭农场和专业大户为代表。其特点是传统农户中的种田能手依托土地租赁、托管等形式，形成适度规模经营，从而在保持家庭经营的主要制度优势，如生产激励强、生产监督成本低等的同时，改变农业的兼业化现象，引领家庭经营农业向规模化、集约化、专业化、商品化的独立市场主体转型。农业部公布的统计数据显示，到 2014 年 11 月底，全国 30 个省（自治区、直辖市，不含西藏）共有平均种植规模 200 亩的家庭农场 87.7 万家，经营耕地面积 1.76 亿亩，占全国承包耕地面积的 13.4%（中国社会科学院农村发展研究所等，2015）。截至 2013 年底，全国经营面积在 50 亩以上的专业大户超过 287 万户，另据农业部种植业司 2013 年发布的数据，全国共有种粮大户 68.2 万户，占农户总数的 0.28%；种粮大户经营耕地面积 1.34 亿亩，占全国耕地面积的 7.3%（张红宇和李伟毅，2014）。

（2）合作经营类主体，以农民专业合作社为代表。其主要形式是以家庭经营为基础，农户“生产在家、服务在（合作）社”，通过合作社为农户提供产前、产中和产后环节的服务，克服家庭经营存在的“小而全，小而散”、信息不对称、市场导向差、生产技术水平低、生产成本高、市场谈判力弱的问题，农户联合起来形成规模经济、提升话语权。截至2015年底，全国登记注册的农民专业合作社达153.1万家，比上年底增长18.8%，实际入社农户10 090万户，约占农户总数的42%，较上年提高6.5个百分点。“十二五”期间，合作社数量增长近3倍，农户入社率提高近31个百分点[①]。近年来，一些合作社之间发展联合组织，进一步提升为农户成员服务的能力和市场抗风险能力。农业部农村合作经济经营管理总站提供的数据显示，截至2015年底，全国各类农民专业合作社联合社突破7 200家，覆盖成员合作社8.4万家，带动农户560多万户[②]。

（3）企业经营类主体，以农业产业化龙头企业为代表。龙头企业通常以农产品为原料开展生产经营活动，为了保证企业对生产原料数量、质量和交货期的要求，它们通过订单农业形式或自建生产基地等形式与农户合作，一手连接市场，一手连接农户，引领农户参与现代农业建设。2014年全国农业产业化龙头企业达12.6万家，销售收入达8.64万亿元，同比增长9.9%。带动辐射的种植业生产基地面积占全国农作物播种面积的60%，成为农业生产和农产品市场供给的主体（中国社会科学院农村发展研究所等，2015）。

近年来，以投身农业创业的新农人为代表的新型农民职业群体正在成为新型农业生产经营体系建设的一支重要力量。新农人的主体来自农业产业外部，由返乡创业和城市下乡的中青年群体组成，他们具有企业家的冒险精神，文化素质较高，拥有一定的资本实力或技术特长，掌握现代经营管理技术，他们通过创业形式直接从事农产品生产经营或服务活动。农业部经管司的初步统计显示，截至2015年底，包括农产品电商在内的新农人数量规模已达到200万人（张红宇，2015a）。

（二）新型农业服务主体建设

近年来，在新型农业经营体系建设中，涌现出一大批多种类型的新型农业服务主体，为广大小农和新型农业经营主体提供各种专业化生产经营服务，主要分为合作服务型、企业服务型和科技服务型等三种类型。

（1）合作服务型。以专业服务型农民专业合作社为代表，如农机合作社、植保合作社、农资服务合作社、土地托管合作社，以及灌溉服务合作社等，它们为

---

① 农业部新闻办公室. 全国农民合作社发展部际联席会议第四次全体会议召开. http://jiuban.moa.gov.cn/sjzz/jgs/cfc/yw/201603/t20160322_5065805.htm，2016-03-21.

② 农业部农村合作经济经营管理总站. 中国农民合作社发展情况. 中国社会科学院农村发展研究所“农民合作社与农产品供应链网络建设”研讨会，2016-07-08，北京.

其成员及周边农民提供各种专业化的服务，促进农业生产的专业化、规模化和标准化。以农机合作社为例，截至 2015 年底，我国农机合作社数量已经达到 5.4 万个，比上年增加 4 400 多个。服务总面积达到 7.12 亿亩，约占全国农机化作业总面积的 12%左右；服务农户数达到 3 887 万户①，不仅促进了土地连片经营、加快了先进科技成果的推广，还缓解了农村劳动力科技素质低和供给不足等问题，并且通过服务的规模经营降低了农业生产成本，提升了粮食生产的科技水平，成为引领农业现代化服务业的重要载体。

（2）企业服务型。它是涉农企业或投资者从利润最大化角度出发，成立的各类农业专业服务组织，为广大小农户和各类新型农业经营主体提供产前、产中和产后各个环节的生产服务，通过提供专业化的服务，推进农业生产的标准化，为降低农药化肥的使用、改善土壤条件和生产环境、确保农产品质量安全提供了有利条件。

（3）科技服务型。它是大专院校、科研单位或科技人员通过产学研、农科教相结合等方式成立的各类农业科技服务组织。它们的特点是以科技为先导，以科技项目转化为支撑，以提高农业效益为目标。近年来，各类农业科技服务组织的创新实践，加速了农业科技成果的转化和产业化，为农村培育了一大批实用技术人才，加快了现代农业的建设步伐。以科技特派员制度为例，据科技部农村司提供的信息，2009 年科技部全面启动农村科技创业行动以来，到 2016 年，科技特派员达到 73.9 万人，法人科技特派员单位近 3.87 万家，科技特派员形成利益共同体 5.14 万个，直接服务农户 1 250 万户，服务农民 6 000 万人②。

二、新型农业经营体系的运行模式

集约化、专业化、组织化、社会化是新型农业经营体系的基本特征。新型农业经营主体和服务主体通过纵向合作、横向合作，以及横向一体化和纵向一体化，相互支撑、相互促进乃至相互融合，初步形成分工协作、优势互补的新型农业经营体系。

目前，我国新型农业经营体系的运行模式初步形成了以“农户+合作社服务”为代表的农户自我经营与服务模式，以“公司（龙头企业）+合作社+农户”为代表的农户与龙头企业的合作模式，以及以“适度规模经营农户（专业大户、家庭农场）+企业化服务”为代表的市场化交易模式等基本运行模式。

---

① 资料来源：李庆东. 2015 全国农机合作社量增质升. 中国农机化导报，2016-01-27.

② 资料来源：科技部农村司. 国家现代农业科技推广体系建设有关情况. 2016-08.

（一）农户自我经营与服务模式

以“农户+合作社服务”为代表。自 20 世纪 80 年代农村全面实施家庭联产承包责任制以来，此模式就开始出现，它以解决农户开展商品农业生产存在的各种困难与制约为目标。进入 21 世纪，尤其是 2007 年《农民专业合作社法》实施以来，“农户+合作社服务”模式迅速发展，针对个人解决不了、解决不好、解决了不合算等问题，农户按照自愿平等原则，联合起来成立合作社，在产前、产中、产后各环节开展合作，共担风险、共享收益。该模式的最大优势是合作社以成员的需求为导向开展服务，克服了单个农户在人力、资本、技术、市场信息等方面的限制，通过农户之间的联合与合作，增强其市场谈判力，降低市场风险，降低农业生产成本，提高农业生产效率，让农户共享组织化的收益。它是以家庭承包经营为基础的中国特色现代农业经营的重要模式，也是国际现代农业建设中较为通行的一种模式。

（二）农户与龙头企业的合作模式

以“公司（龙头企业）+合作社+农户”为代表。它出现在 20 世纪 90 年代农产品“卖难”的市场背景下。最初的模式是“公司（龙头企业）+农户”合作模式，目的是依托公司的龙头带动作用，解决农产品价格剧烈波动造成的农户农产品“卖难”问题。但龙头企业在与千家万户的小农对接中存在着交易成本高、信息严重不对称、监督成本高等问题，双方违约现象严重。随着农民专业合作社的大力发展，“公司（龙头企业）+合作社+农户”模式逐步取代“公司（龙头企业）+农户”合作模式，成为中国特色现代农业经营的一种重要模式。通过引入合作社这一中介载体，公司（龙头企业）与农户有了对接的组织载体，公司通过合作社为农户提供专业化的服务、技术指导和培训乃至资金支持，通过合作社保障订单合同履约，降低了公司与农户直接交易的高昂的执行与监督成本。这一模式既保障了公司对农产品数量、质量、交货期的要求，也为农户参与现代农业生产经营提供了技术、市场、资金支撑，双方的经营利益都得以增进。

（三）市场化交易模式

它以“适度规模经营农户（专业大户、家庭农场）+企业化服务”为代表。近些年来，伴随政府政策的引导和市场化进程的不断推进，农机、植保、科技、仓储等农业专业服务主体蓬勃发展。它们以市场为导向，为农户提供从农资购买、测土配方施肥、新技术新品种应用、病虫害防治、施肥播种到收割、储藏，再到运输、初加工等各环节的菜单式服务。大量初具规模的生产专业大户、家庭农场、农业生产合作社等，往往选择在市场上直接购买服务，以简便易行、低成本的交易模式实现生产经营所需，从而使得专业分工下的市场化交易模式成为我国特色现代农业经营体系建设的一种新兴模式，也丰富了我国新型农业经营组织体系的运行模式创新。

第三节 新型农业经营体系的作用及其面临的问题

一、新型农业经营体系创新在建设现代农业中的引领作用

（一）转变农业发展方式，促进适度规模经营

新型农业经营主体和服务主体的发展，为我国的现代农业生产经营引入了创新模式，解决了农村劳动力大量转移和农村老龄化加剧背景下，“谁来种地”和“怎么种地”的问题，促进了土地适度规模经营。农业部的初步统计显示，截至 2015 年底，全国承包耕地经营权流转面积达到 4.43 亿亩，占承包耕地总面积的 33.3%，比 2014 年底增长 10%左右。其中，农民专业合作社流转了 8 838 万亩耕地，吸引农户耕地入股 1 605 万亩，统一经营面积超过 1 亿亩，占流转耕地面积的 20%以上（张红宇，2016）。适度规模经营带来了农业生产的集约化、专业化、组织化，推进农业生产向提高土地生产率、劳动生产率和资源利用率的现代生产方式转变。

（二）引入现代农业发展理念，加速现代科技成果在农业中的推广应用

兼业小规模农户在应用先进科技成果中存在经济效益不显著、内在动力不足问题，科技推广始终面临着农户微观层面经济效益有限，而全社会宏观层面生态效益和社会效益巨大的内在矛盾，因而不利于现代科技成果的推广和转化。新型农业经营主体和服务主体以追求市场效益最大化为导向，有着引入现代农业发展理念，使用先进科技成果以提高农业生产效益、降低生产成本的内在动力。他们身先士卒，对周边农户直接起到领头羊的带动示范效用，从而加速了现代科技成果在农业中的推广应用。

（三）推进农产品的标准化、品牌化生产，促进农产品质量安全建设和农业可持续发展

分散农户生产存在生产不规范、农业投入品使用的随意性强、产品品质差异大等问题，新型农业经营主体和服务主体追求利润最大化，在生产经营和服务中自觉采取标准化生产或服务，以降低生产或服务成本，并确保产品或服务的内在一致性，实现品牌化效应。越来越多的新型农业经营主体为提升产品的市场竞争力和附加值，开展了农产品地理标志和绿色、有机、无公害产品认证，建立起完善的农产品质量安全追溯制度，从而全面推进了农产品生产的标准化和品牌化，并促进了农业的可持续发展。到 2015 年，全国有 5 万多家农民专业合作社注册了商标，3 万多家农民专业合作社通过了无公害、绿色、有机等产品质量认证[①]；全国省级以上龙头企业中，来自订单和自建基地的采购额占农产品原料采购总额的 67%，产品通过各类质量体系认证的占 74%，获得省级以上名牌产品和著名商标的超过 50%；另外，74.8%的新农人有自己的品牌（张红宇，2016）。

（四）助推一二三产业融合发展，促进广大农户分享现代农业的发展成果

新型农业经营主体正在以多种方式推进农村一二三产业融合发展。一是以农民专业合作社、农业公司为代表，直接创建初级农产品加工企业，延伸产业链条，建设从田间到餐桌的农产品全产业链，让广大农户有机会分享农产品增值的收益。二是以休闲旅游观光合作社、农业开发公司、生态家庭农场等为代表，大力发展旅游观光休闲养生等特色现代农业，引导农户通过土地承包经营权入股参与资源开发，发掘农业的多功能性，拓展农户的收入增长源。此外，在市场机制的倒逼下，龙头企业与农户的合作关系在逐步走向契约化，通过农户土地保底分红、参与收益分享及提供生产成本价保护等方式，与农户形成紧密的利益联结机制。

二、新型农业经营体系建设面临的问题

（一）新型经营主体和服务主体的市场竞争力不强

总体来看，新型农业经营体系创新还处在起步阶段，表现为新型农业经营主

---

① 资料来源：张少雷．全国百家合作社百个农产品品牌发布．http://www.china.com.cn/city/2015-11/07/content_37005198.htm，2015-11-07.

体和服务主体普遍存在生产、服务经营规模小、自有资产少、经营技术人才缺乏、抗风险能力弱、整体竞争力不强、带动农民增收能力弱的问题。特别是面对国外农产品“天花板”价格封顶和国内生产成本等“地板”不断攀升的双层夹击，存在生存与发展并存的严峻挑战，在粮食类的规模经营主体和加工企业中尤其突出。

（二）产权保护制度不健全、新型经营主体和农户的合法权益缺少保障

新型农业经营主体和服务主体的发展需要成熟完善的产权保护制度，现行的“三权分置”为土地适度规模经营提供了制度保障，但是在实际操作中，仍面临着落地难问题，目前突出表现在土地承包经营权与经营权的关系问题没有理顺，相应的法律保护制度没有建立，在新型经营主体开展土地流转中，存在流入方的土地经营权缺少法律保护，流出方农户承包经营权被代理人村集体侵犯的双向问题。例如，个别村委会违反《中华人民共和国农村土地承包法》，不经广大承包户同意，擅自将机动地发包给成员，或与流入方签订的租赁合同超出二轮承包期限，承租人的合法权益不受法律保护等。

（三）少数地方政府干预过度，造成一些投机分子钻政策空子，新型经营主体创新行为扭曲

在新型农业经营主体创新中，少数个别地方政府为追求政绩，片面强调提高农业生产效率，土地流转中出现过度干预、人为强迫农户集中土地搞招商引资、垒大户的越位现象，违背了新型农业经营主体创新的政策初衷。近几年粮食价格不断下滑，个别投机行为严重的经营大户或企业出现单方毁约、撤资跑路问题，引发当地社会矛盾。同时，一些新型经营主体为骗取政府补贴、税收优惠和信贷政策等，创办冒牌合作社、搞贴牌家庭农场，而政府监管缺失，造成了负面的社会影响。

（四）支持新型农业经营主体创新的政策支撑体系需要完善

培育新型农业经营主体的政策体系还没有健全，一是缺乏应对不可抗拒的系统性自然、社会、市场风险的农业保险制度，新型农业经营主体和服务主体经营面临较大的不确定性。二是新型职业农民培训制度建设相对滞后，各类新型农业经营主体和服务主体建设的领头军队伍力量薄弱，缺乏企业家人才队伍。三是支持新型农业经营主体和服务主体创新的信贷金融配套政策措施缺乏可行性，如土地经营权抵押担保，农产品供应链融资等新的创新方式推进缓慢，造成新型经营

和服务主体的资金短缺问题得不到缓解。

第四节　完善新型农业经营体系建设的政策建议

完善培育新型农业经营体系的核心是落实党的十八届三中全会《中共中央关于推进农村改革发展若干重大问题的决定》精神，进一步理顺政府和市场的关系，发挥企业家精神在新型农业经营体系建设中的主体作用。政策重点是营造健康公正的市场竞争秩序和产业风险防范机制，引导各类市场主体根据市场价格有效配置资源，实现效益最大化和效率最优化。政府应避免干预过多造成市场信号失灵，以及监管不到位造成财政补贴的流失。具体建议如下。

一、促进土地经营权长期稳定化，为新型农业经营主体创新提供产权保护

拥有长期稳定的土地经营权，是新型农业经营主体创新发展的基本前提，它将激励新型农业经营主体的经营行为长期化，避免“竭泽而渔”行为，保护经营者和承包农户双方的利益。建议以至少与承包农户签订五至十年以上的土地经营权流转合同作为新型经营主体参与扶持项目申报或项目补助的基本前提条件。通过完善产权制度，让新型经营主体“（占）有恒产者有恒心”。

二、改变政府的扶持方式，逐步取消对特定“主体”的扶持，全面转向“项目”支持

建议逐步取消对特定新型农业经营主体或服务主体（如家庭农场、农民专业合作社、龙头企业）等制定专门扶持政策的做法，全面转向项目支持。即因“事”而非因“人”支持，防止新型农业经营主体创新中存在的投机行为。对于某些特定项目，在同等条件下，可以向一些类别的新型农业经营主体倾斜。例如，美丽乡村建设项目、农田水利建设项目等，在同等条件下，向以社区为载体的休闲观光或土地股份合作社倾斜。

对那些仍然保留支持特定经营主体的政策，应当集中在促进带动农户增收

或实现适度规模经营方面。因此，应以新型农业经营主体与普通农户的签约数量规模和土地适度流转规模作为重要参考依据。

三、财政支持项目中应加大人才培育的支持力度

培育具有企业家精神的独立市场主体是现代农业经营体系建设的重中之重，政府应当贯彻落实和强化新型职业农民教育培训及认证制度，与双一流院校的MBA培训机构合作，在全国范围选拔中青年农业企业家，建立长期定点的新农民企业家专门培训班，为其提供学费补贴。同时，吸引有志青年返乡或下乡创业，与农发行或农信社等机构合作，建立小额创业贷款贴息制度，为打造高素质现代农业生产经营者队伍提供便利条件。

四、完善农业保险制度，为新型农业经营主体创新发展保驾护航

政府应进一步完善政策性农业保险制度，把参加农业保险制度的目标从全体农户转向规模农户，强化对各类新型农业经营主体和服务主体的风险防范机制，开发针对粮食产业、本地主导特色产业的规模农业经营主体的保险产品，以县域范围的特色农业为依托，建立产业风险准备金制度，降低新型农业经营主体因自然灾害、社会突发性事件及市场大幅波动带来的生产经营不确定性和系统性风险。此外，鼓励新型农业经营主体在县域范围内开展合作保险探索。

第三篇　国际农业产业组织体系创新和经验借鉴

第七章　美国农业产业组织体系发展及经验借鉴

美国农业是美国经济活动中重要的部门，18 世纪末，美国农业开始快速发展，大致经历了传统农业向现代农业转型、农业产业化和农业现代化三个阶段。美国的农业产业组织体系在这三个阶段建立、形成与完善，并推动了农业的发展。本章应用 SCP 分析范式对美国农业产业组织体系的演进进行分析，进而提出我国农业产业组织体系发展的建议。

第一节　美国农业产业组织体系的建立（第二次世界大战以前）

这一时期是美国农业传统农业时期以及从传统农业向现代农业转型期。特别是 21 世纪以来，家庭农场制度已经建立，规模化、专业水平逐步提供，随着农业机械和生物化学技术开始广泛应用，农业劳动生产率和土地产出率大幅提高，农业商品化水平也迅速提升。在此基础上，一些专业性的农业社会化服务组织快速发展，围绕产前、产中和产后各个环节，为农场主提供便利服务。

一、农业产业组织发展环境

（1）美国的农业产业组织体系以家庭农场为起点。自 1820 年国务卿杰斐逊建立家庭农场制度的提议获得国会通过后，美国联邦政府将土地变成标准化的商品，通过出售、赠送等方式实现了土地的私有化。联邦政府于1820年颁布了《农业经济制度》，确立了将公有土地以低价出售给农户建立家庭农场的政策，自1862年分布宅地法开始，又连续出台了《木材种植法》和《荒地法》等一系列的法律，以免费或低价处理公共土地的政策，吸引了大量欧洲移民被鼓励来美务农，促进了家庭农场制度的建立和发展。此外，政府通过实施加强基础设施建设、扩大农产品出口及提供具有针对性的补贴等政策，如成立合作性质的联邦土地银行，专门为农场主扩大经营提供长期贷款，推动了家庭农场的快速发展。全国农场总数从1860年的204.4万个[①]增加到1890年的456.5万个，1910年达到636.2万个，1935年达到高峰681万个[②]。家庭农场制度的建立推动了农业规模化、专业化的发展。南北战争以后，美国农业不断向西扩展，大量荒地垦殖成为农地，农地面积从1860年的4.07亿英亩发展到1900年的8.39亿英亩，1940年达到了10.6亿英亩[③]。土地的大量开垦促进了农场规模化生产，1900年家庭农场平均耕地面积为146.2英亩，1940年达到了174英亩[④]。如此大的规模在当时的技术条件下，已经超出了家庭劳动力耕种的最大面积。因此，农场普遍存在雇工现象，1929年雇工占劳动力总数的26.4%，1944年略降为22.2%[⑤]。美国农场规模相对较大，各地区趋向于集中生产某一种品种，加之美国的自然条件，使得农场表现出较高的专业性，形成了只种植一种或两种作物的农场，甚至在一些行业内部各品种也实行了专业化生产。规模化和专业化导致家庭农场主更加专注于生产，而对产前和产后环节的社会化服务需求越来越迫切。因为对于专长于农业生产的农场主而言，从事农产品销售面临的风险较大，并且需要投入较多的时间、精力和财力，其成本远高于专业化从事这些服务的机构或组织。正是产前、产中和产后各类服务需求的快速增长，诱发了从事农机、农药、化肥和种子等生产供应，以及从事运输、分类整理、加工、零售等某类或某几类活动的企业和农业合作社的发展。

（2）工业化、城市化和交通运输业的飞速发展，国内外市场迅速扩大，对农业产业组织的发展提出了更高的要求。从1860年到1940年间，美国的人口增长了3.2倍[⑥]，人口快速增长拉动了农产品需求增长；城市化的发展促进了农产品市

① 资料来源：美国农业普查（1890年）. http://www.agcensus.usda.gov/Publications/Historical_Publications/1890/1890a_v5-01.pdf.

② 资料来源：美国农业普查（1945年）. http://usda.mannlib.cornell.edu/usda/AgCensusImages/1945/02/02/1183/Table-08.pdf.

③ 资料来源：美国农业普查（1945年）. http://usda.mannlib.cornell.edu/usda/AgCensusImages/1945/02/02/1183/Table-08.pdf.

④ 资料来源：美国农业普查（1945年）. http://usda.mannlib.cornell.edu/usda/AgCensusImages/1945/02/02/1183/Table-08.pdf.

⑤ 资料来源：根据《农业统计年鉴（1945）》第415页计算得出。

⑥ 资料来源：U.S. Department of Commerce：Historical Statistics of the United States：Colonial Times To 1970.

场的扩大，19 世纪 30~70 年代，美国制造业经历了“两次起飞”，1890 年，工业在工农业总产值中的比重达到 80%。工业化的飞速发展，吸引了大量的劳动力向城市转移，1860 年，美国城市化率尚不到 20%，1910 年城市化率已达 45.5%，1940 年城市化率已经增长到 59%[①]；欧洲市场需求扩大也推动了美国农产品出口。农产品市场的扩大导致传统的以经纪人为主要媒介、规模相对较小、区域性的交易[②]难以为继，因为市场的扩大意味着不确定性风险的增加。为了降低风险，那些承担无限责任的经纪人逐步向承担有限责任的企业组织转变。这一时期，技术进步为农业产业组织的发展提供了可能性，随着铁路的扩展和公路系统输的改善，专业化的中间商、批发商和进口商能够降低运输成本，扩大自身的业务，而农场主可以使用汽车直接把农产品运到终端市场或加工厂，从而把许多旧式的批发商、经纪人甩在后面，导致一些个体商号的减少，为流通企业专业化发展打下了基础，同时也缩小了加工企业与农场主之间的距离。这一时期，另一个显著的变化就是农产品加工技术取得突破性进展，如反复粉碎、钢制磨粉机、罐头制造和快速冷冻技术等，促进了农产品加工业的发展，屠宰及肉食罐头、面粉厂及谷粉厂在食品加工领域乃至全国加工业中占据重要地位，一些大型农产品加工企业就是在这个时候建立的。

（3）美国农业经历了一次农业革命、两次农业危机，这要求农业产业进行组织整合。农业技术水平的提高催生了第一次农业革命，农业生产总规模和劳动生产率都有了大幅提高。第一次农业危机发生在 19 世纪 70~80 年代，农业技术革命推动了生产的急剧扩张，大大超过了人口增长的速度，这不可避免地引发了生产过剩危机，农产品价格大幅下跌。第二次农业危机发生在第一次世界大战后，大战激发了欧洲对美国农产品的需求，国内需求也不断扩张。随着战争结束，农产品出口严重萎缩，引起农产品价格暴跌，特别是 1929 年开始的经济大危机，加剧了农业的萧条。经济危机使得许多经济实力相对较弱及负债较高的家庭农场、农业企业或农业合作社走上了破产的道路，加速了兼并重组的进程。

二、农业产业组织体系初具雏形

这一时期，美国农业产业组织体系的建立以生产驱动为主。随着商品化程度

---

① 资料来源：U.S. Department of Commerce：Historical Statistics of the United States：Colonial Times to 1970.

② 施莱贝克尔在《美国农业史》一书中指出，19 世纪上半叶以前，大多数农场主把他们的牲畜卖给巡回牧畜商，再由牲畜商在城市市场上卖给批发商或投机商；谷物经销商从农场主那里收购谷物，再卖给磨坊主，农场主有时也将谷物直接运交磨坊；一些经纪人充当农产品加工者的代表，在农场主同城市加工商和销售商之间安排销售和运输。在这个时期，农场主所需要的价格信息及生产所需要的资金等也部分由经纪人帮助解决。

的提高和农业劳动力的减少，农场规模不断扩大，农业产业内部分工的不断深入，农场主愈来愈无力顾及产前种子和生产资料的供应活动、产中生产活动与产后的加工、运输、销售等活动，从而促使一些专门的农业服务组织出现以满足农户的需求。生产和消费的集中化需要对大量农产品进行长距离运输，促进了专门从事农产品加工流通的经营组织的快速发展，而流通技术的变革和市场竞争进一步推动了这些组织的发展。

从图 7-1 可以看出，这一时期，已经形成了以家庭农场为主导的生产体系，以政府服务组织、农业协会、农业合作社和农业企业等为主体的服务体系也已基本建立。但由于各服务主体规模还比较小、服务功能还不完备，特别是作为生产主体和市场主体之间的联结纽带的市场契约，使得利益联结机制相对松散，整个产业组织体系的运转成本比较高。

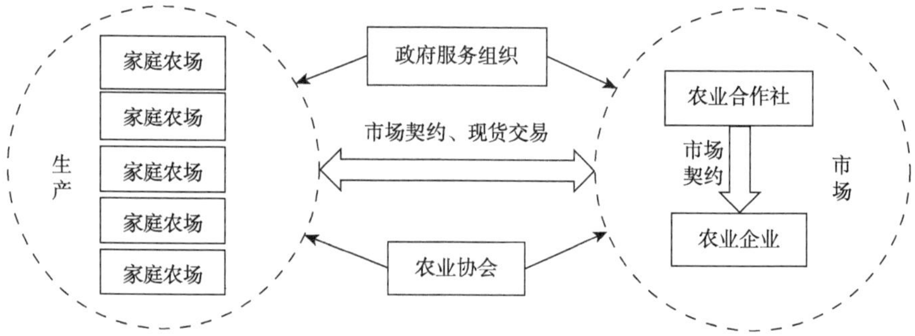

图 7-1 美国农业生产体系

（1）政府在联结农场与市场方面发挥了积极作用。自 1862 年通过《莫里尔赠地学院土地法》和建立美国农业部的法案以来，美国农业部牵头成立了教育、研究、推广等机构，形成了农业–科研–推广体系[①]，向广大农场主提供有关农业生产、市场销售、农村生活和农场管理等培训和咨询服务。1916 年，联邦政府出台《农业信贷法》，1938 年出台《联邦农作物保险法》，同时联邦土地银行、信贷合作社、合作社银行等金融组织开展信贷服务[②]，组建联邦农作物保险公司，直接开

① 农业–科研–推广体系在这一时期基本形成，并在随后的发展过程中不断完善，因为相关的组织形式以及与农场主利益的联结方式一直以来没有太多的变化，下文不再对这一组织形式进行论述。

② 第二次世界大战以后，政府主导的美国农场信贷体系逐步转化为合作社性质，形成了以 78 家农业信贷协会为农场主提供贷款主体，以合作银行、农业银行、农业第一农场信贷银行和得克萨斯农场信贷银行为主体为信贷协会提供资金来源（四大银行中政府的股份逐步由信贷协会赎买），以及在信贷银行之上组建的一系列服务型机构，包括联邦农场信贷银行基金公司、农业信贷系统保险基金、农场信贷金融伙伴公司等。具体发展可参见相关研究，下文不再对这一组织形式进行论述。

展农作物保险业务[①]。教育–科研–推广、信贷、金融等公服务组织为农业生产提供了强有力的支撑。

这一时期，农业产出保持稳定增长，然而农业生产和市场需求的矛盾日益凸显，引发了农产品市场剧烈波动。为了缓解这一矛盾，人们要求政府采取措施支持农场主发展、扩大农产品出口和加强农产品供应管理。1926 年开始，美国联邦政府颁布了《农业销售法》等一系列促进农产品销售并扩大其市场的法律。1933 年，美国农业部成立了农产品信贷公司，向同政府合作的农场发放无追索权贷款，并且向外提供援助和农产品出口的政府机构处理国内剩余农产品。1963~1964 年，经由农产品信贷公司销售的小麦占总供应量的 8%（威尔科克斯，1987）。在第一次世界大战期间，美国食品管理局还设立谷物公司，在市场上购买谷物。1933 年的《农业调整法》和 1937 年的《农产品销售协议法》授权美国农业部可以同农场主签订自愿减少耕地或生产的合同，同产品加工商和从事农产品销售的其他人签订销售协议，通过限制销售量和制定最低销售价格的办法促进农产品销售。此外，政府还从海关收入等中提取一定的费用，用于实施农产品出口计划、穷人救济计划、食品券和学生午餐计划等，促进了剩余农产品的销售。

（2）农业企业的快速发展壮大，促进了农产品的销售。19 世纪后半叶以来，因市场需求和农场主需求，在资本驱动下，企业加快加工流通网络建设。19 世纪末开始的企业合并浪潮在 20 世纪初达到顶点，许多农业企业也被卷入这一浪潮之中，资本和生产集中趋势也因此大大增强。规模经济使得巨型农业公司成为可能，1917 年，全国 171 家最大的制造业公司中，资产在 2 000 万美元及以上的食品企业就达 35 家（樊亢和戎殿新，1994）。这些巨型企业利用资本优势，竭力拓展商品和服务的市场占有率，或是在全国范围内建立自己的网络，或是进行合并以实现规模经济。例如，1902 年在明尼苏达州成立的 Daniels 亚麻籽油公司，于 1923 年并购 Midland 亚麻籽油公司，更名为现在的 ADM 公司，ADM 公司利用雄厚的资本实力，在 20 世纪 30 年代经济危机时迅速进行多次并购，收购了大量的谷物加工厂，并且在全国范围内组建加工厂和仓库。企业设立在产地的仓库成为农场主销售农产品的站点，农场主可以直接把生产的产品卖给这些企业巨头。

农产品主要通过地方市场进行收集而后进入销售渠道。农业企业在农村经常交易的地方就形成了地方市场，这类市场为生产者出售农产品提供了便利。在地方市场中活动的买主为农场主提供了现成的农产品销路。在地方市场，通常有农

① 20 世纪 80 年代以来，随着农作物保险的种类和范围不断增多，联邦政府对《联邦农作物保险法》进行了多次修订，鼓励私营保险公司的发展，农作物保险体系主要经历了政府直接办理、政府与私营保险公司共同经营、政府制定政策并提供补贴而具体农作物保险业务完全由私营公司经营和代理三个阶段。目前，联邦保险体系共分为三个层次，第一层为联邦农作物保险公司（风险管理局），第二层为有经营农险资格的私营保险公司，第三层为众多农作物保险的代理人和查勘核损人。具体发展可参见相关研究，下文不再对这一组织形式进行论述。

产品加工企业、居住在当地的私人买主、流动买主、地方农民合作社、地方拍卖所等从农场主手里收购农产品。农产品经由哪种组织或中间商销售的比例是随市场的不同而变化的，如加利福尼亚生产的橘子通常是通过农民营销合作社进入批发和零售环节。谷物多半从私人谷物仓库进入销售渠道，而越来越多的肉类动物则卖给了当地的货车运输商，由他们直接运给内地的批发商进入销售渠道。当然，有时农场主也通过当地的其他渠道销售农产品，如在路边集市直接卖给消费者，或者向商店、餐馆等出售，或者直接卖给工厂，等等。图 7-2 展示了谷物销售渠道，农村谷物仓库包括私人的和合作社的，农场主生产的谷物主要卖给当地的谷仓，有少部分农场主将谷物卖给加工厂或到集散市场销售，政府的农产品信贷公司也在当地市场收购部分谷物①。

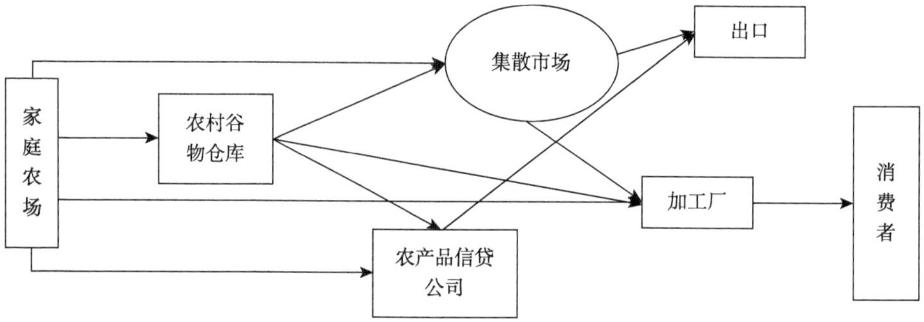

图 7-2　美国农产品销售渠道

农业企业主要通过现货交易（也有少量的期货交易）的方式收购农场主生产的农产品。无论是农业企业还是中间商，通常都采用一手交钱一手交货的方式收购农场主生产的产品，价格在每个交易时刻被决定，价格波动和收入风险由农场主承担。而诸如牲畜等农产品，在终点市场上实行拍卖交易，农场主能够在拍卖竞争过程中实现较高的价格，但由于农场主所生产的是非差异化的一般农产品，供给十分充足，卖方之间的市场竞争非常激烈，他们只能成为价格的接受者。这一时期，出现了期货交易和商品期货交易所。农产品购销企业可以与农场主签订远期合同，同意在收获季节以一定的价格收购农场主的农产品，企业则在庄稼还在田间生长时就获得了产品的所有权，但是也承担了农产品价格和收入的风险；农场主没有获得任何财务和技术的支持，因为报酬和公开市场有关，但是却保障了农产品有人购买。与这种交易方式相适应，农业企业开始对农产品划分等级，并按等级进行收购。这一时期，期货交易主要集中在小麦、玉米、大豆等谷物和棉花、咖啡等经济作物方面，总体的交易规模还比较小，但是期货交易形成的价

① 由于缺乏相关数据，无法展示各种渠道销售的谷物数量。

格已经开始影响着现货市场的价格。

（3）农民合作社的发展速度快，在联结农户与市场方面发挥着重要作用。在不断繁荣的农产品加工、运输、销售活动中，私营企业发展很快，为农场生产提供了必不可少的服务，但是由于这些私营企业纯粹以营利为目的，交易条件对农场主往往不利。例如，Kotov 指出："1910 年，在农业创造的每 1 美元当中，农民分得了 0.41 美元，运输、加工、批发、零售企业分得了 0.44 美元"；又如，美国北卡罗来纳州州长 Worst 指出：1916 年，由于谷物贸易中间商确定了不公平的价格，本州农民损失了 5 500 万美元（张学军，2011）。20 世纪 30 年代，美国处于大萧条时期，农场主出现销售难的问题，大的农业企业更加严重地剥削农民。单独行动的农民对于所售农产品的价格没有控制力，只能成为价格的接受者。农场主为了提高进入市场的能力，开始组建合作社，合作社成为广大小农场主在农产品营销领域应对大公司资本欺压的载体，也是应对社会化服务不足的有效载体。一些行业如生鲜类产品经营风险较大，私营企业介入的相对较少，提供的服务不足，农场主不仅要从事生产，还要独自承担销售、加工和运输，有限的资源难以得到有效利用。农场主为了摆脱这种局面，在方便自身的同时，为了使农民的利益不受到或者减少受到大企业的剥削，相继成立各种各样的合作社，将农产品集中起来统一销售，形成规模经济。

政府政策和法律支持促进了合作社的快速发展。美国对于合作社的支持始于合作社立法，通过相关法律承认合作社的合法性。早在 1870 年，密歇根、纽约、明尼苏达等州通过了认可合作社购销方式的相关法案，扶持合作社的发展。截至 1922 年，美国已经有 12 个州通过了合作社相关法律。1922 年《卡帕—沃尔斯坦德法》赋予合作社不同于私营企业的地位，将合作社从反垄断法中豁免出来。1926 年颁布了《合作社销售法》，并在美国农业部设立了一个合作社销售处，为合作社销售提供各种指导和服务。1933 年美国国会通过了《农场信贷法》，联邦政府依照这个法律在全国建立了 12 个地区性合作社银行和一个中央银行，由它们向农场主合作社提供贷款。1936 年《罗宾逊—帕特曼法》又规定合作社对惠顾资助金留成的支付不被视为非法回扣。政府对合作社的支持还体现在税收优惠上，1916 年联邦税法第一次提出了豁免"仅仅为销售其社员的农产品而组织起来的农场主合作社、水果生产者协会以及类似组织"的税收，在随后的税法修订中把这一规定扩大到采购合作社。此外，政府还在资金供给、技术指导、教育培训和技术援助等方面为农民合作组织提供便利和支持（苑鹏和刘凤芹，2007），如 1929 年，美国联邦政府成立农场局，并拨款 5 亿美元，向合作社提供贷款，鼓励合作社建造仓库、储存过剩的农产品。

第一次农业危机催生了"格兰其"和"农场主联盟"的建立，以及随后出现的"全国农场主协会"和"美国农场局联盟"。这四个全国性的合作组织使农业合作社的数量及影响迅速扩大。到1890年，全国已有各类合作社约1 000个（樊亢和戎殿新，1994）。在随后的时间里，合作社的数量快速增长，1930年美国营销和供应合作社达到1.2万家，会员总数300万人，经营额达24亿美元[①]，其中88%是营销类合作社。第二次农业危机使得许多农业合作社经营不下去，不得不解散或者合并。1920~1930年的十年时间里，解散或合并的营销类合作社数量高达5 900家，然而这一时期合作社还在蓬勃发展，营销类合作社的总数从1920年的近6 500家增加到1930年的10 000家。1930~1940年的十年时间里，解散或合并的营销类合作社数量高达4 691家，这一时期，营销类合作社的总数减少到8 000家[②]。

这一时期，农业合作社发展呈现以下几个鲜明的特点。

（1）从发展的速度来看，农业合作社发展速度较快。特别是19世纪初的40年间，农业合作社数量增长了4倍多，达到1.07万家。合作社增长速度是先快后慢，1930年以前，合作社数量年均增长6%，在随后的十年间，合作社数量略有减少，基本稳定在1.1万家左右[③]。

（2）从行业特征来看，合作社主要用于农民在单一初级产品和有限的区域内通过横向联合方式，增强作为农业投入品买者和初级农产品卖者的市场力量。合作社主要集中在奶制品、谷物油料、牲畜和果蔬等领域。1890年，美国1 000家合作社中，75%经营乳品，10%经营谷物，10%左右经营水果蔬菜（樊亢和戎殿新，1994）。1930年美国10 546家营销合作社中，奶制品、谷物油料、牲畜和果蔬领域的合作社分别占23%、33%、20%和13%，1940年四大领域的营销合作社依然占83.6%。1930年合作社销售奶制品价值占全国原奶产值的28.6%，并且这一比例在不断提高，1936年增长至31.6%，1940年达到36.8%，1940年，果蔬营销合作社销售的营业额占果蔬总产值的近60%，谷物油料合作社占16%，牲畜类合作社经营额占13%[④]。合作社在这些领域发展较快与产业特点紧密相关。在劳动密集型、交易规模大、市场风险高、产品易腐和不易储存的行业，合作社发展相对较快。一方面，对生产对劳动需求越高，资本进入的兴趣就越低，易腐性和不易储存的产品对于追求利润最大化的企业而言，投资的积极性也低，这就使得农业企业在这方面投入相对较少，这在奶业和果蔬行业非常明显，农场主只有自己组建合作社实现自我服务。并且1937年《农产品销售协议法》明确指出，只要生产者达成一致协议，就可以对牛奶制定最低销售价格且可以通过控制产量的办法防止

---

① 资料来源：http://www.rd.usda.gov/programs-services/all-programs/cooperative-programs.

② 资料来源：http://www.rd.usda.gov/programs-services/all-programs/cooperative-programs.

③ 资料来源：http://www.rd.usda.gov/programs-services/all-programs/cooperative-programs.

④ 资料来源：根据 http://www.rd.usda.gov/programs-services/all-programs/cooperative-programs 和农业普查（1945年）（http://usda.mannlib.cornell.edu/usda/AgCensusImages/1945/02/10/1213/Table-01.pdf）相关数据计算得出。

价格下跌，这在很大程度上进一步促进了奶业合作社的发展。另一方面，价格收入弹性越小，以及农场主交易量越大、交易价值越高，被中间商“敲竹杠”损失的比例就越大，农场主联合提升话语权的需求就越强烈，这是谷物和牲畜行业合作社发展较快的重要原因。

（3）从合作社与成员的关系来看，农场主集合作社的所有者和惠顾者于一体。作为所有者，农场主需要交纳相应的资本，成员无论拥有多少股份或社员资本，只允许一人一票，成员依据交易额进行返利。作为惠顾者，成员有向合作社交售产品的权利，并且可以无限制地向合作社交付农产品，但是却没有交付义务，成员可以因他人出价更高、与他人交易更方便等事由到其他地方销售。合作社与成员之间主要交易方式主要有三种：一是农场主社员把产品卖给合作社，按产品市场价格得到全部货款，然后由合作社全权向市场销售，这种方式在谷物领域比较盛行。二是合作社与加工企业或其他流通企业进行谈判，农场主社员根据谈判价格、交易时间和方式直接把产品卖给加工企业或其他流通企业，社员根据交易产品的数量向合作社交纳少许费用。三是许多果蔬、棉花、乳品、大米等合作社使用合伙销售的方式，即社员把农产品运到合作社，统一由合作社进行销售，合作社销售费用和销售利润按农场主提供的农产品比例进行分摊。

（4）从合作社的成员特征来看，合作社的成员相对同质性，虽然农业合作社成员资格开放，但是法律明确规定只有从事农产品生产的人以及他们的协会，才能组建合作社。而这一时期美国家庭农场经营规模差异并不大，80%的家庭农场耕地面积在 180 英亩以下[①]。农业企业很少参与合作社，一方面，是因为合作社是由社会活动家、慈善家、教会人士、学者及公务人员等发起组建的，目的就是抵制资本对劳动的剥夺，必然排斥企业的加入；另一方面，合作社相关法律对社员股份红利有最高限制，即不超过 8%或不超过各州的法定利率，因资本的逐利性，也自然不会有企业投资于合作社。

（5）从合作社的产业化特征来看，这一时期，一些合作社已经开始进入初加工领域，如一些谷物油料合作社开始建立面粉加工厂、压榨油厂等，1914~1919 年，有 13 个牲畜营销合作社进入了屠宰和加工领域，但由于缺乏相应的技术和持续的资本供应，这些合作社都以失败而告终。

（6）农业协会开始出现。随着农业的快速发展，一些相关的农业协会在这一时期开始出现，为产业链上的经营主体提供服务。农业协会是由从事某些特定生产或经营活动的农户和农产品加工企业，在自愿的基础上共同组织起来的非营利性质的机构，其具体的管理方式与合作社类似，由会员选举产生理事会负责协会的运营。农业

① 资料来源：根据美国《农业统计年鉴（1945）》计算得出。

协会既有围绕某一行业建立的行业协会，如 1920 年成立的美国大豆协会、1913 年成立的玉米储藏与加工协会，也有围绕为某类主体服务的综合型协会，如 1929 年成立的全国农场主合作社理事会、1930 年成立的美国油籽加工商协会等，还有围绕某些具体业务建立的协会，如美国肉类出口协会、谷物出口协会等。农业协会通过游说影响政府决策、扩大市场、推广新品种新技术、教育培训等活动为各类产业组织提供服务。

三、农业产业组织体系绩效

这一时期，以家庭农场为主导的农业生产体系已基本形成，政府、农业协会、农业企业和合作社共同服务于生产体系的服务体系也初具规模。但是，农户与市场之间主要依靠一次性的市场契约进行交易，交易双方通过价格机制调节资源配置，农户与市场主体的利益联结机制相对松散，市场的交易成本比较较高[①]。在生产接近消费地、政府对价格或销售量的短期波动能够有效控制、产品没有标准化从而生产者更了解产品质量信息等情况下，市场化的联结手段是有效的（Rehber，1998）。但是从农业发展来看，由于初级农产品生产环节与流通、加工环节之间缺少有效的信息沟通机制，通过农业企业传递到农户的市场信息是滞后的，必然导致农产品供需失衡带来的波动。并且，农业企业和农场主之间存在着利益对立关系，市场合约交易的一方是为数相当多的、小规模的、单个的、实际耕种土地和饲养动物的经济单位，另一方是为数相当少的、大规模的、加工初级农产品并将制成品转售给批发商和零售商的经济单位。两者在市场力量上存在差异，必然导致农业企业故意压低价格收购农产品，而农场主则没有提升农产品质量的积极性。

但是，不可否认，农业企业和合作社的发展成为联结农场和消费者的桥梁，促进了农产品的销售。农业企业和合作社作为中间商，一头连着农，一头连着城，不仅减少了农场主直接把产品卖给消费者的现象，实现了农产品的顺畅销售，也实现了家庭农场规模扩大后农业社会化服务的有效供给。特别是与分散的生产者直接把产品卖给众多的消费者相比，农业企业和合作社这样的专业化中间商能够大大降低买方和卖方的搜寻成本和交易成本，从而提升了农业生产的专业化水平。另外，与规模较小的经纪人相比，农业企业和合作社能够实现规模化经营，农场主也能够从中获益。

---

① 为了清晰展示各主体之间的交易关系，图 7-1 中没有画出农户与合作社之间的产权关系。

第二节 美国农业产业组织体系的发展（第二次世界大战时期至20世纪80年代）

这一时期是农业产业化发展时期，农业规模化、集约化、现代化水平全面提升。随着工业化、城市化的快速推进，居民的消费水平大幅提升，消费需求的变化直接拉动了农业产业化的发展，主要表现为大型农业企业通过合同的方式与农场主建立紧密的利益联系。

一、农业产业组织发展环境

（1）消费的变化。城市化率的提高[①]拉动了农产品的需求量的增长，而居民收入水平的提高则带动了农产品消费结构的变化，特别是出于对健康长寿的考虑，消费者对禽肉、牛肉、水果蔬菜等产品的消费需求快速增长，如牛肉和鸡肉的人均消费量在第二次世界大战后的近40年里增长了2~3倍，从而带动了肉类加工业的快速发展。肉类加工对畜禽的生产，特别是对产品的持续供应和产品的质量提出了更高的要求，而农产品质量受气候、投入品质量、管理等多重因素影响，不确定性比较大，对每批次农产品质量检验的成本也很高，传统的市场交易方式难以降低这些交易费用。因此，市场需求的变化要求对传统的交易方式做出变革，从而引致了合同农业的出现及快速发展。

（2）产后加工流通主体规模化水平不断提高。20世纪60年代，美国经历了新一轮的并购浪潮，1963年，美国企业并购发生1 361次，而1969年则高达6 017次（徐兆铭和乔云霞，2003），企业并购在食品领域也相当普遍。20世纪50年代和60年代初期，商品零售商以前所未有的速度合并，从而引发了农产品加工商和流通商的合并[②]。零售业的集中导致相当部分的市场份额落入少数几个零售商之手，在食品加工行业，尤其是在牛肉行业，少数几个买方将市场支配力从生产者手中转移到自己手中。加工企业规模的扩大对原材料持续供应和质量管理就

① 美国农场人口占全国人口的比例从1940年23.2%降到1980年的2.7%。

② 资料来源：R.B.Bunje，Cooperative Farm Bargaining and Price Negotiations，http://www.rurdev.usda.gov/rbs/pub/cir26/contents.htm，2010-09-28.

提出了严格的要求，从批发市场直接采购或通过代理人、经纪人采购的方式已不能满足这样的需求，其更倾向于与生产主体签订合同保证原材料渠道。这一时期，肉鸡、猪肉等规模化生产明显增加，生产者也希望采取合适的方式规避生产和市场风险。

（3）农产品市场波动依然明显。从 1940 年开始，美国经历了新一轮的农业革命，农业中的机械化、自动化、化学技术、生物技术和管理科学都得到了空前的发展，农业劳动生产率大幅提高，1940~1970 年，农场总产出增长了 70%[①]，谷物产量从 1950 年的 1.32 亿吨增加到 1985 年 3.47 亿吨，年均增长 2.8%（徐更生，2007）。然而，市场的波动给农民收入增长带来了很多不确定性。这一时期美国农业又经历了两次大的危机，第二次世界大战后国际市场需求骤降，以及 20 世纪 70 年代末开始全球性经济危机，造成农产品积压和价格下跌。除了诉诸政府价格支持政策外，农场主也在积极寻求降低风险的措施和办法，特别是对合同农业的需求越来越强烈。

（4）家庭农场数量不断减少，农场的规模不断扩大[②]，专业化水平大幅提升。从第二次世界大战结束到 20 世纪 80 年代，美国经济步入高度工业化阶段，大规模生产和企业大型化成为潮流，农业小企业经历了最为急促的衰退，小农场数量锐减，美国家庭农场数量从 1935 年就开始减少，1940 年家庭农场共计 610 万个，1950 年减少到 539 万个，1990 年减少到 214 万个，50 年间减少了 64.9%。而农场平均经营规模却从 1940 年的 174 英亩上升到了 1990 年的 461 英亩，增长了 1.6 倍[③]。这一时期，美国家庭农场的专业化水平也大幅提高。1950 年，美国专门生产某一种产品的农场上商业性农场总数的 87%，1964 年达 91%，而生产两三种产品的农场已从 13%下降到 9%（樊亢和戎殿新，1994）。规模越大、专业化水平越高、生产投入的资产越多，面临的风险也就越大，家庭农场主越倾向于与其他经营主体签订合同，来降低经营风险。

① 资料来源：U.S. Department of Commerce：Historical Statistics of the United States：Colonial Times To 1970.

② 导致农场数量减少的主要原因，一是席卷农业的技术革命使农场经营日益资本密集化，而家庭农场难以筹措足够的资金，购买大型拖拉机和其他机械化设备、化肥农药、杂交良种等。机械化水平和劳动生产率更高的大农场则占了明显的竞争优势。二是政府在农业生产环节提供的教育、培训和推广服务更多地使大型农场获益，有些低收入小农场主很少能够获得政府的这些服务。20 世纪 60 年代中期，约占 2/3 以上的年销售额低于 1 万美元的低收入农场和小农场经营者所享受的农业推广服务只占 35%，这也成为家庭小农场衰败的原因之一。三是第二次世界大战以后特别是 20 世纪 80 年代出现的经济危机，国际市场需求下降导致农产品“卖难”问题突出，农产品长期处于过剩状态，农产品价格下跌影响了农场主的收入水平，使广大生产者特别是在农业景气时期举债购买土地和机器设备的农场主陷入困境，一些农场主不得不在困难时期出售自己的土地资产，从而导致了家庭农场的兼并及农场规模的扩大。

③ 资料来源：美国《农业统计年鉴》（1941）（1951）（1991）.

二、农业产业组织体系基本形成

这一时期，美国农业产业组织体系的创新发展是消费和生产共同驱动。一方面，随着市场需求的变化，消费者对农产品的质量和持续供应要求越来越严格，而通过市场契约的方式满足需求的变化，交易成本太高，这就使得垂直市场整合在质量的易变性的食品市场中的作用显得尤其重要（库尔斯和乌尔，2006）。另一方面，农业生产主体经营规模不断扩大，对市场风险更为敏感，迫切需要对完全将市场风险传导给生产主体的传统交易方式做出改变，探索出更为可行的有利于降低风险的机制。加之这一时期产业链上各类经营主体之间的专业化分工越来越细，而专业化分工造成产业链上要素的分割，各类经营主体通过市场交易完成要素融合的成本相对较高，需要完善和优化产业链上各类经营主体之间的利益联结机制，从而降低各类经营主体之间的交易费用并提高整个产业链的资源配置效率。

从图 7-3 可以看出，这一时期，农业的生产体系仍然以家庭农场为主导，但农场主的数量在不断减少、规模化水平逐步提升，并且出现了企业直接经营农业的公司农场。各经营服务主体功能的日趋完善及规模化水平不断提高，特别是农业生产主体与经营服务主体之间建立了以商品契约和要素契约为纽带的联结，双方利益联结更为紧密，形成了以商品契约为纽带的农业产业组织体系。生产主体对现货市场的交易的依赖逐渐减弱，一次性市场交易和集中交易市场逐步被分散的以合同为纽带的市场所取代。合同不仅存在于农业企业与合作社、农户之间，合作社与农户之间也普遍签订合同，并且农业企业通过要素契约的形式直接介入农业生产。

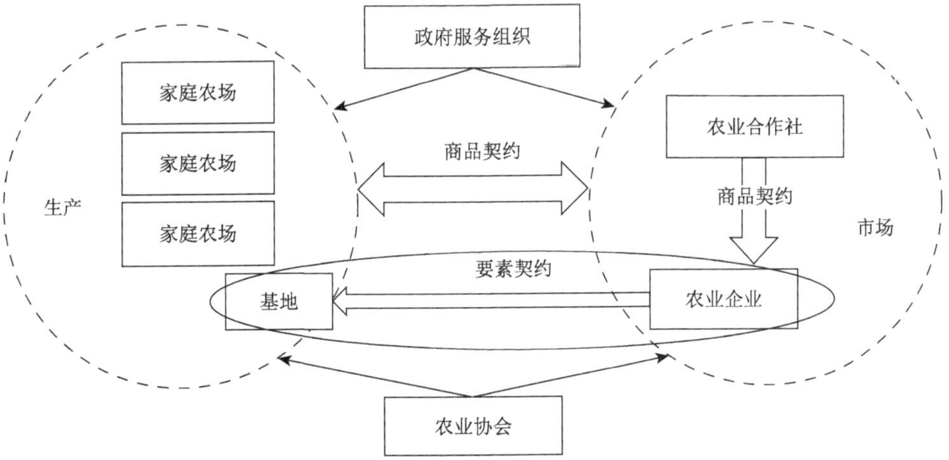

图 7-3　美国农业产业组织体系

（1）通过合同的形式，农业企业同农场主形成了一种相对稳定的关系。合同制早在19世纪后期就已经出现，特别是随着期货市场的形成而不断发展。然而，合同制在美国长期以来并不占重要地位，直到第二次世界大战以后，它才成为私人公司与农场主建立相对稳固关系的一种有效途径。以合同农业为代表的农业一体化最早出现在养鸡业。20世纪60年代，美国推行工业式养鸡，要求饲料供给、兽医服务、屠宰加工和产品销售等环节与饲养过程一体化协调发展，降低其生产过程中面临的疫病、饲料供应短缺等风险，以及在销售过程中因肉鸡不能长距离运输①而在现货市场上被少数加工企业压级压价的风险。对于屠宰加工企业而言，肉鸡很难通过精确的计量方法称量其质量，并且在现货市场上也难以保障持续供应。因此，一些大型饲料公司和屠宰厂作为一体化的组织者和指导者，主动与养鸡户签订产销合同（牛若峰，2002），建立比市场契约联结更为紧密的商品契约关系，实现产销一体化。

如图7-4所示，从种蛋生产、育雏、肉鸡饲养、饲料供应、运输、屠宰加工到销售等，几乎每个环节都是通过合同来进行协调的。也有一些企业在发展的过程中，形成了既有屠宰加工厂，也有饲料厂、孵化场、包装设备等多家企业的大型综合性企业。这类企业也往往以合同制的形式对供需双方进行约束。饲养肉鸡的农场主有时需要与多家公司签订合同，确保各类服务有效供给。在服务供给方面，以综合企业与家庭农场签订的合同为例②，企业负责雏鸡孵化、种鸡培育，并向饲养户供应雏鸡，以及饲料、药品、技术服务和疫病防治等。待养鸡户将肉鸡饲养到出栏后，企业负责收购，经屠宰、加工后进入批发-零售环节或者是自己的销售系统。肉鸡饲养户则利用自己的鸡舍、设备、水、电、燃料和劳动进行饲养，并且按照合同约定根据生产周期每年定期向公司提供成品鸡。在这一模式中，鸡场的生产结构和饲养主体完全由一体化公司决定和选择，甚至连规模和产量也由公司决定，不符合公司要求的生产者会被淘汰。在利益分配方面，20世纪50年代，企业与肉鸡饲养户签订了利益分成合同，企业向肉鸡饲养户提供的服务计作投资，农场经营利润按双方投资比例分成。到了20世纪60年代，分成制合同逐渐被保护价合同所代替，合同预先规定价格，用以保证饲养户每生产1单位肉鸡可以得到的最低报酬，经营得好还可以获得额外收入和价格加成（胡定寰，2002）。

① 肉鸡长距离运输面临着在运输过程中重量损耗、死亡等风险，一般都在附近进行销售，只能面对少数加工企业。

② 这种合同也称作生产合同，这类合同是指农产品生产者与农业企业签订的合同，由企业提供农资供应，由农场主提供劳动、设备和房屋等。产品的所有权和生产决策权属于企业，生产合同通常详细规定了农场主必须提供的服务，因提供服务可以得到的报酬，以及企业提供农业投入的责任等。这种合同在肉鸡、猪肉等行业比较普遍。与之相对的是营销合同，营销合同只规定了产品的价格、数量、质量和交货时间等，生产者从市场上采购农资进行生产，营销合同在大田作物比较普遍。

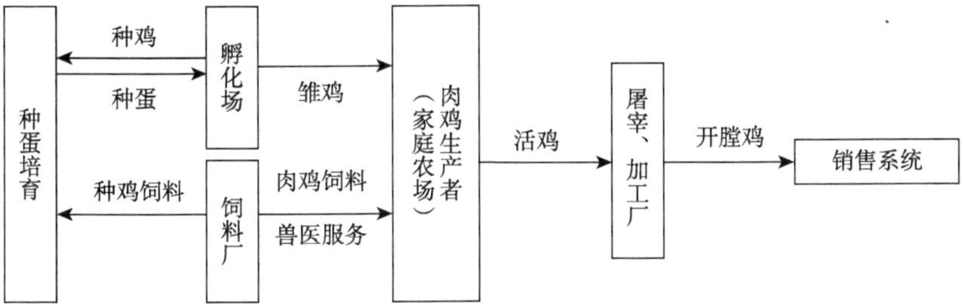

图 7-4　合同链接的农业企业与农场

合同制在其他领域的推广应用。农业一体化在肉鸡领域的成功很快推动了它向其他领域的拓展，猪、牛、奶业、果蔬等领域也不同程度地实现了一体化经营。1960 年，鲜牛奶通过合同生产的产量占总产量的比重达 95%，肉用仔鸡、甜菜、种子、加工蔬菜、柑橘类水果等的比例分别达 93%、80%、98%、67%和 60%（克拉默和詹森，1994）。1969 年有 9%的农场、11%的农产品实现了合同经营，1991 年分别增长为 10%和 28%，采用合同制比例最高的五个产业分别为甜菜、肉鸡和鸡蛋、花生、奶制品、棉花，合同农业产值占该行业产值的比例分别达 91.9%、88.7%、47.5%、36.8%、30.4%（Macdonald and Korb，2011）。1960~1990 年，除少数产品外，使用生产与销售合同生产的农产品占农产品总量的比例都有明显提升。大型零售企业也开始绕过批发市场与农场主签订合同，实现产销对接。随着零售商店的集中度日益加强，它们也开始逐步把加工业务和批发业务的职能并入进来，一直通到农场主那里进行直接对接。最常见的有新鲜水果和蔬菜，也包括鸡蛋、家禽和牛羊肉。规模大的农场主或营销合作社也在积极与零售商店对接（威尔科克斯，1987）。1973 年，经营新鲜果蔬的零售连锁企业与农场主或合作社签订合同采购农产品的比例为 39%，1993 年该比例增长到的 53%（小林康平，1998）。许多果蔬加工企业只通过公开市场采购少量的果蔬，近 20%通过自主生产获得，80%来自与生产者签订的合同（库尔斯和乌尔，2006）。一些农业合作社也开始与成员签订合同，如美国新奇士柑橘协会通过与果农签订合同，为果农提供统一标准、统一品牌、统一销售等服务。所有成员种植的水果成熟后，由包装厂统一派人去摘收，按不同大小和质量自动分类包装，统一商标、统一价格、统一做广告、统一调配出口。对于不符合要求的水果，则直接送到合作社的加工厂制成饮料，果皮加工成饲料，等等，大大提升了农产品附加值。协会对各会员果农果实的成熟及采收情况通过信息系统进行统计和周密筹划，使其产量均匀分布于各个时期（黄胜利等，2011）。

按照威廉姆森的观点，企业采用一体化经营而不是现货市场交易，主要是因为不确定性、资产专用性及交易频次较高。笔者认为，结合行业特点，合同农业之所以在肉鸡、甜菜、种子、加工蔬菜等行业发展较快，是因为这些领域的市场风险高、合同双方需要投入大量的专用性资产、对农产品质量要求高且质量难以保证、加工流通行业集中度高。从农场主的角度来看，一是投入品或产出的价格波动都可能导致农场破产，二是当农场主投入大量专用性资产时容易被其他经营主体"敲竹杠"，三是加工流通产业集中度高使得农场主在现货市场可选择的销售渠道窄，这三个条件使得农场主有使用生产或营销合同的积极性。从加工流通企业的角度来看，一是农产品加工对农产品质量要求较高，如果难以较低成本检验产品质量就面临着农场主以次充好，二是当企业投入较多专用性资产而没有充足的产品来源时，农场主也会通过减产要求抬高价格，三是直接经营农业需要投入更多的固定资产，甚至对生产过程中劳动投入情况难以准确计量，这三个条件使得企业有与农场主签订合同保障持续稳定的高质量农产品供应的积极性。

（2）工商企业直接渗透到农业生产环节，直接参与农业经营，形成垂直一体化经营。大型的农业企业为了保障获得稳定的原材料供应，购买或租种土地兴办农场，以要素契约的方式将农业生产内部化，从而有利于对农产品品种、数量及成熟期进行统一控制，使农产品在质、量和供货时间上满足要求。企业经营的农场往往更倾向于凭借其在资金、技术、发展理念、农场规模，特别是产业链一体化方面的优势，将经营范围主要集中于受季节性影响较弱、专业化程度较高、现代技术较为可控且附加值较高的特定农产品生产经营领域，特别是设施农业、有机农业和受天气影响较小的种养业中（姜长云和张立冬，2014）。例如，1960 年，甘蔗、马铃薯、蔬菜、柑橘类水果垂直一体化经营的农产品占农产品总量的 75.6%、30%、25%、20%（克拉默和詹森，1994）。而到 1980 年，除甘蔗的比例有所下降之外，其他产品垂直一体化经营的比例逐渐上升，分别达到 60%、35%、35%和 35%，而蛋和火鸡垂直一体化发展更快，垂直一体经营的产品占产品总量的比例分别从 1960 年的 10%和 4%上升到 1980 年的 44%和 28%（克拉默和詹森，1994）。虽然直接由企业经营农场的数量不多，但其经营规模较大，并且数量增多的趋势比较明显。1982 年，真正的农业企业直接经营的农场占农场总数的 0.1%，占农场土地面积的 2%，占农产品销售总额的 4%；1992 年这一比例已经分别为 0.4%、1.3%和 6%①。

（3）农业合作社经历了一轮兼并浪潮，规模逐步扩大，并开始向产后领域延伸。随着农业企业规模日益扩大，合作社要想在市场上站稳脚跟，必须通过联合合作提高话语权；此外，家庭农场向数量少、大规模的趋势发展，现代加工流通技术的发展促使合作社开始进行调整，这一时期，合作社通过合并重组扩大了合

① 资料来源：根据美国农业普查（1982 年）（1992 年）计算。

作社规模，一些合作社开始更多地进入加工环节分享产品增值。合作社的横向合并重组导致许多小合作社通过合并成为规模更大的合作社。虽然一些小型合作社因为经营不善而不开展业务，但是在奶制品、谷物、果蔬和牲畜领域的营销合作社，合并势头和大型化的趋势尤为明显，如奶制品合作社 1960 年有 5 328 家，平均每个合作社年加工 900 万磅奶，而到了 1990 年合作社数量减少为 605 家，而平均每个合作社每年加工 1 亿磅奶[①]。在第二次世界大战后几十年间，这种合并活动持续进行，使得合作社的数目明显下降，但合作社平均营业额大大增加。1940 年合作社的数量为 10 600 家，1980 年只有 6 293 家，1990 年只有 4 663 家，减少了 56%，每个合作社平均成员数量却从 320 多人上升到了 1990 年的 879 人，上升了近两倍，每个合作社的营业额也从 2.2 万美元上升到 2 000 万美元。1987 年在奶制品、果蔬、棉花、烟草和谷物油料等领域，合作社营业额占农产品市场价值分别达到 76%、52%、35%、35%和 30%[②]。与 1940 年相比，牲畜合作社营业额占总产值的比例下降了 11%，蔬果合作社下降了 8%，奶制品合作社和谷物油料合作社分别上升了 16%和 15%。主要原因是这一时期果蔬和牲畜需求的快速增长导致生产规模大幅增加，如牲畜合作社营业额增加了 10 倍，但牲畜总产值增加了 30 多倍，导致合作社占比下降。跨区域联合合作增强了合作社的谈判能力，更好地发挥了联结农户与农业企业的桥梁和纽带的作用。例如，奶制品合作社之间的竞争削弱了奶农与加工企业之间的地位，直到 20 世纪 60 年代，这一问题得到了大部分合作社的重视，开始在维持各自独立的身份的基础上，成立了像“通用市场代理机构”这样的联合协会。到 1970 年，主要联盟组织的合作社合并成四个大的地区性全套服务的奶制品合作社：乳品生产者联盟公司、美国中部奶农公司、奶农联盟公司、牛奶营销公司，这四大地区性合作社控制全美农场牛奶供应的 33%。合作社开始逐步向产后领域延伸。这一时期，从事有垂直联系的一系列经营活动的合作社越来越多，合作社不再仅仅注重上游业务活动，而是更加侧重下游业务活动的控制。例如，位于美国东部的密苏里农场主协会通过自身积累开始向谷物的储存加工和销售延伸，合作社拥有 7 处饲料加工厂，年产能达 43 万吨[③]。

多个合作社的合并与联盟不仅促成了合作社营业额的急剧膨胀，也使得层级结构变得更为复杂。美国许多大型的合作社都是跨区域合作社，通过兼并、联合

---

① 资料来源：http://www.rd.usda.gov/programs-services/all-programs/cooperative-programs.

② 用合作社营业额除以各类农产品营销价值计算得出，奶制品合作社营业额根据合作社收购的奶量除以美国总产奶量计算得出，因前者包括合作社其他经营收入特别是包含产品加工增加值部分，所以合作社经营占比会偏高。资料来源：http://www.rd.usda.gov/programs-services/all-programs/cooperative-programs.

③ 资料来源：笔者实际调查。

及自身规模的扩张，导致层级结构的复杂化，这种跨区域型合作社类似于联合社①，地方合作社作为独立的实体存在（也有一些跨区域合作社拥有个体社员）。如图 7-5 所示，社员通过地方合作社这一层次间接拥有跨区域合作社的所有权和控制权。而在购销业务方面，社员可以直接通过合作社设立的直属或合资企业、分支机构、签约企业等进行交易。

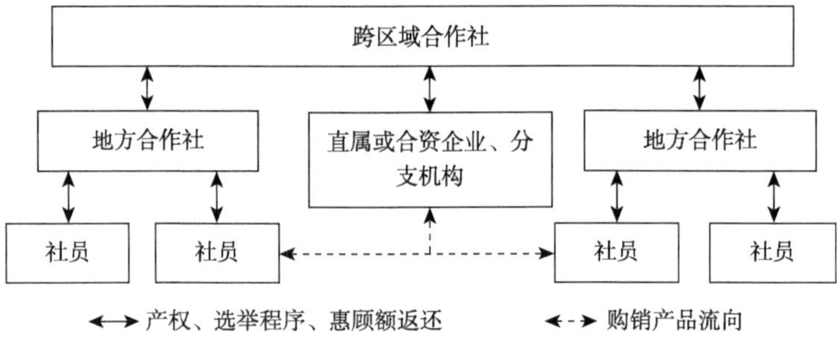

图 7-5　合作社升级与产业链延伸

合作社与社员之间的交易方式除了直接买卖、价格谈判销售、合伙销售外，合同销售、委托销售、拍卖销售等方式开始普及。例如，许多罐头原料销售合作社与社员订立合同，合作社向社员统一供种、统一供肥、统一技术服务、统一病虫害防治，并负责产品的销售和加工，社员提供土地、劳力和相关的设备等。而委托销售则是合作社作为牵线搭桥的载体，与买方进行接触和谈判，最后是否成交，则由社员决定，这种交易方式在牲畜行业应用比较普遍。而在一些肉牛和肉猪的销售方面，一些合作社联合起来在一些批发市场内部组织拍卖会，帮助销售社员的牲畜（樊亢和戎殿新，1994）。

三、农业产业组织体系绩效

这一时期，建立在合同基础上的农业产业组织体系基本形成，这大大降低了现货市场上存在的交易成本，有力推动了现代农业的发展。

（1）促进了农业由粗放型经营向集约化经营转变。长期以来，美国农业增长依靠的是大量荒地的开发，经营方式相对粗放。通过与企业签订合同，可以摆脱现货市场交易面临的“劣币驱逐良币”问题，确保农场主提前锁定利润（Moore，

① 许多小型合作社没有地方合作社这一层次，个体社员拥有合作社的所有权和控制权。一些跨区域的大型合作社不仅拥有地方合作社这一层级外，还拥有个体社员。

1994)。这降低了农场主面临的价格和收入风险。农场主有投入较多的专用性资产提升农产品质量的积极性，并且，农场主可以拿着与企业签订的合同到银行进行抵押贷款。通过与农业企业签订合同，相关的生物技术和管理技术就由企业传导到农场，能够改变或提升生产者管理技能，提高新技术应用水平。因此，这一时期农业固定资产投入力度大、增长快，1963 年农场固定资产为 2 211 亿美元，1970 年上升到了 3 114 亿美元，1980 年上升到了 9 833 亿美元[①]，年均增长 7.7%，实现了农业向资本密集型转变。

（2）有效解决了农业信息传递滞后或失真的问题。用从现货市场上获得的信息指导农业生产摆脱不了“蛛网困境”，而合同农业则根据市场信息安排生产，生产多少、交货时间、产品的质量都由合同规定，农场主只需要按照合同要求进行生产即可，大大降低了农业生产风险。

（3）促进了农产品流通加工体系的壮大。为了满足消费者的需求，农业企业需要投入大量资金兴建加工工厂，需要加工操作期间严格控制质量和保障农产品的持续稳定供应。这些都需要控制农场的可变因素，但这对于现货市场交易很难实现。而农产品加工者的活动与农场主的生产活动进行联合，有效解决了这些问题。

（4）保障了农产品质量安全。通过与农场主签订合同或农业企业直接生产的方式，对农产品生产过程包括投入品的选择、种苗的使用、病虫害防治等进行严格的控制，从源头上保障了农产品的质量安全。并且，农场主的收益也得到了充分保障，没有生产劣质产品的动机。

存在的问题：产业链上各主体力量不均衡，特别是农场主的谈判能力相对较低，农业企业获得了农产品增值收益的大部分，农场主的利益还得不到有效保障。加之农业合作社产后领域延伸相对滞后，农场主收入增加难的问题比较突出。此外，农场主对私人公司的依赖性增强，不利于农场的发展。

第三节　美国农业产业组织体系的完善（20 世纪 90 年代以来）

随着农业产业化的快速发展，美国农业已经进入现代农业阶段。与农业产业化发展相矛盾的是农场主农业经营收益徘徊不前，家庭经营收益占家庭总收入的

① 资料来源：美国《农业统计年鉴》(1971)(1991).

比重持续下降，小规模家庭农场兼业化非常普遍。以提升农场主收益为目的的合作社纵向一体化成为这一时期农业产业组织创新的亮点。

一、农业产业组织发展环境

（1）农场收益占食物支出的比例越来越低。第二次世界大战以来，农场在消费者的食物支出中所占份额没有向上或向下的趋势，只是随着商业的起伏以及战争与和平而起落。1913 年，消费者支出 1 美元购买的食物中农场可获得 46 美分，1940 年农场仍可获得 47 美分。在随后的 40 多年中，虽然这一比例有所下降，但下降的幅度并不大，1970 年农场可获得 39 美分（威尔科克斯，1987）。但是 20 世纪 80 年代起，消费者购买农产品的价格在不断攀升，然而农场主销售农产品获得的价格却没有同步上涨，1980 年农场获得占消费者支出的比例降为 37%①，1993 年农场获得的最终价格已经下降到了 17.5%，1993~2013 年这一比例平均为 16.7%②，相比 1980 年下降了 54%，相比 1940 年则下降了 64%。因此，提高农场在食物支出中的份额成为农业必须攻克的难题。

（2）农业收入增长乏力。20 世纪 70 年代末开始的第四次农业危机大大影响了农民收入，加之受亚洲、欧洲低价农产品的冲击，农民的生产成本及加工运输成本都在不断上涨，导致农民家庭经营性入一直在 5 000 美元左右徘徊（1988~2003 年数据），增长非常缓慢甚至下滑③。这一时期非农收入则实现了快速增长，如何提高农场主家庭经营收入成为这一时期农业发展面临的主要问题。

（3）家庭农场横向兼并持续进行。随着市场竞争日趋激烈及农业生产成本的上涨，小规模农场的效益在不断下降，例如，在 20 世纪 80 年代，大多数人种植 160 英亩土地就足够维持生计了，但 20 世纪 90 年代需要拥有上千英亩土地才能赚足够多的钱。很多小规模农场利润通常是负的，加之农业劳动力老龄化趋势明显、非农收入增加，从而推动土地向部分农民或公司集中，美国农场呈现出土地更多地向大规模农场集中的趋势，大规模农场所拥有的土地比例越来越多。截至 2014 年底，农场现金总收入低于 35 万美元的小规模家庭农场占农场总数的 89.6%，其经营 45.7%的土地，但产值只占总产值的 21.8%；农场现金总收入大于 35 万美元的大中型家庭农场占农场总数的 9.3%，其经营 50.5%的土地，产值

---

① 资料来源：ARDI. New Generation Cooperatives on the Northern Plains. http://www.umanitoba.ca/afs/agric_economics/ardi/ARDI_PDF.pdf. 2002.

② 资料来源：http://www.ers.usda.gov/data-products/food-dollar-series/download-the-data.aspx.

③ 资料来源：http://www.ers.usda.gov/data-products/farm-household-income-and-characteristics.aspx.

占 67.8%。而 1.1%的非家庭农场产值却占 10.4%[①]。

二、农业产业组织体系进一步完善

这一时期，美国农业产业组织体系创新是农场主追求自身利益的结果，他们为了增加家庭经营性收入，特别是获得农产品产后加工增值收益，推动了农业合作社将经营领域向上游如使用农业机械、购买农资或者收购肥料工厂等延伸，以及向加工领域延伸，以赚取二三产业增值收益。

从图 7-6 可以看出，这一时期，农业生产体系仍然以家庭农场为主导，但是规模较大的家庭农场在农产品生产中的作用更加突出；经营服务体系最大的变化是农业合作社纵向一体化。

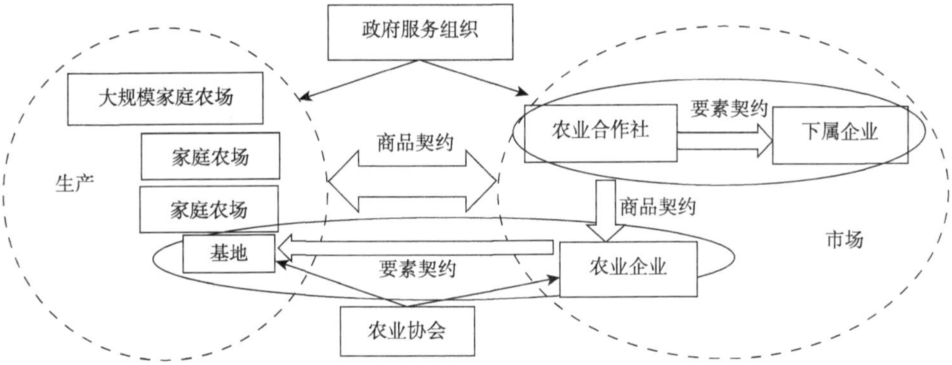

图 7-6 美国农业生产体系

（1）合作社投资兴办企业或通过与企业合作形成战略联盟，逐步向产业链下游延伸，实现合作社一体化经营。自 20 世纪 80 年代末以来，美国农业合作社开始了新一轮的合并浪潮。根据美国农业部的统计，从 1989 年到 1998 年期间，有 777 个合作社进行了合并或并购。特别是自 2000 年开始，美国农业合作社正经历着关键性的结构调整，许多大型的合作社破产或转变为投资者所有的企业。在这一过程中，合作社的数量和社员数量不断减少，但合作社的营业额、经营利润等不断上升，合作社数量从 2000 年的 3 346 个减少到 2014 年 2 106 个，社员人数从 2000 年的 305 万人减少到 2014 年的 200 万人；而合作社经营业务额从 2000 年的 1 189 亿美元上升到 2014 年 2 467 亿美元；农业合作社的净

① 资料来源：http://www.ers.usda.gov/media/1955981/eib146.pdf.

收入从2000年的10.4亿美元上升到2011年的70亿美元[①]。目前，合作社在农产品营销领域发挥的作用日益突出，2007年，果蔬、棉花、谷物油料、大米、牛奶等行业，合作社营业额占农产品市场价值的13%、37%、38%、55%、84%，2012年分别达到了14%、45%、52%、57%、84%[②]，与1987年相比，果蔬和牲畜合作社营业额占农产品市场价值的比例进一步降低，但棉花、谷物油料和牛奶领域的比例有了相对明显的提升。此外，一些营销合作社开始与其他合作社联合成立共同营销机构（marketing agencies in common，MACs）（Chaddad，2010），以业务而非产权的联合合作，以实现合作社之间的合作交流和买卖产品时寻求价格优惠等，这种组织形式在奶业领域非常普遍。然而，随着农业产业化的快速推进，特别是在“微笑曲线”的铁律下，简单的以销售为目的的合作社如果不能为成员带来更多的增值收益，农场主加入合作社的意愿将会逐渐降低。因此，在规模不断扩大的同时，一些领域的农业合作社也开始积极向产后领域延伸，获得增值收益。

通过战略联盟等形式逐步向产前和产后领域延伸。合作社建立战略联盟是由于为了在全球市场中获得竞争优势及获得足够的资本，除此之外，农业产业化发展的推动和政府支持政策也是促进合作社开展战略联盟的重要因素（王军，2014）。在新一轮合作社合并浪潮中，美国许多营销合作社、大型奶制品合作社及区域性粮食合作社就已经开始建立合资公司或者全资附属公司，从事谷物加工、饲料加工、生物技术研发和应用等。美国农业部2012年一份报告显示，在2010~2011年的调查中，185个农业合作社形成了317个合资企业，其中108个是全资附属公司，209个是合资企业（Reynolds，2012）。例如，美国冰糖公司与其他合作社或企业联合创办了美国粮业公司、中西部粮油商品公司、西德尼糖业公司、ProGold有限责任公司等四家合资企业。在奶制品、禽蛋、油籽加工、农资供应等领域，一些大型合作社组建了54个战略联盟（Chaddad，2010）。

以新一代合作社为形式开展农产品深加工。为了跨出农业大门，介入农产品加工、包装等高附加值领域，让农场主不仅获得农产品生产的价值，而且获得农产品加工的增加值，一些农业合作社对相关的制度进行修改，成立了新一代合作社。例如，坐落在爱荷华州中东部的本顿（Benton）市的阳光能源合作（Sunshine Energy Cooperative，SEC）是一个农民拥有的以提高成员附加值为目的的合作社。该合作社成立于1995年5月30日，1999年正式运作，每年可将成员的200万蒲式耳的玉米转化为600万加仑的乙醇[③]。与传统合作社相比，新一代合作社在社员

---

① 资料来源：http://www.rd.usda.gov/programs-services/all-programs/cooperative-programs.

② 资料来源：http://www.rd.usda.gov/programs-services/ all-programs/cooperative-programs.

③ 1蒲式耳等于8加仑，美制1蒲式耳等于35.24升，美制1加仑等于3.785升。资料来源：http://value-added.org/wp-content/uploads/2014/04/Sunrise-Energy-Cooperative.pdf.

资格、社员交易额、社员股金和管理制度等四个基本方面有了重要突破：第一，社员资格不开放、限制社员规模。社员资格仅提供给向合作社交售产品的社员，不再实行自由开放原则，如果社员退社，必须将自身的股本金转让出去，不可直接从合作社抽回股金，从而保证了合作社注册资本的稳定。第二，社员与合作社通过现代契约关系联系在一起。具体来说，合作社打破了社员只有交集产品的权利而没有交集产品义务的限制，社员入社时与合作社签订供货合同，合同对社员产品的数量、质量、品种均明确加以规定。如果社员不能履约，合作社有权自我组织货源以弥补原料不足，但是由此发生的一切费用均由违约社员承担。第三，社员按照与合作社的交易额缴纳入社股金，两者之间成正比例，并且社员的平均股金规模较大。由于实行附加值战略需要对生产和销售进行大量投资，因此农民必须支付大额股金，每个社员的支付额在 5 000 美元到 15 000 美元之间，社员股金通常占合作社总投资额的 40%~50%。第四，虽然大多数新一代合作社仍然实行“一人一票”制，但已有合作社开始突破这一原则，实行按人与按投资额大小分配投票权，并允许非社员参加合作社理事会。

以有限合作组织形式进入农产品加工领域。为了更进一步地吸引外部资本的加入，使合作社能够有效地进入农产品产后加工领域，许多农民开始组建有限合作组织或者一些传统合作社向有限合作组织转变。1999 年，怀俄明州及其周围几个州的羔羊生产者为了获得更高的利润，希望成立一些旨在加工和销售羔羊羊肉、羊毛、生皮的合作社。然而，生产者意识到，在现有的法律框架下，自己无法根据所拥有的羔羊的数目筹集到足够的资本。因为当地合作社法将股票的利率限定在 8%，并且法律还规定只有具备农业生产者身份的成员才享有投票权，董事会只能由具备农业生产者身份的成员组成，而合作社外部资本只享有收益权而没有投票权，这对外部资本来讲是没有吸引力的。这一问题引起怀俄明州立法机关的重视，立法当局在 2001 年率先调整现有法律，并颁布实施了有限合作组织的成文法——《怀俄明州加工合作社成文法》，明确合作社可以获得非惠顾成员的资源且不用缴税，这样一来，外部投资者就愿意往合作社投资。2007 年，美国全国统一州法委员会起草完成了《统一有限的合作社社团法》。截至 2012 年，内布拉斯加州、犹他州、俄克拉荷马州、科罗拉多州等采用了该法。这些法律的目的是吸引不与合作社交易的投资者投资，从而获得新的投资源泉。有限合作组织的成员分为惠顾成员和投资成员，惠顾成员即利用合作社所提供的服务的成员，他们有权利和义务向合作社交售产品；投资成员即不利用合作社，但提供创办资本的成员，类似于有限合伙中的有限合伙人。为了保证惠顾成员的利益，法律对惠顾成员进行最大限度的保护，如惠顾成员公平地享有一人一票且相关的决策，惠顾成员所投的赞成票必须占多数，多数董事会成员必须完全由惠顾成员选出，或者惠顾成员选举出来的董事会成员享有一半或一半以上的表决权，惠顾成员按惠顾额或交易量参与合作社利润分配，但分配的比例有最低要求。

合作社一体化所在的领域主要集中在奶制品加工、生物质能源产业、牲畜加工、谷物加工及果蔬销售[①]等。这些领域主要表现为农场获得消费者最终支付价格的比例较低，加工流通环节收益较高，合作社一体化有利可图。但是合作社一体化成功取决于能否集聚足够的资本置办加工厂、合作社是否掌握先进的技术水平、能否利用自己的渠道占领终端市场、能否在市场集中度较高的前提下聚焦于某一细分市场并占据优势。例如，兴办乙醇加工厂需要大量的资金，而这一产业的发展得益于政府的大力支持。又如，上文提到的 SEC 合作社获得爱荷华州政府 200 多万美元补贴及低息无息贷款，政府还持有 25 万美元的优先股，两者之和与合作社发行的 A 类股票票面价值基本相当。并且，乙醇加工属于干磨加工技术，相比于湿磨加工主要生产化学和医学产品，工艺相对简单，所需资金投入也相对较少，这也在合作社能够承受的范围之内。再如，在牲畜加工领域，美国优质牛肉合作社[②]以 3 800 万美元收购了私人加工企业（Farmland National Beef）25%的股份并介入加工领域，实现社员的牛肉加工和销售。在果蔬行业，如新奇士合作社、加州杏仁合作社、Sunmaid 葡萄合作社等通过自身的知名品牌，能够在终端市场上占有较大的份额。而奶制品和谷物加工本来就是合作社传统的经营领域，在市场中已经有一定的影响力，能够在长期的发展过程中积累足够的资本[③]，通过战略联盟或直接投资的方式向产后领域延伸。

（2）农业企业通过合同的形式快速推进农业一体化。由于农业企业与农场主或合作社签订合同能够实现“双赢”，因此，以合同农业为主要形式的农业一体化在这一时期快速推进。1991 年已有 10%的农场、28%的农产品实现了合同经营，2001 年分别增长为 11%和 36%，到 21 世纪初为止，基本稳定在 11%和 40%左右（Macdonald and Korb，2011）（图 7-7）。

---

① 根据伊利诺伊农村事务研究所（2007）关于新一代合作社的产业分布情况及各行业农场从合作社获得分红情况综合判断。新一代合作社分布情况见黄祖辉等：《农业合作社的模式与启示：美国、荷兰和中国台湾的经验研究》，浙江大学出版社，2015 年。各行业农场从合作社获得分红情况见美国农业普查（2012）。其中，肉牛、禽蛋、蔬菜、肉猪、奶制品、水果和坚果、棉花等领域每个农场从合作社获得的分红更是高达 2.5 万美元、4.8 万美元、5.3 万美元、5.6 万美元、7.8 万美元、15 万美元、16 万美元。

② 资料来源：Holz-Clause M. New Generation Cooperatives：Case Study -U.S. Premium Beef. http://value-added.org/wp-content/uploads/2014/04/US-Premium-Beef.pdf.

③ Ling 和 Liebrand 指出，多样化的奶制品合作社加工能力较强，但这些合作社并不是一开始就有足够的加工能力，而是在长期的发展过程中逐步形成的。参见 Ling K C，Liebrand C B. Dairy cooperatives' role in vertical coordination//Royer J S，Rogers R T. The Industrialization of Agriculture：Vertical Coordination in The U.S. Food System. 1998.

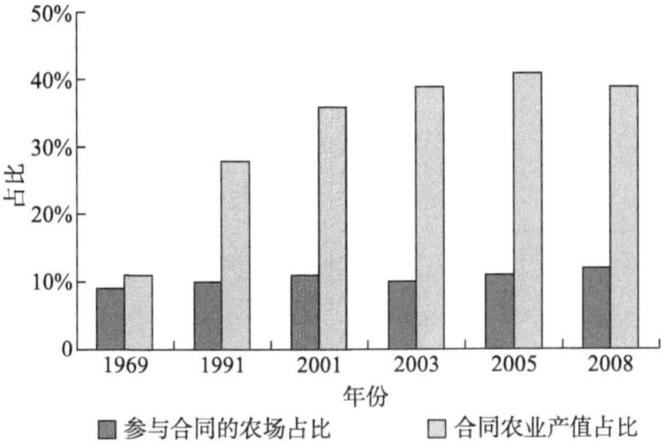

图 7-7　合同推进农业一体化

资料来源：Macdonald J M，Korb P. Agricultural Contracting Update：Contracts in 2008，Economic Information Bulletin Number 72，ERS，USDA，2011

1991 年采用合同制比例最高的五个产业分别为甜菜、禽蛋、花生、奶制品、牲畜，合同农业产值占该行业产值的比例分别为 91.9%、88.7%、47.5%、36.8%、32.8%。而到 2008 年，合同农业产值占比最低的行业为小麦，其比例也高达 22.5%（表 7-1）。烟草行业随着联邦政府对现货市场的供应和价格实行限额政策的取消，采用合同的比例从 1997 年的 0.3%迅速增长到 2001 年的 52.7%，2008 年达到了 99.3%（Macdonald and Korb，2011）。附加值高、特殊品质的谷物和油作物的需求大大增加，食品加工者开始鼓励并支付更高的费用来生产这些食品，食品加工商也开始支付溢价来鼓励农场主生产某些特殊的粮食，为了保障产品的质量，食品加工企业开始与生产者签订合同（库尔斯和乌尔，2006）。玉米、小麦、大豆等大田作物采用合同的比例在 1991~2008 年的近 20 年里实现了 2~4 倍的增长。

表 7-1　合同农业产值占比

产品/合同类型	1991~1993 年	1996~1997 年	2001~2002 年	2005 年	2008 年
所有产品	28.8%	32.1%	37.7%	40.7%	38.5%
作物	24.7%	22.8%	27.8%	29.9%	27.3%
玉米	11.3%	12.9%	14.8%	19.6%	26.1%
大豆	10.1%	13.4%	9.4%	18.4%	25.1%
小麦	5.9%	9.0%	6.5%	7.5%	22.5%
甜菜	91.1%	75.2%	96.7%	82.1%	90.8%
大米	19.7%	25.9%	38.7%	27.1%	45.4%
花生	47.5%	34.4%	28.0%	65.3%	73.1%

续表

产品/合同类型	1991~1993 年	1996~1997 年	2001~2002 年	2005 年	2008 年
烟草	0.3%	0.3%	52.7%	79.3%	99.3%
棉花	30.4%	33.8%	52.6%	45.0%	36.2%
水果		41.7%	41.9%	48.9%	38.4%
蔬菜		28.0%	28.2%	40.9%	39.3%
其他作物	7.8%	23.8%	39.5%	25.9%	22.5%
牲畜	32.8%	44.9%	48.2%	50.1%	52.8%
牛		17.2%	21.0%	17.6%	29.4%
猪		34.2%	62.5%	76.2%	68.1%
禽蛋	88.7%	83.8%	92.3%	94.2%	89.9%
奶制品	36.8%	58.3%	48.6%	59.2%	53.9%
其他牲畜	0.2%	4.9%	9.0%	2.0%	5.0%

资料来源：USDA. Economic Research Service using data from USDA's Agricultural Resource Management Survey，1996-2005 （all versions); and USDA's Farm Costs and Returns Survey，1991-1993

总体而言，畜禽行业合同农业产值占比要高于种植行业。畜禽类中，禽蛋、肉奶、奶业合同产值占比最高，种植类作物中，烟草、甜菜和花生合同产值占比最高。从签订合同的主体来看，大规模农场比小型农场采用合同生产的比例要高。2008 年有 50.6%的年销售额大于 25 万美元的大规模商业性农场与企业签订了合同，而小规模兼业农户这一比例仅为 4.1%（Macdonald and Korb，2011）。从签订合同的类型来看，营销类合同使用情况要大于生产合同，无论是从签订合同的农场数量还是从合同农业产值来看，营销类合同占比都高于生产合同，但在畜禽行业，生产合同要比营销合同更普及，而大田作物则相反。

（3）工商资本直接经营农业也有进一步发展。美国农业普查数据显示，在美国农场总数中，公司农场仅占 4.8%，其占比远远低于家庭农场。但是，公司农场的数量呈明显的增加态势。1992~2012 年，工商资本直接经营的农场数量上升到了 1.1 万家，经营的耕地面积达 1 250 万英亩，增幅分别达 44%和 4%。特别是 2002 年以来，美国农场总数减少了 4%，但工商资本直接经营的农场数量却增加了 63%，经营的耕地面积更是增加了 34%，0.5%的公司经营农场耕种了 1.3%的耕地，但是其产值占比已达近 8%[①]。

① 资料来源：根据美国农业普查（1992 年）（2002 年）（2012 年）计算得出。

（4）农业协会发挥的作用日益突显。20世纪70年代以来，农业协会快速发展，协会的数量增多、组织结构复杂、功能日益完善、影响力日益增强。一些全国性的行业协会在各州设立分会或分支机构，一些行业协会甚至到海外设立分支机构，帮助会员拓展市场。例如，在玉米种植和加工领域，产业组织除了可以加入农场联合会、全国农场主合作社理事会、美国谷物协会、美国农场主信贷协会外，还可以加入玉米生产者协会、玉米储藏与加工协会、玉米精深加工协会[①]，获得完善的服务。美国玉米种植者协会是合作社性质的，在28个州设立了分会或分支机构，为全国近3.6万户种植玉米的农场主提供生产、加工和销售各个环节的服务。美国玉米储藏与加工协会为成员提供了一个信息交流平台，为成员提供粮食质量管理、谷物装卸设备管理、处理系统和业务技术管理、设施运营管理、农业环境与管理实践、人力资源管理和财产风险管理等服务。美国玉米精深加工协会的成员大都是采用湿法工艺，用玉米做原料生产淀粉、高果糖浆或其他淀粉产品的加工企业，共有9家公司，下属28家企业，年加工玉米3 556万吨，平均每个企业日处理玉米3 500吨以上；该协会及时向协会会员提供有关国内外玉米产销、加工信息，并进行发展趋势预测。

三、农业产业组织体系绩效

（1）合作社一体化的发展有效提高了农场主家庭经营收入。合作社一体化提高了农场在消费者的食物支出中所占的份额，如水果从1997年的30%上升到2013年的35%，奶制品从2000年的28%上升到2014年的38%[②]。此外，农场平均从合作社获得的分红收入从2002年的2 000美元上升到了2007年的2 967美元，2012年达到3 495美元[③]。可以说，只有在以农户为主体的纵向一体化的农业产业化经营模式下，广大农户才有机会获得最大的福利（苑鹏，2013）。

（2）进一步健全了农业社会化服务体系。企业、合作社、协会等都在推动农业服务向综合化方向发展，将产前、产中和产后各环节的服务统一起来，为农业生产提供更加完善的服务，从而使农场劳动生产率和整体效率水平大大提升，经营风险进一步降低，有力支撑了美国农业现代化。

（3）农业产业化水平得到进一步提升。企业、合作社等经营主体通过利用商

① 下列引用的数据引自相关协会网站。

② 资料来源：http://www.ers.usda.gov/data-products/price-spreads-from-farm-to-consumer.aspx.

③ 资料来源：美国农业普查（2002年）（2012年）. http://www.agcensus.usda.gov/Publications/2012/Full_Report/Volume_1，_Chapter_1_US/st99_1_064_064.pdf.

品契约或要素契约形成合同农业、合作社一体化和工商资本直接经营农业等模式，从而与农场主建立更加紧密的利益联结机制，不同程度地提升了农业产业化水平。

第四节　美国农业产业组织体系发展的启示

一、美国农业产业组织体系演进的特点

（1）先有组织化后有产业化。美国农业产业组织体系演进是沿着先有组织化后有产业化的道路前进的。家庭农场制度确立后，随着农业规模化和商品化水平的提高，农场主对社会化服务的需求越来越强烈，在此基础上出现了农业企业、农业合作社、农业行业协会等服务组织。由于西方国家都有发展合作社的传统，农民加入合作社的比例很高，并且在发展的过程中通过兼并重组扩大了自身的规模，可以说农业的组织化水平相对较高。因此，第二次世界大战以来出现的龙头企业带动的农业一体化则建立在农业合作社充分发展的基础上，农户在与市场主体对接的过程中有合作社作为中介，能够起到保护农场主利益的作用，从而保障农民能够分享产业增值环节的利润。

（2）横向一体化与纵向一体化持续推进。从农业产业组织体系演进来看，农业产业组织创新发展是沿着横向和纵向两个维度展开的。20 世纪以来的 100 多年内，以提高规模效率和实现规模效益为目的的横向农业产业组织创新（蔡海龙，2013）一直是主旋律，无论是家庭农场还是农业企业，抑或是农民合作社，都在通过兼并或者投资建设的方式，推动家庭农场经营规模的日益扩大、合作社走向区域内及至跨区的联合社、农业企业产业集中度日益增强。第二次世界大战以来，以降低交易费用和实现资源优化配置的农业产业组织纵向一体化快速推进，先是在肉鸡产业，农业企业与农场主签订合同，而后逐渐向其他产业扩展，后来出现的合作社，向产后领域延伸实现一体化经营，农业企业也向产前领域延伸直接经营农业。

（3）市场契约逐步向商品契约和要素契约演进。第二次世界大战以前，无论是在现货市场上直接交易还是在期货市场上交易，农业企业和农场主都是独立的市场主体，通过一次性的市场契约联结在一起，并带动农产品的销售。市场契约以产品价格作为信号传递相关信息，但是，由于市场价格对受欢迎和不受欢迎的农产品的质量不能做出充分的估价和报道，故通过自由市场来筛选具有受欢迎的

质量与外表以及符合时令规定的产品，对于许多农产品而言是无效的，也是代价很高的（威尔科克斯，1987）。为了对产品的质量、交货时间和条件进行控制，农业企业开始使用商品契约和要素契约，即通过与农场主或合作社签订生产合同和营销合同，支配土地和劳动等生产要素，或通过租赁购买生产要素，直接进入农业生产领域。

（4）形成了“四位一体”农业社会化服务体系。农业产业组织体系能够为农场主提供“四位一体”的社会化服务，包括政府提供的公共服务、农业行业协会提供的公益服务、农业企业提供的市场化服务、农业合作社的自我服务等。这些服务涵盖了产前、产中和产后各个部分，甚至包括信息、技术、教育等方面，使农业生产的每一个环节都能够有高效的服务相伴，农民在生产过程中的要求均可以得到相应的满足，从而为农业发展提供了强有力的保障（图 7-8）。

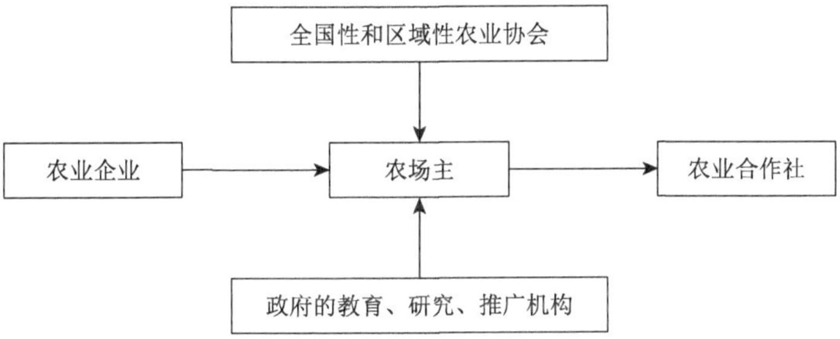

图 7-8　“四位一体”农业社会化服务体系

二、农业合作社在产业组织体系中的作用

（1）有效保护了农民的利益。合作社成立的主要目标就是实现成员的福利改善，在经历了快速发展之后，合作社的规模逐渐扩大，合作社的经济地位不断增强，成为与私人企业、垄断企业相抗衡的一种力量，一定程度上帮助农民摆脱了资本主导的市场主体的压榨，成为在市场上帮助农民获得公平待遇的主要方式。合作社通过联合采购降低了农民的采购成本，通过扩展农产品销路、提高市场协调及谈判力增加了农民的收入水平。随着市场竞争日趋激烈，合作社通过一系列制度创新如引进职业经理人等，实现了更有效的运行，争取了更多的利润，从而提升了农民的收入水平。特别是近几十年来，合作社积极向产业链下游延伸，为农民争取产后加工增值利益。此外，合作社还通过院外游说活动，为争取政府出台有利于农民经济利益的政策和法律做了积极努力。

（2）满足了农民多样化的生产服务需求。在高度发达的商品经济时代，农民作为单个农场主，在市场上购买生产资料或销售农产品的数量都非常有限，他们在市场中处于被支配的地位。正是由于农民在市场上的弱势地位，合作社才得以快速发展。合作社在发展初期，大部分是围绕农资购买或农产品销售的某一个环节，为农民提供的服务相对单一。但随着合作社规模的扩大，合作社因应农民的需求及市场竞争需要，开始不断拓展服务领域，积极开展产前、产中、产后多元化服务，有效满足农民的生产服务需求。

（3）成为联结农民与农业企业的有效载体。合作社在建立之初要帮助农民与市场上的企业对接，向企业销售农产品及从企业采购农业生产资料，是农产品销售的一条重要渠道。然而，在传统农产品交易市场上，单个农户与农业企业对接面临着诸多问题，交易双方利益的不一致使得交易成本很高，特别是信息不对称导致这种交易既无法满足企业对产品的持续供应和产品质量的要求，也无法满足农户的利益诉求。而通过合作社这条纽带，能够使一对多的交易转化为一对一的交易，从而大大降低交易费用。例如，在农业产业化过程中，农业企业除了与大规模的农场主签订合同外，许多合同都是与农业合作社签订的。另外，农业企业作为中介组织，能够更好地发挥维护农户利益的角色。

三、美国农业产业组织体系发展对我国的启示

美国是一个农业大国，也是一个农业强国。美国人少地多，农业生产的规模化、集约化、产业化、现代化水平都比较高，而我国的国情决定了我们不可能走美国的道路。但从美国农业产业组织演变的过程来看，还是有许多值得我们借鉴的经验。

（1）坚持以家庭经营为基础。美国农业发展是以家庭经营为基础的，美国 99%以上的农场都采用家庭农场模式进行生产①，家庭农场成为当今美国农业现代化发展的重要推动力。虽然从 20 世纪 60 年代开始，一些工商资本开始进入农业生产领域，但这并没有动摇家庭农场的主体地位，即使是大规模公司农场，仍主要表现为家庭持有。自 19 世纪家庭农场发展以来，家庭农场制度在美国农业生产制度变迁过程中始终占据重要的地位。然而，现代农业的发展必然是生物技术和机械技术的普遍应用，从而推动农业从劳动密集型向资本密集型转变，而大规模的家庭农场有利于克服传统小农面临的技术、资金和市场弱势。因此，美国的家庭农场规模虽然比我国农场规模大很多，但是规模化经营的进程依然在

① 资料来源：http://www.ers.usda.gov/data-products/farm-household-income-and-characteristics.aspx.

不断加速[①]。美国家庭农场在发展的过程中，经历了两次大的兼并过程，农场的规模不断增加，呈现出专业化、规模化、商品化的特征。目前，美国 60%的农业产出是由占家庭农场比例仅为 8%的大型和中型农场生产的。家庭农场的发展必然走向规模化、专业化经营的道路，必须在家庭经营的基础上走规模化经营的道路，适当鼓励家庭农场之间的土地租赁或兼并。

（2）正确对待看待工商资本进入农业生产领域。从美国的经验来看，企业经营的农场在特定领域具有比较优势。企业经营的农场逐利性使其更多地进入附加值较高的行业，诸如园艺花卉、有机蔬菜、高端水果等。这些行业需要更多的投资、更先进的科技、更科学的管理和中高端市场推销能力，而企业在这方面要比一般的家庭农场具有优势。此外，一些工商资本介入农业也是为了更好地获得优质农产品的持续供应，特别是那些适合工厂化、规模化经营的农业，如畜禽行业，企业会把专业化、集约化发展地更好。因此，不能简单否定工商资本介入农业领域的比较优势和加快发展的合理性，同时也不能将工商资本进入农业领域无限制地放大，要鼓励工商资本在某些特定领域发展，将先进的生产要素带入农业，推动农业发展方式的转变。

（3）鼓励各类新型经营主体发展，着力提高农业组织化水平。美国农业市场化的程度很高，在应对高度市场化的措施方面，不仅需要政府出台相应的扶持政策，更为关键的是提高农民的组织化水平，特别是美国农业合作社发展成为联结市场与农户的纽带，促进了农业增效和农民增收。我国农户生产经营规模小且分散，农民的组织化程度还很低。因此，为了使一家一户的小生产与大市场相衔接，我国必须提高农业生产组织化程度，大力发展农业产业化龙头企业、农业合作社、行业协会等组织，通过合作社实现农户与大市场对接，提高农民的谈判能力。此外，要加快构建各经营主体紧密的利益联结机制，真正让农户在组织化和产业化水平提升的过程中受益。

（4）推动我国农业合作社提升发展质量。美国农业合作社从 1913 年的 3 099 家很快上升到 1930 年 12 000 家的高峰值之后，数量就开始逐渐减少，发展经历了几次合并浪潮，但是合作社的规模不断发展壮大，经济实力和为农服务能力不断增强，产业化水平不断提升。而我国的农业合作社还处于野蛮生长阶段，合作社规模小、实力弱、规范水平低、应对市场的能力有限。因此，未来我国农业合作社发展的重点应更加注重质量的提升，包括合作社平均入社成员数量的增加和合作社服务能力的提升。有条件的合作社要探索向产后领域延伸，不断提高农业的附加值，为农民带来更多收益。此外，虽然美国农业合作社开始使用社会资本，

① 美国家庭农场规模化还得益于美国人少地多的国情，以及政府对家庭农场实行保护政策，即使抛荒也能够获得平均收入。

但是其仍然坚持合作社的基本原则，没有出现我国合作社异化为资本获利工具的情况。有两点值得我们借鉴，一是美国合作社发起就是为了对抗工商资本，相关的法律对工商资本介入农业合作社有诸多的限制条件，特别是要执行一人一票、资本回报率不高于8%等。二是合作社在长期的发展过程中已经将合作社基本原则灌输到农民的意识中。因此，要加强对合作社的监督管理，逐步淘汰注销不符合条件的合作社，同时要加强合作社的教育，让广大的农民成员真正树立起合作社是成员所有、成员控制、成员受益的组织，并在实践中逐步践行合作社基本原则。

（5）健全农业社会化服务体系。美国农业现代化很大程度上得益于其完善的农业社会化服务体系，从“田间到餐桌”整个过程都有专门的服务组织提供服务。公共服务组织、农业企业、合作组织科学分工、有效配合，共同为农业现代化提供有力支撑。因此，我国必须尽快搭建以公益性服务机构为基础，以农业企业和农业合作社为支撑的农业社会化服务体系，重点要加强农业政府机构服务能力建设，创新管理体制和运行机制，改革基层公共服务机构，完善服务内容，努力拓展服务范围；大力培育多元化农业社会化服务组织，发展农业合作社，扶持壮大龙头企业，完善行业协会服务功能，为我国现代农业发展提供支撑保障。

（6）充分发挥政府部门和行业组织的作用。美国政府部门对农业产业组织的发展起到了推动作用，通过立法支持、税收优惠、财政补贴等扶持政策，促进了家庭农场、合作社和农业企业的发展。此外，相关协会通过开展各类信息沟通、专业培训、贸易促进、技术咨询、产业发展等服务，推动了农业产业组织的发展，对农业产业组织体系的完善起到了积极作用。因此，我国政府部门一方面要加大对农业产业组织的扶持力度，另一方面要鼓励发展各类农业协会，加强协会为成员服务的意识，使其更好地为农业产业组织提供各类服务。

第八章　以多元化发展模式为特征的德国生猪产业体系创新

第一节　引　　言

德国是生猪生产和消费大国，生猪产业在德国拥有举足轻重的地位。德国是欧盟第一大生猪生产国。2014 年，德国生猪存栏量为 2 834 万头，占欧盟 27 国生猪存栏总量的 1/5（19.3%）。同年，德国猪肉总产量为 550.7 万吨，占欧盟 27 国猪肉总产量的 1/4[①]。包括德国在内的欧盟前五大生猪生产国（德国、西班牙、法国、波兰、丹麦）的猪肉产量占到欧盟猪肉总产量的 2/3[②]。同时，德国每年人均消费肉类产品达到 55 千克，远远高于欧盟平均消费水平（40 千克）。在德国，猪肉消费占到居民肉类消费总量的 2/3，而猪肉也正是德国传统餐饮中的基本食材。

在 21 世纪以来欧盟农业结构调整的背景下，德国生猪产业迅速发展（图 8-1）。2004~2014 年，德国年生猪存栏量增加了 200 万头，年猪肉产量也增加了 120 万吨。生猪产业的快速发展，使德国从过去的猪肉净进口国变成了如今的净出口国[③]，更成为世界上第一大猪肉出口国。在 2011 年，德国猪肉出口量为 106 万吨，出口价值达到 33.5 亿美元[④]。

---

① 资料来源：欧盟统计局（Eurostat）网站. http://ec.europa.eu/eurostat/tgm/table.do?tab=table&init=1&language=en&pcode=tag00042&plugin=1.

② 2014 年，欧盟前五大生猪生产国，从第二到第五分别为西班牙（猪肉产量 362 万吨，占欧盟猪肉产量的16.4%）、法国（194 万吨，8.8%）、波兰（184 万吨，8.3%）、丹麦（159 万吨，7.2%）。除此之外，荷兰、意大利和比利时的猪肉产量也占到欧盟生产总量的 5%以上。资料来源：欧盟统计局（Eurostat）网站. http://ec.europa.eu/eurostat/tgm/table.do?tab=table&init=1&language=en&pcode=tag00042&plugin=1.

③ 2006 年，德国首次成为猪肉产品净出口国（Theuvsen and Franz，2007）。

④ 资料来源：联合国粮食及农业组织网站. http://faostat.fao.org/site/342/default.aspx.

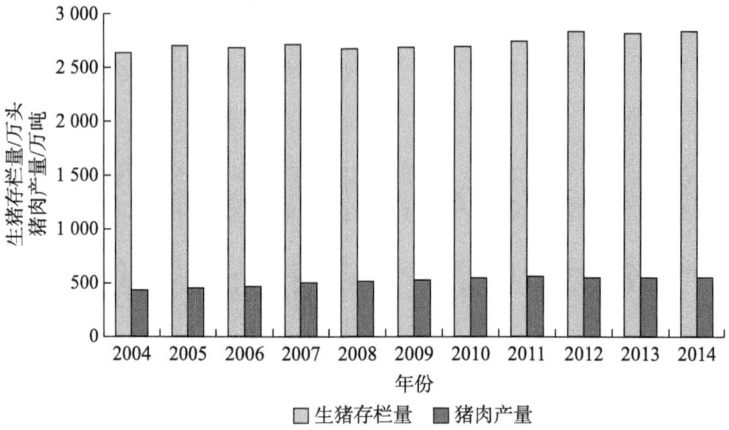

图 8-1 德国生猪产业的变化（2004~2014 年）

资料来源：欧盟统计局（Eurostat）网站. http://ec.europa.eu/eurostat/web/agriculture/data/database

由于欧盟地区猪肉市场的一体化，以及欧盟猪肉市场与国际市场的密切相关性，欧盟地区生猪产业对世界市场猪肉价格的变化非常敏感。欧盟是世界猪肉出口地区，与美国、巴西、加拿大等世界其他猪肉出口大国一道，主要将猪肉产品销往中国、新加坡、俄罗斯、日本、韩国等地。由于上述出口大国的生猪生产成本往往低于欧盟地区的生产成本，欧盟国家的猪肉产品并不具有价格优势①。同时，在以美元计价的国际贸易中，美元与欧元的汇率对欧盟猪肉的国际竞争力有很大影响。此外，欧盟生猪产业的竞争力还受到谷物、大豆等生猪饲料国际价格波动的影响。

理论上讲，生猪产业由于对上述价格波动的敏感性，应该表现出通过订单农业实现较强的农业产销一体化，正如丹麦和美国等国那样；同时，家庭生猪养殖场也会有组成合作社以抵御市场风险的意愿。而事实上，近年来的研究表明，在德国，生猪产业远未达到一体化的程度，甚至订单农业也并未在德国生猪产业聚集区域普及（Schulze et al.，2006a，2006b）。同时，与其他农业生产部门（如蔬果、乳业）相比，在欧盟绝大多数国家②，生猪产业合作社所占市场份额非常有限。在德国，生猪产业合作社所占市场份额在 2000~2010 年这十年间，并没有呈现出很大变化，在 2010 年还不到 20%（Kühl，2012）。其实，德国生猪产业的发展状况绝非发达国家的个案。在欧盟大的环境背景下，在与德国接壤的荷兰、比利时，其肉类产业的发展也没有像丹麦、美国那样呈现出一体化的趋势，更不用说受到完全不同的历史发展轨迹与经济、文化背景影响的地中海沿岸诸国与南欧国家了。

既然如此，对于德国这样的世界猪肉生产大国，在经历了多年的农业结构调

① 与在具有较低劳动力价格的地区生产与运输生猪（同时将粪肥留在地里）相比，将饲料运输到具有较高劳动力价格（和较高环境成本）的地区生产生猪，其生产成本更高（Kühl，2012）。

② 有限的例外包括马耳他、法国、丹麦、芬兰这四国。

整与变迁之后，其家庭生猪养殖场到底是如何与市场相对接的[①]？既然以德国为代表的欧洲大多数国家不像丹麦、美国等国那样，既没有形成生猪产业一体化，合作社在生猪产业组织体系中也并不占据主导地位，那么，德国生猪产业组织体系又具有怎样的结构和特点？这个与产业一体化相对的“另类模式”对中国农业生产有怎样的启发与借鉴？这些正是本章所要探讨的。

第二节　德国生猪产业组织体系的现状

在欧盟统一的市场和农业政策这个大背景下，德国的生猪产业多年来遵循着强烈的市场导向，市场竞争激烈，近年来经历了巨大的结构变革，其主要表现便是家庭生猪养殖场数量的减少和平均养殖规模的增加，同时区域集聚效应也十分突出。从事生猪生产、交易、加工、批发零售等产业链诸多环节的各经营主体，呈现出组织形态多元化和多种治理模式并存的局面（图 8-2）。在生产与市场对接的过程中，各类专门的农业生产服务组织在满足家庭生猪养殖场的需求方面发挥着重要作用。

一、家庭生猪养殖场数量锐减，规模扩大，专业化程度提高

近年来，德国肉制品产业链经历了巨大的结构变革，其表现之一便是家庭生猪养殖场数量减少和平均养殖规模扩大（图 8-3）。根据欧盟统计局（Eurostat）的统计数据，2004~2014 年，德国生猪年存栏量增长了 7.6%；而与此同时，德国家庭生猪养殖场数量却急剧减少，2014 年的数量仅为十年前的 1/3[②]。这就意味着，单个农场的平均生猪养殖规模在不断扩大[③]。2015 年，德国约有 2.57 万个生猪养

① 需要指出的是，本章中所说的“家庭生猪养殖场”与中国的“家庭农场”概念并不等同。国内的“家庭农场”，通常指以家庭成员为主要劳动力，从事农业规模化、集约化、商品化生产经营，并以农业收入为家庭主要收入来源的新型农业经营主体。而本章中的“家庭生猪养殖场”，强调以家庭经营为主，与养殖农户大体相等同，表示“以家庭经营为主的农业经营主体”（周应恒等，2015）。

② 与众多其他欧盟国家一样，德国一般农场的数量也呈现逐渐减少的趋势，1997~2007 年的 10 年间，农场数量减少了 1/3。

③ 例如，2005 年，8.87 万家家庭生猪养殖场的平均养殖规模为 304 头，而其中，有 7 300 家家庭生猪养殖场（8.2%）拥有的生猪存栏量超过了德国所有生猪存栏量的一半，这些养殖大户的平均养殖规模已经达到了 1 859 头（Theuvsen and Franz，2007）。

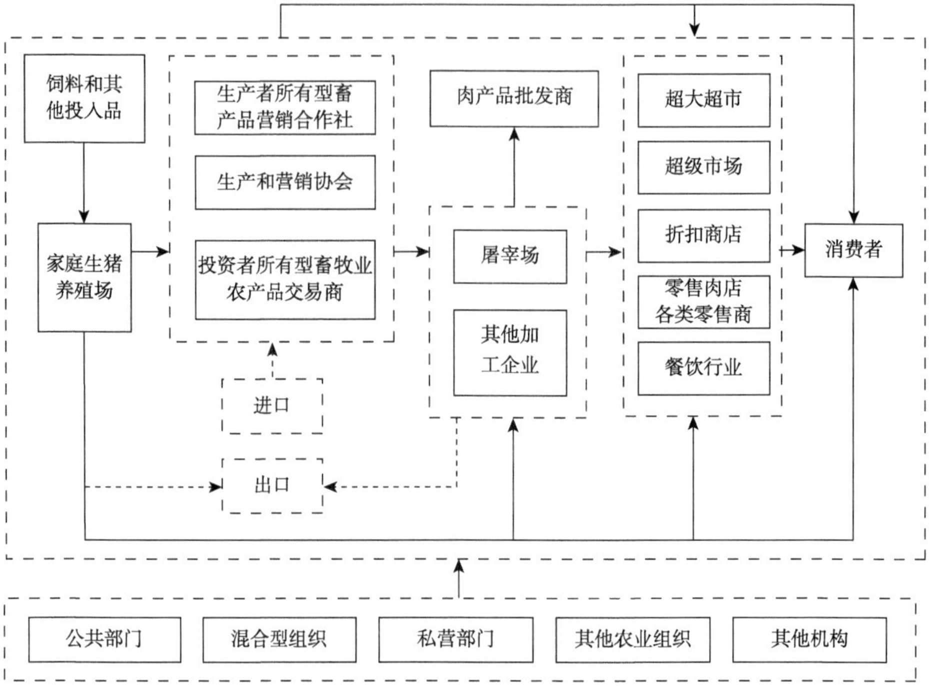

图 8-2 德国生猪产业组织体系架构

殖场，其中约 40%为德国生猪养殖联合会(Interessengemeinschaft der Schweinehalter Deutschlands e.V.，ISN) 的成员。与此同时，德国家庭生猪养殖场也经历了专业化的过程，2000~2007 年，德国生猪产业的农场专业化水平从 15%增长到 33%，成为专业化速度最快的部门 (Kühl，2012) ①。如今，德国大多数家庭生猪养殖场拥有 40~100 的欧洲规模单位 (European size units，ESU)，极少数拥有少于 1 的欧洲规模单位 (Kühl，2012) ②。通常而言，根据养猪场的不同功能，可以将养猪场划分为种猪场、繁育猪场及育肥猪场，在实际中，养猪场也可以同时具有上述功能而成为综合型养猪场。在德国，家庭生猪养殖场以大型育肥猪场为主③。

---

① 根据 Eurostat 的定义，专业农场是指收入来源以单一产品或服务为主导的农场。通常，当一项特定的经济活动为某一家庭农场提供至少三分之二的产值或经营规模时，此家庭农场被称为专业农场。

② 欧洲规模单位是表征一农户或农场经济规模的衡量单位，相当于标准毛利率为 1 200 欧元的规模。对于农场上的每一项经济活动 (如种植粮食、养殖奶牛或酿造葡萄酒)，其标准毛利率是基于经营此特定活动的土地面积 (或养殖畜牧的头数) 与针对特定种植或养殖产品的标准化区域系数计算而得。某一特定农场上经济活动所产生的所有毛利率之和，表征此农场的经济规模，而经济规模是以欧洲规模单位来表示的 (即用以欧元计算的标准毛利率除以 1 200 而得)。

③ 资料来源：欧盟统计局 (Eurostat) 网站. http://ec.europa.eu/eurostat/statistics-explained/index.php/Main_Page#Further_Eurostat_information.

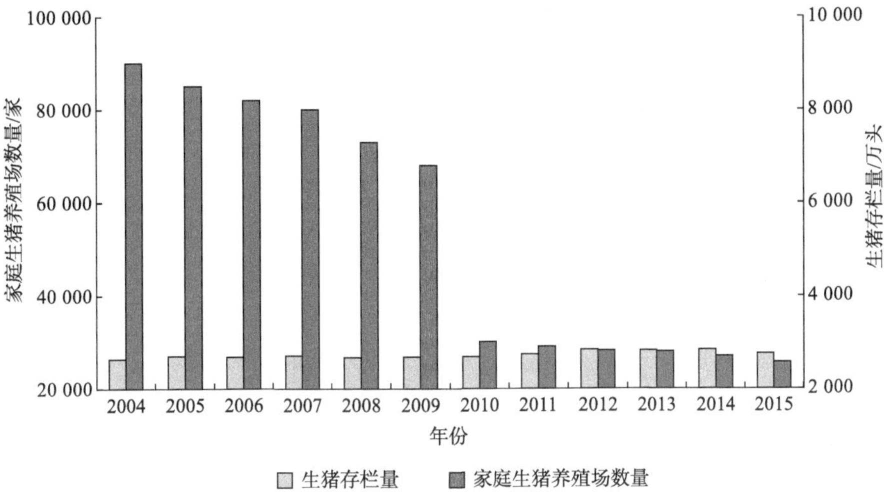

图 8-3　德国生猪存栏量与家庭生猪养殖场数量变化（2004~2015 年）

资料来源：根据德国统计局（Destatis）和联合国粮食及农业组织（FAO）数据制得

二、生猪养殖的区域集聚效应明显

德国生猪养殖主要聚集在靠近荷兰边境的西北部地区（下萨克森州和北莱茵—威斯特法伦州），这里的生猪农场数量超过全国总数的 1/3，而生猪存栏量更是占到全国的一半以上。德国生猪养殖的“西北部集聚效应”，是与当地的历史发展和地理优势分不开的。这里拥有良好的基础设施和现代化的海港，靠近荷兰、比利时、丹麦等生猪生产国，高速公路和水路等交通运输条件发达，因此，就为德国生猪产业的兴起与发展提供了有利条件。德国生猪产业第二大集聚区域为东南部的巴伐利亚州，但这里家庭生猪养殖场的平均规模远远小于西北部地区[①]。

三、存在多种形式的生产者组织和交易商

由于历史的原因，在德国畜牧业中存在着两类相似的合作组织，一类被称作生产者所有型畜产品营销合作社（Viehvermarktungsgenossenschaften，VVGs），另一类是生产和营销协会（Erzeugergemeinschaften，EZGs）。VVGs 的建立是基于德

① 德国统计局（Destatis）的数据显示，德国西北部地区的家庭生猪养殖场平均拥有约 500 头生猪，而巴伐利亚地区只有约 150 头。

国《合作社法》所奉行的自我管理、自我负责、民主控制等合作制原则，其主要目的是共同销售活畜，并组织活畜与畜产品的销售与运输。EZGs又可称为集体议价协会，是基于1969年德国颁布的《市场结构法》成立起来的组织。《市场结构法》在反限制竞争行为方面，为农业产业部门提供了特例。也就是说，如果合谋行为使得农产品的供给和营销更能满足消费者的需求，则是被允许的。从这点上讲，EZGs不仅可以整合营销资源，共同销售活畜，组织肉类的销售与运输，同时也为改进农产品质量以及统一产品标准和规格制定规则。正因为如此，EZGs与VVGs相比，通常会与家庭生猪养殖场建立更为紧密的关系，规模也更大（Theuvsen and Franz，2007）。此外，两者之间另一重要的区别是，EZGs往往要求养殖场将其所有的畜牧品交售给协会，而VVGs则允许其成员利用其他交易渠道。从法人地位上讲，EZGs登记注册为营利性组织，而非合作社，然而，其主要目的与合作社十分相似。因此，该协会可以被看作市场营销型合作社的特殊形式（Kühl，2012）。

在德国，作为连接家庭生猪养殖场与加工企业的中介组织，除了上述所说的合作社和协会，还包括投资者所有型畜牧业农产品交易商。换句话说，德国家庭生猪养殖场可以通过以下三种主要方式销售其农产品（表8-1）。第一种方式是与投资者所有型畜牧业农产品交易商交易。这些农产品交易商在德国大概有3 000家，采用这一交易形式的家庭生猪养殖场约占到所有家庭生猪养殖场总量的42%。第二种方式是与VVGs交易。2014年，德国约有100家这样的合作社，采用这一交易形式的家庭生猪养殖场约为所有家庭生猪养殖场总量的25%。第三种方式是与EZGs交易。在德国全国，共有约60家EZGs隶属于畜牧业和肉类生产者协会联合会（Vereinigung der Erzeugergemeinschaften für Vieh und Fleisch e.V.，VEZGs）。与前者的交易规模类似，采用这一交易形式的家庭生猪养殖场也约占到家庭生猪养殖场总量的25%。此外，还有很小一部分家庭生猪养殖场（约占8%）将其饲养的生猪直接销往屠宰场、专业的零售商，或者自己屠宰并直接与消费者交易。

表8-1　德国家庭生猪养殖场的销售渠道

项目	投资者所有型畜牧业农产品交易商	VVGs	EZGs	直销
组织数量	3 000	100	60	
与家庭生猪养殖场交易份额	42%	25%	25%	8%

资料来源：EY，Cambridge Econometrics Ltd and Arcadia International（2014）；Hortmann-Scholten（2011）

四、加工部门以中小企业为主，但大型企业占据市场主导地位

对生猪的加工包括屠宰和分割、包装等流程，在德国通常由250家大规模和

中等规模的屠宰场、600家分割加工企业和2 300家其他加工企业来完成。加工企业对猪肉进行精细切割以做成肉排等制品，或对肉类进一步加工以制成香肠、萨拉米、熏肉等肉制品。这些大中型企业主要集聚在德国西北部地区。2007年，德国几乎30%的生猪都是在西北部的下萨克森州进行屠宰的，而如今西北部地区屠宰生猪的总量已经占到全国的64%。这些企业市场竞争力强，通常将所有加工流程加以整合，在市场中占据着主导地位，也通常是零售部门的主要供应商。然而，就德国全国而言，生猪加工行业从企业数量上讲，仍以中小企业为主，特别是在德国南部和西南部地区，是以1.6万家针对当地市场的屠宰场和2.7万家连锁店为主，进行生猪屠宰、分割和加工的（Hortmann-Scholten，2011）。

不过同时，生猪加工的产业集聚也比较明显，德国前三大生猪加工企业（包括投资者所有型企业Tönnies集团和Vion集团，以及注册为合作社的Westfleisch集团）所占有的市场份额在2010年超过了50%[①]。而Tönnies集团和Vion集团，更在世界前十大屠宰与加工企业中榜上有名。如今，德国前十大屠宰企业所采购的生猪数量，占全国市场交易生猪总数的70%。Westfleisch是德国唯一一个大型生猪产业合作社，2015年，其销售额达到了25.1亿欧元，与2009年相比，增长了33%[②]。

五、销售环节集聚效应显著

在德国，肉类产品在批发零售这一环节，会通过几种途径销售到消费者手中，主要包括超大超市（所售猪肉占猪肉销售总量的19%）、超级市场（27%）、折扣商店（28%）、零售肉店和其他便利店（25%）[③]等。除此之外，还有很小部分加工成品通过餐厅、酒店等餐饮行业售卖给消费者。然而，与屠宰行业相比，德国生猪零售行业的集聚效应更为明显。在屠宰加工企业和零售商之间，交易价格是通过每周或每月的频繁价格协商制定的。每一个零售商都与数目不等的供应商建立固定联系，但由于零售部门市场力量强大，零售商往往会在这一产业链环节的定价中起到关键作用。

① 相关数据参考德国ISN网站（http://www.schweine.net/）。

② 它也是德国第三大农业合作社（前两大农业合作社分别从事谷物和蔬果产业）。相关数据参见Westfleisch网站。

③ 在这一点上，猪肉销售与牛肉销售有所不同，牛肉销售的较大比例是通过零售肉店进行的，而非超市等现代零售组织，其中可能的原因之一是疯牛病危机后，消费者认为通过专业化的零售肉店销售的牛肉更加安全。然而，在这些肉店中销售的牛肉与在超级市场或折扣商店中所销售的牛肉来自同一货源渠道，因此这样的认知并不准确（EY，Cambridge Econometrics Ltd and Arcadia International，2014）。

六、其他生产服务组织在传统核心服务功能之外，开始提供新的服务

德国农业拥有一套完整的生产服务体系，涉及从联邦到州和州级以下的地方、从公共部门到混合型组织和私营服务部门等不同层级和类型的服务机构。大体上说，以公共部门为主的服务机构在德国西南部地区尤为突出，而私营部门（包括私营咨询机构）尤其活跃在前“民主德国”地区。私营服务机构在前“民主德国”地区的兴起主要出现在两德统一、“民主德国”向市场经济转型的时期。近年来，私营服务部门和以“农业商会”为代表的混合型第三部门开始为家庭生猪养殖场提供专业化的服务，多元化了服务模式。一方面，农业商会广泛存在于德国，被视为介于公共部门和农民组织之间的混合型组织（Paul et al.，2014）。它们负责教育和培训，并为农民提供咨询服务。在拥有农业商会的州中，所有农民有缴纳会费的义务，同时有得到农业咨询服务的权利。不过近年来，由于公共财政支出的削减，这些商会逐渐开始对某些特定的咨询服务收取费用（Paul et al.，2014）。另一方面，其他一系列作为第三部门的农业组织也不胜枚举，如德国农民协会（Deutscher Bauernverband，DBV）、传统农业企业联合会（Arbeitsgemeinschaft Bäuerliche Landwirtschaft，ABL）、德国农业协会（Deutsche Landwirtschafts Gesellschaft，DLG）、德国莱夫艾森协会（Deutscher Raiffeisen Verband，DRV）等。这些农民组织在靠近荷兰、丹麦的德国西北部边境地区发展历史尤为悠久（Paul et al.，2014）[①]。此外，特别是在生猪养殖阶段，一些大型企业在提供投入品的同时，也提供了相应的服务产品，如提供饲料的 Agravis 公司，提供猪种改良遗传基因的 PIC 公司等。同时，为德国生猪产业提供服务的组织还包括一系列的研究机构，以及在生猪繁育和育肥领域提供技术咨询与服务的公司。

这里需要特别关注的是，以 VVGs 和 EZGs 为代表的农民组织在德国生猪产业发展中所提供的服务及所发挥的作用。这些农民组织需要提供和开发具有吸引力的服务，以稳定成员，并在与投资者所有型交易商和屠宰加工企业的竞争和谈判中，更具有竞争优势和谈判地位。这些农民组织提供了一系列传统性的服务，包括与屠宰加工企业议价、组织仔猪的购买和成品猪的运输、在对生猪分类和销售款项结账的过程中监督屠宰加工企业、提供一般技术咨询等。关于农民组织的议价功能，值得指出的是，虽然家庭生猪养殖场与屠宰企业之间的交易价格完全由市场机制决定，但在其中，VEZGs 起到了重要的协调作用。该联合会每周基于其成员协会提供的数据，草拟一个由联合会共同认可的“协会价格”（以前也称为

① 若需更为详实的介绍，可以参见 Schille 等（2014）。

“西北部价格”），并定时在每周的电话会议中与成员协会讨论。之后，这一“协会价格”成为全国屠宰加工企业支付生猪收购价格的参考和指引，并被及时公布在联合会的网站上①。此外，德国农民协会为市场价格的公开也做出了努力。

近年来，随着欧盟对环境保护和食品质量安全的重视，以及生猪市场竞争的加剧，针对家庭生猪养殖场尤其是大型养殖场的需求，这些农民组织也开始提供新的服务。这些新的服务领域，包括提供关于最新规制变化的信息、提出法规符合性建议、为需要申请质量认证或第三方审计的农场成员提供支持、开发新的市场渠道等（Theuvsen and Franz，2007）②。这些新的服务为家庭生猪养殖场保证产品质量和经济效益以及促进德国生猪产业可持续发展，起到了不可替代的作用。

第三节　德国生猪产业组织体系的特点

与美国、丹麦这两个生猪生产大国相比，德国生猪产业组织一体化程度并不高。同时，德国生猪产业组织体系表现出“投资者所有型企业和生产者所有型企业并存”“单层体系与双层体系并存”“订单合作形式与非正式的长期合作形式并存以非正式的长期合作形式为主”等多元化发展的特点。

一、纵向一体化程度低

在德国的生猪产业中，养殖场与加工企业之间的交易形式往往以单一的现货交易和非正规的长期合作关系为主（Schulze et al.，2006b）。这与以订单农业为主的美国、丹麦、西班牙等国家非常不同③。与养殖场和屠宰加工企业之间的关系相比，德国生猪屠宰加工企业与零售企业开始向一体化方向发展，且在加工零售阶段，其合作关系日益密切。在过去 20 多年间，一些零售企业进入了生猪屠宰加工环节（如加工公司 EDEKA Südwest Fleisch 与 EDEKA 零售店的合作）。但是，由于这些屠宰加工企业通常不从事生猪屠宰业务，因此，零售企业仍然需要依靠家庭生猪养殖场和屠宰场将生猪或猪肉销售给加工企业。由于一个零售企业往往有

① 其网址为 www.vezg.de。

② 在实际中，大多数农民组织所提供的新服务仍然有限。随着质量认证体系和第三方审计制度在欧洲乃至全球农业产业中的引进，这些组织为成员提供服务的领域仍有非常大的拓展空间。具体参见 Theuvsen 和 Franz（2007）。

③ 例如，在这些国家，有些屠宰场本身就拥有自己的农场。

不止一家加工企业提供产品，因此，即使其彼此之间存在长期的订单关系，零售企业仍倾向于在更换供应商或复议价格等方面保持灵活性。有时候，多个加工企业在不同地区为同一家零售链企业提供产品，因此，供应商和零售商之间的关系在不同地区也呈现出差异。

二、投资者所有型企业和生产者所有型企业并存

在德国，生产者组织存在多种模式，形式灵活，可以采取不同的法人形式。有 90%的生产者组织都是注册为 VVGs 和 EZGs 这样的经济协会，这些协会通常都有理事会和成员大会。此外，有 5%~6%的生产者组织是以注册合作社的形式登记的，其余的 5%则是以有限责任公司的形式登记注册的（Kühl，2012）。德国生猪产业主要表现为以 VVGs 和 EZGs 为代表的经济协会在组织生产和营销中起主要作用，它们带动家庭生猪养殖场一道，与加工企业共同议价，或者组织产品的运输。理论上讲，由于德国家庭生猪养殖场在历史发展过程中形成了对自主、独立精神的追求，希望在销售农产品的过程中拥有更多的独立自主权（Hortmann-Scholten，2011），应该表现出对生产者所有型组织的偏好。但是，在实际中，与投资者所有型交易商相比，这些生产者所有型组织并没有被大多数家庭生猪养殖场所选择，只有 50%的养殖场通过这些组织销售产品（Hortmann-Scholten，2011），而其他养殖场往往选择与投资者所有型交易商合作。因此，在生猪交易过程中，投资者所有型企业和生产者所有型组织在链接家庭生猪养殖场上的作用不相上下。

究其原因，可能是在德国家庭生猪养殖场规模较大的前提下，这些以 VVGs 和 EZGs 为代表的生产者所有型组织自身能力有限，市场竞争力不足，因而无法有效满足家庭生猪养殖场的需求。例如，Theuvsen 和 Franz（2007）的研究结果表明，生产者所有型组织的管理阶层和作为成员的家庭生猪养殖场在面对生产者所有型组织在肉类产品产业链中的角色定位这一问题时，两者的回应并不相同。管理者或者理事做出了十分积极的自我评价，认为生产者所有型组织是农户成员很重要的合作伙伴，然而作为成员的养殖场的态度则更为中立，甚至在某些问题上表现出冷淡与漠然的态度（如“合作组织对满足未来畜牧业市场的需求是有必要的，并可以看作将畜牧产品经销给屠宰加工企业众多形式中最好的农业合作形式”这一问题）。由于无法有效满足成员需求，成员离社的现象时有发生（Theuvsen and Franz，2007）。为了应对当今激烈的市场竞争，合作社往往采取扩大规模和专业化管理等策略，而这又有可能对生产者所有型组织的民主管理带来挑战（Österberg and Nilsson，2009）。因此，生产者所有型组织如何更紧密地联系成员，提高成员的合作动机，不断壮大自己的市场竞争力，这对产业链横向一体化的发展至关重要。

在德国，虽然对生产者所有型组织的法律规制十分灵活，但是如果生产者所有型组织或者其联合会想要申请财政支持，获得法律竞争特权，它们就需要预先得到国家的承认。但是，若想获得国家承认，需要满足如下条件：第一，生产者所有型组织的法人形式为生产者协会，即为私法人；第二，组织的成员需要缴纳会费，明确这一点是为了确保成员经济参与，以及为组织的经营性支出提供资金支持；第三，存在生产和质量标准控制，并且以市场为导向组织产品生产和经营；第四，进行集体招标与销售，明确这一点是基于“集体决议”的原则，这里可以存在特例；第五，对生产者所有型组织的成员有限期方面的要求，即最少为三年；第六，在生产者所有型组织规模方面存在限制，即至少拥有七名成员。此外，还有针对生产最低限额和农产品种植面积最低限额等方面的要求（Kühl，2012）。

三、单层体系与双层体系并存

生产者与市场对接大体存在几种模式，包括生产者组织模式、购买方驱动模式和中介机构驱动模式。在德国生猪产业中，目前以政府、非政府组织和专业批发商等中介机构驱动的对接模式并不突出，而以另外两种模式为主（Theuvsen and Franz，2007）。此外，在很小范围还存在直销这一种模式。

（1）直销模式。在这一模式下，家庭生猪养殖场与消费者、肉店等零售商、餐饮企业建立起直销关系。在德国，只有很小一部分家庭生猪养殖场选择这种模式，所以，这种模式并不是德国生猪产销衔接的主要模式。

（2）购买方驱动模式（或称“单层体系模式”）。在这一模式下，家庭生猪养殖场将其生猪直接交售给屠宰企业，或直接与屠宰企业签订合同。在单层体系中，家庭生猪养殖场与屠宰加工企业主要存在两种合作形式——订单合作形式和非订单合作形式。表 8-2 选择了德国前十大屠宰加工企业中的 6 家进行了比较，显示了德国生猪养殖场面对不同规模类型的加工企业时对营销渠道所表现出的不同偏好。可以看出，作为德国前三大屠宰加工企业，Tönnies、Vion 和 Westfleisch 都十分重视与家庭生猪养殖场建立供销合作关系，因此，家庭生猪养殖场与其直接交易的比例也高于与其他规模较小的竞争者交易的比例。同时，表 8-2 还显示，Westfleisch 作为合作社法人，其与家庭生猪养殖场的产销合作比重远远高于德国前两大投资者所有型屠宰加工企业。Westfleisch 所屠宰加工的生猪有 76%直接来自家庭生猪养殖场，只有24%来自其他生产者组织和交易商。这是因为，Westfleisch极力推动与家庭生猪养殖场签订正式的销售订单，因此，大部分家庭生猪养殖场愿意与 Westfleisch 合作社直接进行产销合作。然而，由于在德国生猪产业中存在更多的是规模较小的私营屠宰场或肉类加工厂，而它们更倾向于采用现货交易的方式，或者与家庭生猪养殖场建立长期而非正式的合作关系，因此，单层体系中非订单形式也广泛存在。

表 8-2 德国生猪产业不同规模屠宰加工企业生猪来源比例

屠宰加工企业	市场份额	生猪来源比例					
		家庭生猪养殖场	投资者所有型交易商	VVGs	EZGs	其他	合计
Tönnies（1）	24.4%	47%	24%	7%	5%	17%	100%
Vion（2）	18.4%	43%	13%	17%	17%	10%	100%
Westfleisch（3）	11.3%	76%	12%	3%	3%	6%	100%
D&S（4）	6.1%	19%	57%	0	5%	19%	100%
Boeseler Goldschmaus（6）	2.5%	32%	0	0	63%	5%	100%
Tummel（7）	2.3%	33%	0	0	56%	11%	100%

注：加工企业名称后面括号中的数字表明依据所占市场份额排列的屠宰加工企业在德国的名次。市场份额为2011年数据，其他比例数据为2005年数据

资料来源：Hortmann-Scholten（2011）；Theuvsen 和 Franz（2007）

（3）生产者组织模式（或称“双层体系模式”）。在这一模式中，家庭生猪养殖场与畜牧业农产品交易商（同时包括投资者所有型交易商和生产者所有型交易商）合作，之后这些畜牧交易商再与屠宰加工企业交易。在这一营销渠道中，投资者所有型交易商和生产者所有型交易商相互之间为了占领更多的市场而激烈竞争。表 8-2 显示，规模较小的加工企业（Boeseler Goldschmaus 和 Tummel）更倾向于与 EZGs 这一生产者所有型交易商合作。此外，作为对与生产者所有型交易商之间交易的补充，它们也会选择与家庭生猪养殖场直接交易，而非投资者所有型交易商。

因此，除了很少一部分与消费者肉店等零售商、餐饮店进行直销的养殖场外，德国生猪生产者与市场对接中同时存在单层体系与双层体系的形式。决定采用何种方式与市场对接、与屠宰加工企业建立怎样的合作交易关系，可以说是德国家庭生猪养殖场面临的关键问题。在德国，屠宰加工企业在肉制品供应链中发挥着重要作用。

四、订单合作形式与非正式的长期合作形式并存，以非正式的长期合作形式为主

在上文对生产者与市场对接“单层体系模式”的分析中，已经提到了订单合作形式和非订单合作形式并存这一现象。在实践中，“非合同性长期合作关系”这一模式是德国家庭生猪养殖场与屠宰加工企业关系的主导模式。例如，Schulze 等（2006a）的研究显示，只有 19%的养殖场针对其全部或部分产品与屠宰加工企业签订了订单，81%的养殖场没有与屠宰加工企业签订过任何合同。而在这 81%的养殖场中，只有 15%的养殖场经常与不同的加工企业合作，而大部分养殖场（66%）很少变更合作对象。有 4/5 的养殖场与相同的合作企业长期保持“成功的”合作关系；而关于养殖场在未来对产销合同的偏好，研究结果显示，只有 20%的养殖场有签订产销合同的意愿。

第四节　结　　论

在德国与欧盟农业结构调整的大背景下，德国生猪产业组织体系形成了与丹麦、美国等农业纵向一体化程度高的西方国家截然不同的发展模式，既没有形成产业组织一体化，合作社在产业组织体系中也并不占据主导地位，从事生猪生产、交易、加工、批发零售等产业链诸多环节的经营主体，在生产与市场对接的过程中，呈现出组织多元化和多种治理模式并存的局面，表现出“单层体系与双层体系并存”“投资者所有型企业和生产者所有型企业并存”“订单合作形式与非正式的长期合作形式并存，以非正式的长期合作形式为主”的特点，农业生产服务机构在组织议价等传统服务功能之外，开始提供与质量认证相关的新的服务，对家庭生猪养殖场保证产品质量和经济效益、促进生猪产业可持续发展起到了重要作用。

最后，需要指出的是，欧盟生猪生产已经完全基于市场需求，因而公共政策对其发展的影响已经非常有限。在欧盟倡导应对气候变化、发展生态农业、保护生物多样化的时代背景下，产品质量、动物福祉及农场的环境状况对生猪产业表现出更大的影响。在中国，随着农产品市场化程度的不断提高，在关注对产业政策的设计与实施的同时，对农产品质量安全、环境影响等也应给予相应的关注，这对中国农产品应对国际市场竞争、提高国际竞争力有积极效果。

第九章　以合作社为核心的丹麦猪肉产业组织体系创新

丹麦位于波罗的海和北海之间，国土面积 4.3 万平方千米，是工农业发达的北欧国家。2015 年，丹麦人均国民生产总值达 51 424 美元，在世界排名第八位。丹麦农业和畜牧业在世界上以其专业化、机械化、规模化和高效率著称，特别是劳动生产率位居世界前列。丹麦全国现有耕地 271 万公顷，农业从业人员 12 万，占总人口的 2%。丹麦每年创造的农业总值可以养活 3 个丹麦，所生产的农产品 2/3 用于出口，农产品出口额占丹麦货物出口总额的 13%，素有“欧洲食橱”之称。丹麦是一个养猪大国，其猪肉素有“安全、高品质”的美誉，在世界各地受到欢迎。目前，丹麦约有 5 000 个专业化养猪场，出栏的生猪 90%用于出口，每年出口的生猪总量超过 3 000 万头，占全球猪肉贸易总额的 23%，是世界第三大猪肉出口国。丹麦人口只有 550 万，出口的生猪总数相当于一人 5~6 头。由于在育种、饲料、设备和管理方面运用高科技，在丹麦每饲养 1 000 头生猪仅需 0.3 个劳动力，劳动生产率很高。丹麦生猪料肉比在 2.5 以下，平均日增重在 900 克左右；每头母猪年产仔 26 头以上，居世界第一。猪肉产业已成为丹麦农业、对外贸易乃至国民经济的支柱产业之一。

农业产业组织体系是农业现代化的基础和保证。丹麦猪肉产业规模化、标准化水平高，注重食品质量安全，在国际市场上竞争力极强，这与丹麦以合作社为核心的农业产业组织体系密不可分。

第一节　以合作社为核心的丹麦猪肉产业组织体系

丹麦猪肉产业高度组织化，形成了以合作社为核心、以家庭农场为基础、以各类协会和联合会为依托、以咨询服务机构为支撑的独特的产业组织体系架构，如图 9-1 所示。

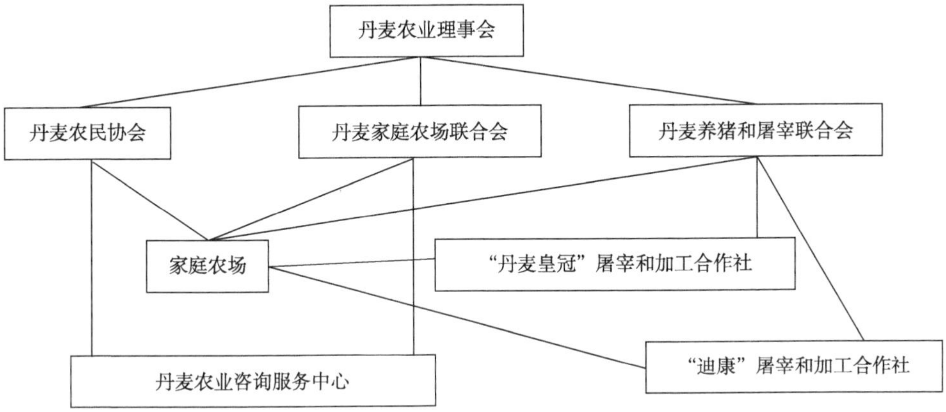

图 9-1 丹麦猪肉产业组织体系

一、丹麦农业理事会

丹麦猪肉产业组织体系的最高机构是丹麦农业理事会（Danish Agricultural Council）。不仅是猪肉产业的合作社，丹麦大型的合作社都是该理事会的会员，这使得合作社在农业理事会决策中的直接影响力十分强大。丹麦农业理事会作为一个民间组织，是农民政治利益和经济利益的代言人，不仅参与与农业相关的政策制定、立法、对外谈判，参与欧盟有关部门的决策和对策事务，还制定农产品出口战略，开拓国内外市场，在政府、议会中都有一定的影响力。丹麦农业理事会下设 9 个专业出口公司，控制全国农产品出口。丹麦农民协会（The Association of Danish Farmers）、丹麦家庭农场联合会（The Federation of Danish Family Farms）、丹麦养猪和屠宰联合会（The Federation of Danish Pig Producers & Slaughterhouses）这三大组织是丹麦农业理事会的支柱机构，形成了丹麦农业理事会的“伞形”架构。

二、丹麦农民协会和丹麦家庭农场联合会

在丹麦，所有农户都是丹麦农民协会或丹麦家庭农场联合会的会员。1805 年，丹麦出现了第一个农民协会。1893 年，全国性的丹麦农民协会成立，现有 100 多个地方协会，64 000 户会员。丹麦家庭农场联合会原名“丹麦小农户协会”，成立

于1896年。1910年，全国性的小农户协会成立，现有190多个地方协会，17 000户会员。丹麦家庭农场联合会的会员原本以小农场主为主，如今这两个农民组织性质相同，由于历史原因同时存在，互为依存，相互协助，承担着两个方面的职能：一是在政治上代表农民的利益，与政府和议会打交道；二是为农民提供专门的技术和职业技能培训，组织和扩大农产品出口。这两个农民组织已经成为丹麦社会生活的基础，是把农民与市场、政府联结起来的纽带（张晓山和党国英，2002）。

三、丹麦养猪和屠宰联合会

丹麦养猪和屠宰联合会的前身为“丹麦熏肉和肉制品委员会”，是一个合作社性质的农民互助组织。该联合会负责种猪培育、生猪饲养、生猪屠宰、市场营销、检疫防疫、猪舍建设、动物福利等工作的组织间协调。由于丹麦养猪和屠宰联合会的特殊作用，丹麦所有的养猪农场、屠宰场及所属企业都是该联合会的成员。该联合会成立了思夫科屠宰设备公司（SFK），专门从事屠宰设备的开发和研究。该公司研发的电子检测仪器，安装在生猪屠宰自动化生产线上，通过探针对猪身体12个不同部位进行检测，能自动检测出猪肉的脂肪含量、瘦肉率等10多个参数，并自动扫描有关数据，根据固定参数，进而计算出每头猪的价格，而不是简单地以活猪称重计算价格。

四、“丹麦皇冠”和“迪康”两大屠宰和加工合作社

丹麦农业合作社在与其他私营企业的竞争中逐渐发展，同时，各个合作社之间也在市场上展开竞争。为了在竞争中获得更大优势，丹麦农业合作社不断合并，呈现出合作社数量减少但规模逐渐扩大的趋势（Knudsen and Hansen，2008）。20世纪60年代，丹麦共有62家屠宰和加工合作社，而现在仅剩2家——“丹麦皇冠”和“迪康”，它们包揽了丹麦全国98%的猪肉、牛肉的生产。屠宰和加工合作社已经成为丹麦养猪业和猪肉食品加工业的主体和支柱。目前，丹麦96.3%的生猪屠宰及其加工产品由合作社完成，屠宰和加工合作社几乎垄断了丹麦生猪屠宰及猪肉加工品市场。“丹麦皇冠”屠宰和加工合作社不仅是丹麦，也是欧盟最大的屠宰联合体。“丹麦皇冠”屠宰和加工合作社现拥有26家生猪屠宰场和6家肉制品加工厂，雇员总数达20 400人，带动养猪农户20 000户，丹麦近90%的生猪屠宰和猪肉加工都是由“丹麦皇冠”来完成的。

五、丹麦农业咨询服务组织

在丹麦，农业咨询服务相当完善，设有全国性的丹麦农业咨询服务中心和 95 个地方一级的咨询服务中心，共有咨询服务专家 1 500 人，技术人员和助理 2 500 人。其中，丹麦农业咨询服务中心（Danish Agricultural Advisory Service，National Center）成立于 1972 年，是独立于政府和丹麦农业理事会的机构。该中心由丹麦农民协会和丹麦家庭农场联合会共同所有并派代表（农民）组成董事会，其主要职责是向地方咨询服务中心提供专业支持，并促进地方咨询服务中心与农业研发机构联系。咨询服务中心的经费主要来自服务费收入、研发项目基金、合作社捐赠及政府补贴。其中，政府的财政补贴每年约 1.3 亿丹麦克朗，占全部咨询经费的 10%左右。一个地方咨询服务中心约有 20~70 名雇员，可以为 500~2 000 个农户提供咨询服务。

第二节　以合作社为核心的丹麦猪肉产业组织体系的制度特性

丹麦农业以家庭农场为基础，过去每个农户都需要独自将自己生产的农产品销售到市场上。当单个农场主销售产品时，私人工商企业为获取高额利润往往以低价收购农产品，形成了垄断农产品市场的局面。1897 年，丹麦农户成立了全国第一家屠宰合作社，如今丹麦猪肉产业已经形成了高度组织化的经营体系。合作社成为猪肉产业中其他经营主体的联接点，供种、饲料、养殖、加工、营销各环节的经营主体互相渗透、互为股东，真正联合成为利益共同体，形成了名副其实的“从土地到餐桌”产业链模式，体现出农民合作化、生产标准化、服务一体化三个显著特征。

一、农民合作化

19 世纪后期，丹麦合作社开始萌芽并得到发展。到 20 世纪 20 年代，丹麦已经成为一个无人、无事不合作的“合作社王国”。在丹麦，农民组织形式有合作社企业、协会、联合会等，但都属于合作社性质，大致可以分为生产合作型、产品加工型、技术服务型、商业经营型和设备生产型。丹麦猪肉产业组织体系的显著特征是自下而上的联合。家庭农场在自愿的基础上加入地方农业组织，同样在自愿的基础上，地方农业组织联合成区域甚至全国性组织。丹麦农业合作社遵循社员资格开放、资本报酬有限和利润按社员交易额分配这些经典的合作社原则，是真正意义上的农业合作组织。

（1）宽进严出的社员资格原则。丹麦合作社的社员资格是开放的，凡是与合作社有购销关系并接受合作社的交易合约，利用合作社的设施、设备的个人，即可申请成为合作社社员，且无须入股。整个合作社归社员共同所有，社员占有股份的多少，取决于其购销产品的数量。在丹麦，合作社社员资格并不是一种可以用来买卖的“资产”，但这种“资产”可以用来确保稳定的收入，并为社员生产的农产品获得尽可能高的价格。所以，农民加入合作社的根本目的不是要获得任何与合作社相关的资本回报。社员可以自愿退出合作社，但如果退出，其成本高昂，退社社员不仅会失去所占有的股份，而且不被退还其股金，同时必须要支付合作社净债务中的份额。例如，丹麦乳制品合作社规定，社员依照入社奶牛头数的多少对合作社债务承担清偿责任。若社员在社一年后退出，那么根据规定，须为每头牛支付 1 英镑罚金；如果第二年退社，则可以每头牛减少支付 2 先令，依次递减。不遵守合作社章程的社员将被开除，被开除的社员仍然需要承担合作社的债务。这样的制度设计能够防止社员的机会主义行为，提高社员对合作社的忠诚度和关注度。

（2）按交易额分配的利益分配机制。丹麦合作社对内坚持限制资本报酬、惠顾者利润返还的原则，对外则按有限责任公司的方式运行。丹麦没有合作社法，合作社与其他所有制企业一样，受商法的约束。例如，“丹麦皇冠”屠宰和加工合作社规定，社员必须把自己的全部产品交给合作社销售，合作社有义务收购社员生产的产品，并进行加工和销售（包括出口），但坚持市场定价，不为社员承担价格风险。社员按照向合作社提供的农产品数量取得收入。合作社盈余中提取一定比例用于支持合作社发展的公积金后，剩余的部分按社员上交农产品数量的比例给社员分红。合作社每年的利润留成和分红比例由理事会在年初确定。通常情况下，预留资本约占合作社盈余的 15%，其余部分按社员与合作社的交易额比例分配。对于合作社与社员之间有关强制性的权利和义务的规定，不同合作社之间存在差别。在生猪屠宰合作社，交易合同是社员资格的基本条件（孔祥智等，2012）。农民加入屠宰合作社不需要交纳股金。任何人，只要拥有生猪产品并接受合作社的交易合同，都可以成为合作社社员，并且从向合作社交售产品开始，就拥有合作社的社员资格并持有股份。社员股份的多少取决于向合作社交售产品的数量。

社员股份可以参与分红，但不能出售和转让。

（3）“一人一票”的民主决策机制。丹麦合作社的所有基层社，都实行“一人一票”的民主管理原则。合作社的最高权力机构为社员大会或社员代表大会。在社员大会或社员代表大会上，实行“一人一票”和“少数服从多数”的决策程序。但是，在地区性和全国性合作社的董事会选举中，基层和地方成员社的选票数以其营业额为依据。通过直接或间接选举产生的董事会是合作社的常务管理机构，只有社员才有担任董事的资格。董事会负责雇佣和解雇经理，经理负责雇佣和解雇其他雇员。丹麦大部分合作社都有关于雇员参与合作社经营管理的规定。也就是说，雇员也能选举自己的代表参与合作社的重大决策和选举董事会。“丹麦皇冠”屠宰和加工合作社拥有 20 个养猪区，共选出 250 名社员代表、38 名雇员代表、6 名专业工厂代表，由他们组成代表大会。代表大会选举产生合作社董事会，其中，社员、雇员董事分别为 14 名和 4 名，另有 1 名雇员观察员。所以，“丹麦皇冠”屠宰和加工合作社的 19 名董事中，雇员代表就有 5 名之多。虽然合作社重大事务的最终决策权还是属于全体社员，但雇员也在很大程度上参与合作社管理，因为雇员与社员有很多利益共同点，而且雇员在经营管理上具有专长。让雇员进入合作社权力机构，可以最大限度地调动他们的积极性，共同办好合作社。

二、生产标准化

标准化生产是丹麦农业生产的立足之本。标准化贯穿于丹麦猪肉产业链，从生产加工到流通的每个环节都实施全过程监控。标准化已成为丹麦农产品生产者的共识与自觉行动，生产者对于他们产品的安全负全责。

（1）种猪生产性能高。丹麦十分重视猪种的选育和改良，经过 100 多年的科学培育，培育出了瘦肉型猪种长白猪，又名“兰德瑞斯”，是丹麦国宝、世界良种猪之一。丹麦全国建立起了高效的三级良种繁育体系。第一级为核心群，存栏长白、大白和杜洛克母猪 8 600 头。第二级为种猪繁殖群，存栏长白和大白母猪 46 000 头。第三级为生产群，存栏种猪约 110 万头。在丹麦，90%~95%的母猪采用人工授精的方法配种，配种所用精液全部由经过性能测定站测定的种公猪统一提供。养猪（农）场和养猪（农）户普遍饲养良种猪群，每头母猪年提供的断奶成活仔猪数平均达到 25 头以上，肉猪平均日增重达 900 克以上，料肉比为 2.43，胴体瘦肉率在 60%以上，肉猪在 160 日龄时体重达 110 千克。丹麦国家生猪生产委员会（The National Committee for Pig Production）还与养猪（农）场和养猪（农）户合作成立了专门从事生猪育种的“丹育公司”（Danbred），实施丹麦种猪育种计划。

该公司的 5 家规模为 500~1 200 头基础母猪的顶级种猪场，每头母猪年提供的断奶成活仔猪数达 31~33 头。

（2）生猪饲养科学。丹麦生猪饲料以麦类和豌豆类为主，另外加少量豆粕、油脂、矿物质和维生素等。在生猪饲养上，丹麦法律严格禁止饲料中使用催长剂、荷尔蒙等激素类药物，限制使用抗生素类药物，以及其他对人体有害的药物或饲料添加剂，对允许使用的药物也有严格的规定，并规定在屠宰前一定期限内停止使用。在丹麦，生猪饲养的机械化和自动化程度非常高，猪舍内的通风、保暖、降温等都由电脑实行自动化控制。猪场的猪舍均为全封闭型，根据建筑面积，每幢猪舍装有数个进风口和出风口，平均每 300~400 平方米设置一个，其运转由自动控制系统根据传感器自行开关，以确保舍内空气清新。丹麦冬季气温较低，猪舍均有加温装置，通常在猪舍四周墙上安装暖气管或暖气片给猪舍加温，以确保猪舍内温度达到设定的标准。母猪产房的设定温度一般为 25~26℃，产床一角安装电热板和红外线灯，给哺乳期的仔猪加温，以保证仔猪所需的环境温度。丹麦夏季气温通常不超过 32℃，故猪舍基本无降温装置，一般在猪舍装有简单的喷淋头，定时给猪洗澡降温。猪饲料传送和喂饲也全部实现了自动化。猪每日进食量由电脑控制，根据不同生长期定时、定量给饲。在猪的耳朵上装上芯片，控制其每天定时、定量进食。猪的食槽栏上装有扫描仪，前后有活动挡，每次只能有一头猪进食，电脑控制流入食量，进食后自动记录。不仅如此，生猪饲养人员进出畜棚时须清洗干净，以免人畜交叉感染细菌，甚至连养殖场办公室的电脑键盘、电话、喷淋头、厕所和餐厅，均须保持清洁干净。

（3）猪肉加工规范。丹麦生猪屠宰场生产线的现代化程度相当高，活猪在前端输入后，末端即可生产出分割肉产品。生产线的具体工序包括煺毛，开膛，切头，腿、尾、身体大块切割等操作任务，都由电脑控制自动完成。每个生产工序及其产品流向的信息，都通过安装在生产线上的自动系统输入控制中心。在“丹麦皇冠”屠宰和加工合作社，一线屠宰工人都根据生产工序的技术要求，经过了定期的技术培训，因而具备较高的生产技能。另外，每个屠宰场都设有实验室，对送交的抽检样本进行经常性的化验，并由国家兽医部门派驻的卫生检疫人员对每条屠宰生产线上屠宰的生猪逐个进行严格检查。这些公职人员的工作和收入都不受屠宰场的约束。一旦发现问题，检疫人员有权独立行使监督检查职能，立即建议及时处置问题产品和采取改进措施，情况严重的，可要求关闭屠宰场，他们具有绝对的权威。

（4）行业准入严格。在丹麦，从事生猪饲养必须具备下列三个条件：一是拥有自己的土地。这样做的好处是可以保证农场继续由有志务农的人掌管。同时，按照法律，农场主只能通过市场购买的方式获得农场土地，而不能通过馈赠或继承的方式获得，且必须居住在该农场里（常青和张兔元，2010）。二是持有“绿色证书”。按照法律，农场主必须在经过 9~10 年的初等教育以后，再在农学院完成以下三个阶段的学习，才能获得“绿色证书”：第一阶段包括 6 个月的农学院课程和 12 个月的指定农场正式培训实习，获得“技术农民证书”；第二阶段追加 18 个月的农场实习和 6 个月的学校课程；第三阶段是为期 18 个月的农场管理课程。农场主必须完成总计 5 年的专业课程学习及农场实习，并通过严格的全国统一考试，才能获得“绿色证书”。三是控制规模。为了保护环境，丹麦政府对养猪规模的控制和管理非常严格。政府对农场主可饲养的生猪数量进行严格限定，每个猪场饲养的生猪数量最多不超过 4 500 头生产母猪或 15 000 头肉猪。严格的土地获得制度和农场经营资格管理确保了丹麦每一个养猪农场主都具有相当高的素质。

三、服务一体化

丹麦的农业服务体系由政府部门、合作社和私人机构三部分组成。其中，由各种农业合作社组成的服务体系在整个农业服务体系中占有最重要的地位。合作社不仅通过把分散的农场的经营活动纳入整个猪肉产业组织体系，最大限度地发挥了整体效应和规模效应，而且利用协会、联合会这些农民互助组织，将猪肉产业链的各个环节有机连接起来，实现了猪肉产业链上各经济主体之间的利益共享和风险共担，增强了产品的国际竞争力。丹麦的猪肉产业链经过长期发展，最后形成了成熟和完善的以合作社为主导的产供销一体化模式。整个产业链分为养殖、屠宰加工和贮运销售三个环节，各环节之间既有分工，又有统一协作，如图 9-2 所示。

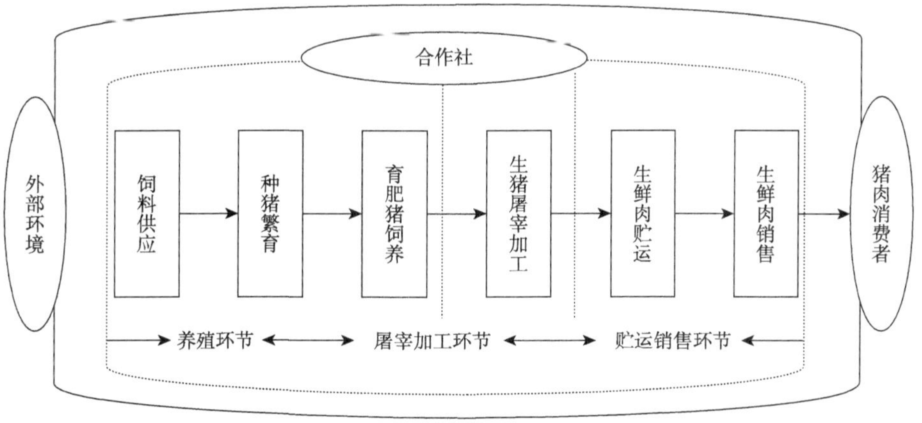

图 9-2　丹麦猪肉产业链

（1）以合作社为核心。丹麦共有 5 000 多家养猪农场，农场主以参股获利的形式加入“丹麦皇冠”和“迪康”这两家屠宰和加工合作社。养猪农场出栏的成猪由合作社统一收购、屠宰、加工和上市。丹麦屠宰和加工合作社拥有一流的肉制品加工设施、先进的产品检测手段、高效的运输和销售管理体系，从生产、加工到销售等各环节实行一体化经营。在“丹麦皇冠”屠宰和加工合作社的屠宰场，有一套质量监控体系用来检测猪肉，根据检测结果确定猪肉等级，以确保产品达到客户期望的标准。作为一个集屠宰、加工于一体的国际化企业，“丹麦皇冠”屠宰和加工合作社还根据市场和客户的需要对猪肉进行分割加工，以满足不同国别消费者的需求。合作社还建有自己的运输部门，与丹麦及欧洲的大型运输公司开展合作，通过精确和高效率的仓储运输，及时保证客户的需要。从生猪育种到繁殖、饲养、屠宰、检疫各个环节为养猪社员提供系列化服务，是屠宰和加工合作社的重要功能。由于提供了良好的系列化服务，合作社在与私营企业的竞争中占据了优势，逐渐形成合作社主导生猪屠宰和猪肉加工市场的格局。

（2）行业组织众多。丹麦有众多的行业组织。在丹麦猪肉产业中，丹麦养猪和屠宰联合会赫赫有名，丹麦所有养猪的农场主和生猪屠宰场都是该联合会会员。作为猪肉产业的行业协会，丹麦养猪和屠宰联合会的宗旨是最大限度地保障该产业农民的利益，是养猪行业的代言人。该联合会与其所属的技术委员会密切配合，制定产业发展战略，研究开发新产品，为农场主提供各种技术服务。为了加强在政治上和立法领域的影响力，该联合会经常适时向议会及政府有关部门提出有关法律法规的修改建议，以提高本国猪肉产品的国际竞争力。该联合会与丹麦农业委员会、丹麦养猪协会和丹麦农业协会还联合成立丹麦农业食品委员会（Danish Agriculture and Food Council），下设环境与能源、科研与食品、食品安全与疾病控制、行业政策、商业策略与营销、生猪科研中心和驻布鲁塞尔代表七个职能部门。为了能对欧盟施加压力和影响，该委员会向欧盟总部布鲁塞尔派常驻代表，参与协调和制定与生猪产业相关的欧盟政策，如生猪贸易政策、生猪贸易谈判等。

（3）农业咨询服务体系完善。丹麦的农业科学研究、技术推广和农业教育有一整套完备的体系。皇家兽医与农业大学（The Royal Veterinary and Agricultural University，Denmark）负责高级农业专门人才的培养和农业基础科学研究；丹麦农业部直属的 6 个技术研究所负责应用研究；技术推广则依托丹麦农业咨询服务中心。丹麦环境与食品部（Ministry of Environment and Food of Denmark）是丹麦农业主管部门，内部设置兽医和食品、环境保护、渔业、林业、海岸保护等不同的管理机构，负责制定农业政策和宏观管理，为开辟农产品市场服务。该部还在主要农业国家和新兴市场安排农业顾问，这些顾问以丹麦在国外的外交机构为基础，同所在国家进行农业和农产品贸易方面的合作。他们帮助丹麦的农产品出口商寻求出口机会，并且当所在国家的农业部门出现可能影响农产品贸易的各类因素时，随时将情况通报给丹麦的农业团体。丹麦农业咨询服务中心有将近 300 名专家在国内外从事农业研究。这些专家负责将研究成果发送给遍布全丹麦的地方咨询中心的咨询员，由他们向农场主提供适用的农业技术和解决生产中的实际问题。除此之外，咨询中心还为农场主提供有关财务预算、土地施肥、牲畜饲养、植物保护、农场规划和动物福利等方面的建议。这套体系的有效运转是丹麦能够不断把最新技术应用于农业的主要原因。在丹麦，通常一项新技术推广到实际农业生产当中的周期不到一年。

第三节　以合作社为核心的丹麦猪肉产业组织体系的经验借鉴

丹麦猪肉产业组织体系的发展实现了专业化生产、产业化经营和系列化服务，在联接农民与市场、提高农民市场地位、增加产品附加值和发展现代农业中发挥着举足轻重的作用，其成功经验或许能为中国现代农业产业组织体系的构建与发展提供有益的借鉴。

一、由合作社实现产业一体化经营

通过合作社对农业实行产供销一体化经营，是丹麦农业成功的重要经验。在丹麦，合作社的首要职责是满足社员需要。具体来说，就是合作社提供生产资料供应，农产品收购、加工、销售及信贷、保险和咨询等系列配套服务；农民通过合作社购买农业生产资料、出售各种农产品及借贷所需要的资金。合作社将农民与其他经济主体之间的交易内化为与合作社的交易，节约了农民进入市场的交易费用，增强了农民的市场话语权。丹麦合作社从保护社员的利益出发，延长产业增值链条，将中间成本环节留在产业链条内，使社员能够分享农产品加工和流通环节的增值收益。合作社为社员提供从育种、产品加工到质量检测、储藏运输等环节的系列化服务。合作社采用先进的生产设备和检测手段，保证了产品质量。合作社还建立自己的运输部门，与国内外大运输公司建立密切的合作关系，通过精确和高效率的仓储运输，及时满足客户需要，并同时实现自己的经济利益（Hobbs et al., 1998)。例如,"丹麦皇冠"屠宰和加工合作社根据不同的消费群体对猪肉品种的不同要求,将猪肉按身体部位销往不同的市场。例如,日本人喜欢里脊肉,美国人喜欢猪排,瑞典是后臀的主要市场,德国人更喜食母猪肉,而猪蹄、耳朵、尾巴是中国人餐桌上的美味佳肴。

二、由行业组织和咨询机构提供系列服务

丹麦的农业服务体系由行业协会、合作社、政府、私人咨询机构组成,保证农民获得最新的生产和经营管理技术。合作社和行业协会是联接政府、农民与市场的纽带,在政治上代表农民的利益,在经济上为农民提供销售服务、技术指导、政策咨询、法律法规信息,以及组织协调扩大产品出口。例如,丹麦养猪和屠宰联合会的生猪生产部负责承担猪饲料营养的综合研究,通过混合饲料和对饲料成分的检测分析,为农民提供技术咨询和指导。该联合会注重对养猪农民的技术培训和技术资料的定期发送,指导农民猪舍改善和生产设施改进。丹麦的农业行业组织承担了政府的许多职能,如农业技术推广、产前产中产后服务、农民培训等。在农业服务体系中,丹麦政府的职能之所以比较"轻松",主要是由于其社会化服务体系发达和完善。换句话说,合作社和行业协会越发达、越完善,需要政府包办的事情就越少。

三、由政府提供必要的支持

在丹麦的农业服务体系中,政府参与的并不是很多。政府的主要职能是支持农业研究,重视咨询服务人员的再教育。政府农业部门提供地方行业协会咨询人员 20%的工资、70%的再教育费用和部分差旅费用,其余部分由地方行业协会补足。这样,政府约为地方行业协会节约了全部咨询服务开支的 50%~60%。虽然在农业服务体系中扮演着"小政府"的角色,但丹麦政府致力于建立高效、规范的农产品质量安全追溯体系,在保障农产品质量安全方面成效显著。自 1996 年开始,丹麦从立法、行政管理等方面逐步理顺了食品链上的各个环节的管理和监控,形成了可以实现追溯的、健全的食品生产、流通和监管体系。丹麦建立了完善的兽医系统,包括控制系统、报告制度、应急计划、疾病处置、应急演习、监测方案等。从 1997 年开始,所有通过边境的卡车都要被清洗和消毒。丹麦境外的访问者对农场的访问必须在到达丹麦 48 小时后进行。目前,丹

麦基本消灭了口蹄疫、典型非洲猪瘟、猪水泡病、伪狂犬病、病毒性脑炎、脊髓灰质炎、结核病和旋毛虫病等危害生猪健康的传染性疾病。所有出口生猪都必须在兽医的监督之下，由鉴定合格的指定屠宰场宰杀，由政府特设实验室随时抽查。猪肉产品一旦在流通领域发现问题，马上可以溯源至生产领域直至种猪场及农场主。

第四节　启示与思考

完善和创新农业产业组织体系，是中国实现农业现代化的重要基础，也是其必然结果。在资源禀赋和技术条件既定的条件下，农业产业组织的发展对提高农业生产率、增加农产品附加值、带动农民共同致富起决定性作用（廖祖君和郭晓鸣，2015）。以合作社为核心的丹麦猪肉产业组织体系的发展经验带给人们深刻的启示和思考。

由于历史、经济、社会人文环境的影响，以及农业条件、农民状况的差异，世界各国农业产业组织体系呈现出共性与个性并存、多元化与多样化的发展趋势。中国与丹麦相比，在发展农业产业组织体系上既有相同之处，如农业产业组织为农民所需要，其发展又面临日趋激烈的市场竞争；但同时，两国又存在截然不同的发展条件与环境：一是法治环境不同。丹麦是发达的法治国家，契约理念深入人心；而中国仍然处在人情社会向契约社会的转型时期，人们法治意识、诚信观念相对较弱，不利于农业产业组织的规范化发展。二是社会文化基础不同。丹麦的社会基础是市民社会，结社自由、民主的理念深厚；而中国农村社会仍然以亲缘、血缘、地缘关系为主要纽带，业缘联系淡薄，等级观念依然存在，在一定程度上影响到合作社民主原则的落实。三是农民的概念不同。这是两国构建农业产业组织体系最大的不同点。丹麦的农民主体由中小型农场的农场主构成。他们本质上是追求利润最大化的企业主，具有企业家精神；而中国的农民主体正处于由传统兼业农户向专业农户转型之中，普遍存在经营规模小、经营方式分散、承担风险能力弱等问题。这种状况直接造成了中国农业产业组织体系的基础薄弱，“有利则来、无利则走”现象普遍。四是发展阶段不同。丹麦农民合作社产生于工业化初期、农民主宰农产品市场的历史背景下；中国农民合作组织的发展历程曲折，区别于 20 世纪 50 年代合作化运动中的农民合作社，专业型农民合作社萌芽于 20 世纪 80 年代，发展于 90 年代中后期，迄今只有二三十年的发展历史，存在着组织规模小、覆盖面窄、服务功能低、治理不规范、抗风险能力弱的“先天性”缺陷。因此，中国农业合作社要引领现代农业发展，形成以合作社为核心的农业产业组织体系，任重而道远。在借鉴丹麦猪肉产业组织体系发展经验的时候，要注意结合中国实际，有所选择，有所创新，扬弃与借鉴相结合，努力走出一条富有中国特色的新型农业现代化道路。

第十章　日本综合农协引领小农生产发展现代农业的经验与启示

小农是指以家庭经营为主体，不雇用劳动力，也无余力从事其他工作的家庭农场（高岡熊雄，1915），是以获取劳动报酬为目的农业经营者（横井時敬，1927）。由于小农生产具有较高的土地生产效率，可以保持农业生产的稳定性、可持续性、推动农地改良的积极性等特点，帮助大多数达不到“小农”标准的超小规模农户（简称“超小农”）成为小农，并且促进小农和超小农（本章合称为“小农”）生产同时发展是东亚农业面临的共同课题。

日本是典型的以家庭经营为主体的小农国家，户均农地面积远远低于欧美发达国家。然而，在资源禀赋极其不利的条件下，日本政府根据社会经济发展情况即时调整农业政策方向，把推动现代农业发展，并且把小农生产引入现代农业发展轨道作为手段，逐步实现了农业现代化和农民增收等多项政策目标。相关资料显示（晖峻众三，2011），1975 年每公顷大米生产成本之中的农机购置、折旧等费用已经占 20%以上，农业机械化水平显著提升。大米生产的每公顷劳动时间从 1954 年的 1 866 小时减少到 1975 年的 820 小时。20 世纪 60 年代，日本农民收入已经超过社会平均水平，1968 年农户年收入 120.5 万日元，超出社会平均收入 9.7%。同时，农村生活水平快速提升，1975 年彩色电视、冰箱、洗衣机三大件在农村的普及率分别是城市的 98.0%、100.1%、100%，与城市基本持平。另外，日本大米自给率除个别年份，始终维持在 100%左右的绝对安全水平。

本章基于日本小农生产的特征，对日本政府将推动现代农业发展，增加农民收入的具体措施进行剖析，对其特点进行提炼，以期对我国制定相应的政策提供有效的经验和启示。

第一节　日本农业生产的特点

日本农业生产的主要特点是以超小农经营为主，兼业化、副业化。首先，促进超小农生产向小农生产转变是日本长期执行农业政策。1910 年日本明确了小农生产是指经营面积超过 1 公顷以上的农户。1961 年日本实施《农业基本法》将“能够获得与其他职业相等收入的农业家庭经营者”称为“自立经营者”，并且将土地集约型农业经营面积标准设定为 2 公顷。随着劳动力成本及城镇居民收入水平的变化，这一标准也有所变化，1970 年增加到 3.5 公顷，1980 年 5.5 公顷，2010 年约 10 公顷。但是，从表 10-1 中可以看到，2010 年日本户均农地面积只有 1.18 公顷，绝大多数农户属于超小规模农户。

表 10-1　日本农地面积、农户数量、户均农地面积的变化

年度	农地面积/公顷	农户数量/万户					户均农地面积/公顷
		合计	1.0 公顷以下	1.0~3.0 公顷	3.0~5.0 公顷	5.0 公顷及以上	
1930	586.7	560.0	385.6	154.4	12.9	7.1	1.05
1938		551.9	367.7	164.3	12.3	7.6	
1941		549.8	350.3	180.7	11.8	7.0	
1947	524.2	591.0	428.7	150.0	7.4	4.9	0.89
1950	520.1	617.6	450.4	154.7	7.7	4.8	0.84
1960	607.1	605.6	424.2	166.3	9.1	6.0	1.00
1970	579.6	540.3	368.5	155.4	9.2	7.2	1.07
1980	546.1	497.7	356.4	123.9	10.2	7.2	1.10
1990	524.3	461.0	340.1	101.7	11.2	8.0	1.14
2000	483.0	421.8	324.5	78.1	10.6	8.6	1.15
2010	459.0	390.1	317.1	55.1	8.9	9.0	1.18

注：“1.0 公顷以下”农户包含持有农地的非农户（农地经营面积不足 0.1 公顷或年销售额不足 15 万日元）和自立农家（经营面积不足 0.3 公顷或年销售额不足 50 万日元的农户）

资料来源：根据日本农林水产省资料（http://www.maff.go.jp/j/tokei）整理制作

其次，随着工业化、城镇化快速发展，日本农业生产向兼业化生产的发展趋势明显。如表 10-2 所示，1950 年日本兼业农户 309.0 万户，占总农户数量的 50.0%。之后，兼业农户数量虽然逐年减少，但是占总农户的比例逐年上升。

表 10-2　日本专业农户与兼业农户的数量变化　　单位：万户

年度	农户数量	专业农户 1)	兼业农户		
			小计	第一类兼业农户 2)	第二类兼业农户
1950	617.6	308.6	309.0	175.3	133.7
1960	605.7	207.8	397.8	203.6	194.2
1970	540.2	84.5	455.7	181.4	274.3
1980	466.1	62.3	403.8	100.2	303.6
1990 3)	255.5	47.3	208.1	52.1	156.1
2000	233.7	42.6	191.1	35.0	156.1
2010	163.1	45.1	118.0	22.5	95.5

1）专业农户是指家庭成员中无兼业人员的农户；兼业农户是指家庭成员中有 1 名以上，年累计在外从事非农工作 30 日以上的农户

2）第一类兼业农户总收入 50%以上来自农业经营的农户；第二类兼业农户是指以农业经营为副业，农业经营收入不足总收入 50%的农户

3）1990 年之后数据仅包含经营面积超过 0.3 公顷或年农产品销售额超过 50 万日元的农户

资料来源：根据日本农林水产省资料（http://www.maff.go.jp/j/tokei）整理制作

最后，日本将农业经营收入不足总收入 50%的农户称为“第二类兼业农户”。1950 年，第二类兼业农户有 133.7 万户，占农户总数的 21.7%。2010 年下降到 95.5 万户，占比增加到 58.6%。但是，如果考虑到同期日本还有 89.7 万户 0.1~0.3 公顷的“自给农户”和 137.4 万户经营规模小于 0.1 公顷的“持有农地非农户”，也是主要依靠非农收入维持生计，这一比例将上升到 82.7%，而同期专业农户比例仅有 11.6%。

第二节　日本解决小农生产出路问题的举措

20 世纪 50 年代随着经济快速发展，日本非农部门资金、技术快速涌入农业部门，农业生产率大幅度提升，农产品供给量增加，然而，人口增幅下降，需求趋于饱和，加上国际经济一体化带来的冲击，农产品供给过剩，价格下跌，城乡收入差距逐渐拉大。1961 年日本颁布《农业基本法》，明确将农业政策方向由增加农产品数量的产业政策向增加农民收入的社会政策调整，并且提出通过制度改良和制度创新相结合，提升生产效率和减轻农民负担并举的方式推动现代农业发展，以解决小农生产的出路的问题。之后，根据经济发展阶段的不同特点，先后出台了综合农业政策、地域农业政策等，使日本在短短的几十年内，就实现了农业现代化、农民增收等政策目标，其措施如下。

一、完善农业生产政策体系，提升全要素农业生产率

（一）完善以农民为主体的农田水利基本建设制度，改善农业生产条件

日本在尊重农民主体地位的基础上，构建了以农民参与建设、维护农田基础设施为特点的农田水利基本建设制度。1949 年日本颁布《土地改良法》，至今修改 61 次。该法允许农民自发组建名为“土地改良区”的农民合作组织，承担区域内农田基本建设的申请、规划、实施、维护工作。土地改良区可以由 15 户以上的农民发起，在征得受益区域内 2/3 以上受益农民的同意后成立。成员按农地面积均摊运营经费，理事由成员代表大会选举产生，业务人员可以由政府派遣公务员担任，负责协调处理事务性工作。项目立项可以由成员发起，通过民主表决之后向政府提出实施申请。项目招标由土地改良区或者政府负责，政府对土地改良区财务运营情况进行监管。各级政府和受益农民根据项目规模大小分摊建设经费（表 10-3），在大型水坝建设等重大项目中，中央财政最多可承担总额的 55%。受益农民如果难以一次性支付均摊的施工费用时，可以向日本政策金融公库等申请中长期低息贷款，偿还期可长达 25 年。截至 2015 年，日本全国共建立了 4 730 所土地改良区，成员 367.5 万人，面积 258.4 万公顷。

表 10-3　日本土地改良区项目、实施主体、实施内容、建设经费分摊标准

项目内容	实施主体	实施内容		建设经费分摊标准[1]
		受益面积	工程内容	
灌溉排水	中央	3 000 公顷及以上	500 公顷以上的干渠	55%、20%、25%
	省级	200~3 000 公顷	100 公顷以上的水利设施	50%、30%~40%、10%~20%
	地市[2]	20~200 公顷	5 公顷以上的水利设施	45%、10%~20%、35%~45%
农地开发	中央	400 公顷及以上	开荒、农道、干渠	
	省级	40~400 公顷		
	地市	10~40 公顷		
农地平整	省级	60 公顷及以上	平整农地、农道、水利设施	
	地市	20~60 公顷	开荒、农道、支渠	

1）中央财政+省级财政+地市财政（含受益农民）

2）地市含市町村政府、农业协同组合

资料来源：日本农林水产省网站（http://www.maff.go.jp/j/tokei）

（二）完善中小型农业机械开发制度，提升劳动生产率

日本山地多水田少，农地比较分散，农业经营面积普遍较小，日本从自身特点出发，制定了开发适合丘陵地形、一家一户独立作业的中小型农机的发展目标。1953 年日本颁布《农业机械化促进法》，1965 年、1993 年又进行了两次较大修改。

该法要求日本农业部定期制订高性能农业机械试验研究、实用化推广及引进规划，各地方根据各自情况制订相应的农机引进计划，由农业机械生产、销售企业等负责推广。同时，要求中央、省及市县都必须积极推动有关促进农业机械化的培训、指导、试验研究及农机具的引进等工作，并且在各个环节都要吸收农民代表参与规划制订及机种选择。中央对于地方政府为推动农业机械化开展的培训、试验研究、农机具引进及相关业务经费提供补助。对于农民购买指定品种、指定型号的农机给予购买金额 30%~50%的补贴。20 世纪 70 年代，日本已经实现了农业机械化，1960 年至 2015 年，每公顷水田的平均劳动时间从 1 410 小时下降到了 230 小时，劳动生产率得到了极大提升。

（三）完善官民一体的农技推广制度，加快实用技术转化

日本重视农技推广在促进农业现代化发展中的作用，早在明治维新时代就构建了农技推广制度的雏形。1948 年，日本颁布《农业改良助长法》，至今修改了 17 次，逐步形成了由政府机关等农业技术推广主体和民间团体等支援主体构成的官办农技推广制度。该法规定，农技推广工作由政府普及指导中心负责，具备六年以上工作经验，通过省级专业考试的专业技术人员担任普及指导员，面向农民开展工作。截至 2013 年，日本共有 366 所农业普及指导中心、6 734 名普及指导员，基本覆盖了每个乡镇。但是，每千户的普及指导员的覆盖率不足 3 人，人数相对较少。因此，在实际工作中大多采取了与当地农业协同组合（简称农协）合作的方式，由农协负责召集农民、汇集农民需求配合农业普及指导中心开展培训。农协内部设“营农指导员”负责走访农户，对成员提供农技咨询等工作，截至 2013 年综合农协共有各类营农指导员 14 154 人，平均每家农协 19.9 人。营农指导员每 2~3 年会在农协不同部门转勤，人员流动性较大，缺乏实际务农经验的职员也较多，他们很难准确解答成员提出的技术问题，也非常愿意与农业普及指导中心合作以提升自身服务能力。另外，营农指导员业务经费主要来自其他业务留成和农户均摊，各级政府也对其活动进行补贴。

（四）构建农民职业教育制度，提高农民从业素质

日本重视农民职业教育，除支持农协等农民团体不定期举办技术培训以外，1968 年还创立了“农民大学”制度，用于培养新型职业农民。农民大学由政府或民间团体出资成立，截至 2017 年，成立公立学校 42 家，民办学校 5 家。农民大学设置有农业、园艺、畜牧、经营等专业，招收高中毕业、有 1 年以上农业经营经验，而且获得高中校长或当地农业技术普及所推荐的青年农民。每家学校招生

不超过 100 人，学制 1~2 年。教师由普及指导员、农业试验场的政府研究人员兼职，实践课程占到总课时的 70%~80%，主要培养学生农业经营理念、组织管理、信息收集及农业技术等实操能力。农民大学学费较低，是日本大学平均水平的约 1/3，经济条件不好的学生还可以申请“农林水产省新农人投资资金”或者“日本学生支援机构”的奖学金、无息贷款等。

另外，日本为了提升青年职业农民的经营能力，设立了“新农人培养专项资金”，鼓励年轻人去种养殖大户或农业企业研修。研修时间最长两年，采取边干边学的学徒方式，每月政府发放 20 万日元生活补贴，薪酬水平与大学本科毕业生基本持平。同时，政府对于愿意接受青年人研修的种养殖大户或者农业企业，一次性补贴 50 万日元。种养殖大户和农业企业出于弥补劳动力短缺的目的，也非常愿意接受年轻人来公司工作。

二、制定多样化农业经营政策，满足不同类型农民的需求

日本政府认识到在资本主义私有制条件下，随着城镇化快速发展，农地升值，小农持地保值的意愿强烈，很难让农民退出农业。为了推动农业机械化发展，日本针对不同类型的小农生产需求制定了相应的政策（表 10-4）。

表 10-4　不同类型的小农生产需求及政策工具

<table>
<tr><th colspan="3">小农生产的需求类型</th><th>政策工具</th></tr>
<tr><td rowspan="4">Ⅰ</td><td rowspan="4">持有农地，愿意继续从事农业经营</td><td>希望扩大经营面积</td><td>修改《农地法》，放宽农地流转限制
对承租人提供补贴</td></tr>
<tr><td>实力有限，希望增加经营性收入</td><td>组建农事组合法人、农机银行</td></tr>
<tr><td>可能放弃农业经营，不愿意投入</td><td>部分托管、代耕、农时组合法人、农机银行</td></tr>
<tr><td>高龄，仍可从事部分农活儿</td><td>部分托管、代耕（含集落营农）</td></tr>
<tr><td rowspan="3">Ⅱ</td><td rowspan="3">持有农地，不愿意继续从事农业经营</td><td>高龄、后继无人，自给自足</td><td>鼓励农地托管、代耕（含集落营农）</td></tr>
<tr><td>外出打工，有可能返回农村</td><td>鼓励农地托管、代耕（含集落营农）</td></tr>
<tr><td>持有保值</td><td>鼓励农地托管、代耕（含集落营农）</td></tr>
<tr><td>Ⅲ</td><td colspan="2">希望离农</td><td>帮助流转农地</td></tr>
</table>

资料来源：根据日本农林水产省相关资料汇总

（一）促进农地向“自立经营农户”集约，提升规模效益

日本政府认为自立经营农户可以完全依靠农业收入维持自身生计，经营稳定，可保障农业可持续发展，因此大力推动农地向其集约、流转。主要措施有：第一，逐渐放宽对农地流转限制。20 世纪 60 年代，日本逐步取消了对农地持有面积上限要求，鼓励农地在自耕农之间流转。2000 年，日本修改《强化农业经营基础促进法》，允许在一定条件下，工商资本以参股的形式参与农业经营；2003 年，颁布《结构改革特别区域法》，允许工商资本在特区内以租地形式，单独从事农业经营；2008 年，修改《农地法》，全面放开，允许工商资本在全国范围内租地务农营。第二，成立农地流转中介机构。农民之间的农地流转往往会遇到违约、不按协议使用、归还等违约问题。1962 年日本修改《农地法》《农业协同组合法》，允许农协从事农地流转业务；1970 年，批准“农业委员会”[①]参与农地流转中介业务；2014 年，成立“公益性社团法人农地流转中间管理机构”，专门负责农地转租、平整业务。这些机构都是政府支持的农民团体或者政府事业单位，在农村具有较高的威信。由它们担保的农地在租赁合同到期之后会自动返还到出租人手里，有利于保护农民权益。第三，增加财政补贴。1962 年，日本实施“农业结构改善项目”，通过政府补贴的方式，减少规模农户在租赁农地之后用于农地平整、农田基本建设的支出及大型农机购置费用。以面积 0.3 公顷的农地平整项目为例，1968 年财政补贴比例占总费用的 8%，1974 年这一比例上升到 19%，1990 年达到 50%。20 世纪 90 年代，日本各地先后出台了租地补贴标准，对于愿意长期承租农地的农民给予一次性奖励。例如，长野县根据租借期间对承租人一次性提供 50 万~230 万日元/公顷补贴。第四，贴息贷款。日本政府对于集约农地之后需要资金平整农地、购买农机的农民，通过政策性金融体系发放一定额度的贴息贷款。

（二）促进小农自愿联合，降低小农生产的生产经营成本

1962 年，日本修改《农业协同组合法》，设立了“农事组合法人”制度，以满足那些自身实力有限，但仍然愿意继续增加农业经营性收入的农民需求。该制度允许 5 户以上的农民在自愿的基础上，自发组成类似于我国的农地股份合作社、农机合作社、农业设施共同使用合作社等以物合为特征的合作经济组织。成员可以以现金或者农地、农业生产资料折价出资，实行一人一票民主管理。政府对于农事组合法人购买农机具、土地流转等给予扶持。农事组合法人可以以团体成员的身份加入当地农协，并且获得农协在销售、信息、资金等方面的帮助。截至 2015

① 由政府、农民、学者组成的农地管理机构。

年，农事组合法人总数达到 9 353 家，其中，农机等设备设施共同使用型农事组合法人 1 548 家，农业生产共同作业型农事组合法人 1 134 家，混合型 6 671 家。

（三）完善社会化服务体系，降低农业生产的作业强度

日本政府不断完善社会化服务体系，来满足虽有继续务农的意愿，但是体力、精力和实力已经难以独立从事农业生产的农民的需求。1972 年，日本政府试点“农业机械银行”制度。该制度采取政府主导，农民自愿参与的方式，由地方政府登记辖区内可租借的农机农具信息，并对外发布，提升闲置农机使用效率，降低农民固定资本投入。租赁人可以直接与农机所有人洽谈租赁条件，也可以通过政府相关部门免费协调。20 世纪 90 年代，随着老龄化进程加快，离农人数增加，农业机械银行开始从事二手农机设备的转让及设施租赁业务。中央政府对机械银行办公费用提供补贴，部分地方政府对注册农机具在租赁期间发生的维修、搬运、组装等给予总额 1/3~1/2 的补贴，1985 年共向 46 个都道府县 490 个地区的 458 家机械银行支付了 123 亿日元。

1980 年日本颁布《农用地利用增进法》，允许以村落为单位成立 “集落营农”组织，推动本村农地集约、平整，并委托本村或当地生产大户托管经营，截至 2015 年，达到 14 852 家。集落营农组织成员协商决定农地托管条件，并代表农民进行谈判。农民也可以不参加村集体活动，自行与当地的农事组合法人、农业有限责任公司、农业股份有限责任公司商洽，选择合作伙伴。2015 年，日本共有 11.1 万家各类农业代耕、托管组织，托管面积 125 万公顷，占日本水稻总面积的 1/3。政府定期公布本地的农地托管、代耕价格，防止企业对小农形成价格垄断。并且，对于农地平整、流转及托管农地的经营者给予一定的扶持。

三、扶持农业协同组合发展，提升为农综合服务能力

1947 年，日本颁布《农业协同组合法》，截至 2017 年 8 月共修改了 89 次。该法规定农协是具有经济功能的非营利性社团组织，是民建民管民受益的人合组织，为成员提供供销、金融、保险、经营指导一体的综合服务。日本政府非常重视农协的作用，采取了以下措施促进农协发展。

第一，扶持农协成为农村社会的管理者。日本政府扶持农协理事长兼任“农业委员会”等地方农业农村自治机构的重要职务，使其能够代表小农参与当地农业、农机及农田基本建设规划制定的各个环节，使各项规划、政策更贴近农民。第二，扶持农协成为农业政策实施渠道。日本政府扶持农协在落实大米收储、协

助农业自然灾害保险定损、政策资金发放、落实目标价格等政策中，发挥检查、鉴别作用，提高对小农的扶持精度，防止了数据造假、冒领补贴的情况发生。第三，帮助农协扩大经营规模，提升竞争力。1961 年，日本颁布《农业协同组合合并援助法》，要求地方政府通过行政手段引导农协通过联合或者合并扩大经营规模，对于农协合并时需要的办公费用和新建设施给予最多 1/2 的补贴。2015 年，日本各类农协总数减少到 2 448 家，是 1960 年的 8.5%。但是，农协社均成员数量和社均资产分别增加到了 14 329 人和 1 495 亿日元，服务能力得到大幅度提升。第四，提供农业设施设备购置补贴。日本政府对于农协购置农机具、加工设施提供补贴。中央财政提供总额 50%，地方政府根据本级财政情况提供 20%~30%，剩余的 20%~30%，农协可以向政策性金融机构申请长期贴息贷款。第五，扶持农协开展成员培训活动。日本政府每年给予农协中央会、联合社一定的补贴，用于农协开展技术推广、人员培训等活动。2011 年日本政府共投入 386 亿日元扶持农协发展，平均每家综合农协获得 6.7 亿日元。

四、完善官民一体的农村金融制度，降低融资成本

日本通过完善合作金融与政策金融相融合的农村金融体系来弥补商业金融的不足，为小农生产提供低息贷款，解决小农缺乏有效的抵押物，贷款难、贷款贵的问题。1947 年，日本颁布《农业协同组合法》《中小企业等协同组合法》，1961 年修改《农林中央金库法》，建立了以农民为主体的合作金融制度。该制度由综合农协和专业信用组合两大体系构成，都采取“基层社+省级联合社+全国联合社”三级管理结构。基层合作金融机构由农民现金出资，自发成立，实行一人一票民主管理，以内部融资为主，解决成员对小规模、短期生活生产资金的需求。联合社帮助解决基层农协无法应对的较大规模融资需求，或者自身，或者协调政策金融、商业金融机构完成融资。合作金融机构的贷款利息一般低于周边商业银行，成员每年还能获得出资返还。由于日本综合农协了解成员农产品生产、销售、资金流量等情况，信用评级成本较低，可以对符合条件的成员免除担保。以借款 500 万日元、借款 5 年来计算，在获得农协免息、免交担保费用的情况下，比商业金融节省 11.3 万日元。

1953 年日本政府全资成立了“农林渔业金融公库”，2008 年改制为“日本政策金融公库”，主要为农村发展提供基本农田改造、新型农业经营主体的农地流转、设备购买、设备改造等中长期、大规模融资。贷款期限最短 1 年，最长的可达到 55 年，平均 12.2 年，2015 年贷款利率最高不超过 0.3%，远远低于同期商业金融

贷款 2.5%左右的平均水平。1961 年日本颁布《农业现代化资金助成法》，由中央及地方政府向符合条件的农民提供利息补贴，以及偿还期为 5~15 年的贴息贷款。这些政策金融机构没有自己的基层办事窗口，一般通过合作金融体系帮助发放宣传资料、审查材料、信用评级、发放贷款，这种做法既降低了业务成本，也扶持了农协的发展。

五、完善农业生产灾害保障制度，增强农民抗灾能力

日本地处亚欧板块和太平洋板块交界地带，地壳活跃，又受到大陆和海洋气候的影响，地震多发、雨雪灾害频繁，农业生产极容易受到灾害的影响。1947 年日本颁布《农业灾害补偿法》，至今修改了 59 次，形成了完善的农业灾害保险制度。该制度允许农民按照区域分片，自愿出资成立具备互助性质的农业灾害保险组合。农民交纳公积金作为组合的灾害准备金，在发生灾害时拿出来弥补受灾损失。基层组合出资成立地方农业共济联合会，联合会再向政府缴纳保费，由政府提供再保险，提升抵御大规模灾害的能力。灾害补偿品种有小麦、家畜、果树、养蚕、园艺作物，以及相关设施、设备。其中大米、家畜等主要作物是强制保险，其他品种可以任意选择。灾害对象包含风灾、水灾、干旱、寒潮等气象灾害，地震等自然灾害，以及病虫害、鸟兽害和火灾等所有可能会对农业生产造成危害的灾害。日本中央财政对农民参保承担 50%的补贴，并且按投保金额补贴各级农业灾害组合和联合会的办公费用。另外，日本政府建立了灾害救助基金、大灾基金、再保险等制度，分散农业灾害对农民造成的损失。部分地方政府和基层农协根据自身情况对受灾成员提供低息或无息贷款，或者对购买生活用品、生产资料的受灾成员提供优惠，帮助灾民恢复生产、防止因灾致贫。

六、完善农村社会保障制度，提升农民的抵御病伤老能力

日本政府认为农村社会保障制度是防止农民因病、灾、老致贫、返贫，促进农业生产可持续发展的重要措施。1958 年日本颁布《国民健康保险法》，采取个人承担 30%、地方财政补贴 70%的方式构建了城乡一体的医疗保险制度，保障参保家庭成员疾病、伤害、分娩及死亡的相关费用。保险费以家庭收入来征收，多收多缴，经济窘困的家庭可以申请减免保费和治疗费。

1965 年，日本修改了《劳动者灾害补偿保险法》，允许使用农业机械及有雇工

的农业企业参加农业劳动伤害保险，对于雇工或者自身在农作业过程中受伤、致残、死亡的，提供治疗、误工费用及残疾补偿、死亡补偿等费用。要求雇工 5 人以上的农业法人必须强制加入，自营业者可以选择加入。按照每年缴纳保费 2 万日元计算，发生意外时，受害人可以获得每日 1 万日元的误工费及全部治疗费用。部分基层农协根据成员惠顾额还给予保费 20%~50%的补贴。

日本农民养老金制度由基础养老制度和农民养老制度构成。基础养老制度是全民强制参加的社会保障制度，夫妇两人连续缴纳 40 年以上保金，退休后每月可获得 13 万日元退休金，相当于应届大学本科毕业生 2/3 左右的月收入。1971 年，日本颁布《农民年金基金法》，规定每年从事农业生产 60 天以上的农民可以自愿选择缴纳 2 万~6.7 万日元的保费金额，政府补贴 20%~50%。连续缴纳 20 年，65 岁之后，每月可领取 6.6 万日元养老金，直至去世。另外，为了加快农地流转，日本将农民养老金分为"移交经营权养老金"和"未移交经营权养老金"，前者是指在 65 岁之前已经把农业经营权移交给后继者的农民，后者是指 65 岁之后仍然继续从事农业经营的农民。前者因为放弃农业生产，没有了任何收入，可领取的养老金金额是后者的 3 倍左右。

第三节　日本解决小农生产出路问题的经验与启示

日本政府认为只有推动现代农业发展，并且将小农生产引入现代农业发展轨道，才能解决小农生产效率低、抗风险能力差及竞争力弱等诸多问题。自 20 世纪 60 年代开始，日本遵循农业现代化发展规律，通过调整农业政策方向，建设和完善现代农业生产制度、经营制度、组织制度、农村金融制度、防灾制度和社会保障制度，逐步实现了农业现代化、农民收入增收，保障口粮安全等政策目标。虽然在实践中，也遭到过度保护农业及未能通过规模经营缩小城乡收入差距等诸多质疑，但是，对于解决我国小农生产出路问题，仍然具有以下启示。

一、逐步把小农生产引入现代农业发展轨道

进入中高收入发展阶段，农产品供给数量增加，但是，人口增速放缓，农产品消费需求趋于饱和，城乡收入差距加大。日本政府针对国民经济发展出现的阶段性特点，从 1960 年起及时调整农业政策方向，明确了以构建推动现代农业发展，

缩小城乡居民收入差距为目标的农村社会政策体系，并且在发展过程中不断修正、完善相关制度。目前，我国刚刚进入中等收入发展阶段，食物供给不足的问题已经基本解决，但农业增产增效不增收的问题日趋严重，生产力发展水平与生产关系之间不匹配的问题日益突出。建议在保障食物供给安全的前提下，逐步构建现代农业发展体系，在提高农业生产效率的同时，完善、创新现代农业产业政策和农村社会政策体系，并且逐步把小农生产引入现代农业发展轨道。

二、使用法律手段保障农业生产的长期稳定

农业生产需要一个漫长的过程，实现农业政策目标往往需要几年甚至几十年的时间。第二次世界大战后日本的农业政策得以顺利实施，主要得益于通过法律手段管理农业，保障了农业生产有步骤阶段性发展。日本政府采取基本法与普通法相互结合的方式，制定《农业基本法》并将其作为政策纲领，规范农业发展方向。同时，针对不同部门的特点，制定或完善相应的普通法，如《农地改良法》《农地法》《农业振兴法》《农业协同组法》等。这些普通法即以基本法为基础，保障特定领域政策执行与目标保持一致，同时又与其他部门的普通法相互关联，保障推进步伐一致，使日本农业处于法律约束之下，做到有法可依，避免了人为因素对农业政策的影响，保障了农业政策的相对稳定性。2013 年，我国颁布了《中华人民共和国农业法》(以下简称《农业法》)，但是随着社会经济发展，之后又出台了阶段性的农业政策，使得《农业法》的内容已经略显滞后，且与其他普通法的联系也变得较为松散。建议应发挥《农业法》的纲领性作用，尽快开展修法活动。并且将中央的各项精神上升为具体的法律规范，简化立法程序，使之能够与《农业法》保持一致，为把小农生产引入现代农业发展轨道提供坚实的法律保障。

三、重视经济效率与社会公平的有效融合

现代农业追求经济效率，通过将工业发展中的新技术、新装备、新型管理方式应用到农业生产，对生产要素进行重组，提升土地生产率和劳动生产率，以此获得比较价格优势。日本通过加强农田水利基本建设，完善农业机械开发体系、农技推广体系、职业农民培训体系，极大地提升了劳动生产率。但是，日本还同时完善了对农民合作经济组织扶持制度、官民一体的农村金融制度，改变市场竞争结构，形成对弱小群体较为有利的销售、融资环境，完善农民灾害保险制度和

农村社会保险制度，防止其因灾、伤、病、老致贫，使经济效率与社会公平两者有效融合，综合保障了农业生产平稳、可持续发展。我国虽然已经初步构建了相应的政策体系，但是存在制度不完善、保障水平低、覆盖面小等问题。建议完善相关制度的立法工作，加大国家保障力度，加快农村卫生计生、社保等事业发展，建立城乡统筹的养老保险、医疗保险制度，巩固城乡居民大病保险。

四、循序渐进稳步推动实现农业政策目标

随着城镇化、工业化发展，小农内部逐渐分化，日本形成少数的规模农户和大多数小规模兼业农户，在资本主义私有化条件下很难让其退出农业生产，快速实现规模经营，只能提供多种政策工具降低其经营成本，提升其农业经营收入。我国目前农民分化加快，虽然2015年全国户均耕地面积少于10亩的农户达到2.1亿户，占农户总量的79.6%，但是兼业比例很高，农户退出农地的意愿呈现多样化发展趋势。建议根据不同时期农村社会的发展情况，循序渐进、适时提供适用政策工具，有效调整农业政策目标与农民需求之间的关系，稳定农村经济秩序，加快农业现代建设步伐、稳步推进规模化经营。

五、在农业政策各个环节坚持农民主体地位

农民既是农业政策的执行者，也是农业政策利益关系人，农业政策是否有利于达成个人效益和社会效益的最大化，是否切实可行，关系到农民的切身利益。日本在农业政策制定、实施、监管各个环节始终坚持农民主体地位，在各个领域组建不同功能的农民组织，如土地改良区、农业协同组合、农业灾害协同组合、信用专业组合等人合组织，还有农事组合法人等物合组织，政府让农民成为农业现代化的自觉参与者和真正的受益者，既尊重了农民经营自主权和首创精神，也激发了农民的主人翁意识，提高了农业政策实施效率。2007年我国颁布《农民专业合作社法》，截至2016年底，全国合作社总数达到179.4万家。但是，真正能够代表农民利益，完全由农民组成的合作组织仍然不多，功能也相对薄弱，已经难以适应农村社会的变化。本书建议，今后应加快《农民专业合作社法》修法进度，完善供销、金融等一体化经营的综合性农民合作组织制度、联合社制度、监管制度，培育真正的民建民管民受益的合作组织，并在农业政策制定、执行等方面提升其参与程度。

第十一章　以色列农业合作组织历史演进与启示

以色列农业合作组织在以色列农业生产中长期居于主导地位，进入 21 世纪之后，其主导地位开始逐渐丧失。现在以色列农业的主要组织类型是公司化农业、个体农业、私有农业和农业合作组织。农业合作制度基本退出农业生产一线，与其他的市场经营组织一起为农业生产者提供服务。以色列农业合作组织演进中的起落可以作为研究农业合作组织生命力的较好样本，其中既有普遍性规律，也有其特定的社会历史背景。这就为我们观察和分析中国农业合作组织的现实问题提供了一个有益的参照：什么是普遍规律？什么又是中国特色？二者的关系如何？

第一节　以色列农业合作组织的历史演进过程

在长期的历史中，在生命安全没有保障的情况下，犹太人选择了非农业的生产和生活方式，以便在随时逃离或被驱赶时，损失最小。而各国禁止犹太人获得土地所有权的做法也使犹太民族不可能进行农业定居活动。进入 19 世纪之后，犹太人具有了强烈的改变民族处境的愿望，很多有影响的犹太思想家主张犹太人回归体力劳动和农业，成为与其他民族一样的正常民族。这种思想在犹太人中间得到了响应，1882 年，犹太移民在巴勒斯坦开始了农业定居活动，这成为以色列农业的肇始。此后，犹太农业合作组织逐渐建立和发展，在以色列农业发展、国家建设、社会发展中发挥了重要作用。20 世纪 50 年代中期以后，农业合作组织成为以色列农业的主导力量，并进入直至 20 世纪 80 年代前的繁荣期。20 世纪 80 年代中期，以色列农业合作组织整体出现了无力偿还银行贷款的财务危机，进而整体发展进入了困难的境地。很多成员或选择离开，或抛弃合作制度，合作组织也难以在原有制度之下继续为成员服务。面对困境，21 世纪之后，以色列农业合作组织整体进入了改革和调整期。

根据组织发展的状况，以色列农业合作组织演进过程可以分为初创和探索阶段、快速发展和主导地位形成阶段、整体繁荣阶段、改革和调整阶段 4 个大的时期。

一、初创和探索阶段（1882 年至 20 世纪 30 年代之前）

1882 年，主要来自俄国和罗马尼亚的犹太移民建立了最早的犹太农业组织——莫沙瓦（Moshava）。这些犹太移民出资购买相邻的土地，并在耕地附近聚居形成村落，从购买土地开始，这些移民就进行合作和互助。莫沙瓦是个体农户生产和生活的村落组织。莫沙瓦大量雇佣阿拉伯劳动力，因而在吸收犹太移民上的作用非常有限，也与建立犹太农业的思想有一定距离。另外，很长一段时间内，莫沙夫农户的经营效果很差，非常依赖来自外部的援助，本身的发展能力受到质疑。为了克服困难和扩大规模优势，莫沙瓦农户间也成立了一些农业合作社，如 1900 年成立的帕德思合作社（Pardess Cooperative Society），帮助莫沙瓦农户开展销售合作。

1904 年之后，又有一批犹太移民来到巴勒斯坦，其主要也来自东欧地区。与之前的移民不同，他们将发展犹太农业的思想与社会主义追求人人平等和维护劳动权利的观念紧密结合在了一起。为了帮助犹太移民适应农业生产和经营，一些犹太组织建立了为他们提供培训的训练农场。最初，新移民作为雇佣劳动力与莫沙瓦和训练农场签订短期雇佣合同。这些移民对莫沙瓦和训练农场雇佣阿拉伯劳动力非常不满。而且，莫沙瓦付给犹太劳工的工资较低，提供的生活条件较差。

1910~1911 年，12 名年轻的犹太劳工说服了世界犹太复国主义组织（World Zionist Organization，WZO）的管理者，以相互合作的方式独立租种该组织位于乌姆朱尼的土地，以对抗雇佣阿拉伯劳动力。1912 年夏季，这些劳工决定合同到期后继续留在乌姆朱尼进行长期经营并将农场名改为德加尼亚（Degania 源自 Dagan）。从而，巴勒斯坦地区出现了第一个基布兹（Kibbutz）。按照后来的划分习惯，由于规模小、人数少、只限于农业生产经营，当初成立的德加尼亚基布兹只能算作小型基布兹，即克武察（Kvutza）。第一个真正意义上的基布兹是 1921 年成立的艾因・哈罗德基布兹（Kibbutz Ein Harod）。

因为第一次世界大战的爆发，犹太人的移民活动受到影响，基布兹的组织模式并没有马上得到大范围推广。战争后期，新的基布兹才陆续建立了起来，英国对巴勒斯坦实行托管之后，基布兹有了进一步的发展。这时，基布兹的组织和运行模式也基本固定了下来，遵循自愿、平等、民主、自治和自我雇佣的原则。首先，成员加入或退出完全出于自愿，但对新成员的加入有严格的程序，从而最大限度上避免了成员的异质性，降低了逆向选择的程度，但也限制了基布兹的发展规模。其次，成员没有个人财产，所有财产归集体所有，这就增加了成员退出的成本。基布兹按照“各尽所能，按需分配”的原则组织生产和生活，在决策上坚持人人平等的民主原则，各种工作岗位由成员轮流担任。基布兹在分配中实行平均主义，为成员应对未来的不确定情况提供了较大的保障。成员较高的同质性、有限的成员规模、集体生产生活方式使内部监督非常容易，减轻了“搭便车”和道德风险问题。所以，当时的基布兹的经营总体上能够维持内部平衡和自我发展。

为了安置更多的移民，基布兹发展了工业和手工业，其成员从事一些房屋建筑、为英国驻军提供服务和道路修建等。基布兹的数量逐渐增长，规模逐渐扩大。截至 1920 年，基布兹数量增加到 10 个，总成员数达到 268 人（Russell et al.，2013），平均成员数为 27 人。到 1927 年，基布兹的数量达到 26 个，成员总数 2 300 人（Sharon，1995），平均成员数为 88 人。

基布兹的集体制度扼杀了正常的家庭生活，抑制了个人的能动性，不利于吸收更多的犹太移民。因此，1921 年，一些德加尼亚的成员离开了德加尼亚并建立了第一个莫沙夫（Moshav）——纳哈拉（Nahalal）。莫沙夫也遵循自愿、平等、民主、自治和自我雇佣的原则。但按照苑鹏和潘劲（1998）的评价，莫沙夫是集多目标合作社和社区功能为一体的农村社区合作社，它是一种典型的分散经营、统一管理、服务的双层经营模式；以家庭为基本生产经营单位，耕种由莫沙夫从国家租用的、按户平均分配的土地，农户的基本生产资料是私人所有；莫沙夫向农户统一提供农资供应，农产品灌溉、储藏和加工，技术服务，农产品市场营销，储蓄与信贷等产前、产中和产后生产经营系列服务，以及公共设施、教育、文化、宗教、卫生、消费、住房、保险、健康、养老金等多项市政服务。莫沙夫的社区领导人同时也是合作社的领导人，类似我国农村的村级政社合一体制。莫沙夫并不像基布兹那样过于强调成员之间的经济地位平等，允许成员存在经营和收入的差别，但是莫沙夫仍然通过土地的平均分配、生产和社区公共事务提供、合作和互助尽量维持成员经济地位的同质性。整个 20 世纪 20 年代，在巴勒斯坦地区，总共建立了 13 个莫沙夫（Zarfaty，1983）。

为了加强合作组织的力量，基布兹和莫沙夫还进一步成立了联合合作组织。1926 年，销售联合合作组织努瓦（Tnuva）成立，其成员为基布兹和莫沙夫。最初，努瓦经营鲜奶，20 世纪 30 年代之后经营扩展至其他奶产品和农产品。为了争取合作组织的社会和政治地位，各个基布兹根据不同的理念和政治立场还成立了一些基布兹运动联盟（Kibbutz Movements），运动联盟组织监督基布兹的规范性，代表成员向政府部门争取更有利的发展条件。在基布兹运动联合组织的争取下，20 世纪 30 年代，英国托管政府根据《合作社组织条例》，给予基布兹和莫沙夫独立法人地位。

犹太农业合作组织的发展始终受到世界犹太复国主义组织（World Zionist Organization）的关注和帮助。基布兹和莫沙夫的土地都是以优惠租金得自该组织成立的犹太民族基金会，世界犹太复国主义组织还提供优惠贷款，派遣专业人员指导合作组织的生产和管理。

总体来说，基布兹和莫沙夫在这段时期的产生和发展是犹太移民对犹太人生活方式的改造、对犹太农业定居点类型的探索和恶劣的社会自然环境共同作用的产物。

二、快速发展和主导地位形成阶段（20 世纪 30~50 年代）

进入 20 世纪 30 年代，欧洲以德国为典型的反犹氛围使大量犹太人来到了巴勒斯坦。因而，基布兹和莫沙夫都进入了较快的发展阶段。当地阿拉伯人担心犹太人抢占有限的资源和经济发展空间，从而与犹太人的矛盾和摩擦时有发生。基布兹的集体制和成员的信念非常适于发挥安全保卫功能，实现土地的实际控制，因而得到更大的发展。尤其在 1936 年之后，阿拉伯人的暴力袭击增多，基布兹的发展速度超过了莫沙夫。土地实际控制超越定居生活方式探索成为推动农业合作组织发展的第一因素。这种情况一直持续到了 1948 年以色列建国前后。之后，由于吸收移民和分散人口成为首要重任，更多的移民选择加入莫沙夫，所以莫沙夫成为以色列政府重点支持对象，增长速度超过了基布兹。到 20 世纪 50 年代中期，基布兹和莫沙夫已经占据了以色列农业的主导位置。

以色列农业合作组织的任何时期的快速发展，除了得益于实际目标和问题的推动，对成员的严格严格筛选也起到了很大作用。人们要加入或组织基布兹或莫沙夫都要经过申请、培训、实习、已有成员同意等环节。以色列建国前有限的土地和资金始终限制着农业合作组织的发展，申请加入的合格者超过了发展合作组织的实际条件。因而，当条件具备之后，农业合作组织就可以在保证成员素质的前提下快速发展。即使在以色列建国后，莫沙夫短时间吸收较多的移民，但这些移民在加入莫沙夫后也受到了正规的培训和教育（下文将述及）。另外，农业和农村人口在以色列总人口中始终处于少数，真正愿意离开城市加入农业合作组织的人并不多。

从 1931 年到 1936 年，基布兹总数量由 31 增长到 47（Zarfaty，1983）。同期，莫沙夫欧迪姆的数量从 16 增长到 44，成员数量由 3 400 人增长到 9 900 人（Zarfaty，1983）。在此之前的 1930 年，仿照基布兹运动联盟，莫沙夫也成立了莫沙夫运动联盟（Moshav Movement）。

1936 年之后，阿拉伯人屡次发起针对犹太人的抗议和暴力活动，英国托管政府于 1937 年提出了按照各自实际控制的土地划分犹太区和阿拉伯区的方案。这种情况之下，集体制的基布兹在安全保卫上的优势就成为其一大优点。为了将基布兹的集体优势和莫沙夫个人自由结合在一起，1936 年，犹太移民成立了第一个莫沙夫适多菲（Moshav Shitufi）。莫沙夫适多菲在所有制、决策制定、生产经营、社区保障方面与基布兹完全一样，但按照成员家庭规模平均支付成员工资，并由成员自行安排生活消费。莫沙夫适多菲也加入了莫沙夫运动联盟。1937~1948 年，基布兹的数量从 47 个增加到了 177 个（Zarfaty，1983），成员数量从 1937 年的 13 900 人增加到 1947 年的 43 200 人（Sharon，1995）。1936~1948 年，莫沙夫数量没有变化。同期，莫沙夫适多菲的数量增加到了 25 个（Zarfaty，1983）。

1948 年以色列建国前后，与阿拉伯国家的战争和大量犹太移民的涌入成为以色列人面临的主要问题。在战争期间，基布兹仍旧凭借其军事上的优势获得了较快发展。1951 年，基布兹的数量达到 217 个，莫沙夫的数量达到 191 个，莫沙夫适多菲的数量达到 28 个。

随着战争的结束，安置移民工作变得更加重要，由于新移民中很多人来自来中东和非洲，他们很难接受基布兹的集体制度。而莫沙夫相对来说接受度更高，因而也获得了以色列政府的更多支持，所以发展开始加速，并迅速超过基布兹。1955 年，基布兹数量达到 225 个，莫沙夫为 273 个，莫沙夫适多菲为 27 个（Zarfaty，1983），与 1951 年相比基布兹和莫沙夫分别增加了 8 个和 82 个，而莫沙夫适多菲则减少了 1 个。以色列建国后实行土地和水资源国有制，90%以上的土地属于国家所有，以土地私有为基础的私有农业发展受到了限制，这也促进了农业合作组织主导地位的取得。以色列政府也为农业和农业合作组织的发展提供了各种扶持，投入大量资金建设水利工程和农业科技体系，给予农业大量的补贴。对于农业合作组织，以色列政府在土地和水资源使用上给予价格优惠，对建设所需资金提供优惠贷款，组织专业人士指导合作组织的管理和生产。新加入莫沙夫的成员要接受一定的培训和教育，以使其具备生产经营能力和适应莫沙夫的生活。在这些扶持和合作组织成员自身的努力之下，农业合作组织很快取得了农业领域的主导地位。据估计，1955 年基布兹在以色列农业产出中所占比例大约 33%，莫沙夫大约是 45%，合计 78%（Klayman，1970）。

三、整体繁荣阶段（20 世纪 60~70 年代）

进入 20 世纪 60~70 年代，以色列的农业合作组织发展已经非常成熟，农业生产效率达到较高水平，工业和服务业也获得了较快发展，收入水平和成员生活得到很大改善。农业合作组织的组织体系也已建立起来，并形成了政府担保的相互担保的合作金融体系。以色列政府制定的法律使农业合作组织享受到了农业经营的垄断豁免权，并提供了各种优惠贷款，帮助农业合作组织发展非农产业。1967 年，基布兹达到 233 个，莫沙夫为 345 个，莫沙夫适多菲为 22 个（Kellerman，2012）。到 1976 年，以色列已经建立了 242 个基布兹，莫沙夫的总数达到了 350 个（Zarfaty，1983）。

在取得发展成绩的同时，合作组织成员原来对于农业或体力劳动的生产和生活方式，以及人人平等和民主的社会秩序的追求已经比较淡化，而原来承担的土地实际控制和人口目标压力也逐渐减轻，人们对于个人的价值和利益的重视程度增强。基布兹中外出就业者不断增加，莫沙夫中成员之间的收入差异逐渐增大，成员的同质性受到削弱。这种异质性在联合合作组织的成员组织之间也开始出现，基布兹之间和莫沙夫之间贫富差距不断扩大。但集体制也好，合作和互助也好，都在表面上抹杀了成员的差别，在合作体系内分摊成绩和失败，尤其是将相互担保的合作金融借款者的责任分摊到组织内的其他成员头上，整个合作组织的还款责任又由政府背书，组织的低效开始显现。同时，长期执政的工党政府实行对农业合作组织的优惠政策，如优惠的贷款，扭曲了价格体系，与合作组织的低效共同割裂了合作组织体系中利益和责任之间的对应关系。另外，就农村和农业来说，能给成员提供的个人发展空间已经很小，而以色列的城市发展更快，就业和社会保障能力日益增强，农业合作组织的优势在逐渐消失。从本质上来说，在没有了原来很强的理念追求和社会及国家责任之后，基布兹和莫沙夫必须面对成员对更高和更多样的个人目标追求的现实。在整体经济方面，20 世纪 70 年代，以色列整体进入一个滞涨时期，高通货膨胀影响到了合作组织长期经营决策。到 20 世纪 70 年代后期，右翼的利库德政府组建之后，自由主义成为以色列社会和政治的趋势，政府对经济的干预及对合作组织的优惠逐渐减弱，但以色列合作组织对此毫无回应，在合作组织成员看来政府不会不管他们的。

也有人看到了农业合作组织的问题，提出改进建议，但现实中合作组织还在为成员提供较好的生活、生产和社区服务，从当时制度获得的利益和人的有限理性使人很难改变现状。而且，合作组织中原有的意识理念还有较强影响，任何承认个人差距，有利于激励个人奋斗的想法和制度都会遇到保持成员平等原有观念的反对。在平等的民主决策机制之下，改进建议基本无法获得支持。

四、改革和调整阶段（20 世纪 80 年代至今）

20 世纪 80 年代初，高通货膨胀之下，以色列的银行贷款实际利率为负，这令本就在成本软约束之下的农业合作组织更是大举借债，存量债务增加很快。银行和农业合作组织都认为政府还会在出现还款困难时出面干预。1983 年以色列股市出现剧烈震荡，对银行股大量投资的基布兹和莫沙夫损失惨重。随后，以色列政府出台了严厉的抑制通胀的措施，实际利率快速上升，在 1985 年实际利率就达到 170%的水平（Rosenthal and Eiges，2014），农业合作组织的经营成本迅速增加。在 1987 年，以色列政府实施了资本市场改革，对银行的借贷行为进行严格限制，农业合作组织贷款条件变得非常苛刻。随着大量贷款到期，原来指望政府干预的合作组织才发现，不会再有援助和支持了，又难以获得新的银行贷款，农业合作组织整体出现了还贷难的财务危机，正常的生产、生活和社区维护都受到了影响。最终，通过在政府、银行和农业合作组织分摊债务，延长偿还期限和出售农业合作社资产使农业合作组织渡过了财务危机。

财务危机严重打击了以色列农业合作组织，基布兹组建的采购合作社解散，有些基布兹还将部分土地归还政府已换取资金支持。莫沙夫专业联合组织全部关闭，资产向市场出售。相互担保的合作金融系统被取消。基布兹的大量年轻成员离开基布兹，前往城市发展，莫沙夫的成员也不再通过莫沙夫的合作和互助从事生产经营，很多成员成为兼业农户或直接弃农。更为关键的是，财务危机暴露出的合作组织制度的低效使人们丧失了对这套制度的信心。这些情况削弱了农业合作组织的财力，降低了合作组织为成员提供服务，至少是社区服务的能力，直接威胁到了组织本身的生存。为了能够维持合作组织，使仍然留下的成员不至于陷入困境之中，基布兹和莫沙夫都开始了调整和改革。

以色列农业合作组织的改革与调整本质上就是缩小集体制和合作制的实施范围，将大量的经济事务推向市场和把个人就业和消费交由成员自行决定，集体制只保留在对原来形成的集体资产的集体所有权不变和继续提供社区事务管理及社区服务上。改革和调整增强了决策与后果承担的对应关系和农业合作组织的开放程度。但是，合作组织的自愿、平等、民主、自治还是基布兹和莫沙夫的基本原则，但平等只包括在组织公共事务上的平等投票决策权，而不再含有保持成员经济平等的含义。自我雇佣制度基本被废弃，成员外出就业和雇佣外来劳动力成为常态，成员自由选择在组织内外就业，基布兹成员也不用再上交收入。从生产和经营来说，基布兹对经营生产部门与社区部门进行了分割，并进行公司化运营。莫沙夫内土地出现了通过租赁向经营大户集中的趋势，这些农业经营户基本上依靠自己解决生产所有问题，到市场购买生产要素和产中服务，自己去银行申请贷款，最后自己销售产品。可以说，合作制基本失去了以色列的农业生产领域的主导地位，公司化农业、个体农业和私有农业成了主要的组织形式。而且，农业无论在收入上，还是在就业上，都不如工商业的贡献大。现在的基布兹和莫沙夫社区也更加开放，其社区服务和经营也向外部社会开放，如幼儿园也接受来自组织之外的小孩、很多房屋出租给外来租客和经营者。基布兹和莫沙夫还为成员提供社区服务，基布兹还提供老年成员的养老服务，这些服务的成本由成员缴费和集体经营收入解决。

与基布兹和莫沙夫的变化相对应，其联合组织也发生了较大变化。基布兹的区域合作社还继续存在，但是其下所设的区域联合企业不一定再属于所有基布兹，有些联合企业只属于和服务于某些基布兹。同时，以市场为导向，纵向水平一体化更高，本来是区域企业所有者的基布兹，实际地位更像是区域企业的雇员。现今，基布兹的二级区域企业都要求其基布兹所有者支付固定成本。即使成员基布兹退出，也仍然得履行规定的成本支付义务。全国性的基布兹和莫沙夫运动的政治影响力明显减弱，地方管理机构接管了很多原来合作运动的职能。合作运动不再参与金融活动，对于成员的控制力也大大下降。

第二节　对以色列农业合作组织演进的评价

以色列农业合作组织的演进源自少数犹太移民对于平等和合作的农业定居生活方式的选择，其发展和壮大是因为农业合作组织能够在建立独立犹太国家和之后的国家建设中承担土地控制、人口安置和分散、农产品提供等功能。当以色列从严酷的战争状态逐步向正常、和平的国家状态转变之后，合作组织成员更加重视个人的利益和发展，原先在建立国家过程中的首要任务，如对土地的实际控制、吸引移民和分散人口等问题的重要性已经下降，而且以色列政府和社会已经承担了这些责任。另外，在生产效率提高之后，农业虽处于基础地位，但其重要性下降很多，农业和农村为其成员发展提供的空间较为有限。这时，以色列农业合作组织原来建立的基础就发生了变化，但合作组织却没有及时对制度安排进行调整，出现了组织低效，在外部支持和经济状况变化之后就陷入了发展困境之中，而不得不做出调整。可以说，以色列农业合作组织的演进就是农业合作组织建设的各方参与者对制度的需求与合作组织制度供给之间不断调整的过程，当合作组织无法在合作组织框架内满足各方需求时，合作制度就会出现衰退，直至对制度的需求与合作组织制度供给再次平衡为止。

从以色列农业合作组织的演进过程来看，承担生产和社区合作功能的合作组织一定要有难以分割的公共积累资产，否则组织的稳定性和有效性的实现难以想象。但是，以色列农业合作组织 20 世纪 80 年代出现的危机也表明，集体制的产权在具体制度安排中一定要能实现权利与责任的对应。那种“有难同当，有福同享”的制度对成员和现实条件要求很高，适用范围非常小，占组织便宜的败德和“搭便车”行为发生的概率很高。如果坚持成员的自愿原则和合作组织的独立性，抑或是将对合作组织优惠限制在其承担的社会责任之内，农业合作组织的组织效率就会在多样化的组织方式下得以维持。以色列农业合作组织在发展条件上获得的优待和其较强的封闭性，限制了基布兹和莫沙夫与其他具有类似服务功能组织竞争的机会，使其已经出现的低效没有明显到引起重视的地步，从而错失了主动调节机会。

这里组织间的竞争就牵涉到合作组织与合作社的问题，基布兹是带有强烈平等、民主和合作色彩的集体组织，莫沙夫是社区合作社。它们的各种合作联合组织可以算作合作社的联合社，包括基布兹的联合组织。基布兹虽然是集体组织，成员服从集体，但是成员加入和退出完全自愿，内部又是平等和民主的，完全符合了成员民主控制的特点，是成员自己的组织。所以，成员自愿选择之下，一定会结成更加符合其要求的组织形式，这是外部支持政策和各种法规制度能够有效实施的现实基础。

以色列农业合作组织的演进中一直存在着对能力弱势人群的排斥，其吸收的成员有困难，但个人能力一般较强。这与维持其成员的同质性和组织的可持续发展有关，也与以色列农业的现代化和高效有关。选择农业和农村的犹太人始终是少数，巴勒斯坦发展农业的自然条件比较恶劣，农业定居点又被赋予了很多社会职能，如果农业合作组织成员的素质不够高，就很难生存下去。

第三节 以色列农业经验对我国发展农业合作社的启示

中国发展农业合作组织既要符合农民的意愿，又要符合社会和国家发展的潮流，否则其发展空间十分有限。作为发展中国家，中国要避免在农民和农业组织化中政府过分的扶持和优待从而阻碍了农业合作组织自我发展能力的形成和规范性的落实。

一、成员自愿是第一原则

保证成员加入和退出的自愿是农业合作组织发展的基础，也是农业合作组织规范性的基础，更是农业合作组织多样性的根本原因之一。自愿性能够充分将成员的偏好反映在组织的制度形成和演进中，通过“用脚投票”对组织优胜劣汰，最终增强合作组织的生命力。

在维护自愿性原则上需要注意，加入自愿和退出自愿有所不同，退出自愿比加入自愿更加重要，是更强的条件。加入自愿应该是全体成员每个人的自愿，愿意加入还得已有成员愿意接纳。退出自愿主要以退出者本人意愿为主，涉及的经济责任可以通过组织章程、谈判、仲裁和法律等途径解决。

二、能否有助于“三农”现代化是农业合作组织的重要推动力

成员的自愿原则保证了成员具有参与和发展组织的热情，但是成员的偏好千差万别，细分起来可能每一种偏好都能发展出某种合作组织。只要是农民自愿，又符合法律规定，就不能限制，甚至在其对区域农民组织化有明显贡献的情况下，还应予以支持。但是，只有那种有利于农民职业化、农业产业化、农村社区化的合作组织才更可能推动“三农”问题的解决，更可能使农民参与到中国社会的现代化进程之中，从而避免被边缘化的命运。从目前的实际来看，这类农业合作组织最容易吸引广大的农村青壮年加入，并更容易获得来自社会和政府的支持。

三、合作组织的多样化选择

这里的多样化选择既包括合作组织与非合作组织的关系，也包括合作组织内各种类型之间的关系。首先，促进农民进入市场，并使其获得一定市场地位的组织有利于农民参与社会的现代化进程。不同的市场环境下，不同的要素所有者会

具有不同的竞争地位，农民意识的转变和技术的发展都会改变农民的市场地位。其次，农民本身在我国还是一个户口身份，其内部差异性很大，农民又具有多种社会身份，如要素供应者、消费者、社区成员等。每一种身份对应不同的供求领域，农民的地位并不相同，要素供应上的弱势，并不一定意味着作为消费者的弱势，当然要素供应的弱势会影响收入约束。但是，即使是农民作为劳动力，也可能选择多个行业，而每个行业中根据农民劳动素质的不同，劳资相对稀缺程度不一，农民也就不一定处于弱势地位。所以，在这些种种不同的条件之下，农业合作组织有很多发展的机会和为农民服务的空间。但是，合作组织或合作组织的某种形式也只是可供选择的方式之一，本身还可能在成员选择上具有偏向性和排斥性，所以在实现“三农”问题的解决中，对各种组织方式，都应该给予其尝试的空间。

四、在开放的条件下发展农业合作组织

农业合作组织的发展要在允许农民进行多种尝试的开放环境下推进。开放环境并不排斥对农业合作组织的支持和优惠政策，但有利于农业合作组织提高组织运行的效率。农民合作组织获得的优惠条件并不一定只限于合作组织，也可以施行于其他类型的组织，但不管谁获得优惠政策都要接受第三方审查，并承担相应的责任，尤其是对于具有金融功能的合作组织事务。另外，给予农业合作组织政策倾斜一定不能以牺牲市场机制的基础作用为代价，农业合作组织的经济事务要有生命力和竞争力，必须接受市场的考验，与其他类型的组织在开放的条件下竞争。开放条件下发展农业合作组织既是目标也是过程，给予农业合作组织的倾斜政策就是为了使其具备在提供服务方面的竞争力。

五、合作组织的规范化

合作社、具有合作性的集体组织、工商企业等本质上有明确的界限，在实践中对其应严格区分。虽然在实践中加入某类组织以农民自愿为基础，有时各类组织的实际作用也有重合，但不同本质的组织涉及人员的关系不同、人与人之间的利益关系不同。因此，对其在法律和政策上予以区分可以有效管理和调节不同的经济和社会关系，也有利于社会和经济中诚信的建立。

实际上，合作组织的建立必须建立在真实的成员需求之上，还要求成员有一

定的经营能力、规则意识、民主习惯和公平意识，合作组织还得面对现实中的种种不确定性。所以，合作组织的发展是一个不断试错的过程，迅速增长的可能性并不大。规范的合作组织的发展需要伴随合作组织始终的合作教育体系、专业人士的长期参与和来自外部的监督和支持。这些都非一日之功，但也并不是慢到不可计划、不可行动。

第四篇　不同产业组织的发展、效率与绩效

第十二章　中国奶业多层级共生演化分析

奶业是关系到国计民生的农业产业。中国奶业成长快，波动大，危机事件多，发展模式也与国外差异较大，其产业演化呈现出显著的特殊性，值得深入研究。以往研究奶业演化，多有制度经济学、博弈论、生命周期理论、利益主体关系等视角。实际上，产业演化既非是截面的、静止的，也非是单向度的、单层次的，而是动态的、多层次、多维度的复杂系统的演进过程。近年来，随着演化经济学的兴起，经济学研究日益呈现生物学转向，共生演化理论逐步显示出其独特的阐释力，有助于我们更好地理解真实的经济世界和实践变革。在此，本章试图以共生演化理论来探讨中国奶业演化的分析框架、过程逻辑及阶段性特征。

第一节　共生演化理论：由生物学到经济学

共生理论由德国生物学家德贝里于 1879 年最先提出，埃利希和拉文（Ehrlich and Raven，1964）则首先将共生现象和生物演化结合起来，提出了“共生演化”理论。他们针对达尔文的进化论，指出生物界普遍存在的是不同物种之间的共生演化现象，而不是简单的生存竞争现象。

实际上，共生现象从来都不专属于生物学，早在 200 多年前，就有经济学家试图以生物现象和相关理论来探讨经济规律。生物学与经济学的结合，将共生演化理论与产业发展联系起来，不仅拓展了共生演化理论的研究范畴，也为许多经济现象和经济行为的解释提供了新思路，更极大改进了组织和产业演化的研究。近年来，共生演化理论被广泛用于企业与企业、企业与环境、产业与技术、产业成长与演化等诸多领域的研究中。

具体到中国奶业的产业演化，我们试图探讨是否存在着共生演化的现象？若有，奶业共生演化的行为逻辑和演化机理是什么？演化过程中是否存在阶段性的演化特征，并蕴含着一定的演化趋势？

第二节 奶业多层级共生演化的分析框架

从生物学上讲，共生演化不仅发生在种群（或更为微观的基因）和群落之间，更发生在生态系统之间，这与农业产业中存在农户与企业、农业产业集群和农业产业体系的层级结构具有相当一致的对应关系，都有普遍存在的多层级共生系统。有鉴于此，经济学意义上的产业共生演化可以定义为两个或多个产业共生单元之间相互依赖、相互交织、相互适应，以及各种内外部因素之间相互影响的演化关系。

一、奶业的层级结构和共生单元

在产业共生系统中，产业层级是指产业共生系统的不同层次，分为微观、中观和宏观三个层级。而共生单元则是指构成共生系统的基本能量和生产交换单位，分为同质共生单元和异质共生单元。同质共生单元之间一般存在竞合关系，如农户与农户之间，企业与企业之间；而异质共生单元一般存在和合关系，如农户与企业之间，企业与关联企业之间。多层级共生演化的共生单元彼此间存在着相互生成的关系，换言之，在多层级共生系统中，处于较低层级的单元主体能够生成处于较高层级的单元主体，而较高层级的单元主体反过来也会进一步影响较低层级的单元主体的发展。

就奶业而言，微观层级的共生单元是奶农（本章所指奶农包括个体养殖户和专业的规模化养殖场）和奶企，统称为奶业经营组织[①]。众多的奶业经营组织通过共享空间、技术、市场、信息和其他要素，逐步生成了中观层级的共生单元——奶业产业集群。产业集群具有很强的技术创新和辐射带动作用，因此往往形成以奶业产业集群为核心，关联企业为辅助的奶业产业和关联产业，它

① 实际上，以家庭为单位的散养奶农也是一种基本的奶业经营组织。

们又构成了宏观层级的共生单元，并通过相互作用、相互衔接、相互支撑，实现奶业产前、产中和产后的协调发展，最终形成多部门有机综合的奶业产业体系。

二、奶业共生单元的互动行为及互动机制

多层级共生演化中的互动行为存在既有区别又有联系的两方面，一是单一层级内部的互动，二是不同层级之间的互动。

单一层级内部的互动是指分别在微观、中观、宏观三个各自层级内共生单元之间的互动。产业演化中，分工和专业化是产业组织的存在基础和变动原因，分工的发展会促进产业结构的优化升级（杨格，1996）。因此，在一定程度上，分工水平的演进可视为共生单元互动过程的内在机制。就奶业而言，微观层级上，奶农和奶企等微观共生单元间通过利益联结机制，以利润最大化为导向，以不同形式的产业组织模式形成了分工合作的纵向产业链条。中观层级上，以奶企为核心的产业集中和技术外溢带动了纵向产业主体和横向关联企业的发展，通过不同功能和不同环节的分工与合作，形成了奶业产业集群与关联产业集群。在宏观层级，则强调在奶业产业内部整合之外，与相关的支持产业和服务体系进行有机融合，以及与外部共生环境的协同演化。

而不同层级之间的互动是建立在单一层级共生单元互动行为之上的，具有双向的、复合的、多维的和网络化的特征。不同层级之间的行为互动和信息传递则主要通过市场机制、技术扩散和政府规制等机制来实现，而这些机制的作用发挥则取决于市场环境、技术进步和政府行为等外部共生环境相关因素的变化。简言之，市场环境的变化，主要通过价格传导，以产业组织成本收益和市场竞争效率为标准，从宏观到微观逐级发生作用，最终筛选出适应市场竞争的微观单元主体（奶农和奶企），以及具备较强竞争力和创新能力的中观单元主体（奶业产业集群）。技术创新主要在中观层级的奶业产业集群产生，并通过技术扩散和外溢推动微观层级的奶业经营组织的能力提升，以及宏观层级奶业产业的整体进步。而政府规制则一般以奶业整体健康发展为导向，以奶农和奶企等市场主体为特定规制对象，通过制定各类规制政策，影响宏观、中观和微观各个层级的演化。

由此，我们可以建立如下的奶业多层级共生演化分析框架，如图 12-1 所示。

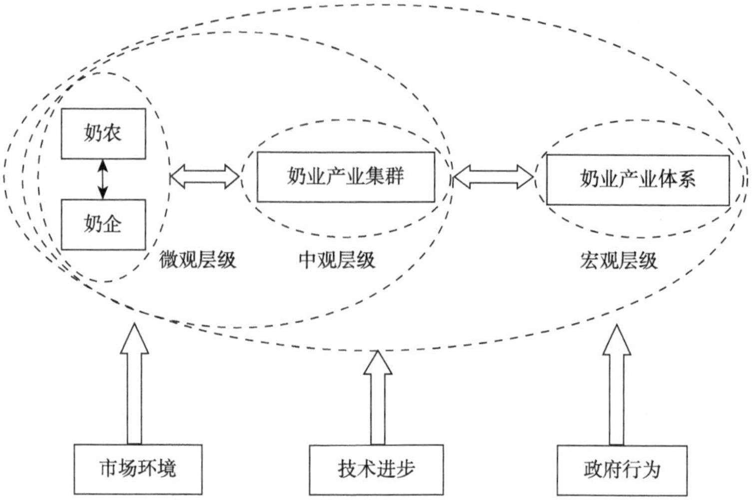

图 12-1　奶业多层级共生演化分析框架

第三节　中国奶业多层级共生演化的过程机理及趋势判断

大量的研究表明，产业演化具有阶段性特征，符合生命周期理论，遵循逻辑斯蒂（Logistic）曲线，一般可分为萌芽期、成长期、成熟期和蜕变期（或衰退期）四个阶段，每个阶段都具有各自的发展特征和演化机理，奶业也不例外。因此，基于以上构建的奶业多层级共生演化分析框架及产业生命周期理论，我们将详尽分析中国奶业发展的历程，探讨不同发展阶段的演化机理。

一、奶业演化的萌芽期（1949~1992 年）

从 1949 年到 1992 年，我国奶业从基本空白到快速发展，属于奶业演化的萌芽期。改革开放前，奶畜饲养业和奶制品加工业都非常薄弱，奶业成长比较缓慢，至 1978 年末，奶牛存栏头数仅为 48 万头，原料奶总产量仅为 97 万吨。改革开放后，奶业生产实行“国营、集体、个体一起上”的发展方针，有力地激活了劳动要素，大大解放了奶业生产力，1992 年末，奶牛存栏总数达 313.9 万头，原料奶总产量达 503 万吨[①]。

奶业演化的萌芽阶段是一个产业主体、技术、劳动力、资本、自然资源等基本要素逐渐集聚的过程。萌芽期的奶业发展得益于政府扶持和市场需求的增长，在一定资源禀赋基础上，一定区域内的农户与一家或几家奶企通过分工合作建立起以“奶农+奶企”为主要形式的纵向产业链条，出现了初始的微观层级互动（图 12-2）。而奶业产业集聚还仅仅只是空间上的集中分布，奶农与奶企之间、奶企与关联企业之间的产业联接和分工协作关系还不紧密，彼此之间处于一种松散的状态，真正的产业集群和产业体系都未形成。

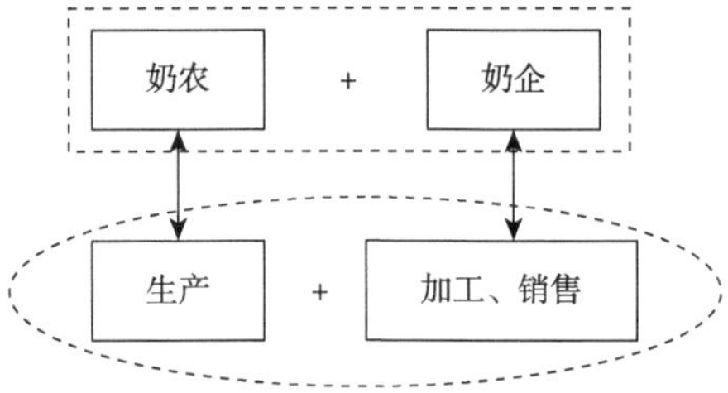

图 12-2　奶业多层级共生演化萌芽期的层级互动关系

二、奶业演化的成长期（1993~2007 年）

20 世纪 80 年代中后期，国家取消了“以奶换料”的平价饲料供应政策，奶牛养殖成本快速上升，再加上奶制品市场逐步开放，国外奶企纷纷进入我国，竞争日趋激烈，导致 1993 年左右发生了第一次全国范围的奶业危机。经过三四年的调整，1998 年后我国奶业进入了高速发展期，原奶产量在 2001 年突破 1 000 万吨，到 2007 年更是达到了 3 525 万吨[②]，奶牛养殖和奶制品加工基本上覆盖全国。

1993~2007 年是奶业演化的成长期。随着奶业的快速发展，大量的农户和企业相继进入并进一步集中，奶业产业集群逐步形成。此阶段，产业要素结构更加复杂化，产业主体更加多元化，奶业合作组织、行业协会、关联企业逐步出现，不同的产业主体围绕价值链构建起相对稳定的产业链条，表现为不同奶业产业主体之间的纵向和横向联结。纵向上呈现出从“奶农+奶企”向“奶农+奶站+奶企”、“奶农+养殖小区+奶企”及“奶农+合作组织+奶企”等产业组织模式的演化趋势，横向上则表现为奶企之间及奶企与产前、产中、产后关联企业之间的地理集聚和关系强化，专业化分工程度进一步加深（图 12-3）。这一时期，政府以数量导向扶

① 资料来源：《中国奶业年鉴》（2002）.

② 资料来源：《中国奶业年鉴》（1993）（2001）（2007）.

持政策为主，继续鼓励奶农的数量和规模扩张，支持奶企兼并重组形成大型企业集团参与国内外奶业竞争，区域奶业产业集群日益发挥核心作用，现代化奶业产业体系雏形初现。

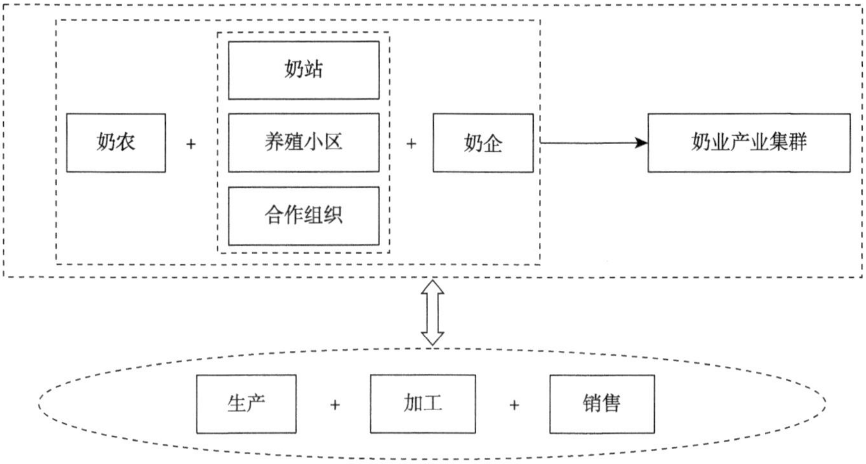

图 12-3 奶业多层级共生演化成长期的层级互动关系

三、奶业演化的成熟期（2008~2014 年）

2008 年，举国震惊的三聚氰胺事件引发了第二次全国范围奶业危机，奶牛养殖、奶制品加工及销售过程中的质量安全问题凸显，严重打击了消费者对国产奶制品的信任，并产生一系列连锁负面效应，奶业再次经历寒冬期。直到 2011 年，通过政府、企业和奶农的多方努力，奶业才逐步复苏。2012 年和 2013 年，全国范围内出现奶荒，导致奶价居高不下，奶业再次快速扩张，进入量价齐升的黄金时期。到 2012 年底，我国奶牛存栏量达到 1 493 万头，原奶产量达到历史最高的 3 875 万吨[①]。

这一阶段，奶业经营组织规模日益扩张，奶农和养殖小区逐步向规模化养殖场转型，"规模化养殖场+奶企"及"规模化养殖场+合作组织+奶企"逐步成为奶业产业组织模式的主流（但养殖主体规模化程度不高，合作组织的作用仍不明显）。而从中观和宏观层级看，与奶业配套的关联企业也已经形成一个稳定的网络，产业内部和产业之间的分工更加明确、联系更加密切，区域奶业产业集群出现分化，部分地区得到了巩固和提高，部分地区则出现了衰退，奶业产业体系也随之出现

① 资料来源：《中国奶业年鉴》（2012）（2013）.

了或成熟或衰落的趋势。

此阶段，除了市场需求进一步扩张，市场机制逐步发挥作用外，技术进步是推动奶业快速发展的主要动力，日趋成熟的奶牛养殖技术和奶制品加工技术，突破了奶业快速发展中在饲料、养殖、存储、运输、加工、销售等方面的诸多瓶颈，实现了奶业在全国范围内的进一步扩张（图 12-4）。同时，政府着重于质量导向的扶持政策，并通过各种法律法规，引导奶农从散养向规模化、标准化和集约化转型，并支持奶企进一步兼并重组，提高企业竞争力和产品竞争力。

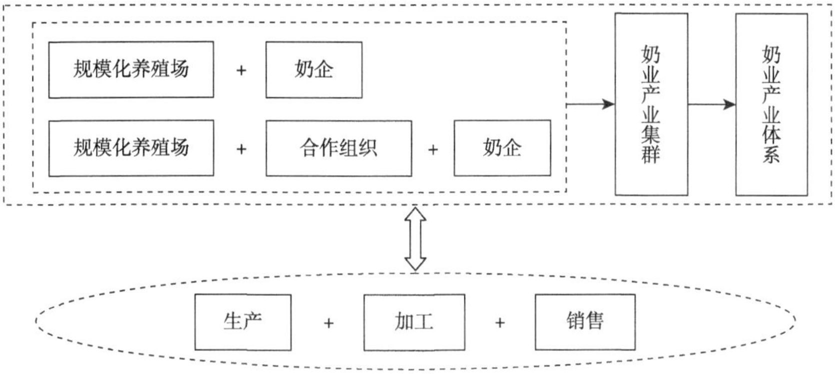

图 12-4　奶业多层级共生演化成熟期的层级互动关系

四、奶业演化的蜕变期（2015 年至今）

2014 年底到 2015 年初，受到国际奶业市场的冲击影响，以原料奶价格持续下跌为特征的第三次全国范围奶业危机爆发，出现乳品企业限奶、拒奶，以及奶农倒奶维权、用生鲜乳喂猪和浇地等现象，奶业第三次进入寒冬期。随着奶业市场全球一体化程度的不断加深，国际国内工商资本和跨国企业大举进入奶业的趋势日益明显，这些外部力量更多的是从奶业全产业链的角度全方位介入，立足建立纵向产业链稳定、横向产业链支持的具有国际竞争力的奶业经营组织、奶业产业集群和奶业产业体系。此外，新情势下畜牧业发展的环境保护问题日益严峻，各级政府逐渐将畜牧业污染治理达标排放作为考核产业发展的关键指标。例如，浙江省实施的“五水共治”政策，关停并转了一大批禁养区、限养区内的奶牛养殖场，并对保留的养殖场提出了明确的规模化、集约化、生态化的转型要求。因此，奶业的加速蜕变在所难免。

五、中国奶业的共生演化趋势

未来奶业的竞争将是从上游到下游、从产品到服务、从科技到配套等综合能力的较量，因此，存在如下的一些演化趋势：在微观层级上，原奶生产经历了1990年到2010年二十年左右的高速增长后逐步放缓（图12-5）。散养（年存栏1~19头）及小规模（年存栏20~99头）养殖户将继续加速退出，中等规模（年存栏100~499头），尤其是大规模（年存栏 500 头及以上）的养殖户和规模化养殖场快速增加（表12-1）并成为原奶生产的中坚力量①，养殖的专业化、规模化、集约化趋势成为必然。同时，奶企之间的兼并整合持续推进，大部分奶牛养殖重点区域呈现寡头垄断（即以 2 个或 2 个以上全国性或跨国的大型奶企为主导）的市场结构。因此，"规模化养殖场+奶企"组织模式将逐步成为主导。但这一组织模式并未改变养殖主体的弱势地位和风险主要承担者的角色，而提高组织化程度，发展以规模化养殖场为基础的奶业合作组织是必然的趋势和要求，亦即"规模化养殖场+合作组织+奶企"的组织模式在更远的将来可能成为主流。中观层级上，围绕核心奶企的奶牛产业集群将以产业园区、加工园区、产业带等形式进一步提升，饲料、兽药、科技等配套企业及服务体系进一步完善。宏观层级上，随着我国发展进入新常态，整体经济增长速度放缓，奶业国际化进程加快及国家一系列奶业新政的出台，奶业产业将进入转方式、调结构、创模式、强管理、提质效的新阶段。

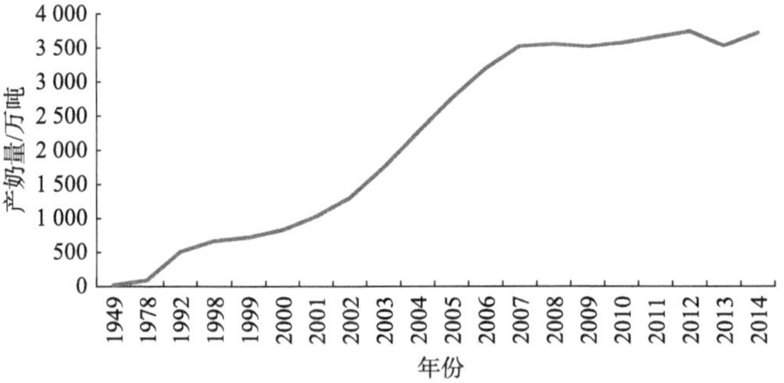

图 12-5 1949 年以后我国原奶产量变动情况

表 12-1 2003~2014 年我国奶牛养殖户数与奶企数量变动情况

年份	年存栏 1~19 头/户	年存栏 20~99 头/户	年存栏 100~499 头/户	年存栏 500 头及以上/户	规模以上奶企数量/家
2003	1 340 105	25 689	2 439	374	584

① 农业部监测数据：2014 年规模化养殖场奶牛存栏（全群 100 头以上）占全国奶牛存栏的比例达到 45%以上。

续表

年份	年存栏 1~19 头/户	年存栏 20~99 头/户	年存栏 100~499 头/户	年存栏 500 头及以上/户	规模以上奶企数量/家
2004	1 735 303	35 036	3 187	480	636
2005		39 592	3 780	526	698
2006		46 396	4 250	636	717
2007		52 491	5 272	768	736
2008	2 604 596	56 254	6 757	1 107	815
2009	2 512 857	65 646	7 104	1 480	803
2010	2 329 165	62 840	7 665	2 479	784
2011	2 234 808	64 208	8 185	2 959	644
2012	2 109 823	76 695	9 210	3 103	649
2013	1 968 713	73 605	9 872	3 585	658
2014	1 812 427	63 555	10 873	3 737	631

注：表中部分年份奶牛养殖户数数据不完整，有缺失，但不影响变动趋势的判断

资料来源：《中国奶业年鉴》（2003~2011）、《中国畜牧业年鉴》（2012~2014）

第四节　结论和思考

本章运用共生演化理论聚焦于中国奶业产业演化，大体得到如下结论。

（1）中国奶业产业是一个复杂巨系统，存在着微观、中观、宏观三个层级的共生演化现象，奶业的发展是一个通过共生单元层级内部和层级之间互动并与共生环境相互作用、协同演化的过程。

（2）奶业产业每个层级有各自不同的共生单元，它们具有相互生成、互促共进的共演关系，微观层级中的奶农和奶企互动生成中观层级的奶业产业集群，不同地区的产业集群及其关联产业集群互动生成奶业产业体系。

（3）奶业产业的多层级共生演化受到诸多因素的影响，其中最为重要的是市场环境、技术进步和政府行为三大因素，它们在不同的时期主导着产业演化过程。

（4）奶业产业的多层级共生演化具有显著的阶段性特征，每个阶段都有不同的主导影响因素和演化机理，一般可划分为萌芽期、成长期、成熟期和蜕变期。

因此，对于中国奶业发展，我们从多层级共生演化的视角提出以下建议。

（1）在微观层面上，要加快构建符合发展要求的奶业产业组织模式，从种植、

养殖、加工、销售等各个环节通过合理的利益分配机制紧密联结，加快实现奶业的纵向一体化。其中，奶牛养殖要继续坚定不移地引导专业化、规模化、标准化和集约化发展，并适时引导发展奶业合作组织，提高奶牛养殖主体的市场话语权；奶制品企业要发挥产业链核心作用，以合作化、股份制等形式积极参与到奶业产前、产中、产后各个环节，同时加强以低温奶为主打的市场消费引导，加强品牌建设。

（2）在中观层面上，奶业发展重点区域要充分认识到奶业产业集群和产业体系建设的重要性，以奶业自身及关联企业和关联行业的整体提高为目标，着力构建具有地方特色的奶业产业体系。

（3）在宏观层面上，政府要充分认识到国内和国际奶业市场的新趋势和新变化，适时出台有利于奶业可持续发展的各项法律法规和政策措施，统筹做好发展目标、布局结构、养殖方式、体制机制和培训宣传等方面的战略规划，顺应供给侧改革大势，契合市场发展规律，科学指导我国奶业行业发展。

通过对我国奶业共生演化的分析，有以下几点值得进一步探讨。

（1）奶业存在的多层级共生演化现象，是否可以推演到大部分农业产业？生猪、肉鸡、水稻、玉米、水果、林业等产业是否也同样存在着多层级共生演化的特征和规律？

（2）本章所涉及的共生演化主要基于时间维（沿着发展历程）和关系维（共生单元之间的关系、层级之间的关系、共生单元与共生环境之间的关系），如果再考虑空间维，也就是产业演化过程的空间分布变化，也许能更全面地认识产业演化的机理和趋势。

第十三章　生猪产业组织体系、交易关系与治理机制——以合作社为考察对象的案例分析与比较

生猪养殖业是一个风险极大的农业产业，其最主要的特性便是高风险性。对于中小规模的养殖主体而言，必须要有中间组织帮助他们降低风险，而中间组织的形式是多样的，有中间商、合作社或企业。一般认为，合作社是养殖主体自愿联合的利益共同体，与养殖主体更多的是一种自我服务与内部交易的关系，而其他两类中间组织与养殖主体的关系更倾向于基于市场合约的外部交易。近年来，农民专业合作社的发展被赋予了很大的期许，尤其是在政策引导下，我国农民专业合作社呈井喷式增长。据国家工商总局统计，全国实有农民专业合作社的数量已从 2011 年底的 37.9 万家上涨到了 2015 年底的 153.1 万家，其数量增长了近 5 倍[①]。

目前，有关合作社发展方面的研究不少，但侧重于生猪合作社的研究还不多，本章以 4 个生猪养殖合作社为考察对象，分析生猪养殖主体的前后向交易关系及其相关联的治理机制，以期对广大生猪合作社的发展提供参考。

第一节　生猪产业组织体系及其特征

生猪产业组织体系（图 13-1）是生猪产业链体系（图 13-2）中的主体类型与主体关系的体现。养殖主体作为整个产业组织体系的核心主体，一般可分为养殖户、养殖场、养殖合作社与养殖企业等。按照养殖规模，养殖主体又可分为散户

① 资料来源：国家工商总局办公厅统计处《全国市场主体发展总体情况报告》.

（年平均存栏 $Q\leqslant 30$ 头）和规模养殖场（$Q>30$ 头）[①]。本章主要关注非合作社和非养殖企业的养殖主体，后文简称其为“养殖户”。

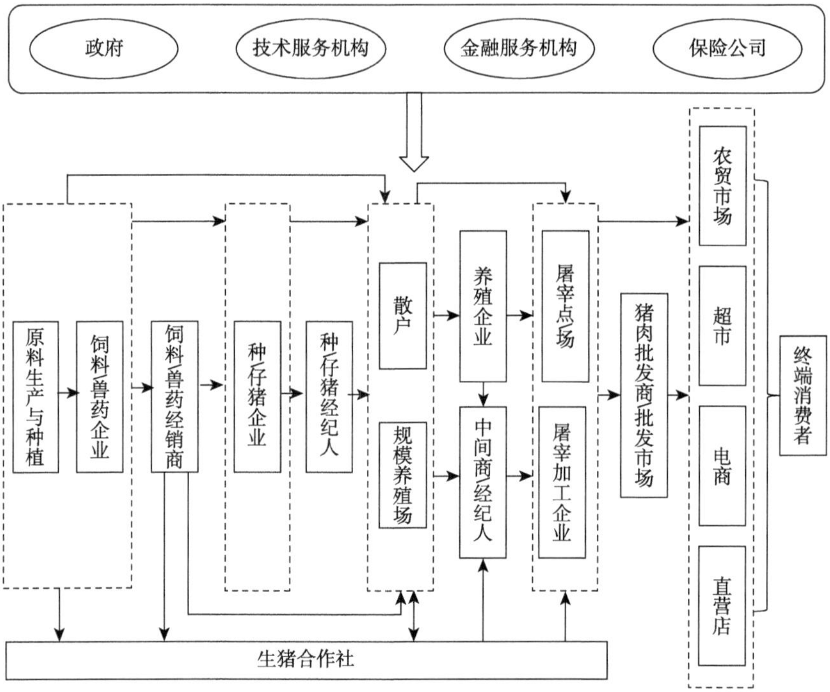

图 13-1 生猪产业组织体系

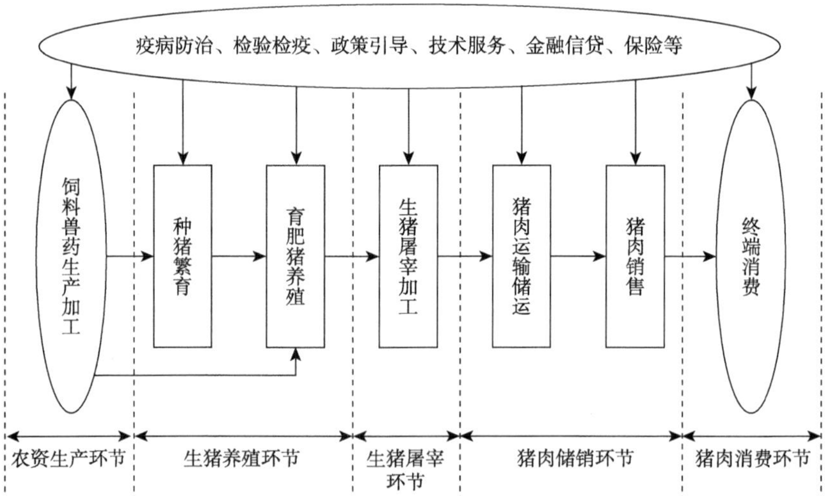

图 13-2 生猪产业链体系

① 养殖规模划分参考《全国农产品成本收益资料汇编》。

从养殖户角度看，生猪产业组织体系的重要特征是存在复杂的前后向关系链。其中，前向关系链包括饲料、兽药和种猪的购买。在规模生猪养殖总成本中，饲料费占比达到 50%以上，因此，养殖户在前向关系链中往往更关注与饲料供应主体的交易关系。

后向关系链主要涉及养殖户与屠宰场（或加工企业）、中间商（或经纪人）、养殖企业或合作社的关系。实践中，养殖户的销售路径并不单一（图 13-1）：一是养殖户将生猪卖给屠宰场（或企业），但为求货源稳定，屠宰场（或企业）偏好与退出成本较高、规模较大的养殖户合作。二是养殖户将生猪卖给中间商或由经纪人介绍卖猪，这种交易方式对养殖规模没有限制，养殖户的选择更为自由灵活，是现实中最为普遍的销售渠道之一。三是养殖户将生猪卖给大型养殖企业，“温氏”寄养模式即为典型，一般来说，养殖户与企业签订寄养协议，规定彼此的权利与义务，并约定收购价，使养殖户得以规避部分市场风险。四是养殖户将生猪卖给合作社，即“农户+合作社”模式，这实际与合作社统一购买饲料一样，也是通过规模扩大，提高谈判能力。

通过以上生猪产业链和产业组织体系的描述，不难发现，合作社在生猪养殖户的前后向交易中都能发挥作用，在前向关系中，通过统一采购生产资料，降低农资成本；在后向关系中，通过统一销售生猪，提高养殖户的市场谈判能力，从而获得销售价格改进。然而，现实中合作社能否发挥理论预期，还取决于合作社发展的质量、交易关系的选择与治理机制的安排。

第二节 交易关系与治理机制的分析图谱

本章以 Macnei 的经典研究为基础，按照交易双方的交易频率，形成了从个别交易到重复交易再到纵向整合的交易关系图谱及其相对应的治理机制（图 13-3）。图中的虚框部分为本章重点分析考察的内容。

（1）短期重复性交易关系。该模式主要表现为小规模生猪养殖户根据市场行情与便捷程度自由选择交易渠道，交易对象数量众多且不固定，治理方式以价格治理为主。

（2）长期重复性交易关系。该模式主要表现为生猪养殖户以合作社为依托，与固定的上游饲料供应商和下游的中间商或经纪人建立长期的交易关系，但双方无书面约定，治理方式以关系治理为主。

（3）长期持续性交易关系。该模式也可称为订单农业模式，目前在生猪产业

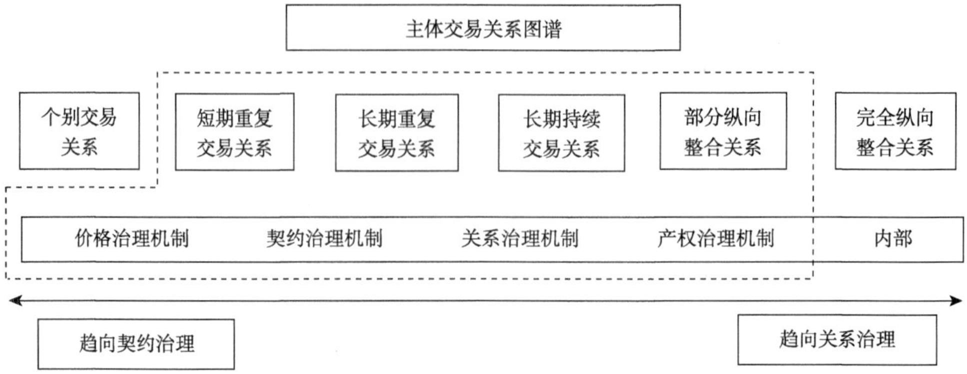

图 13-3 交易关系与治理机制图谱

中常见的是大型养殖企业或合作社与养殖户建立寄养的正式合同关系，治理方式以契约治理为主。

（4）部分纵向整合交易关系。这种模式是准纵向一体化的模式，即养殖户以合作社等形式与上下游企业进行股份合作，分享整条产业链的收益，治理方式以产权治理为主。

第三节 案例研究设计与分析

一、案例设计与资料收集

本章研究的四个案例源自四川省简阳市、重庆市荣昌区和浙江省金东区、龙游县。文中案例的有关资料主要源于以下渠道：①深度访谈。课题组于 2014 年 10 月至 2016 年 1 月曾多次赴四地进行深入调研，累计访谈的合作社管理层人员、合作社普通社员、非社员养殖户、中间商、畜牧局及镇畜牧站工作人员数量分别为 10 人、30 人、11 人、10 人、8 人，累计访谈时间分别为 850 分钟、1 200 分钟、220 分钟、300 分钟、660 分钟。②实地观察。在调研期间，课题组以旁观者的身份直接观察生猪产业各个主体的行为，获得大量的初始材料。③二手资料收集。课题组借助互联网收集相关报道，并实地收集了合作社或政府等部门的相关资料与文件。

二、研究案例分析

（一）案例一：短期重复性交易关系及其治理机制

1. 交易主体与方式

该案例位于四川省简阳市，案例中的J合作社地处因淀粉加工和养猪闻名的J村，村中养殖户数量众多，但规模普遍较小，投入少，进入退出比较自由，受市场行情影响，跟随性断养或扩栏现象比较普遍。J合作社是当地5个养殖规模较大的农户响应政府号召组建的合作社，但由于功能不很健全，未对当地生猪养殖业产生影响，社员与非社员的前后向关系并无差别，这也是中国农村普遍存在的一类合作社。

在饲料获取方面，由于社员将淀粉加工作为兼业，其加工副产品为养猪业提供了充足的饲料。因此，饲料基本上都是自给自足，但在临时扩栏或青黄不接时也会向其他村民购买原料或去市场购买饲料。在生猪销售方面，出于对精力和时间等交易成本的考虑，与该村绝大部分养殖户一样，社员都选择向中间商出售生猪，交易地点都在养殖场，随行就市，定价权掌握在中间商手里，交易时当场称重，不熟悉者需当场付款，“知根知底”者可隔天支付。由于中间商数量众多且规模有限，并且生猪养殖品种和规模同质，因而在当地形成了竞争较为充分的生猪收购者市场与销售者市场。这种市场结构使得养殖户的后向交易关系具有短期重复性交易关系的特点，如图13-4所示。

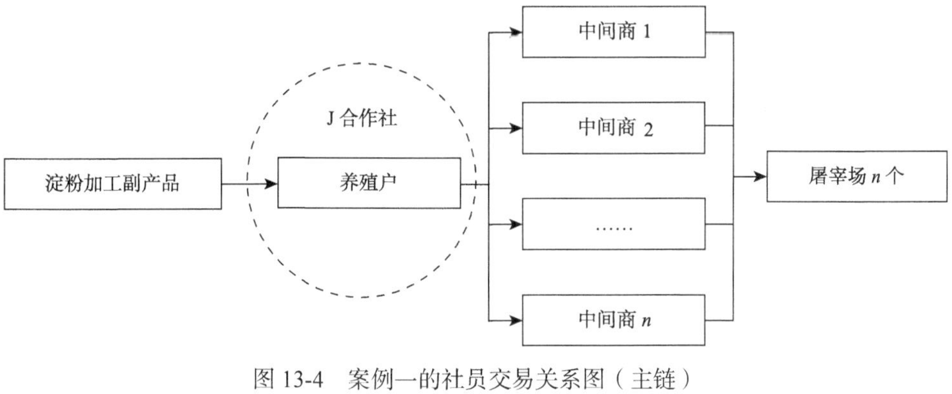

图13-4 案例一的社员交易关系图（主链）

2. 交易关系演化

案例一的主体交易关系主要位于后向交易。在交易关系初步建立阶段，由于中间商之间充分竞争，中间商往往会主动地与养殖户建立交易关系，如主动登门拜访陌生的养殖户并留下联系方式、利用本村的人际关系去争取有竞争力的养殖户；必要时采取抬价的方式去争取养猪户等。养殖户在选择中间商时，首先根据价格，其次根据同村人的口碑，再结合自身以往与中间商打交道所积累的经验来确定是否与其建立交易关系。

在试探建立阶段，交易关系能否继续发展的前提是双方在交易中是否获得了满意的收益。若双方都只从自身的利益考虑，很容易因为一方过多的要求而有损另一方的利益，造成交易关系的破裂。然而，一旦双方成功度过交易关系的探索期，双方就会建立信任关系，开始寻找共同的利益点，在讨价还价等环节也会适当放松条件，甚至做一些调整，来表达自己的诚意。

3. 治理机制

可以看出，上述交易关系中主要存在着两种治理机制：价格治理机制和关系治理机制。

（1）价格治理机制。价格治理机制在交易关系的早期阶段发挥着决定性作用。并且，交易双方由于规模较小，不足以对市场价格产生影响，因此，均是市场价格的接受者。当市场行情持续低迷的时候，养殖户往往会主动联系中间商并接受超低价，行情高涨时，则反之。

（2）关系治理机制。关系治理机制是在交易双方缺少正式合约的情况下，凭借农村社会的人际关系而形成的有效治理机制。首先，相对集中与封闭的村庄“熟人社会”对中间商的机会主义行为有制约作用；其次，中间商与养殖户之间人际关系的发展也为交易关系的稳定提供了内在稳定机制；再次，双方会出于“面子”或“人情”之类的考虑，尽量避免机会主义行为，并会努力将交易关系保持下去。

该案例中，合作社并没有发挥作用，交易关系是在农村基层市场和人际关系规范的双重影响下运转的，市场价格是核心影响因素。

（二）案例二：长期重复性交易关系及其治理机制

1. 交易主体与方式

该案例位于浙江省金东区，案例中的 F 合作社在交易过程中发挥着重要作用，养殖户的前向交易对象是合作社，后向交易对象是以合作社为依托的社员中间商（图 13-5）。统一采购饲料是合作社的核心功能之一。

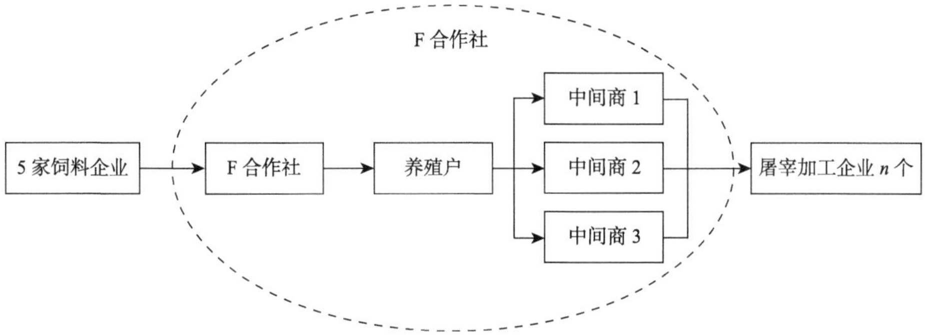

图 13-5　案例二的社员交易关系图（主链）

为选取最优质优价的饲料，合作社每年投票选出五个饲料品种，并与相应的饲料企业直接签订购销合同。合作社的饲料不局限于卖给社员，也卖给非社员。由此，饲料采购量大大增加，进而能从厂家获得最优惠价格，使每头猪可以省下50~80 元的饲料费，大大降低了生产成本，提高了合作社的凝聚力。

在生猪销售方面，合作社的社员中有三人为中间商，这些养殖户与中间商在当地规模都较大，大部分社员都将生猪卖给这三个中间商社员。这三个中间商社员除了收购社员的生猪外，也收购其他非社员的生猪，但优先、优价收购社员的生猪。

2. 交易关系演化

在交易关系的发展过程中，以合作社为依托的人际信任发挥了重要作用，社员们持续的前向合作是维系后向关系的基础。在前向关系发展过程中，J 作为合作社社长，起到了至关重要的作用，他从事饲料销售的经历使其了解饲料行业内幕，并倡议饲料统一采购成为入社必须遵守的制度。饲料采购量的不断扩大使合作社形成了谈判力，在与饲料企业博弈中获取最优惠价格，使养殖户的生产成本大大降低。基于共同利益与制度约束，社员与合作社、社员与社员之间保持着良好的关系。

在生猪销售方面，买卖双方的身份特征非常鲜明，即都是一个合作社的社员。在这个关系制约下，大家趋向于减少机会主义行为来维持这种关系。由于没有正式的契约，社员可以自主地将生猪卖给出价更高的收购者，但当市场价格低迷时，三个中间商还是会优先为本社社员找寻销售渠道，基于此，社员更倾向于把猪卖给他们。

除此之外，合作社还为社员提供市场信息和指导出栏、扩栏时机；并以原始股一比二的方式，为社员提供周转资金。这些经济交易以外的支持及中间商合适的收购价格，促使这种交易关系得以长期重复。

3. 治理机制

案例二的治理机制也包括价格治理机制和关系治理机制，但以合作社为依托的合作行为与成员身份使关系机制在整个交易关系发展中发挥着更为重要的作用。除此之外，由于该合作社存在股份分红的情况，故还存在产权治理机制。

（1）价格治理机制。养殖户、合作社与中间商之间的交易关系也是围绕着市场价格机制来运转的。饲料采购上，合作社给出的价格无疑是优惠的，从而稳定了与养殖户的关系。在销售上，养殖户可以自主选择销售渠道，但在猪价低迷时，中间商社员也会优先为本社社员提供销路和合理价格，稳定了与社员的关系。

（2）关系治理机制。交易双方的关系以合作社为依托，从一开始就具有较高信任水平，降低了关系的建立与运行成本。此外，饲料统一采购的制度更促进了合作社与社员关系的稳定，进而为社员中间商在猪价低迷时没有压价提供了一种解释。合作社在这个过程中起到了类似担保机制与身份认证的作用，提升了三个中间商与养殖户之间的交易关系稳定性。

（3）产权治理机制。合作社通过饲料销售，积累一部分资金，这部分资金以两种方式返回给社员，一是根据原始股进行分红，二是按销售额进行二次返利。

（三）案例三：长期持续性交易关系及其治理机制

1. 交易主体与方式

该案例位于重庆市荣昌区，案例中养殖户前后向交易对象都为 T 合作社，并以正式合同（寄养合同）作为关系保障。其中，规定了社员寄养 S 牌生猪的权利与义务，并界定了违约行为。依据合同规定，社员如购买合作社统一供应的饲料将比市场零售价优惠 80~120 元/吨，但合作社并不硬性要求社员购买。由于 S 牌生猪在饲养上崇尚更为传统的粮食饲养，因此，合作社的饲料主要是通过购买原料，再自己简单加工而成，见图 13-6。

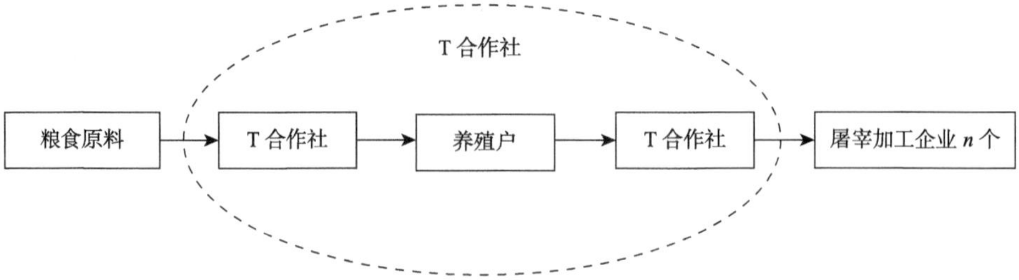

图 13-6 案例三的社员交易关系图（主链）

在生猪销售方面，合同明确规定社员必须将生猪卖给合作社，如果擅自将生猪卖给他人，就要承担违约责任。为调动社员积极性，合同明确列出了高于市价收购的条款，并按照生猪重量进行划分。由于品种的优越性和社长 L 广阔的交易网络，S 牌生猪的销路和价格一直不错，保证了合约的正常履行。经过几年的发展，T 合作社与签约养殖户之间关系十分稳定，实现了交易方式的长期持续性发展。

2. 交易关系演化

在 T 合作社交易关系发展过程中，社长 L 和当地政府发挥着重要的作用。L 是本地人，通过技术创新培育的 S 牌生猪获得了巨大收益，并在做生猪经纪人期间掌握了各个生猪销售渠道，本地养殖户对他非常信任。合作社建立初期，双方的信任基础是比较薄弱的，为了打消养殖户的疑虑，L 带着合同挨家挨户走访，并通过当地畜牧部门介绍生猪寄养模式。由于合同约定的各类收益和分红要在几个月后见分晓，为消除养殖户的疑虑，L 又进行了一些实质的投资，如同意农民赊欠生产资料。

在合作初见成效后，加入的养殖户越来越多，从开始的几十户达到了几千户，此时，对生猪养殖环节的管理和控制变得尤为重要。为了加强对生产过程的管理，L 除了聘用技术人员加强对生猪养殖过程中饲料喂养情况和兽药施用情况的监管以外，还对部分养殖户的违约行为加强了控制。一方面，采取终止订单的方式处理了少数违约转售的养殖户；另一方面，对于那些饲养量大，母猪产崽量大的养殖户进行奖励。真正让养殖户心服口服的是，L 带领社员共同抵御猪链球菌疫情与生猪市场的波动，使养殖户更加相信 L 的判断。实际上，L 与养殖户的关系不仅仅停留在经济交易关系上，还包含了基于相互信任的情感投入等非经济交易的社会因素。对于农村的乡土社会来说，这种产生于情感认同的社会联结，比单纯以互惠为基础的经济交易关系具有更强的联结强度。

3. 治理机制

从本案例的交易关系和方式看，存在三种治理机制：契约治理机制、关系治理机制及产权治理机制。

（1）契约治理机制。案例中养殖户与合作社之间的正式契约非常有效地降低了风险。首先，寄养合同明确规定了养殖户与合作社的权利和义务，以及违约责任，减少了养殖户的机会主义行为；其次，契约中高于市场价格的收购价格条款极大地减少了养殖户的市场风险，从而在一定程度上稳定了养殖户收益；第三，合作社提出的多养、多产奖励措施也大大提高了养殖户的积极性，稳定了生猪产量；第四，合作社在养殖环节为养殖户提供无偿的全程技术指导也降低了养殖户在养殖过程中的疫病风险。

（2）关系治理机制。案例中，关系治理机制在降低契约不完备所带来负面影响方面发挥了重要作用。首先，在初期阶段，契约明确规定了交易双方的权利与义务及违约责任，并依靠社长的影响力和预先投入，解决了在基础信任前提下建立交易关系的问题；其次，以合作社为依托的合作行为，有利于双方信息交流与共享，并促进了信任关系的形成和升级。

（3）产权治理机制。为了充分调动养殖户的积极性，合作社采取了入股形式与股份分红，除了身份股外，饲养 S 牌母猪还可列入投资股。因此，养殖户不仅可以获得生猪销售的收入，还可以获得合作社的利润分红和二次返利。

（四）案例四：部分纵向整合交易关系及其治理机制

1. 交易主体与方式

案例四位于浙江省龙游县，该案例的最大特点在于实现了养猪业从田头到餐桌的准一体化，将定价权掌握在大规模养殖户的手中。

2010 年，Z 联合当地 50 余家大规模养猪场，以“利益共享、风险共担、安全共保、生态共护”的思路，联合出资，组建了 L 合作社，当年出栏生猪达 40 万头。合作社采取连横合纵的方式，以利益为纽带，以关系为联结，以产权为手段，共同打造产业链。

连横，就是将纯养殖企业或农户进行横向联合，按能繁母猪数量确定各家的具体出资额，能繁母猪越多，出资越多，占股越大，分利越多。连横之后，养殖户的总体规模扩大，实力大增，从而具备了话语权。

合纵，就是以规模养殖户的联合为基础，向产业链上下游延伸。在上游原料采购环节，L 合作社加入了更大的平台——M 饲料原料采购专业合作社联合社，进行原料统一采购；在饲料加工环节，合作社与 K 饲料加工企业合作，采取先委托加工后合作建设饲料厂的办法进行饲料统一配送，从而大大降低了养殖户的生产成本。在下游环节，合作社出资注册成立 C 农业科技有限公司及 J 品牌，进行统一销售，并联合 H 肉类加工公司及 X 配送公司统一屠宰加工配送，打造由养殖到收购、加工、配送和销售的完整可控封闭式产业链（图 13-7）。目前，J 品牌直营店数量达 25 家。

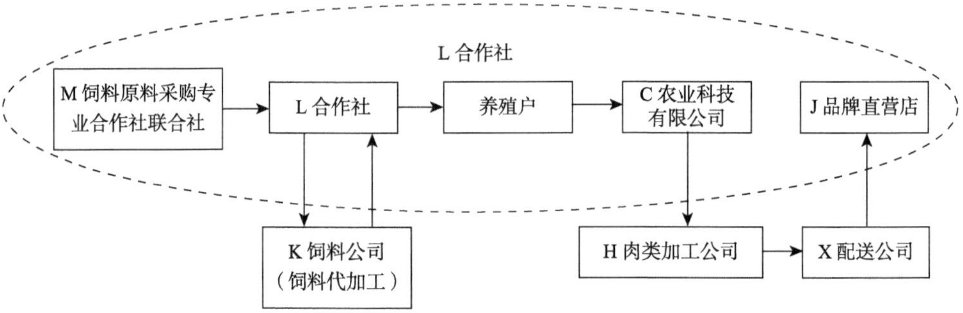

图 13-7　案例四的社员交易关系图（主链）

2. 交易关系演化

在“L 模式”形成与发展过程中，理事长 Z 起着举足轻重的作用，他在当地非常有威望，积累了一大批人脉关系，促成了合作社的发展。

合作社成立的初衷是解决养殖户资金难融、风险难控、成本难降、安全难控、环境难容、市场难进的“六难”问题，为此，设立了“一个基金，五个统一”，分别是设立担保基金，统一供种供精、饲料配送、疫病监测诊断、环境控制、屠宰加工配送。为解决资金难融问题，合作社与县信用联社签订了存一贷十协议，设立担保基金为社员筹资担保，解除了社员的资金压力。随后，合作社又从节约养殖成本、提高生猪质量入手开展一系列活动。首先是统一供种供精，合作社投资 300 万筹建了优质种公猪站，一年可以为社员猪场提供优质精液 5 万份。其次是统一配送饲料，采用先代加工后建厂的模式进行饲料统一配送，既保证了质量，也大大节约了成本，更为社员提供了便利。此外，合作社从社会服务的角度出发，统一疫病监测诊断为社员解决疫病难防问题，统一排泄物收集处理为社员解决污染难清问题。

而后，合作社发起并注资成立 C 农业科技有限公司，并注册 J 品牌，实现了“从田头到餐桌”的产业链一体化。在是否成立公司这件事情上，不少社员有顾虑，为了让大家安心，Z 做出保证，如果赚钱了大家按股分红，如果亏钱了由他承担，这一许诺，使社员坚定了信心。

2014 年 7 月 7 日，J 品牌生猪在浙江舟山大宗商品交易所挂牌上市交易，成为中国首家上市即期交易的生猪产品，新型的交易模式、规范的交易平台助推该合作社向产业高效整合和规模化转型升级。

3. 治理机制

案例四以入股形式实现了产业一体化，在治理上更倾向于产权治理机制，而关系治理机制在其中起着润滑剂的作用。

（1）产权治理机制。该合作社采取“合作化组织，公司化运行”的治理模式。体现为产权明晰、分工合理、制度完善、目标明确，合作社严格按照法律规定，坚持进退自愿、民主管理、盈余返还的原则，不遵守章程可以辞退；股东股份最高比例不超过 20%，而且是一人一票制；在分配中交易贡献占 60%，资本贡献占 40%。

（2）关系治理机制。在合作社成立初期，社员们很大程度上出于对 Z 的信任才投资入股，放心大胆地跟着干。而为了促进社员关系的和谐，合作社定期举行培训、会议和联谊等。

第四节 比较与结论

一、比较

从合作社的基本情况来看（表 13-1），各案例中合作社的成立时间、注册资金、社员数及社员养殖规模都不尽相同。

表 13-1 四个合作社的基本情况

合作社名称	案例一 J 合作社	案例二 F 合作社	案例三 T 合作社	案例四 L 合作社
合作社成立时间	2008 年	2006 年	2004 年	2010 年
注册资金/万元	5	231	1 139.1	1 380
2014 年底合作社核心社员数/人	5	40	258	50
2015 年底合作社核心社员数/人	4	9	258	48
2014 年底合作社社员总数/人	5	123	2 560	50
2015 年底合作社社员总数/人	4	9	1 000	48
2014 年底合作社社员出栏生猪头数/头	860	200 000	55 000	400 000
2015 年底合作社社员出栏生猪头数/头	1 000	100 000	50 000	390 000
2014 年底合作社社员能繁母猪头数/头	85	2 500	3 700	22 000
2015 年底合作社社员能繁母猪头数/头	105	1 500	3 500	21 000

注：J 合作社、T 合作社社员数量下降主要是由于行情不好，养殖户主动退养；F 合作社、L 合作社社员数量下降是由于浙江省开展“五水共治”，关闭禁养区、小规模、环保不达标养殖场，养殖户被强制退养

表 13-2 给出了 2014 年与 2015 年各案例中社员与非社员养殖户的成本收益情况。首先，从养殖成本看，对于社员与非社员，除案例一由于饲料是自产自销情况比较特殊外，其余案例中，社员都通过合作社实现了饲料采购成本的降低与养殖成本的降低。其中，与 2014 年比，2015 年的饲料价格有所下降，但由于仔猪价格上涨，部分因行情好而选择临时扩栏购买仔猪的养殖户养殖成本反而上涨。其次，从生猪价格来看，2015 年的猪价明显高于 2014 年，且通过合作社统一卖猪，也能提高生猪销售价格。

表 13-2　各案例养殖户成本收益情况

养殖户成本收益		精饲料平均价格/（元/斤）		生猪平均价格/（元/斤）		生猪平均养殖成本/（元/斤）	
		2014 年	2015 年	2014 年	2015 年	2014 年	2015 年
案例一	社员	1.30	1.30	5.50	7.00	5.12	5.33
	非社员	1.10	1.10	5.50	7.00	5.08	5.27
案例二	社员	1.65	1.50	6.85	7.90	6.85	6.30
	非社员	1.90	1.80	6.70	7.70	6.97	6.95
案例三	社员	1.70	1.68	5.75	7.95	5.60	6.59
	非社员	1.90	1.90	5.60	7.20	5.84	6.12
案例四	社员	1.64	1.45	6.87	8.10	6.80	6.15
	非社员	1.90	1.80	6.73	7.80	6.92	6.90

资料来源：根据访谈数据所得

案例一实际上是一种典型的传统农业模式，合作社在其中未发挥作用，是一种形式上的合作。其前向自给自足的饲料获取方式已比较少见，而后向卖给多个中间商的短期重复性交易关系在中国还比较普遍，这种模式因难以帮助养殖户降低生产成本，规避市场风险而亟待转型。

案例二以饲料统一采购作为核心竞争力，合作社发挥了统一物资采购功能，其前向关系所采取的方式非常值得学习与借鉴。这种模式能够长期运行，非常重要的一点便是统一饲料品种，达到一定购买量，形成谈判能力。前期在调研过程中，我们也发现一些合作社在成立初期尝试过统一采购饲料，然而均已失败告终，究其原因，主要是养殖户对饲料品种偏好存在较大差异，导致规模效益难以形成，饲料价格没有优势。因此，F 合作社将饲料统一购买写入合作社章程，每年票选饲料品种，中间更换品种必须经过 5 个以上理事书面申请的方式非常值得借鉴。而在后向关系上，F 合作社为养殖户与中间商提供了一个沟通平台，增加了互信程度，但未向更高层次发展。

案例三以特色产品加合约的形式发挥作用，是订单农业的典型案例，合作社的功能发挥主要体现在后向统一销售上。在这种模式中，产品优势是合作持续的基础，书面合约是合作稳定的保证。在调研过程中，也有许多养殖企业也采取过订单农业模式，但最后都失败，究其原因，一是产品没有价格优势，导致企业为履约而大量亏损；二是合约不完善，养殖户单方违约，企业无可奈何。目前，许多地方出现了具有价格优势的特色猪种，如特种野猪、茶香猪等，这些猪种在种源或饲料配方上具有资产专用性，在占有一定市场份额后，规模的扩大可借鉴此种方式，并要注意合约的完整性、规范性。

案例四以大户的联合实现准一体化，合作社通过股份的形式分享前后向价值链，最大限度地实现了社员养殖户的增值。在这种模式中，有几项要素非常关键，分别是资本、规模、产品特质、品牌。无论是前向饲料代加工（入股建立饲料企业），还是后向建立销售终端，都需要大笔资金的长期投入，形成一定的谈判规模，这从一开始就将中小养殖场排除在外了。为了占领终端市场，其产品必须具有差异性或者特质，具体包括猪肉更加安全、实用更益健康、风味更为独特等，从而能够区分消费者市场，建立自己的品牌，获得“肉粉”。而在价值链完善后，合作社则需要把管理职能委托给专业的团队，实现公司化的运作，让专业人来做专业事。

二、结论

第一，连接养殖主体上下游交易关系的中间组织有多种形式，合作社是其中一种表现形式，但绝不是唯一一种，但这一形式恰恰是养殖主体为寻求出路而自发、主动形成起来的，从根本上代表了养殖主体的意愿。相对于完全以利益为联结的“企业+养殖户”模式，“合作社+养殖户”这种模式还包含了乡土信任与农民合作精神，更易为农民接受。

第二，不同规模的养殖主体为追求利益最大化而做出的决策也是不一样的。散户由于其规模小，其投入成本较低，进入退出都比较自由，且大部分散户都将养猪作为副业，因此，其合作意愿较小。大规模尤其是超大规模养殖场，实力都较强，他们即使单干，也能形成规模效应，这样他们合作意愿也不是很强，但是一旦他们有合作意愿，则非常有可能成为合作的中坚力量；而中小养殖场构成了合作性中间组织的主体，他们既有合作意愿来降低成本，也有合作资本来扩大影响。从这个意义上讲，重视并把握合作社的基本原则，在加快合作社发展中注重合作社发展的质量，避免其异化，发挥其在农业产业组织和产业融合中的主导作用，对于农户在市场交易中选择合理的交易方式和治理机制，确保自身利益不受损，具有极其重要的意义，这在本章多个案例的分析中均已得到证明。

第三，在本章所考察的四种交易关系中，每一种交易关系的治理机制都不是单一的，而是呈现出不同程度的组合状态。价格、关系、契约和产权多种治理机制会以不同的组合方式出现在交易关系中。其中，价格机制是基础，关系机制是手段，契约机制是保证，产权机制是深化。关系机制在本章四个案例中都发挥着重要作用，在解决交易关系稳定性上作用突出，但单纯依靠关系机制的交易不能长久，必须依托其他机制共同发挥作用。同时，合作社作为共同体在关系机制的作用发挥上起着催化与强化的作用，社员股份分红的特性也使产权机制发挥共同利益导向的作用。在交易关系发展的不同阶段，交易中的主导治理机制也会有所不同，因而研究交易关系的治理机制有必要考虑交易关系的发展过程。而不同交易方式对养殖户规避各类养殖风险的影响，尤其是规避市场风险以保障其收入稳定的影响是不同的。

第十四章　蔬菜产业组织模式与农户收入

第一节　引　　言

本章通过梳理横向合作模式和纵向协作模式对农户收入影响的文献后，提出待检验假设；而后基于河北省、浙江省蔬菜种植户的调查数据，通过 BFG 两步法模型和倾向得分匹配法分别解决不可观测因素和可观测因素造成的选择性偏差后，检验不同产业组织模式和其他重要因素对农户蔬菜种植净收入的影响。

第二节　研 究 假 说

很多学者针对农户与合作社间的横向合作模式或农户与下游公司间的纵向协作模式能否提高农户收入进行过研究。大部分学者的研究表明，农户与合作社间的横向合作模式对提高农户收入有积极影响（Fischer and Qaim，2012；Tolno et al.，2015；张晋华等，2012）。尽管通过合作社进行集体销售的完全横向合作模式，可以为农户带来更高的价格和更稳定的收入，但在现实中仍有很多社员选择部分横向合作的产业组织模式。可能的原因是，国内大部分合作社发展弱小，无法提供完善的销售服务，从而迫使很多社员选择部分横向合作模式。而选择部分横向合作模式的农户，虽然没有享受到合作社的销售服务带来的价格优惠和销售保障，但仍然能够从合作社中获取很多其他服务，如低价高质的农业投入品（种子和化肥）、信贷和技术培训指导等，从而获取较高的收入（Hellin et al.，2009；Tolno et al.，

2015）。由此，本章提出如下假设：

假设1：相较于完全市场交易模式，农户选择部分横向合作模式，能够提升蔬菜种植净收入。

农户与合作社之间的完全横向合作模式，不仅可以为农户提供各项服务，帮助农户提高产品质量和产量，还能够帮助他们开展集体销售；并依据产品品质分级收购农产品，给农户提供最低保护价或不低于市场价的收购价格（Song et al.，2014）。因而这种集体销售服务可以帮助农户进入市场，降低销售风险，并提高产品的销售利润，促进农户增收（Fischer and Qaim，2012；陈富桥等，2013）。由此，本章提出如下假设：

假设2：相较于完全市场交易模式，农户选择完全横向合作模式，能够提升蔬菜种植净收入。

很多学者研究发现，农户与下游公司间的纵向协作模式，能够提高产品的产量和销售价格，增加农户收入（Ma and Abdulai，2016；Mishra et al.，2016；祝宏辉，2007）。公司与农户签订合同，会规定一系列质量标准，并为农户提供高质量的投入品和相应的生产技术，帮助农户提高产品质量，从而获取价格溢价（Bijman，2008；胡定寰等，2006）。尽管有些选择纵向协作模式的农户，由于质量标准的提高和新技术的应用会提高其生产成本，但高质量带来的价格溢价可以弥补生产成本的提高，使得农户仍可以获取较高的净收入（Escobal and Cavero，2012；刘晓鸥和邸元，2013）。另外，公司能够通过生产技术指导、市场信息分享及信贷帮助等，帮助农户降低不确定性和交易风险，稳定和提升其收入（谢欣和周向阳，2016）。由此，本章提出如下假设：

假设3：相较于完全市场交易模式，农户选择纵向协作模式，能够提升蔬菜种植净收入。

第三节　模型构建与数据来源

国内学者做过大量关于产业组织模式对农户收入影响的实证研究，但大部分研究未考虑样本选择性偏差对估计结果的影响。例如，国内很多学者仅使用多元线性回归（胡定寰等，2006；孙艳华等，2008）、C-D生产函数（祝宏辉，2007）、稳健回归方法和可行广义最小二乘法（陈富桥等，2013）等计量方法检验产业组织模式对农户收入的影响。这些方法有一定的局限性，既无法去除可观测因素造成的选择性偏差，也无法去除不可观测因素造成的选择性偏差。还有些学者在研究产业组织模式对农户收入的影响时，使用倾向得分匹配法（苏群和陈杰，2014），但该方法只能消除可观测因素造成的选择性偏差（Miyata et al.，2009）。也有一些学者使用 Heckman 两阶段模型估计产业组织模式对农户收入的影响（谢欣和周向阳，2016；张晋华等，2012），该模型虽然可以控制不可观测因素造成的选择性偏差，但只能处理基于二元选择的效应评估，而无法处理多元选择的情况。

为弥补上述研究不足，本章采用 BFG 两步法模型和倾向得分匹配法，分别解决不可观测因素和可观测因素造成的选择性偏差，以此来提高估计产业组织模式对农户收入影响的准确性。其中 BFG 两步法模型用以检验农户蔬菜种植净收入的影响因素，以及是否存在不可观测因素引起的选择性偏差。若经证实无不可观测因素引起的选择性偏差，则再使用倾向得分匹配法，分析不同产业组织模式对农户蔬菜种植净收入的影响。

一、模型构建

（一）BFG 两步法模型

假定农户在 4 种不同的产业组织模式中，会且只会选择一种，若有两种及以上选择，则按蔬菜销售量最高的模式为准。在农户选择 4 种不同的模式时，获取高收入是其做出选择的首要目标。农户每亩蔬菜种植净收入 Y 表示为

$$Y = P \times Q - C \tag{14-1}$$

其中，P、Q、C 分别代表每千克蔬菜价格、每亩蔬菜产量、每亩生产要素投入成本[①]。农户以效用最大化为目标，在 M 种产业组织模式中做出选择。效用 TM_j^* 则受产业组织模式本身特征、农户特征及地区特征的影响。农户从 M 种产业组织模式中做出选择时，受一系列可观测的外生变量 Z 和不可观测的随机误差项 η_j 的影响，即

$$\mathrm{TM}_j^* = Z\gamma_j + \eta_j \tag{14-2}$$

其中，$j(j=1,2,\cdots,M)$ 为第 j 种产业组织模式：j=1，代表完全市场交易模式；j=2，代表部分横向合作模式；j=3，代表完全横向合作模式；j=4，代表纵向协作模式。若

① 包括种子或种苗成本、肥料成本（农家肥和化肥总成本）、农药成本、用工成本（2014 年包括雇工和自家工的所有人工工时加总，根据自家雇工价格折合后总成本）、机械作业成本（包括机械租赁费和自有机械服务费，自有机械服务费通过市场价格对自有农机的机械服务进行折算所得）、灌溉成本、农膜成本和其他成本。

农户选择第j种模式，则$\mathrm{TM}_j^* > \max\left(\mathrm{TM}_M^*\right)\left(\text{其中} j \neq M\right)$。选择第$j$种模式对农户每亩蔬菜生产净收入的影响可表述为

$$Y_j = \beta_j X + \varphi_j \mathrm{TM}_j + u_j \tag{14-3}$$

其中，X为一系列外生的解释变量。TM_j为农户是否选择第j种产业组织模式的虚拟变量：当TM_j=1时，表示农户选择第j种模式；当TM_j=0时，表示农户不选择第j种模式。β_j和φ_j为估计参数，u_j为随机误差项，满足：$E\left(u_j \middle| X\right)=0$，$\mathrm{Var}\left(u_j \middle| X\right)=\sigma^2$。若农户选择某种产业组织模式是随机的，则不同模式的选择对农户收益净收入的影响，可通过对式（14-3）采用普通最小二乘法估计得出。然而，通常情况下，由于存在不可观测因素的影响，式（14-2）中的误差项η_j与式（14-3）中的误差项u_j相关，即$\mathrm{corr}\left(\eta_j, u_j\right) \neq 0$，因而估计结果会有偏差。

产生选择性偏差的原因是产业组织模式不是随机分配给农户的，而是农户"自选择"的结果。农户选择某种模式与否，由其资源禀赋特征和各类其他特征决定。然而，这些特征在决定农户产业组织模式选择行为的同时，也决定了其蔬菜种植净收入水平。即使某种模式和农户蔬菜种植净收入正相关，也难以区分是该种产业组织模式增加了农户蔬菜种植净收入，还是蔬菜种植净收入水平高的农户更可能选择该产业组织模式。选择性偏差在现实中通常由两类因素导致：第一类是可观测因素，包括农户的个体特征和生产特征等；第二类则是不可观测因素，如农户的经营管理能力等。这两种因素的存在，使得采用多元回归方法估计不同产业组织模式对农户蔬菜种植净收入的影响时，其估计结果会有选择性偏差。

因此，为了在多元选择的效应评估中，消除上述两类因素造成的选择性偏差，Bourguignon 等（2007）提出采用基于多元 Logit 回归的两步法模型来修正，该方法被称为 BFG 两步法模型。BFG 两步法模型可以依据M个选择产生M个选择修正项，根据选择修正项的显著性，可以看出选择性偏差到底来源于哪个或哪几个选择，同时还可以根据选择修正项估计值的符号，来判断选择性偏差的方向（Park et al.，2014）。

BFG 两步法模型的第一步，采用多元无序 Logit 回归模型，用以分析农户选择不同产业组织模式的影响因素。第一步估计会产生 4 个选择修正项①，为第二步关于蔬菜种植净收入效应评估的无偏估计做铺垫。多元 Logit 回归的因变量为产业组织模式的虚拟变量，自变量为农户选择不同产业组织模式的影响因素和工具变量。农户选择第j种产业组织模式的可能性为

① 本章有 4 种模式选择，每一个修正项代表一种模式的修正。

$$\Pr\left(\mathrm{TM}_j\right)=\frac{e^{Z\gamma_j}}{\sum_{j=1}^{4}e^{Z\gamma_j}}, j=1,2,3,4 \tag{14-4}$$

其中，多元 Logit 回归的参数采取最大似然法估计。假定η_j^*服从正态分布，定义η_j^*为

$$\eta_j^*=\phi^{-1}\left[G\left(\eta_j\right)\right] \tag{14-5}$$

其中，ϕ为标准正态累积分布函数。同时假定η_j^*、u_j的期望值对于任意 j 均线性相关，即

$$E\left(u_j\middle|\eta_1,\cdots,\eta_M\right)=\sigma_j\sum_{j=1,\cdots,M}\left(r_j^*\eta_j^*\right) \tag{14-6}$$

其中，r_j^*代表η_j与u_j的相关系数；σ_j为净收入方程扰动项的标准差。从 BFG 两步法模型第一步多元 Logit 回归中得到的η_j^*的条件期望，即选择修正项，会被加入第二步的蔬菜种植净收入方程中，用以修正选择性偏差。

BFG 两步法模型的第二步，检验农户蔬菜种植净收入的影响因素，以及是否存在不可观测因素引起的选择性偏差。第二步包含 4 个用最小二乘法估计的蔬菜种植净收入方程。这 4 个蔬菜种植净收入方程的因变量，分别为选择第 j 种（j=1，2，3，4）产业组织模式的农户每亩蔬菜种植净收入、蔬菜种植净收入方程的自变量、由第一步多元 Logit 回归中的自变量（不包含工具变量）和多元 Logit 回归产生的 4 个选择修正项组成。以农户选择完全市场交易模式（j=1）为例，其蔬菜种植净收入方程 Y_1 可表示为

$$Y_1=\beta_1X+\sigma_1\left[r_1^*m\left(p_1\right)+r_2^*m\left(p_2\right)\frac{\left(p_2\right)}{\left(p_2\right)-1}+\cdots+r_j^*m\left(p_j\right)\frac{\left(p_j\right)}{\left(p_j\right)-1}\right]+w_1 \tag{14-7}$$

其中，X 表示外生变量；j 表示第 j 种模式；p_j 表示选择第 j 种模式的可能性。$m\left(p_1\right)$，$m\left(p_2\right)$，…，$m\left(p_j\right)$为$\eta_1^*,\eta_2^*,\cdots,\eta_j^*$的条件期望，用来修正选择性偏差；$m\left(p_j\right)\frac{\left(p_j\right)}{\left(p_j\right)-1}$则为$\eta_j^*$的期望$\left(j\neq1\right)$。$w_1$为残差项。其他 3 种产业组织模式的净收入方程也可写为类似式（14-7）方程的形式。

每个蔬菜种植净收入方程均会加入 4 个产业组织模式的选择修正项，因而 BFG 两步法模型最终会有 16 个修正项。在选择某个产业组织模式的农户蔬菜种植净收入方程中，若有一个选择修正项的估计值为正（负），则代表选择该模式的农户相较于随机选择的农户，有更高（低）的蔬菜种植净收入。例如，选择完全市场交易模式农户的蔬菜种植净收入方程（Y_1）中，会加入 4 种模式的选择修正项，若

部分选择横向合作模式产生的选择修正项的估计值显著且为正，则表明选择完全市场交易模式的农户有“自选择性”：选择完全市场交易模式的农户相较于随机选择的农户，有更高的蔬菜种植净收入。也就是说，选择完全市场交易模式的农户，蔬菜种植净收入比选择部分横向合作模式的农户高，有一部分原因是，蔬菜种植净收入水平高的农户，更可能选择完全市场交易模式。若 4 个蔬菜种植净收入方程中的任何一个选择修正项均不显著，则表明该样本选择并未受到不可观测因素的影响，农户选择 4 种模式是随机的。

尽管 BFG 两步法模型可以验证和修正样本选择性偏差，并估计各自变量对农户蔬菜种植净收入的影响，但受到模型本身的限制，产业组织模式的虚拟变量，未加入 4 个蔬菜种植净收入方程中，因而无法直接估计不同产业组织模式对农户蔬菜种植净收入的影响。故仍需在验证样本选择是否受到不可观测因素的影响之后，对产业组织模式选择与农户蔬菜种植净收入间的因果效应进行分析。本章在后续因果效应的验证中，考虑到若使用简单的多元回归分析，仍存在可观测因素导致的样本选择性偏差，从而造成结果的有偏估计，故而采用倾向得分匹配法进行分析。

（二）倾向得分匹配法模型

倾向得分匹配方法的基本思想是，实验组（部分横向合作模式、完全横向合作模式和纵向协作模式）的农户和对照组（完全市场交易模式）的农户通过一定的方式匹配后，在其他条件完全相同的情况下，通过实验组和对照组在蔬菜种植净收入上的差异，来判断产业组织模式选择与蔬菜种植净收入之间的因果关系。倾向得分匹配法包括两个阶段：首先，通过 Probit 模型估算出实验组的倾向得分；其次，基于倾向得分计算出匹配后的平均处理效应。

倾向得分（以实验组选择部分横向合作模式为例）可表示为

$$\mathrm{PS}\left(X_2\right)=\Pr\left(\mathrm{TM}_2=1\middle|X_2\right)=\frac{\mathrm{e}^{\alpha X_2}}{1+\mathrm{e}^{\alpha X_2}} \tag{14-8}$$

其中，$\mathrm{TM}_2=1$，代表实验组，该组农户选择部分横向合作模式；$\mathrm{TM}_2=0$，代表对照组，该组农户选择完全市场交易模式。$\dfrac{\mathrm{e}^{\alpha X_2}}{1+\mathrm{e}^{\alpha X_2}}$ 为累积分布函数。

平均处理效应（以实验组选择部分横向合作模式为例）可表示为

$$\begin{aligned}\mathrm{ATT}&=E\left(Y_1-Y_0\middle|\mathrm{TM}_2=1\right)\\&=E\left\{E\left[Y_1\middle|\mathrm{TM}_2=1,P\left(X_2\right)\right]-E\left[Y_0\middle|\mathrm{TM}_2=0,P\left(X_2\right)\middle|\mathrm{TM}_2=1\right]\right\}\end{aligned} \tag{14-9}$$

其中，Y_1 表示选择部分横向合作模式的农户蔬菜种植净收入；Y_0 表示选择完全市场交易模式的农户蔬菜种植净收入的反事实估计。其他两个实验组（完全横向合作模式和纵向协作模式）的平均处理也可写为类似于式（14-9）的形式。

二、数据来源

课题组共进行了三个阶段的数据调研。

第一阶段，2014 年 8 月和 2015 年 5 月，分别在河北省饶阳县和浙江省杭州市萧山区进行了参观、访谈和问卷预调研，为后期的正式调研做准备。

第二阶段，本课题组于 2015 年 6~8 月进行了正式调研，包括对主管蔬菜产业的政府官员进行深度访谈、召开座谈会和获取政府内部资料，对蔬菜合作社理事长和蔬菜公司管理者进行面对面深度访谈和问卷调查，对蔬菜种植户进行面对面访谈和问卷调查。课题组在收集数据时，采取了分层随机抽样法。第一，在国内选取河北省和浙江省两个省份。河北省是蔬菜种植大省，2014 年蔬菜产量为 813 万吨，蔬菜产量居全国第 2 位，占中国蔬菜总产量的 10.7%①。而浙江省则为典型的人口众多、人均耕地面积少、自然资源贫乏、经济发达的省份，其农业产业主要是蔬菜和水果等高附加值产业（Liang and Hendrikse，2013b）。因而这两个省份的蔬菜种植情况在全国范围内具有一定代表性。第二，选取这两个省份中的 13 个蔬菜产业较为发达的县（区、市）作为调研对象。这 13 个县（区、市）的蔬菜种植情况基本可代表两省蔬菜种植的总体情况。河北省选择饶阳县、枣强县、肃宁县、青县，浙江省选择余姚市、慈溪市、宁海县、莲都区、缙云县、临海市、温岭市、三门县和萧山区。第三，在这 13 个县（区、市）中，在河北省和浙江省各随机选择 20 个蔬菜合作社和 10 个蔬菜公司②。第四，随机选取蔬菜合作社或蔬菜公司主要辐射的 1 个村。第五，在每个村中随机选取 3 个蔬菜合作社社员或 3 个蔬菜公司签约农户，以及 4 个独立蔬菜种植农户，共 7 户农户。

第三阶段的补充调研是在 2015 年 11 月，课题组对河北省农业厅的相关干部以及浙江省的蔬菜合作社理事长和蔬菜公司管理者进行补充采访，用以确认部分资料内容，以及补充获取个别数据。

综上，本课题组共访谈政府干部 13 人、蔬菜合作社理事长 40 人、蔬菜公司管理者 20 人、种菜农户 420 户。用于进行实证研究的数据主要来自农户问卷，部分数据来自蔬菜合作社理事长和蔬菜公司管理者问卷。剔除存在被访谈对象答案前后矛盾或缺失等问题的无效问卷，最后得到农户有效问卷 410 份，问卷有效回

---

① 资料来源：《中国农村统计年鉴（2015）》.

② 样本蔬菜合作社和公司数量比例依据在当地工商局注册的蔬菜合作社和公司总体数目的比例来确定。

收率达 97.62%，合作社和公司管理人员有效问卷 60 份，问卷有效回收率达 100%。

第四节　实 证 结 果

一、BFG 两步法模型估计结果

为了解决估计量异方差问题，BFG 两步法模型的估计量方差通过 100 次自助法（Bootstrap）计算得到（Ma and Abdulai，2016）。BFG 两步法模型的第一步多元 Logit 回归结果见表 14-1。本章着重于讨论不同产业组织模式和其他因素对农户蔬菜种植净收入的影响，因而主要讨论 BFG 两步法模型第二步的回归结果。

表 14-1　BFG 两步法模型第一步——多元 Logit 模型估计结果

变量	部分横向合作	完全横向合作	纵向协作
自然风险	0.017	−0.086	0.334**
	（0.147）	（0.145）	（0.168）
气温波动×蔬菜面积	0.006	0.007	0.009*
	（0.005）	（0.005）	（0.005）
价格波动	0.346	−0.398	−0.151
	（0.340）	（0.367）	（0.443）
信息获取困难性	−0.015	0.767**	0.371
	（0.351）	（0.348）	（0.413）
批发市场摊位	−0.764	−1.466	0.728
	（0.898）	（1.210）	（1.033）
平原地区	−1.714**	0.243	0.495
	（0.731）	（0.476）	（0.527）
浙江省	−1.247	1.622**	−0.093
	（0.863）	（0.741）	（0.680）
大棚面积比例	0.921	0.605	−1.490**
	（0.646）	（0.677）	（0.655）
有销售服务合作社数量	0.324*	0.416**	−0.998***
	（0.181）	（0.167）	（0.251）

续表

变量	部分横向合作	完全横向合作	纵向协作
无销售服务合作社数量	0.105	−0.201	0.253
	(0.165)	(0.169)	(0.200)
公司数量	−0.465**	−0.485***	0.693***
	(0.196)	(0.161)	(0.215)
受教育程度	0.235	0.541	0.520
	(0.396)	(0.395)	(0.438)
ln(2012年蔬菜面积)	0.050	0.051	0.027
	(0.048)	(0.053)	(0.056)
采摘后损耗率	0.184	−0.110	−0.222
	(0.112)	(0.125)	(0.165)
对合作社了解程度	0.660***	0.769***	0.369**
	(0.129)	(0.130)	(0.156)

***、**、*分别表示1%、5%、10%的统计显著性水平；括号内为标准误

BFG两步法模型第二步的因变量，为选择4种产业组织模式农户的每亩蔬菜种植净收入的自然对数。从表14-2可以看出，当地市场蔬菜价格波动程度大（超过300%），对选择部分横向合作模式农户的每亩蔬菜种植净收入有显著的负向影响，而对选择完全市场交易模式农户的蔬菜净收入，则有显著的正向作用。由此可以发现，完全市场交易模式农户在面临价格波动程度较大的市场时，在净收入方面更有优势。农户是否在批发市场上有固定摊位，对选择完全横向合作模式农户的蔬菜净收入的影响则显著为负，可能是因为参与完全横向合作模式农户的蔬菜主要销售对象为蔬菜合作社而非批发市场贩销商。故而批发市场上的固定摊位非但不会给农户提供更多的销售机会，反而会因为成本上升而降低其收入。大棚面积比例显著增加了选择完全市场交易模式和纵向协作模式农户的蔬菜种植净收入。这说明，种植大棚蔬菜的比例越高，农户越有可能获取高销售利润。从以上结果可以看出，行为不确定性和环境不确定性（环境波动性、环境多样性）对农户蔬菜种植净收入有显著影响。村庄中提供销售服务的蔬菜合作社数量，显著提升了选择完全横向合作模式和纵向协作模式农户的蔬菜种植净收入。可能的原因是，提供销售服务合作社越多，则代表当地蔬菜产业市场化越发达，买方市场竞争更激烈，供给方即农户，获取买方竞争的好处与便利越多，从而会提升各个模式对农户蔬菜的收购价格，提高农户的经济收益。比较令人意外的结果是，村庄中不提供销售服务的合作社数量，对选择部分横向合作模式农户的蔬菜种植净收入有显著的负向作用。本书认为，出现这个结果的原因可能是，村庄中大量合作社不提供销售服务，代表村中有大量发展不完善的合作社，农户间的横向合作

仍处于比较低级的阶段；与大量贩销商或公司相比，农户的市场势力还很小，无法在市场交易中占有一席之地，其销售利润也没有保障。村庄中蔬菜公司数量则对选择完全横向合作模式和纵向协作模式的农户的蔬菜种植净收入有显著的负向作用。

表 14-2　BFG 两步法模型第二步——蔬菜种植净收入效应方程

变量	完全市场交易模式	部分横向合作模式	完全横向合作模式	纵向协作模式
自然风险	0.038	−0.070	−0.203	−0.580
	（0.062）	（0.330）	（0.243）	（0.498）
气温波动×蔬菜面积	0.001	−0.021	0.009	0.001
	（0.005）	（0.034）	（0.011）	（0.001）
价格波动	0.203*	−1.418*	−0.131	−0.646
	（0.124）	（0.873）	（0.506）	（0.926）
信息获取困难性	0.016	0.391	−0.714	−0.564
	（0.138）	（0.964）	（0.544）	（1.247）
批发市场摊位	−0.003	−7.730	−5.004*	−3.114
	（0.788）	（6.971）	（2.840）	（2.205）
平原地区	0.005	3.439	−0.171	−0.109
	（0.234）	（4.452）	（0.767）	（0.101）
浙江省	−0.196	4.842	−0.049	−1.434
	（0.308）	（4.217）	（1.467）	（1.508）
大棚面积比例	0.909**	−2.147	1.598	2.885*
	（0.361）	（2.873）	（1.501）	（1.473）
有销售服务合作社数量	0.048	0.398	0.708**	2.537*
	（0.123）	（0.807）	（0.340）	（1.382）
无销售服务合作社数量	0.029	−0.533*	−0.236	−0.378
	（0.077）	（0.478）	（0.329）	（0.545）
公司数量	−0.096	−0.537	−0.579*	−2.247*
	（0.097）	（0.849）	（0.322）	（1.224）
受教育程度	−0.035	−0.650	−1.015	−0.419
	（0.148）	（0.877）	（0.602）	（0.933）
ln（2012 年蔬菜面积）	−0.010	0.267	0.054	2.396
	（0.016）	（0.316）	（0.100）	（1.702）
采摘后损耗率	0.038	−0.233	−0.277	0.403
	（0.056）	（0.408）	（0.232）	（0.554）
选择修正项（米尔斯比率）				
Mills 1	0.016	−4.434	−1.294	−0.618
	（0.720）	（5.603）	（2.447）	（3.990）
Mills 2	0.191	−3.215	−0.778	7.306
	（1.163）	（2.075）	（3.079）	（7.436）

续表

变量	完全市场交易模式	部分横向合作模式	完全横向合作模式	纵向协作模式
Mills 3	0.253	2.963	−0.106	4.219
	(1.436)	(7.628)	(0.894)	(5.920)
Mills 4	0.160	11.470	−6.711	−3.711
	(1.377)	(9.977)	(4.156)	(2.372)

**、*分别表示 5%、10%的统计显著性水平；括号内为标准误

从表 14-2 可以发现，4 种产业组织模式所对应的 4 个选择修正项，在 4 个产业组织模式下的蔬菜种植净收入效应方程中均不显著，即表明上述估计结果并没有受到由不可观测因素引起的选择性偏差的影响。因此，在估计不同产业组织模式对农户蔬菜种植净收入的作用时，可以只考虑可观测因素带来的选择性偏差。故进一步采用倾向得分匹配法对不同产业组织模式和农户蔬菜种植净收入之间的因果效应进行检验，并利用不同的匹配算法来验证评估结果的稳健性。

二、倾向得分匹配法模型估计结果

为分析不同产业组织模式对农户蔬菜种植净收入的影响，分别使用 3 个实验组（部分横向合作模式、完全横向合作模式和纵向协作模式）的农户和对照组（完全市场交易模式）的农户进行了 3 次倾向得分匹配法回归，并使用近邻匹配、核匹配和半径匹配 3 种算法用于执行匹配，以验证估计结果的稳健性。经计算得到 3 次倾向得分匹配回归模型的伪 R^2 值（表 14-3），证实变量的选择满足平衡性的要求。第一步 Probit 回归结果见表 14-3。本章侧重于讨论产业组织模式对农户蔬菜种植净收入的影响，因而主要讨论倾向得分匹配法第二步的结果，见表 14-4。

表 14-3 倾向得分匹配法 Probit 估计结果——农户蔬菜种植净收入

变量	部分横向合作模式	完全横向合作模式	纵向协作模式
自然风险	0.019	−0.061	0.202^{**}
	(0.085)	(0.086)	(0.095)
气温波动×蔬菜面积	0.001	0.004	0.005^{*}
	(0.003)	(0.003)	(0.003)
价格波动	0.199	−0.157	−0.130
	(0.199)	(0.217)	(0.245)
信息获取困难性	−0.072	0.496^{**}	0.181
	(0.204)	(0.206)	(0.238)
批发市场摊位	−0.336	-1.865^{*}	0.516
	(0.452)	(0.997)	(0.520)

续表

变量	部分横向合作模式	完全横向合作模式	纵向协作模式
平原地区	−0.852**	0.299	0.291
	（0.417）	（0.295）	（0.300）
浙江省	−0.648	1.154**	0.086
	0.477	（0.462）	（0.385）
大棚面积比例	0.493	0.646	−0.924**
	（0.349）	（0.420）	（0.366）
有销售服务合作社数量	0.171	0.178*	−0.466***
	（0.107）	（0.094）	（0.126）
无销售服务合作社数量	0.066	−0.117	0.245**
	（0.093）	（0.106）	（0.119）
公司数量	−0.238**	−0.223**	0.283**
	（0.107）	（0.089）	（0.113）
受教育程度	0.187	0.221	0.250
	（0.224）	（0.234）	（0.240）
ln（2012 年蔬菜面积）	0.029	0.043	0.010
	（0.026）	（0.030）	（0.028）
采摘后损耗率	0.097	−0.071	−0.088
	（0.061）	（0.076）	（0.085）
对合作社了解程度	0.366***	0.477***	0.170**
	（0.074）	（0.078）	（0.088）
伪 R^2	0.197	0.287	0.265

***、**、*分别表示 1%、5%、10%的统计显著性水平；括号内为标准误

从表 14-4 可以看出，无论采取何种匹配算法匹配后，选择部分横向合作模式的农户，其每亩蔬菜种植净收入均显著高于选择完全市场交易模式的农户。3 种匹配算法得出的结果差异较小，估计结果稳健。以核匹配法为例，与完全市场交易模式相比，在 5%的显著性水平上选择部分横向合作模式，使得农户的每亩蔬菜种植净收入增加了 2 377.65 元，提高幅度达 38.71%①。尽管与匹配前相比，平均处理效应的显著性和绝对值下降，但仍可以说明在剥离可观测因素的影响后，选择部分横向合作模式对农户的每亩蔬菜种植净收入有显著的提升作用。这说明，本章的假设 1 得到了证实。也就是说，农户成为合作社社员后，即使不接受合作社提供的销售服务，不与合作社发生惠顾关系，也可以通过享受其他服务（如生产资料购买服务、培训和技术指导、信贷帮助等）来降低生产成本和交易费用，提高蔬菜种植净收入。

① （2 377.65/6 141.61）×100%=38.71%。

表 14-4 倾向得分匹配法处理效应估计结果——农户每亩蔬菜种植净收入 单位：元

不同匹配模式	部分横向合作农户	完全市场交易农户	平均处理效应	标准误
匹配前	8 519.26	4 799.63	3 719.62***	865.51
近邻匹配法（k=4）	8 519.26	6 624.87	1 894.39*	1 148.76
核匹配法	8 519.26	6 141.61	2 377.65**	1 195.26
半径匹配法	8 519.26	6 133.98	2 385.27**	1 191.33
不同匹配模式	完全横向合作农户	完全市场交易农户	平均处理效应	标准误
匹配前	6 566.86	4 799.63	1 767.23**	889.98
近邻匹配法（k=4）	6 649.19	4 056.27	2 592.92	1 622.02
核匹配法	6 564.81	3 909.18	2 655.62*	1 412.68
半径匹配法	6 677.10	4 017.34	2 659.76*	1 409.50
不同匹配模式	纵向协作农户	完全市场交易农户	平均处理效应	标准误
匹配前	2 697.69	4 799.63	−2 101.95**	870.89
近邻匹配法（k=4）	2 697.69	3 682.11	−984.42	645.64
核匹配法	2 722.81	3 722.23	−999.42	854.85
半径匹配法	2 728.83	3 650.63	−921.80	838.83

***、**、*分别表示 1%、5%、10%的统计显著性水平；处理效应的显著性和标准误由自助法 Bootstrap 得到

从估计结果可以看出，选择完全横向合作模式的农户，其蔬菜种植净收入显著高于选择完全市场交易模式的农户（近邻匹配法除外）。以核匹配法为例，在 10%的显著性水平上，该产业组织模式使得农户的每亩蔬菜种植净收入增加了 2 655.62 元，提高幅度达到 67.93%。该估计结果基本证实了本章的假设 2。这是由于农户成为合作社社员，并享受合作社的集体销售服务后，合作社能够帮助他们进入市场，降低他们所面临的市场风险，保障产品的销售渠道，并为他们提供优惠的价格，从而较大幅度地提升农户收益。上述两个假说得以验证表明，农户参与合作社，不论与合作社是否有惠顾关系，是否发生产品交易，均可增加其收入。

从表 14-4 还可以看出，匹配后，选择纵向协作模式的农户与选择完全市场交易模式的农户，在蔬菜种植净收入上无显著差异。即相较于完全市场交易模式，农户选择纵向协作模式，无法显著地提升其蔬菜种植净收入。本章的假设 3 未得到证实。该结果与 Wang 等（2011）的研究结果类似。他们也发现，在中国选择契约安排的农户并不一定比未选择契约的农户获取更高的利润。这种结果出现的原因可能是，尽管农户通过与公司签订合约，可以提高产品质量和销售价格，并享受相关服务，但参与契约安排的农户与签约公司相比属于弱势方，容易受到公司机会主义行为的影响，导致其获利能力被削弱（Wu，2006）。

第五节　研究小结

本章利用河北、浙江两省蔬菜种植户的调查数据，通过 BFG 两步法模型和倾向得分匹配法，分别解决不可观测因素和可观测因素引起的选择性偏差，就不同产业组织模式和其他重要因素，对农户蔬菜种植净收入的影响进行了无偏检验，并得出如下结论。

第一，农户选择完全市场交易模式、部分横向合作模式、完全横向合作模式和纵向协作模式四种产业组织模式，都没有受到不可观测因素的影响（即选择都是随机的）。

第二，与完全市场交易模式相比，部分横向合作模式和完全横向合作模式能够显著增加农户的每亩蔬菜种植净收入。即农户加入蔬菜合作社后，无论与合作社是否有交易关系，均可以显著提高其蔬菜种植净收入。而纵向协作模式在促进农户增收方面，与完全市场交易模式相比，并没有显著优势。

第三，市场上蔬菜价格波动程度、农户是否租用批发市场摊位、大棚蔬菜种植面积比例、村庄中蔬菜专业合作社数量、村庄中蔬菜公司数量等，对农户蔬菜种植净收入也有显著影响。

第十五章　不同产品类型农业产业组织体系的效率与比较：指标体系构建

第一节　农业产业组织体系效率测评指标体系的构建

客观正确评价农业产业组织体系，必须建立一套能够全面、系统、完整、及时、准确地反映农业产业组织体系发展水平的指标体系。农业产业组织体系是一个多角度、多层次、不断变化的复杂且庞大的系统。因此，反映农业产业组织体系效率的指标体系也应是多角度、多层次的。

一、建立农业产业组织体系评价指标的原则

科学设置指标体系，是反映农业产业组织体系发展水平的重要依据。指标体系的确立应遵循以下几个原则。

（1）系统性原则。即确定指标时应从系统工程的角度出发，必须全面考虑农业体系所涉及的各个方面及其内在联系，使得指标之间既有相关性又有一定的独立性，通过指标的综合，全面体现农业产业组织体系发展水平。既要注意指标体系的层次性，也要注意同级指标之间的互斥性和实现上一级目标时的全面性。

（2）重点性原则。重点体现农业产业组织体系发展水平，突出现体系中的生产主体、经营主体和服务主体发展水平。

（3）可比性原则。可比性，包括纵向和横向的可比性。从我国国情出发，使指标设置既符合实际需要，又要体现农业产业组织体系化是一个世界性和历史性的过程，使指标具有相对可比性，从而提高指标体系的使用范围。

（4）代表性原则。即指标的设置要能反映农业产业组织体系的本质特征，选

取能够反映各地农业产业组织体系发展水平的内容，本着全面准确和简明扼要相结合的原则。

（5）可操作性原则。农业产业组织体系评价指标体系是衡量一个国家、一个地区农业发展水平的依据，因此，数据要容易获得、指标要容易计算。

二、农业产业组织体系效率测评指标的主要内容

在构建农业产业组织体系效率测评指标体系的过程中，为了避免指标设置过于简单或笼统、指标层次不分明、缺乏代表性、系统性和完整性、指标与指标间的关系以及相互影响不明确等问题，在适应现代农业的发展需要的前提下，农业产业组织体系效率测评指标应包括以下七个方面的内容：集约化发展、专业化分工、多元化服务、产业化经营、组织化协调、区域化拓展和市场化竞争，见表15-1。

表15-1　农业产业组织体系效率评价指标体系

目标层	准则层	方案层
农业产业组织体系效率（A）	集约化发展水平 B_1	资金集约水平 C_1/（万元/亩）
		劳动集约水平 C_2/（人/亩）
		技术进步率 C_3
	专业化分工程度 B_2	农业收入占家庭总收入的比例 C_4
		登记为家庭农场的比例 C_5
		通过合作社获得服务的比例 C_6
	多元化服务水平 B_3	社会化服务主体数量 C_7/个
		社会化服务覆盖率 C_8
		农户对社会化服务的满意程度 C_9
	产业化经营程度 B_4	参加农业合作社的比例 C_{10}
		与农业龙头企业建立合同关系的比例 C_{11}
		产业化经营主体发展状况 C_{12}/分
	组织化协调效率 B_5	农户对合作社的满意程度 C_{13}
		农户与农业龙头企业交易的稳定性 C_{14}
		合作社对农户生产和销售的影响 C_{15}/分
	区域化空间拓展 B_6	农产品销售半径 C_{16}/分
		农业产业发展规模 C_{17}/分
		区域品牌发展程度 C_{18}
	市场化竞争能力 B_7	农产品市场知名度 C_{19}/分
		农产品市场占有率 C_{20}
		农产品外销率 C_{21}

（1）集约化发展。农业集约化是在一定面积的土地上投入较多的劳动、资金和技术，以期取得较高的单位面积产量，又能减少每单位产品劳动耗费的一种农业经营方式。中国农业有其固有的特殊性，一是人多耕地少，小农经营，

致使土地生产率高而劳动生产率低；二是我国农业仍然处于传统农业向现代农业转变阶段。而一个农业生态系统偏离自然生态系统的结构和功能越远，要维持这种人工状态所付出的代价就越大。现代农业生态系统已经发展成为一个高投入、高产出的系统，因此，农业生产集约化水平可以很好地反映农业产业组织体系的发展水平。

（2）专业化分工。农业生产专业化通常指在农业生产中，农业生产活动发生分离、细化，使某一农业经济单位专门从事一种及与之相关品种的生产经营活动。专业化有利于合理利用各种资源，降低经营成本和费用，使收入达到最大化。目前，发展农业产业无论是搞生产、加工或营销，都离不开专业技术和专业知识。

（3）多元化服务。与工业产业不同，农业具有自然再生产和经济再生产的双重属性，具有经济、生态和社会的三重功能，农业的这些属性和功能决定了不同的农产品和农业的服务品会具有私人品、公共品和俱乐部品等特性，与此相适应，农业的服务体系和服务品供给就应该呈现多元化的特性。

（4）产业化经营。发展农业产业化经营，可以促进农业和农村经济结构战略性调整向广度和深度进军，有效拉长农业产业链条，增加农业附加值，使农业的整体效益得到显著提高，可以促进小城镇的发展，创造更多的就业岗位，转移农村剩余劳力，增加农民的非农业收入；可以通过农业产业化经营组织与农民建立利益联结机制，使参与产业化经营的农民不但从种、养业中获利，还可分享加工、销售环节的利润，增加收入。

（5）组织化协调。专业化生产与社会化协作都是通过组织协调来完成的，没有产业组织的协调，构成产业的各部门如生产、加工、销售等部门就会各行其是，使产业处于一种无序运行状态。在我国，一段时期农产品“买难、卖难”交替出现的根本原因就是产业组织不完善。因而组织化协调指标是衡量农业产业组织体系发展水平的一个重要指标。

（6）区域化拓展。区域化拓展是指根据该地区条件和特点，主要生产某一种或几种农产品以发挥其优势和长处，从而形成各具特色的生产布局。关于农业产业集群的诸多研究已经证明了农业区域化发展的重要性，除此之外，农业产业发展规模、区域品牌发展程度等也能很好地反映农业产业组织体系的生命力。

（7）市场化竞争。随着农业生产力的提高，农业商品化程度也不断提高，随之也提高了农业市场化程度，从多数农产品及农业生产一般情况来看，农产品社会效益越大，要求资本投入越多，产品竞争能力弱，农业生产直接经济效益低。而在工业化达到一定程度后，社会和国家必须给农业必要的补偿和保护，此外，农业产业组织体系自我造血，以提高其市场竞争力。这是世界各国农业现代化和农产品市场化进程中具有规律性的普遍现象。

三、指标体系及相关指标的描述与解释

（一）集约化发展水平 B_1

C_1资金集约水平=生产资金总投入/种养面积

C_2劳动集约水平=从事农业生产劳动力数量/种养面积

C_3技术进步率=农产品总产值增长率–物质费用产出弹性×物质费用增长率–劳动力产出弹性×劳动力增长率–耕地产出弹性×耕地增长率

（二）专业化分工程度 B_2

C_4农业收入占家庭总收入的比例=农业总收入/家庭总收入

C_5登记为家庭农场的比例=登记为家庭农场的农户数/被调查农户总数

C_6通过合作社获得服务的比例=从合作社获得服务农户数/被调查农户总数

（三）多元化服务水平 B_3

C_7 社会化服务主体数量。即为农户提供过服务的涉农组织数量的平均值，如当地农技部门、农业企业、供销社、合作社、农村信用社、村社区经济组织等。

C_8社会化服务覆盖率=接受社会化服务农户数/被调查农户总数

$$C_9\text{农户对社会化服务的满意程度}=\frac{\text{各项社会化服务满意度之和}}{\text{接受的社会化服务数量}}$$

（四）产业化经营程度 B_4

C_{10}参加农业合作社的比例=参加农业合作社农户数/被调查农户总数

C_{11} 与农业龙头企业建立合同关系的比例=与农业龙头企业建立合同关系农户数/农户总数

C_{12} 产业化经营主体发展状况。该指标实行 10 分制评分，具体要求：①被调查农户所在地从事该农产品收购或加工的龙头企业数量有一些（1 分），比较多（2 分）；②被调查农户所在地农户与企业建立稳定交易关系有一些（1 分），比较多（2 分）；③被调查农户所在地农产品合作社数量有一些（1 分），比较多（2 分）；④被调查农户所在地农户参加合作社比较普遍（1 分），很普遍（2 分）；⑤被调查农户

所在地农民专业合作社在当地产业发展中有点作用（1分），作用很大（2分）。对每个农户进行评分，然后按照不同产业分别取平均值。

（五）组织化协调效率 B_5

C_{13}农户对合作社的满意程度=$\dfrac{\text{合作社各环节服务满意度之和}}{\text{接受合作社服务环节数}}$

C_{14}农户与农业龙头企业交易的稳定性=$\dfrac{\text{单个农户与农业龙头企业交易比例之和}}{\text{与农业龙头企业交易的农户总数}}$

C_{15}合作社对农户生产和销售的影响。该指标实行10分制评分，具体要求：①参加合作社后平均产量提高（1分）；②参加合作社后生产产量有所稳定（1分），明显稳定（2分）；③参加合作社后产品品质有所提高（1分），明显提高（2分）；④参加合作社后平均生产成本降低（1分）；⑤参加合作社后平均销售成本降低（1分）；⑥参加合作社后平均销售价格提高（1分）；⑦参加合作社后平均销售价格有所稳定（1分），明显稳定（2分）。对每个农户进行打分，然后按照不同产业分别取平均值。

（六）区域化空间拓展 B_6

C_{16}农产品销售半径。具体评价标准：农产品主要销往县内（1分），销往省内县外（3分），销往国内省外（6分），销往国外（10分）。对每个农户进行打分，然后按照不同产业分别取平均值。

C_{17}农业产业发展规模

$$\frac{\text{有一定规模农户数}\times 0.5+\text{家家户户都种植（养殖）农户数}\times 1}{\text{被调查农户总数}}$$

C_{18}区域品牌发展程度=所在地有该农产品公用品牌农户数/农户总数

（七）市场化竞争能力 B_7

C_{19}农产品市场知名度=$\dfrac{\text{有一定知名度农户数}\times 0.5+\text{知名度很大农户数}\times 1}{\text{被调查农户总数}}$

C_{20}农产品市场占有率=农产品出口总额/世界农产品出口总额

C_{21}农产品外销率=农产品销往县外的农户数/被调查农户总数

第二节　农业产业组织体系效率测评指标体系的评价方法的选择

一、熵值法简介

熵原本是热力学概念，它最先由香农引入信息论，现已在工程技术、社会经济等领域得到十分广泛的应用。它可以根据各项指标的差异程度，利用信息熵，对各指标初步给定的权重进行调整，做到动态赋权。设有 m 个待评方案，n 项评价指标，形成原始指标数据矩阵 $\boldsymbol{X}=\left(x_{ij}\right)_{m\times n}$，对于某项指标 x_j，指标值 X_{ij} 的差距越大，则该指标在综合评价中所起的作用越大；如果某项指标的指标值全部相等，则该指标在综合评价中不起作用。

在信息论中，熵是对不确定性的一种度量。信息量越大，不确定性就越小，熵也就越小；信息量越小，不确定性就越大，熵也越大。根据熵的特性，我们可以通过计算熵值来判断一个方案的随机性及无序程度，也可以用熵值来判断某个指标的离散程度，指标的离散程度越大，该指标对综合评价的影响越大。因此，可根据各项指标的变异程度，利用信息熵这个工具，计算出各个指标的权重，为多指标综合评价提供依据。

二、算法实现过程

（一）数据矩阵

$$\boldsymbol{A}=\begin{pmatrix} X_{11} & \cdots & X_{1m} \\ \vdots & & \vdots \\ X_{n1} & \cdots & X_{nm} \end{pmatrix}_{n\times m}$$

其中，X_{ij} 为第 i 个方案第 j 个指标的数值。

（二）数据的非负数化处理

由于熵值法计算采用的是各个方案某一指标占同一指标值总和的比值，因此不存在量纲的影响，不需要进行标准化处理，若数据中有负数，就需要对数据进行非负化处理。此外，为了避免求熵值时对数的无意义，需要进行数据平移。

（1）对于越大越好的指标：

$$X'_{ij}=\frac{X_{ij}-\min\left(X_{1j},X_{2j},\cdots,X_{nj}\right)}{\max\left(X_{1j},X_{2j},\cdots,X_{nj}\right)-\min\left(X_{1j},X_{2j},\cdots,X_{nj}\right)}+1\quad\left(i=1,2,\cdots,n;\ j=1,2,\cdots,m\right)$$

（2）对于越小越好的指标：

$$X'_{ij}=\frac{\max(X_{1j},X_{2j},\cdots,X_{nj})-X_{ij}}{\max(X_{1j},X_{2j},\cdots,X_{nj})-\min(X_{1j},X_{2j},\cdots,X_{nj})}+1\quad\left(i=1,2,\cdots,n;\ j=1,2,\cdots,m\right)$$

为了方便起见，仍记非负化处理后的数据为 X_{ij} 。

（三）计算第 j 项指标下第 i 个方案占该指标的比重

$$P_{ij}=\frac{X_{ij}}{\sum_{i=1}^{n}X_{ij}}\quad\left(j=1,2,\cdots,m\right)$$

（四）计算第 j 项指标的熵值

$$e_j=-k\times\sum_{i=1}^{n}P_{ij}\ln(P_{ij})$$

其中，$k>0$，ln 为自然对数，$e_j\geqslant 0$。式中常数 k 与样本数 m 有关，一般令 $k={}^{1}\!/_{\ln m}$，则 $0\leqslant e\leqslant 1$。

（五）计算第 j 项指标的差异系数

对于第 j 项指标，指标值 X_{ij} 的差异越大，对方案评价的作用越大，熵值就越小。$g_j=1-e_j$，则：g_j 越大，指标越重要。

（六）求第 j 项指标的权重

$$W_j = \frac{g_j}{\sum_{j=1}^{m} g_j} \quad (j = 1, 2, \cdots, m)$$

（七）计算各方案的综合得分

$$S_i = \sum_{j=1}^{m} W_j \times P_{ij} \quad (i = 1, 2, \cdots, n)$$

三、熵值法特点

（1）熵值法能够深刻反映出指标信息熵值的效用价值，从而确定权重。这种思想与农业产业组织体系效率评价的机理非常相似，影响农业产业组织体系效率的主要因素也是其中变化程度大的因素。

（2）熵值法是一种客观赋权法，其根据各项指标观测值所提供的信息的大小来确定指标权重。因而由它得出的指标权重值比主观赋权法具有更高的可信度和精确度。

第三节　农业产业组织体系效率测评指标体系的指标权重确定

采用表 15-1 所示的农业产业组织体系效率评价指标体系，运用上述基于熵值法的评价模型，对 3 种不同产品类型农业产业组织体系进行评价。基于对农户（农场）、合作社、龙头企业的问卷和访谈调查所获得的主体数据，参照熵值的算法，运用 Matlab 6.5 软件计算得到各项指标的熵值、效用值和权重。

一、方案层各指标效用值及权重

在集约化发展水平的各项指标中，指标劳动集约水平的熵值相对较大，而熵权较小；指标资金集约水平的熵值相对较小，而熵权较大；指标技术进步率的熵值和熵权则处于中间位置，见表 15-2。说明指标资金集约水平提供的信息量最大，指标劳动集约水平提供的信息量少。所以在计算评价对象得分时，资金集约水平所占权重最大，技术进步率次之，劳动集约水平权重最小。虽然指标劳动集约水平的权重最小，但并不说明其对于农业产业组织体系效率评价不重要，而是其相对集约化发展水平的其他指标而言提供的信息量小，所占权重就相对较小。

表 15-2 集约化发展水平各项指标效用值及权重

集约化发展水平	资金集约水平	劳动集约水平	技术进步率
熵值（e_j）	0.947 7	0.960 4	0.954 2
效用值（g_j）	0.052 3	0.039 6	0.045 8
权重（a_j）	0.379 8	0.287 6	0.332 6

在专业化分工程度的各项指标中，指标农业收入占家庭总收入的比例的权重最大，指标通过合作社获得服务的比例次之，指标登记为家庭农场的比例的权重最小，见表 15-3。

表 15-3 专业化分工程度各项指标效用值及权重

专业化分工程度	农业收入占家庭总收入的比例	登记为家庭农场的比例	通过合作社获得服务的比例
熵值（e_j）	0.960 8	0.964 4	0.961 0
效用值（g_j）	0.039 2	0.035 6	0.039 0
权重（a_j）	0.344 5	0.312 8	0.342 7

在多元化服务水平的各项指标中，指标农户对社会化服务的满意程度所占权重最大，指标社会化服务主体数量次之，指标社会化服务覆盖率的权重最小，见表 15-4。但总体来说，3 项指标所占权重的差距不大。

表 15-4 多元化服务水平各项指标效用值及权重

多元化服务水平	社会化服务主体数量	社会化服务覆盖率	农户对社会化服务的满意程度
熵值（e_j）	0.965 6	0.965 8	0.962 3
效用值（g_j）	0.034 4	0.034 2	0.037 7
权重（a_j）	0.323 6	0.321 7	0.354 7

在产业化经营程度的各项指标中，指标产业化经营主体发展状况所占权重最大，指标与农业龙头企业建立合同关系的比例次之，指标参加农业合作社的比例的权重最小，见表 15-5。

表 15-5　产业化经营程度各项指标效用值及权重

产业化经营程度	参加农业合作社的比例	与农业龙头企业建立合同关系的比例	产业化经营主体发展状况
熵值（e_j）	0.965 9	0.964 5	0.962 1
效用值（g_j）	0.034 1	0.035 5	0.037 9
权重（a_j）	0.317 2	0.330 2	0.352 6

在组织化协调效率的各项指标中，指标农户对合作社的满意程度、指标农户与农业龙头企业交易的稳定性、指标合作社对农户生产和销售的影响之间的权重差异不大，分别为 0.331 1、0.331 1 和 0.337 8，见表 15-6。

表 15-6　组织化协调效率各项指标效用值及权重

组织化协调效率	农户对合作社的满意程度	农户与农业龙头企业交易的稳定性	合作社对农户生产和销售的影响
熵值（e_j）	0.965 7	0.965 7	0.965 0
效用值（g_j）	0.034 3	0.034 3	0.035 0
权重（a_j）	0.331 1	0.331 1	0.337 8

在区域化空间拓展的各项指标中，指标区域品牌发展程度所占权重明显大于指标农业产业发展规模和指标农产品销售半径，见表 15-7，说明指标区域品牌发展程度提供的信息量最大。

表 15-7　区域化空间拓展各项指标效用值及权重

区域化空间拓展	农产品销售半径	农业产业发展规模	区域品牌发展程度
熵值（e_j）	0.965 9	0.964 6	0.954 5
效用值（g_j）	0.034 1	0.035 4	0.045 5
权重（a_j）	0.296 5	0.307 8	0.395 7

在市场化竞争能力的各项指标中，指标农产品市场占有率所占权重相对较大，指标农产品市场知名度和指标农产品外销率所占权重相同，均为 0.331 7，见表 15-8。总体而言，3 项指标所占权重的差距不大。

表 15-8　市场化竞争能力各项指标效用值及权重

市场化竞争能力	农产品市场知名度	农产品市场占有率	农产品外销率
熵值（e_j）	0.966 0	0.965 5	0.966 0
效用值（g_j）	0.034 0	0.034 5	0.034 0
权重（a_j）	0.331 7	0.336 6	0.331 7

二、准则层各指标效用值及权重

通过计算各类指标的效用值，可以进一步求得准则层各项指标的权重值，结果如表 15-9 所示。从表 15-9 可以看出，指标集约化发展水平的权重最大，指标市场化竞争能力的权重最小。这说明指标集约化发展水平提供的信息量最大，指标市场化竞争能力提供的信息量最少。

表 15-9 准则层各指标效用值及权重

指标	集约化发展水平	专业化分工程度	多元化服务水平	产业化经营程度	组织化协调效率	区域化空间拓展	市场化竞争能力
效用值	0.137 6	0.113 8	0.106 4	0.107 4	0.103 5	0.114 9	0.102 6
权重	0.175 0	0.144 7	0.135 3	0.136 6	0.131 6	0.146 1	0.130 5

三、各级指标的权重及排名

由上层向下层逐层合成得到各个组成因素相较于总目标的权重值即组合权重，并对各层指标的权重进行排名，最终结果如表 15-10 所示。

表 15-10 各级指标权重及排名

总指标	一级指标	二级指标	二级指标权重	二级指标权重排名	一级指标权重	一级指标权重排名
农业产业组织体系效率（A）	B_1	C_1	0.066 5	1	0.175 0	1
		C_2	0.050 3	4		
		C_3	0.058 2	2		
	B_2	C_4	0.049 9	5	0.144 7	3
		C_5	0.045 3	9		
		C_6	0.049 6	6		
	B_3	C_7	0.043 8	14	0.135 3	5
		C_8	0.043 5	17		
		C_9	0.048 0	84		
	B_4	C_{10}	0.043 3	19	0.136 6	4
		C_{11}	0.045 1	10		
		C_{12}	0.048 2	7		

续表

总指标	一级指标	二级指标	二级指标权重	二级指标权重排名	一级指标权重	一级指标权重排名
农业产业组织体系效率（A）	B_5	C_{13}	0.043 6	16	0.131 6	6
		C_{14}	0.043 6	15		
		C_{15}	0.044 5	12		
	B_6	C_{16}	0.043 3	18	0.146 1	2
		C_{17}	0.045 0	11		
		C_{18}	0.057 8	3		
	B_7	C_{19}	0.043 3	21	0.130 5	7
		C_{20}	0.043 9	13		
		C_{21}	0.043 3	20		

第十六章　不同产业类型农业产业组织体系的效率与比较：实证研究

第一节　数据来源与不同产业类型农户生产经营的基本特征分析

为了解不同产业类型农户的生产经营情况及参与电子商务的情况，2016年1~2月，浙江大学中国农村发展研究院联合三农协会，组织浙江大学学生利用寒假回家的机会对全国各地从事种植和养殖的普通农户和种养大户进行走访和问卷调查，共获得有效问卷1 031份，其中普通农户601户，种养大户430户①。本次调查的对象遍布全国25个省（自治区、直辖市）112个市（自治州、地区），具有广泛的地域代表性。从地区分布来看，530户来自东部沿海地区，252户来自中部地区，220户来自西部地区，29户来自东北地区②，分别占调查总数的51.4%、24.4%、21.3%和2.8%。从农产品类型来看，从事土地密集型粮食产业的农户占44.7%，从事劳动密集型种植业的农户占30.6%，从事劳动密集型养殖业的农户占24.7%③。

---

① 种养大户指主要从事规模化养殖和种植，种植或养殖规模明显大于当地传统农户的专业化农户。一般要求作物种植面积20亩及以上，或养殖生猪50头及以上、肉牛20头及以上、家禽1 000只及以上，水产养殖水面面积10亩及以上或养殖量5 000尾及以上。

② 国家统计局2011年6月13号的划分办法将我国的经济区域划分为东部、中部、东北和西部四大地区（未包括港澳台）。东部地区包括北京市、天津市、河北省、山东省、江苏省、上海市、浙江省、福建省、广东省、海南省，中部地区包括山西省、河南省、湖北省、湖南省、江西省、安徽省，东北地区包括黑龙江省、吉林省、辽宁省，西部地区包括重庆市、四川省、广西壮族自治区、贵州省、云南省、陕西省、甘肃省、内蒙古自治区、宁夏回族自治区、新疆维吾尔自治区、青海省、西藏自治区。

③ 土地密集型粮食产业主要包括谷类作物（如水稻、小麦、玉米、高粱）、薯类作物（如甘薯、马铃薯）及豆类作物；劳动密集型种植业主要包括蔬菜、水果、油料作物（如油菜、花生、油茶）、糖料作物（如甘蔗）、中药材、茶叶、烟草、花卉苗木等；劳动密集型养殖业主要包括禽类（如鸡、鸭、鹅）、畜类（如猪、牛、羊）、水产类（如鱼、虾）和特色养殖类（如蜜蜂、蚕）。

一、被调查农户户主的基本情况

（一）被调查农户户主的年龄情况

从被调查农户户主的年龄构成来看，35 岁以下的农户占 5.7%，35~45 岁的农户占 21.8%，46~55 岁的农户占 43.1%，56~65 岁的农户占 19.0%，65 岁以上的农户占 10.5%，被调查农户户主的年龄主要集中在 46~55 岁，见图 16-1。其中近三成被调查对象年龄在 55 岁以上，我国农业人口老龄化问题突显。

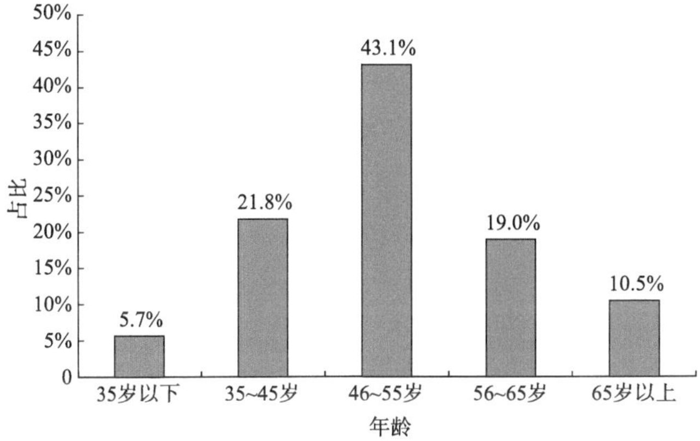

图 16-1　被调查农户户主的年龄构成情况

各项百分比之和不等于 100%是因为进行过舍入修约，后文类似问题不再标注

从产业类型与被调查农户年龄的关系来看，从事不同类型产业生产农户的年龄分布不存在显著差异，见表 16-1。

表 16-1　不同产业类型农户的年龄分布情况

年龄	35 岁以下	35~45 岁	46~55 岁	56~65 岁	65 岁以上	合计
土地密集型粮食产业	5.2%	22.6%	41.7%	18.6%	11.9%	100.0%
劳动密集型种植业	7.2%	18.4%	46.9%	17.4%	10.2%	100.0%
劳动密集型养殖业	5.2%	24.2%	40.3%	22.2%	8.1%	100.0%

（二）被调查农户户主的受教育程度

从被调查农户户主的受教育程度来看，10.8%的户主受教育程度为小学以下，28.2%的户主受教育程度为小学，39.1%的户主受教育程度为初中，16.3%的户主受教育程度为高中，只有 5.7%的户主受教育程度为高中以上，见图 16-2，户主受教育程度普遍偏低。

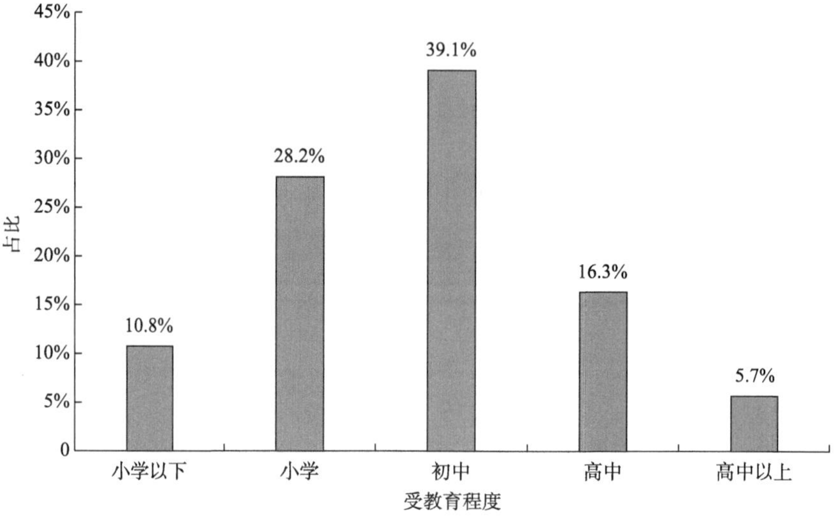

图 16-2 被调查农户户主的受教育程度情况

从产业类型与被调查农户受教育程度的关系来看，从事不同类型产业生产农户的受教育程度差别不是很大。相对而言，从事劳动密集型养殖业的农户，受教育程度在高中及以上的比例最高，其次是劳动密集型种植业，最后是土地密集型粮食产业，见表 16-2。说明劳动密集型农业产业对劳动力的受教育程度可能要求更高。

表 16-2 不同产业类型农户的受教育程度情况

受教育程度	小学以下	小学	初中	高中	高中以上	合计
土地密集型粮食产业	10.3%	31.5%	40.0%	14.4%	3.8%	100.0%
劳动密集型种植业	12.7%	24.8%	40.1%	16.0%	6.5%	100.0%
劳动密集型养殖业	9.7%	26.7%	36.4%	19.0%	8.1%	100.0%

（三）被调查农户户主的个人经历

从被调查农户户主的个人经历来看，67.5%的户主一直务农，58.9%的户主有外出打工经历，34.6%的户主有经商经历，14.4%的户主担任过村干部，13.2%的户主是中共党员，见表 16-3。从农产品类型与被调查农户个人经历的关系来看，从事土地密集型粮食产业的农户中，具有经商经历的户主比例明显低于劳动密集型种植业和劳动密集型养殖业。除此之外，其他个人经历在从事不同产业类型生产的农户中均未呈现显著差异。

表 16-3　不同产业类型农户的个人经历情况

个人经历	一直务农	有外出打工经历	有经商经历	担任过村干部	中共党员
土地密集型粮食产业	70.2%	61.3%	23.3%	13.0%	13.5%
劳动密集型种植业	64.2%	60.9%	43.3%	14.4%	13.2%
劳动密集型养殖业	67.9%	53.2%	45.7%	17.5%	13.5%
总体	67.5%	58.9%	34.6%	14.4%	13.2%

二、被调查农户家庭的基本情况

（一）被调查农户人口和劳动力情况

从被调查农户家庭的人口情况来看，家庭人口范围在 1~17 人，平均家庭人口 4.62 人。其中，4~5 人的家庭所占比重最大，为 53.9%，其次是人口数在 3 人及以下的家庭，占 24.6%，最后是人口数在 6 人及以上的家庭，占 21.5%，见图 16-3。从被调查农户家庭的劳动力情况来看，劳动力人口范围在 0~14 人，平均劳动力人口为 3.13 人。其中，劳动力人口为 3 人的家庭比例最高，占 31.1%，其次是 2 人，占 28.6%，然后依次是 4 人，占 24.3%，5 人，占 6.4%，1 人，占 3.7%，6 人，占 2.1%。

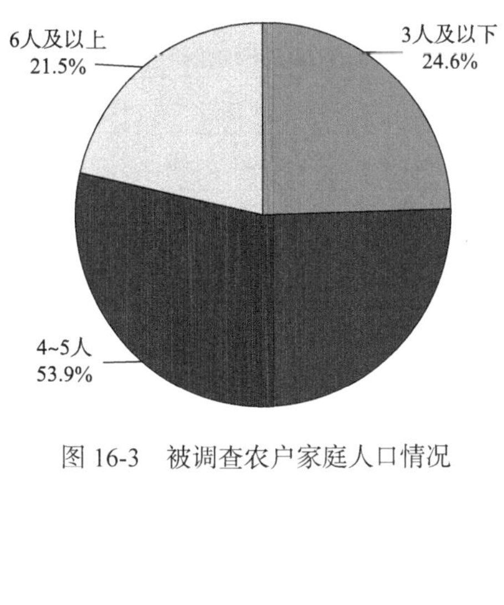

图 16-3　被调查农户家庭人口情况

（二）被调查农户土地经营和转租情况

从被调查农户的土地经营规模来看，面积最小的为 0 亩，最大的为 12 680 亩，平均为 73.75 亩。其中，土地面积在 5 亩以下的农户最多，占 43.2%，其次是 5~20 亩，占 31.5%，21~50 亩的农户占 12.5%，51~100 亩的占 4.5%，100 亩以上的占 8.4%，见图 16-4。在普通农户中，土地经营面积以 5 亩以下的居多。在种养大户中，21~50 亩的最多，其次是 100 亩以上，51~100 亩的最少。调查结果表明，我国绝大多数农户的土地经营还处于小规模水平，无法实现机械化耕作。

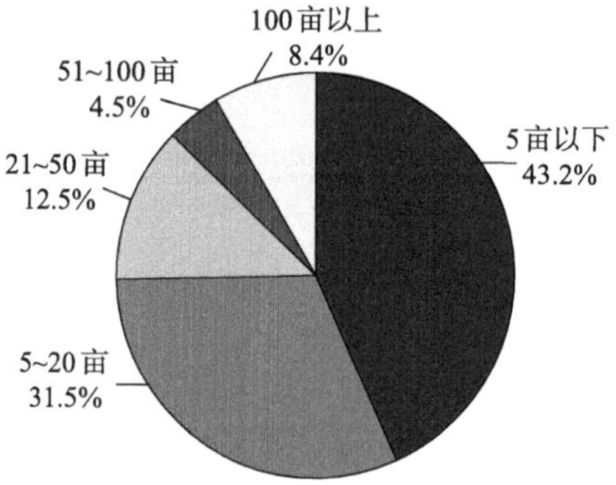

图 16-4 被调查农户土地经营规模分布情况

从产业类型与农户土地经营规模来看，从事土地密集型粮食产业的农户，土地经营规模在 20 亩以上的占 23.1%；从事劳动密集型种植业的农户，土地经营规模在 20 亩以上的占 32.7%；从事劳动密集型养殖业的农户，土地经营规模在 20 亩以上的占 19.5%，见表 16-4。调查结果表明，从事劳动密集型种植业的农户，土地经营规模大于土地密集型粮食产业大于劳动密集型养殖业。

表 16-4 不同产业类型农户的土地经营规模分布情况

土地规模	5 亩以下	5~20 亩	21~50 亩	51~100 亩	100 亩以上	合计
土地密集型粮食产业	42.7%	34.2%	11.2%	3.8%	8.1%	100.0%
劳动密集型种植业	38.7%	28.5%	16.7%	6.2%	9.8%	100.0%
劳动密集型养殖业	49.8%	30.7%	10.0%	2.6%	6.9%	100.0%

从被调查农户的土地转租情况来看，412 个农户具有转租行为，占总调查农户的 40.0%。其中，从事劳动密集型种植业的农户具有转租行为的比例最高，为 54.9%，其次是土地密集型粮食产业，为 34.4%，劳动密集型养殖业最低，为 31.3%。关于转租面积，转租面积最小为 1 亩，最大为 12 680 亩，平均转租面积 132.9 亩，占转租农户平均经营土地面积的比例为 89.4%。其中，转租面积在 5 亩以下的占

29.5%，5~20 亩的占 29.7%，21~50 亩的占 15.2%，51~100 亩的占 7.5%，100 亩以上的占 18.1%，见图 16-5。

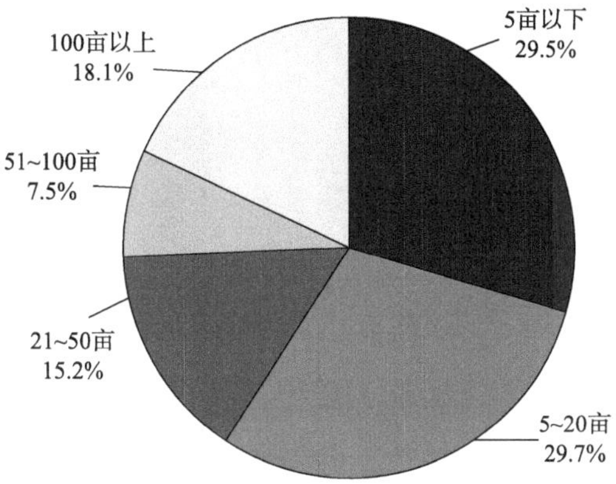

图 16-5 农户转租土地面积分布情况

从产业类型与农户土地转租面积的关系来看，从事土地密集型粮食产业的农户，土地转租面积在 20 亩以上的占 38.0%；从事劳动密集型种植业的农户，土地经营规模在 20 亩以上的占 42.7%；从事劳动密集型养殖业的农户，土地经营规模在 20 亩以上的占 42.3%，见表 16-5。调查结果表明，从事劳动密集型种植业和劳动密集型养殖业的农户，土地转租面积明显大于土地密集型粮食产业。

表 16-5 不同产业类型农户转租土地面积分布情况

土地规模	5 亩以下	5~20 亩	21~50 亩	51~100 亩	100 亩以上	合计
土地密集型粮食产业	33.5%	28.4%	9.7%	7.7%	20.6%	100.0%
劳动密集型种植业	23.7%	33.7%	17.8%	8.3%	16.6%	100.0%
劳动密集型养殖业	32.1%	25.6%	21.8%	3.8%	16.7%	100.0%

（三）被调查农户家庭收入情况

从被调查农户的家庭收入情况来看，被调查农户 2015 年家庭毛总收入在 3 万元以下的比例最高，为 24.1%，其次是 6 万~10 万元，占 21.7%，然后依次是 3 万~5 万元，占 18.3%，11 万~20 万元，占 17.7%，21 万~50 万元，占 11.4%，50 万元以上，占 6.9%，见图 16-6。

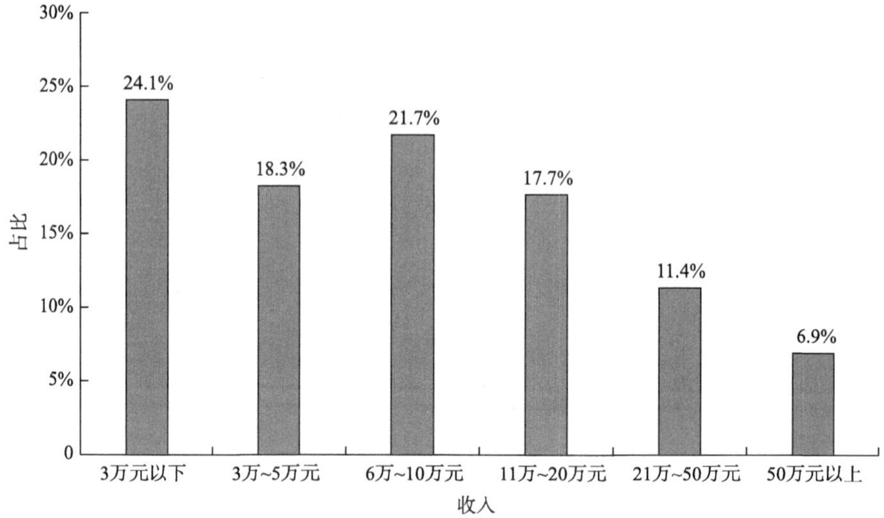

图 16-6　被调查农户家庭毛总收入情况

从产业类型与被调查农户家庭毛总收入的关系来看，从事土地密集型粮食产业的农户，家庭毛总收入在 3 万元以下的最多，占 33.7%，其次是 3 万~5 万元，占 24.7%，6 万~10 万元的占 20.9%。从事劳动密集型种植业的农户，家庭毛总收入在 11 万~20 万元的最多，占 22.8%，其次是 6 万~10 万元，占 22.1%，3 万元以下的占 19.1%。从事劳动密集型养殖业的农户，家庭收入主要集中在 6 万~50 万元，其中 11 万~20 万元的最多，占 24.2%，其次是 6 万~10 万元，占 23.4%，21 万~50 万元的占 19.7%，见表 16-6。由调查结果可知，从事不同类型产业生产的农户收入由高到低排序依次是劳动密集型养殖业、劳动密集型种植业、土地密集型粮食产业。从事土地密集型粮食产业的农户收入较低，国家应进一步加大补贴力度。

表 16-6　不同产业类型农户的毛总收入情况

收入	3 万元以下	3 万~5 万元	6 万~10 万元	11 万~20 万元	21 万~50 万元	50 万元以上	合计
土地密集型粮食产业	33.7%	24.7%	20.9%	11.0%	6.5%	3.1%	100.0%
劳动密集型种植业	19.1%	14.5%	22.1%	22.8%	12.2%	9.2%	100.0%
劳动密集型养殖业	11.5%	11.1%	23.4%	24.2%	19.7%	10.2%	100.0%

从被调查农户农业收入占家庭总收入的比例情况来看，农业收入占家庭总收入比例在 20%以下和 80%以上的农户最多，分别占 30.7%和 30.8%，农业收入占家庭总收入 41%~60%的农户最少，只占 8.9%，见图 16-7。两者关系呈现出“两端多，中间少”的 U 形特征。

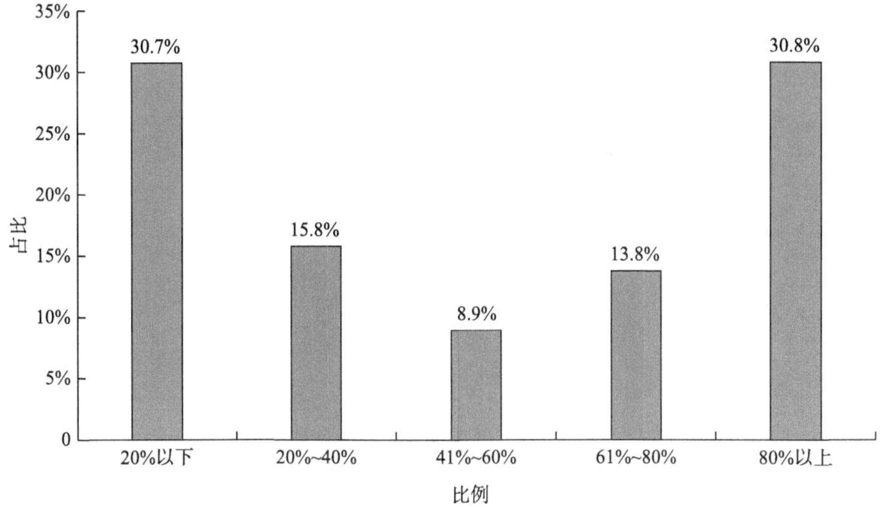

图 16-7　被调查农户农业收入占家庭总收入比例情况

从产业类型与被调查农户农业收入占家庭总收入比例的关系来看，从事土地密集型粮食产业的农户，其农业收入占比在 20%以下的最多，为 36.9%，其次是 20%~40%，占 21.2%。而从事劳动密集型种植业和劳动密集型养殖业的农户，其农业收入占比在 80%以上的最多，分别占 38.5%和 38.7%，其次是 20%以下，均为 26.1%，见表 16-7。调查结果表明，从事劳动密集型种植业和劳动密集型养殖业农户的农业收入占家庭总收入的比例高于从事土地密集型粮食产业的农户。

表 16-7　不同产业类型农户农业收入占家庭总收入情况

农业收入占比	20%以下	20%~40%	41%~60%	61%~80%	80%以上	合计
土地密集型粮食产业	36.9%	21.2%	9.3%	11.8%	20.7%	100.0%
劳动密集型种植业	26.1%	12.0%	8.4%	15.1%	38.5%	100.0%
劳动密集型养殖业	26.1%	10.5%	9.7%	15.1%	38.7%	100.0%

从被调查农户的总体收入水平情况来看，绝大多数（48.7%）的被调查农户认为自己在当地属于中等水平，18.7%属于中等偏上水平，4.0%属于高水平，认为自己在当地属于中等偏下水平的占 22.5%，低水平的占 6.1%，见图 16-8。

从产业类型与农户的总体收入水平之间的关系来看，从事土地密集型粮食产业的农户，总体收入水平在中等以上的占 15.7%；从事劳动密集型种植业的农户，总体收入水平在中等以上的占 22.4%；从事劳动密集型养殖业的农户，总体收入水平在中等以上的占 36.5%，见表 16-8。调查结果表明，从事劳动密集型养殖业的

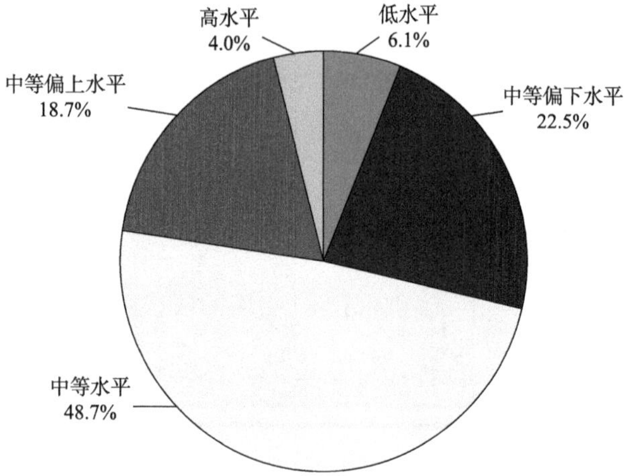

图 16-8 被调查农户的总体收入水平情况

农户总体收入水平高于从事劳动密集型种植业的农户高于从事土地密集型粮食产业的农户。

表 16-8 不同产业类型农户总体收入水平情况

总体收入水平	低水平	中等偏下水平	中等水平	中等偏上水平	高水平	合计
土地密集型粮食产业	8.4%	26.4%	49.5%	14.1%	1.6%	100.0%
劳动密集型种植业	6.3%	17.8%	53.5%	16.8%	5.6%	100.0%
劳动密集型养殖业	2.0%	19.8%	41.7%	30.4%	6.1%	100.0%

（四）其他基本情况

（1）是否登记为家庭农场。在所有被调查农户中，已经登记为家庭农场的占12.2%。其中，从事劳动密集型养殖业的农户登记为家庭农场的比例最高，为22.7%，其次是劳动密集型种植业，为12.3%，土地密集型粮食产业最低，为6.3%，见图16-9。调查结果表明，从事不同类型产业生产的农户，登记为家庭农场的比例存在显著差异，从事劳动密集型养殖业的农户更倾向于登记为家庭农场。

（2）是否参与合作社。在所有被调查农户中，参与合作社的农户占18.7%。其中，从事劳动密集型种植业的农户参与合作社比例最高，为22.4%，其次是劳动密集型养殖业，为20.7%，土地密集型粮食产业最低，为9.0%，见图16-10。调查结果表明，从事劳动密集型种植业和劳动密集型养殖业的农户参与合作社的比例显著高于从事土地密集型粮食产业的农户。

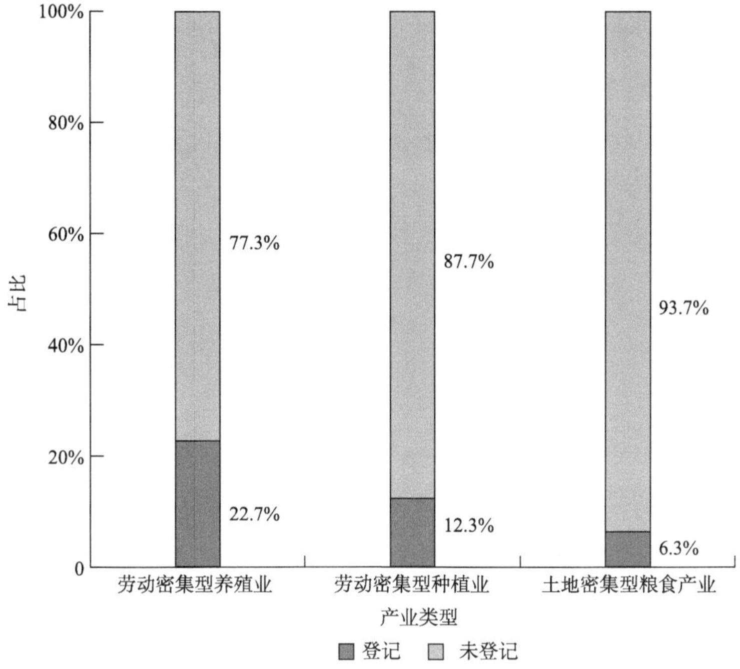

图 16-9　不同产业类型农户登记家庭农场情况

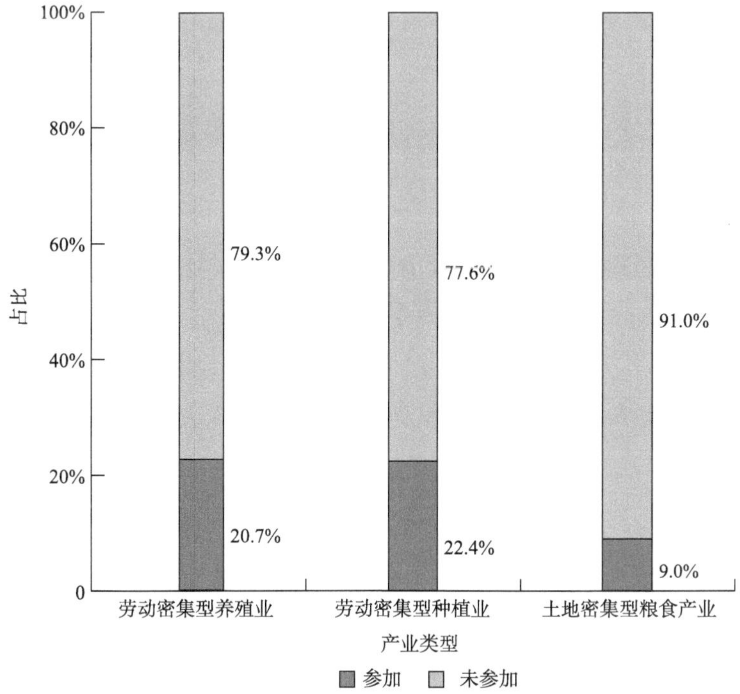

图 16-10　不同产业类型农户参与合作社情况

（3）是否与龙头企业建立合同关系。在所有被调查农户中，与相关农业龙头企业建立合同关系的占 13.2%。其中，从事劳动密集型养殖业的农户与龙头企业建立合同关系的比例最高，为 20.3%，其次是劳动密集型种植业，为 13.1%，土地密集型粮食产业最少，为 7.2%，见图 16-11。调查结果表明，从事劳动密集型养殖业的农户与龙头企业建立合同关系的比例高于劳动密集型种植业高于土地密集型粮食产业。

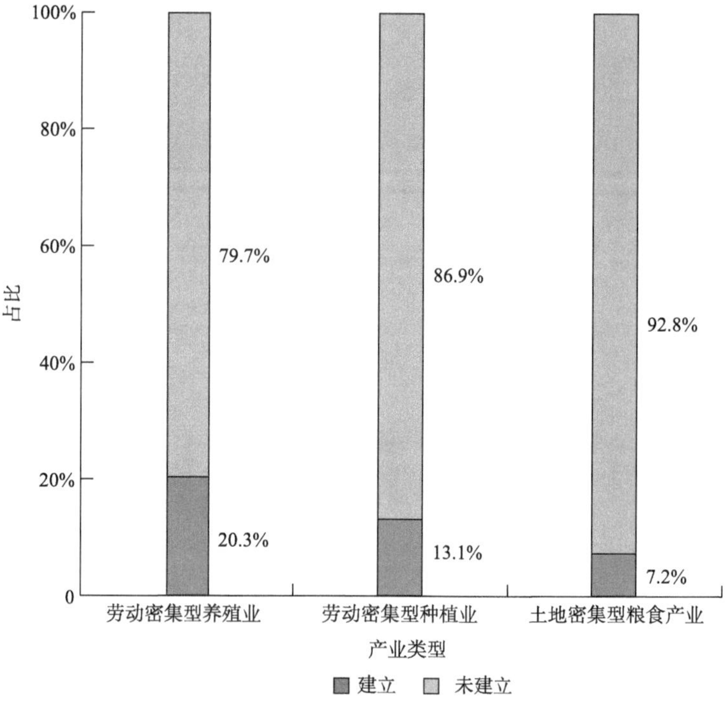

图 16-11　不同产业类型农户与龙头企业建立合同关系情况

三、被调查农户生产经营基本情况

（一）被调查农户生产最主要农产品情况

从被调查农户生产的最主要农产品情况来看，在土地密集型粮食产业中，种植水稻的农户最多，占 47.6%，其次是玉米，占 26.9%，小麦占 17.6%，其他农产品占 8.0%，见图 16-12。在劳动密集型种植业中，种植水果的农户最多，占 34.1%，其次是蔬菜，占 29.5%，然后依次是花卉苗木占 9.7%，油料作物占 9.4%，茶叶占 7.8%，中药材占 4.5%，烟草占 3.2%，其他占 1.6%，见图 16-13。在劳动密集型养殖业中，养猪的农户最多，占 37.8%，其次是养鸡，占 25.7%，然后依次是养鱼占 7.2%，养羊占 6.4%，养鸭占 5.2%，养牛占 4.8%，其他占 12.9%，见图 16-14。

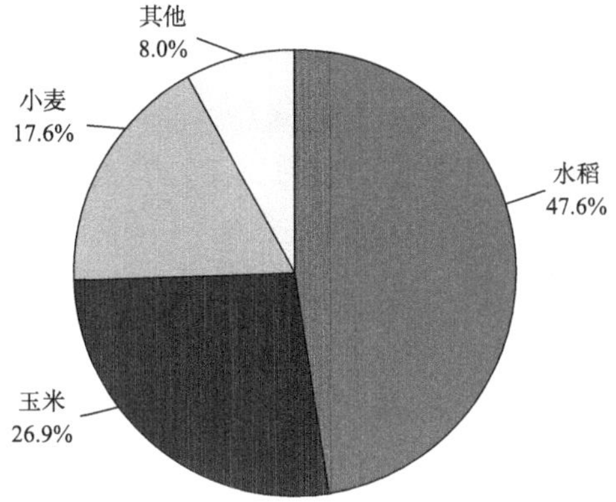

图 16-12　土地密集型粮食产业主要农产品构成情况

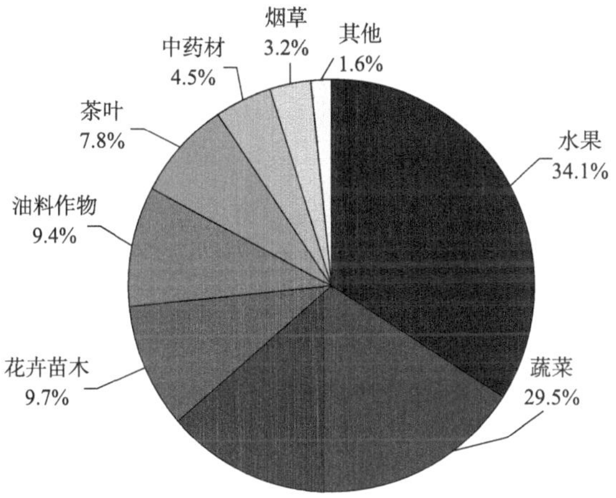

图 16-13　劳动密集型种植业主要农产品构成情况

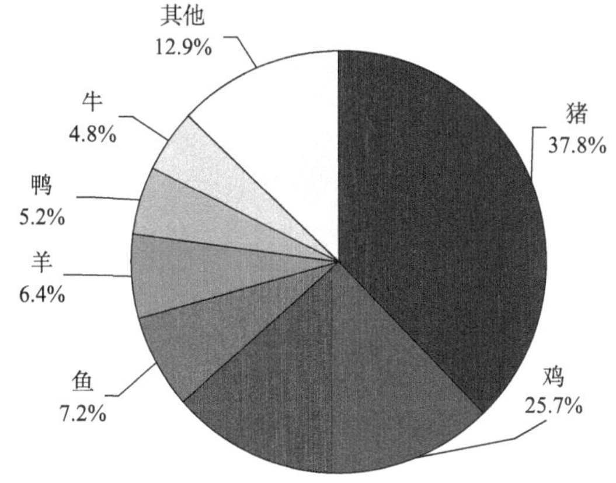

图 16-14　劳动密集型养殖业主要农产品构成情况

（二）被调查农户主要经营农产品年产值

从被调查农户主要经营农产品年产值来看，2015 年被调查农户主营农产品的年产值范围为 0~3 000 万元，年平均产值为 39.55 万元。其中，产值在 1 万元以下的农户占 32.8%，1 万~5 万元的占 27.0%，6 万~10 万元的占 8.6%，11 万~50 万元的占 21.0%，50 万元以上的占 10.6%，见图 16-15。调查结果表明，半数以上被调查农户主要经营农产品的年产值在 5 万元以下。

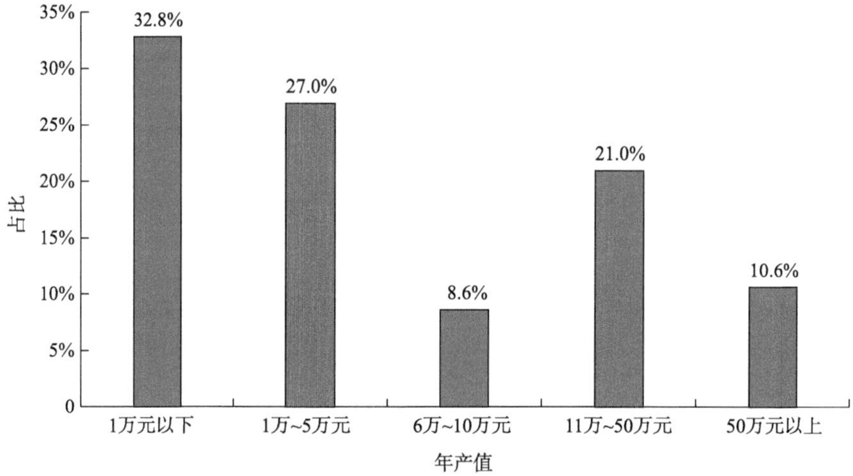

图 16-15　被调查农户 2015 年主要经营农产品年产值

从不同产业类型来看，从事土地密集型粮食产业的农户 2015 年主营农产品的平均年产值为 13.4 万元，劳动密集型种植业为 30.7 万元，劳动密集型养殖业为 116.5 万元。说明劳动密集型养殖业的农产品年产值高于劳动密集型种植业高于土地密集型粮食产业。

（三）被调查农户主要经营农产品用途

从被调查农户主要经营农产品的用途来看，69.1%的农产品用作食用，10.0%的农产品用作原料，20.9%的农产品用作其他，见图 16-16。

从产业类型与主要农产品用途的关系来看，土地密集型粮食产业、劳动密集型种植业和劳动密集型养殖业三者的主要农产品用途差别不是很大。相对而言，劳动密集型养殖业的农产品用于食用的比例高于其他两个产业，用作原料的比例则相较于其他两个产业更低，见图 16-17。

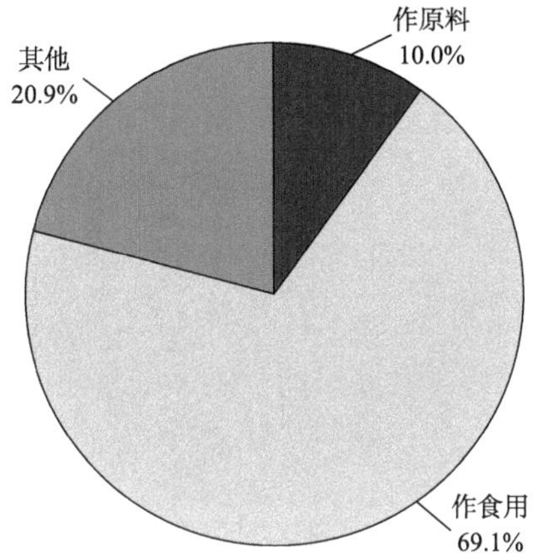

图 16-16　被调查农户生产经营主要农产品用途

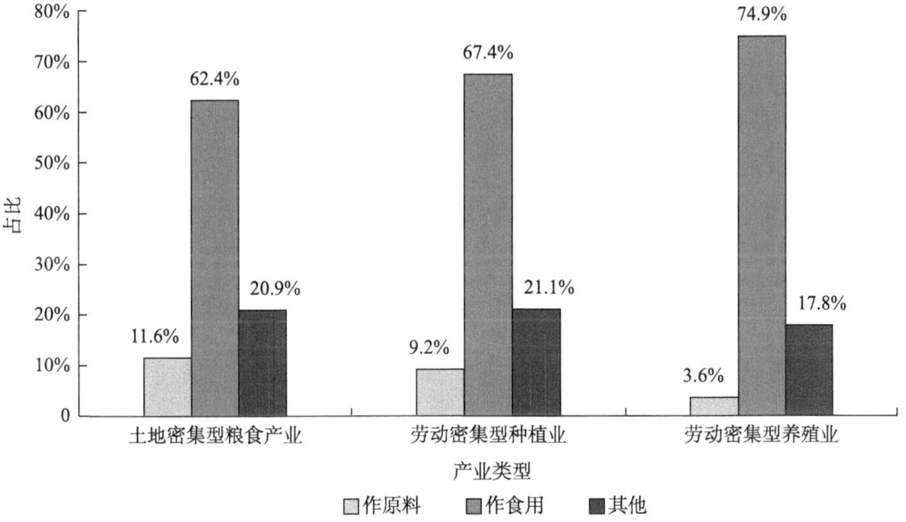

图 16-17　不同产业类型的农产品主要用途

四、当地农业产业组织体系发展及各种产业主体关系情况

（一）被调查农户所在地农产品种植或养殖规模情况

从被调查农户所在地农产品种植或养殖规模来看，31.9%的农户表示只有零零星星几户生产，35.9%的农户表示已有一定规模，32.1%的农户则表示家家户户都种植（或养殖），见图 16-18。调查结果表明，部分农产品已在当地形成集聚。

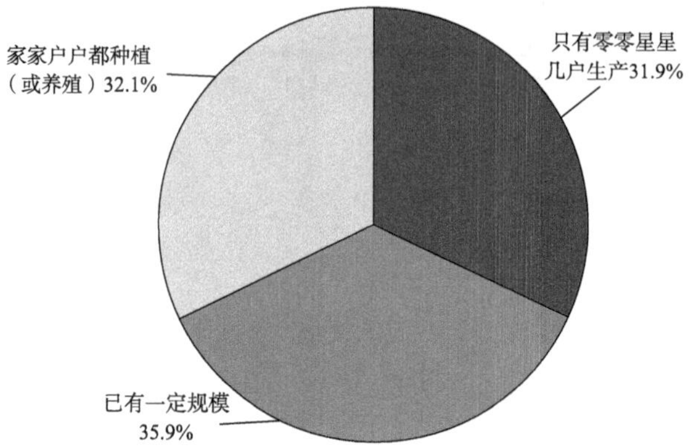

图 16-18　被调查农户所在地农产品种植或养殖规模

从产业类型与被调查农户所在地农产品种植或养殖规模的关系来看，从事土地密集型粮食产业的农户中，选择“家家户户都种植（或养殖）”的比例最高；从事劳动密集型种植业的农户中，选择“已有一定规模”的比例最高；从事劳动密集型养殖业的农户中，选择“只有零零星星几户生产”的比例最高，见图 16-19。调查结果表明，土地密集型粮食产业的产业集聚度高于劳动密集型种植业高于劳动密集型养殖业。

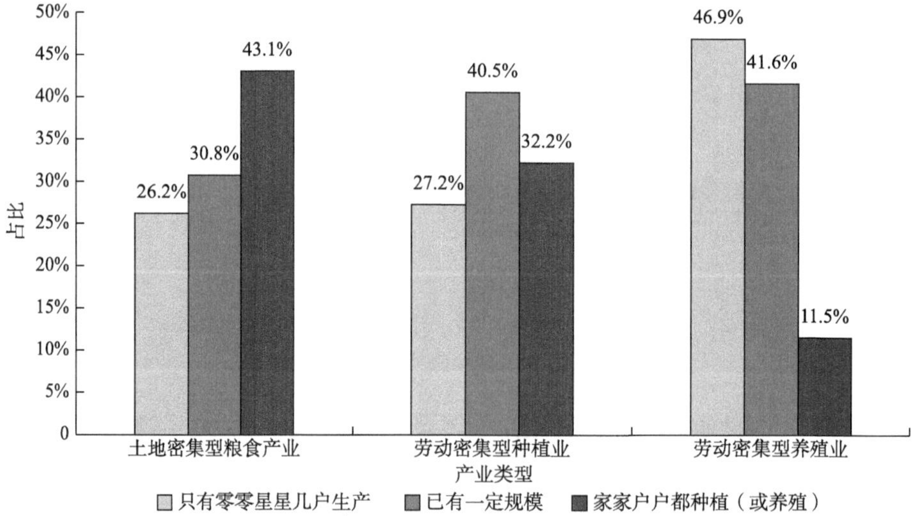

图 16-19　不同产业类型农户所在地农产品种植或养殖规模

（二）被调查农户所在地农户农业生产规模

从被调查农户所在地农户生产规模来看，15.7%的被调查农户表示自己所在地从事该农产品生产的农户规模普遍比较大，49.3%的被调查农户表示规模一般，还有 35.0%的被调查农户表示规模比较小，见图 16-20。这说明当前我国农业生产的规模化水平仍然偏低。

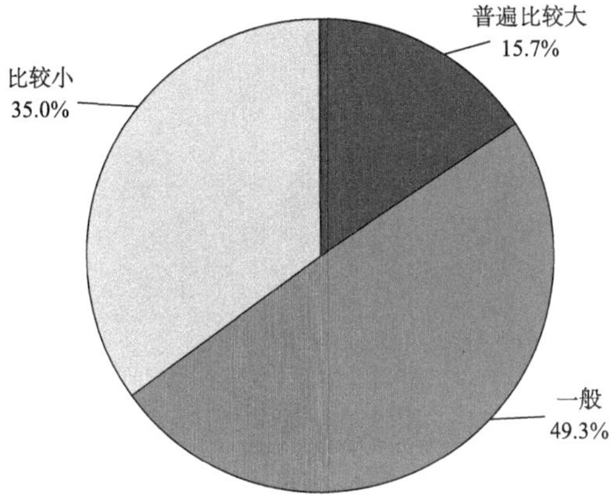

图 16-20 被调查农户所在地农户农业生产规模

从产业类型与农户所在地农户农业生产规模的关系来看，土地密集型粮食产业中，选择“普遍比较大”农户的占 13.7%，选择“一般”的占 45.1%，选择“比较小”的占 41.2%；劳动密集型种植业中，选择“普遍比较大”农户的占 18.2%，选择“一般”的占 54.2%，选择“比较小”的占 27.6%；劳动密集型养殖业中，选择“普遍比较大”农户的占 16.7%，选择“一般”的占 51.0%，选择“比较小”的占 32.2%，见图 16-21。调查结果表明，从事劳动密集型种植业的农户，其所在地的农户农业生产规模最大，其次是劳动密集型养殖业，最后是土地密集型粮食产业。

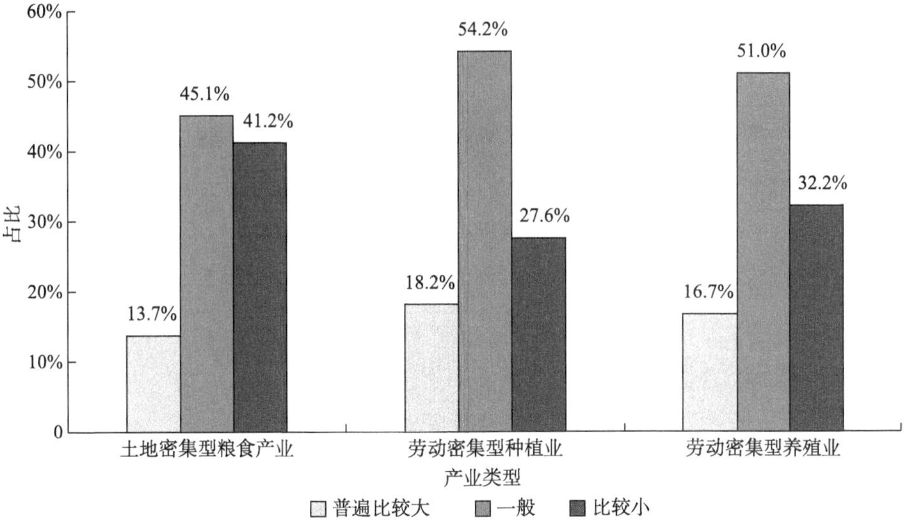

图 16-21 不同产业类型农户所在地农户农业生产规模

（三）被调查农户所在地农产品商贩数量

从被调查农户所在地从事该农产品收购的商贩数量来看，10.9%的被调查农户表示没有，63.9%的农户表示有一些，25.3%的农户表示比较多，见图 16-22。

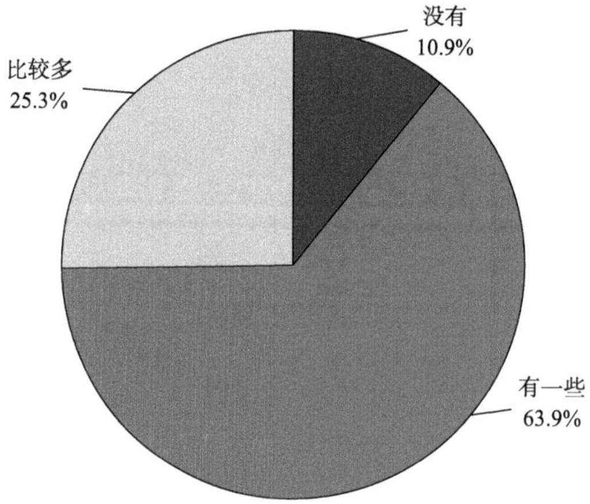

图 16-22 被调查农户所在地农产品商贩数量

从产业类型与农户所在地从事该农产品收购的商贩数量之间的关系来看，土地密集型粮食产业中，选择“没有”的占 10.8%，“有一些”的占 64.0%，“比较多”的占 25.2%；劳动密集型种植业中，选择“没有”的占 11.4%，“有一些”的占 61.7%，“比较多”的占 26.8%；劳动密集型养殖业中，选择“没有”的占 8.8%，“有一些”的占 67.5%，“比较多”的占 23.8%，见表 16-9。可见，三种产业类型农户所在地从事该农产品收购的商贩数量并不存在显著差异。

表 16-9 不同产业类型农户所在地农产品商贩数量

商贩数量	没有	有一些	比较多	合计
土地密集型粮食产业	10.8%	64.0%	25.2%	100.0%
劳动密集型种植业	11.4%	61.7%	26.8%	100.0%
劳动密集型养殖业	8.8%	67.5%	23.8%	100.0%

（四）被调查农户所在地龙头企业情况

从被调查农户所在地从事该农产品收购或加工的龙头企业数量来看，55.7%的农户表示没有，40.2%的农户表示有一些，只有 4.1%的农户表示比较多，见图 16-23。调查结果表明，被调查农户所在地龙头企业数量较少，因而在带动农户方面作用较弱。

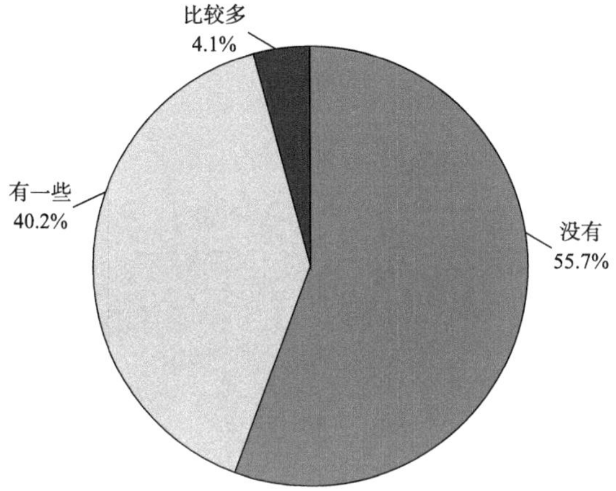

图 16-23　被调查农户所在地龙头企业数量

从产业类型与农户所在地龙头企业数量的关系来看，从事土地密集型粮食产业的农户，其所在地龙头企业比较多的占 2.8%，从事劳动密集型种植业的农户，其所在地龙头企业数量比较多的占 4.0%，从事劳动密集型养殖业的农户，其所在地龙头企业数量比较多的占 7.1%，见图 16-24。由调查结果可知，从事劳动密集型养殖业的农户所在地龙头企业数量略高于其他两种产品类型，其中土地密集型粮食产业最低。

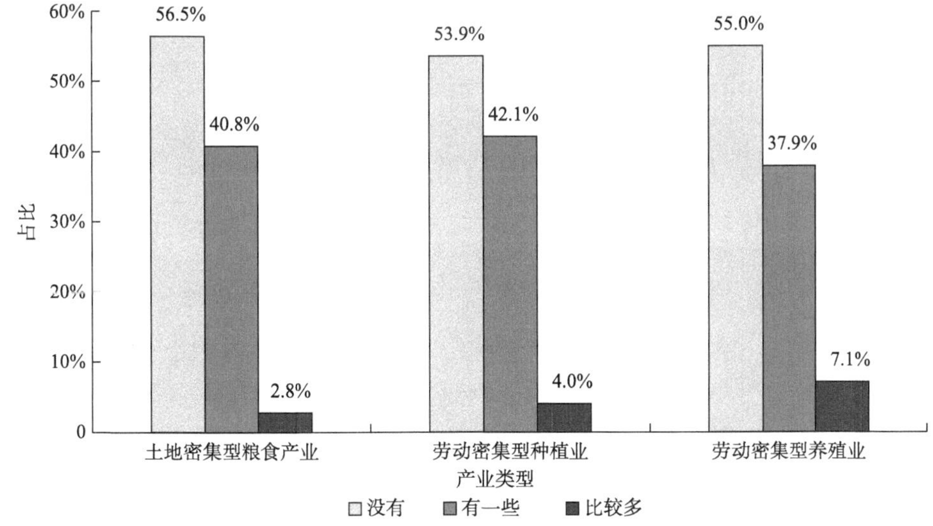

图 16-24　不同产业类型农户所在地龙头企业数量

（五）被调查农户与企业建立稳定交易关系情况

从被调查农户所在地农户与企业建立稳定交易关系情况来看，57.0%的农户表示其所在地没有农户与企业建立稳定交易关系，36.8%的农户表示有一些，只有6.3%的农户表示比较多，见图 16-25。

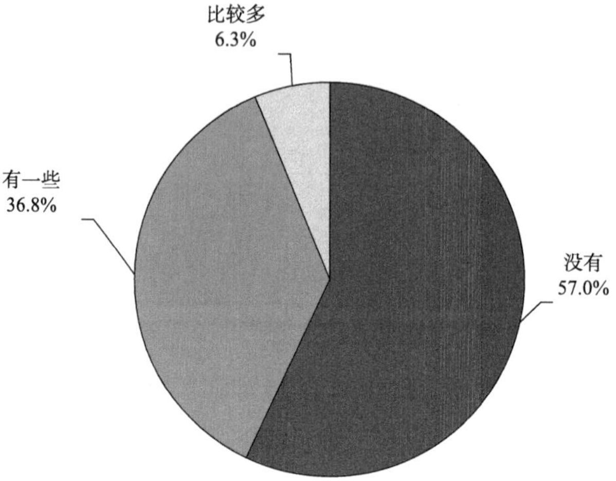

图 16-25　被调查农户所在地农户与企业建立稳定交易关系情况

从不同产业类型农户所在地农户与企业建立稳定交易关系的情况来看，土地密集型粮食产业中，没有与企业建立稳定交易关系的占 62.2%，有一些的占 33.8%，比较多的占 4.0%；劳动密集型种植业中，没有与企业建立稳定交易关系的占 52.9%，有一些的占 40.1%，比较多的占 7.1%；劳动密集型养殖业中，没有与企业建立稳定交易关系的占 51.5%，有一些的占 39.8%，比较多的占 8.7%，见图 16-26。调查结果表明，劳动密集型种植业和劳动密集型养殖业的农户与企业建立稳定交易关系相对于土地密集型粮食产业更为普遍。

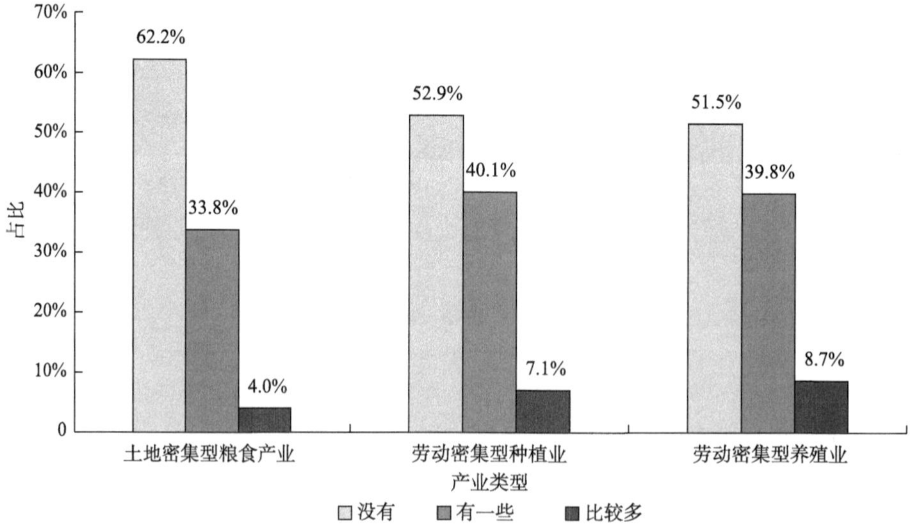

图 16-26　不同产业类型农户所在地与企业建立稳定交易关系情况

（六）被调查农户所在地合作社情况

从被调查农户所在地农产品合作社数量来看，52.0%的被调查农户表示所在地没有合作社，43.3%的农户表示有一些，只有4.7%的农户表示比较多，见图16-27。从产业类型与农户所在地合作社数量的关系来看，不同产业类型农户所在地合作社数量并不存在显著差异，见表16-10。

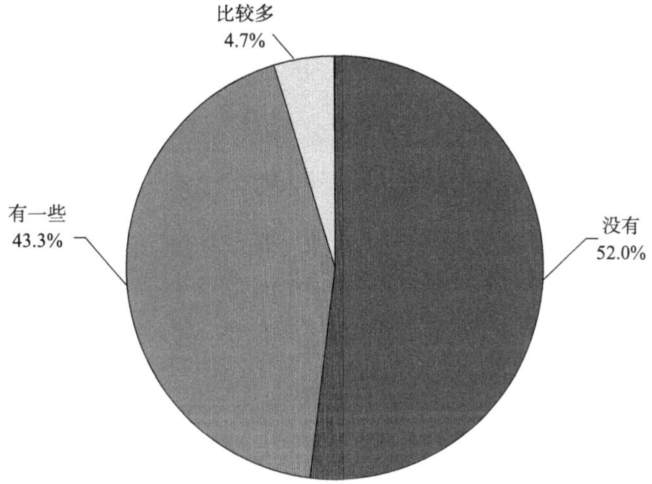

图16-27　被调查农户所在地合作社数量

表16-10　不同产业类型农户所在地合作社数量

合作社数量	没有	有一些	比较多	合计
土地密集型粮食产业	51.7%	43.3%	5.0%	100.0%
劳动密集型种植业	51.7%	43.6%	4.7%	100.0%
劳动密集型养殖业	51.9%	43.5%	4.6%	100.0%

从农户参与合作社的普遍程度来看，80.9%的被调查农户感觉不普遍，15.4%的农户感觉比较普遍，只有3.6%的农户感觉很普遍，见图16-28。调查结果表明，农户参与合作社水平的普遍偏低，主要原因是所在地合作社数量较少。

从产业类型与农户所在地农户参与合作社普遍程度来看，从事劳动密集型种植业的农户所在地，农户参与合作社的普遍程度高于劳动密集型养殖业高于土地密集型粮食产业，见图16-29。

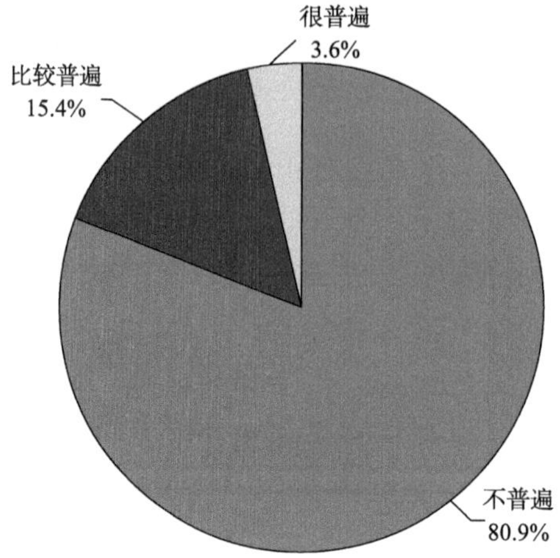

图 16-28 被调查农户所在地农户参与合作社普遍程度

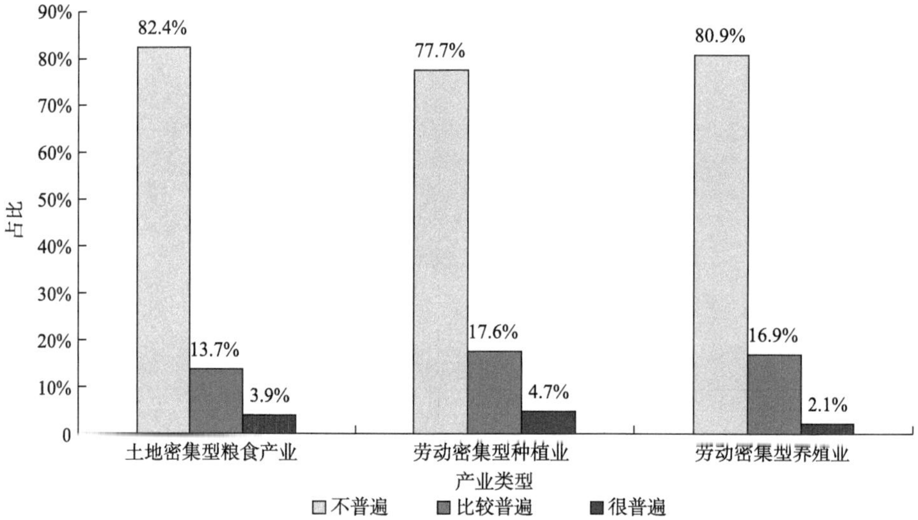

图 16-29 不同产业类型农户所在地农户参与合作社普遍程度

（七）被调查农户对合作社的看法

从被调查农户对合作社在当地产业发展中发挥作用的看法来看，51.1%的农户认为没有作用，41.0%的农户认为有点作用，只有 7.8%的农户认为作用很大，见图 16-30。从不同产业类型的农户对合作社在当地产业发展中作用的看法来看，三种产业类型之间并无太大区别。相对而言，劳动密集型种植业和劳动密集型养殖业中，认为作用很大的比例略高于土地密集型粮食产业，见图 16-31。

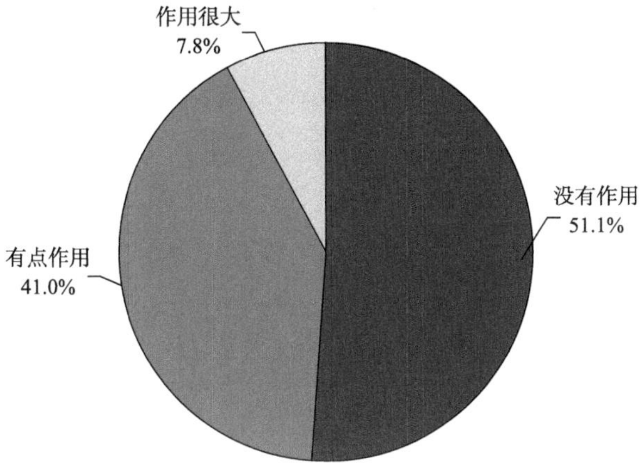

图 16-30 被调查农户对合作社在当地产业发展中作用的看法

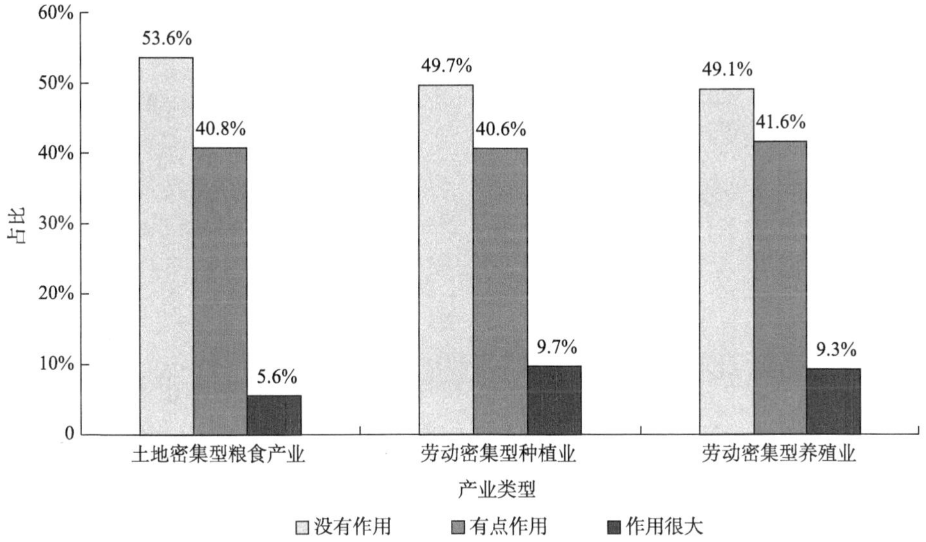

图 16-31 不同产业类型农户对合作社在当地产业发展中作用的看法

当问到“您认为将来农民专业合作社能否在当地产业中起主导作用”时，8.0%的农户认为不可能，51.7%的农户认为有可能，还有 40.3%的农户认为很难判断，见图 16-32。

从产业类型与农户对未来合作社能否主导当地产业发展看法的关系来看，从事不同产业类型生产农户的看法差别不大。相比而言，从事劳动密集型养殖业的农户认为未来合作社有可能主导当地产业发展的比例略高，为 56.7%，其次是劳动密集型种植业，为 54.3%，土地密集型粮食产业最低，为 48.3%，见图 16-33。

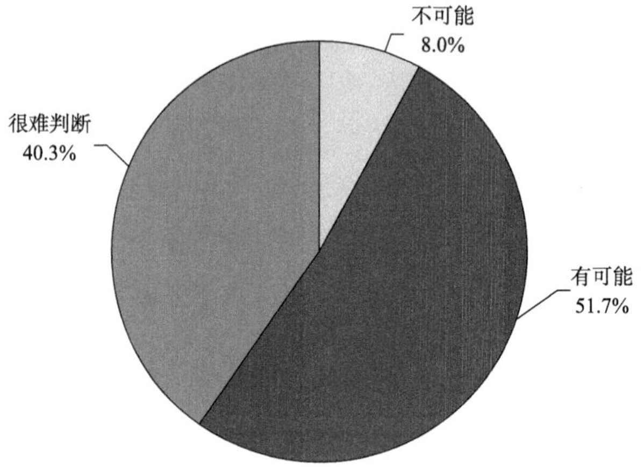

图 16-32　被调查农户对未来合作社能否主导当地产业发展的看法

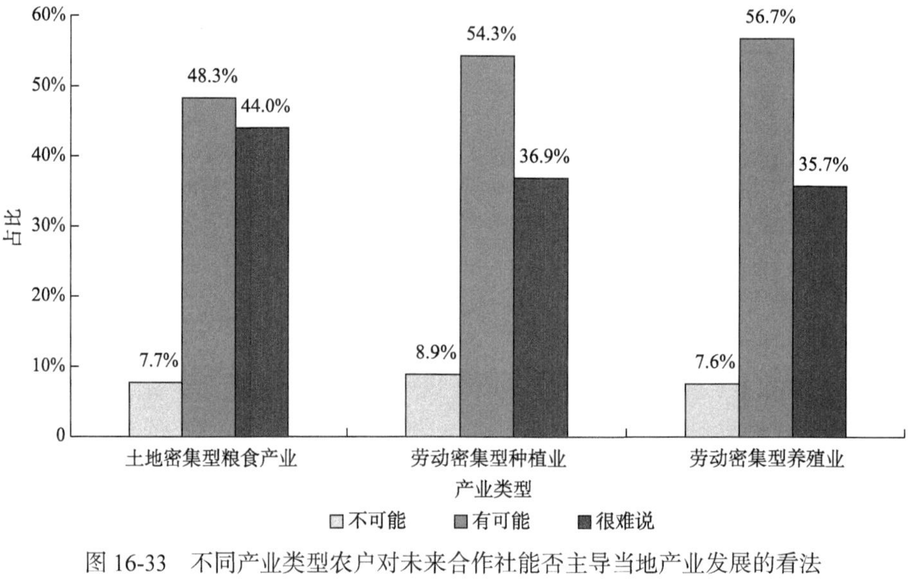

图 16-33　不同产业类型农户对未来合作社能否主导当地产业发展的看法

（八）被调查农户认为最理想的组织模式

从被调查农户认为最理想的组织模式来看，14.8%的被调查农户选择“农户+合作社”，21.6%的被调查农户选择“农户+公司”，63.5%的被调查农户选择“农户+合作社+公司”，见图 16-34。调查结果表明，农户更青睐“农户+合作社+公司”的组织模式。

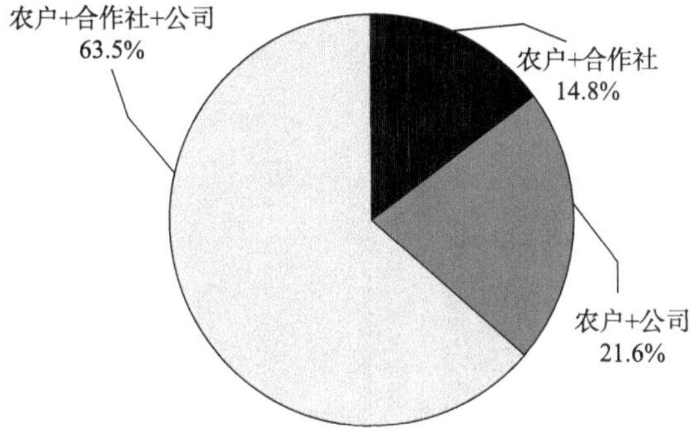

图 16-34　被调查农户认为最理想的组织模式

从产业类型与农户认为最理想的组织模式之间的关系来看，不同产业类型农户认为最理想的组织模式并无显著差异，见表 16-11。

表 16-11　不同产业类型农户认为最理想的组织模式

理想组织模式	农户+合作社	农户+公司	农户+合作社+公司	合计
土地密集型粮食产业	15.2%	21.5%	63.3%	100.0%
劳动密集型种植业	13.5%	21.2%	65.3%	100.0%
劳动密集型养殖业	16.3%	22.3%	61.4%	100.0%

（九）被调查农户所在地产业组织环境

从被调查农户所在地产业组织环境来看，交易市场相对较完善，政府也有一定支持，公用品牌和行业管理协会方面则相对较薄弱，见图 16-35。具体不同产业类型农户所在地的产业组织环境见图 16-36。

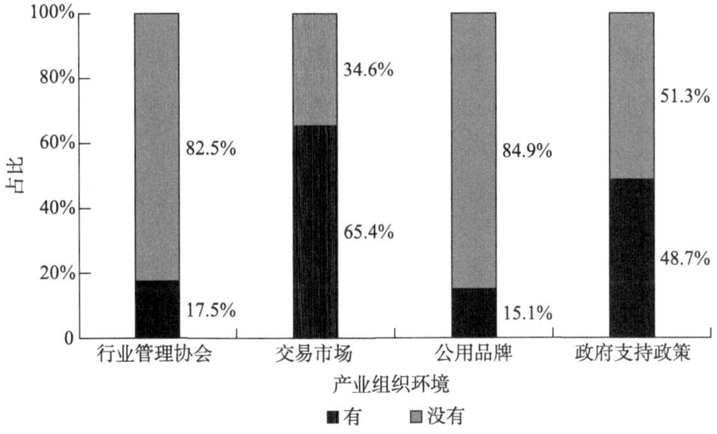

图 16-35　被调查农户所在地产业组织环境

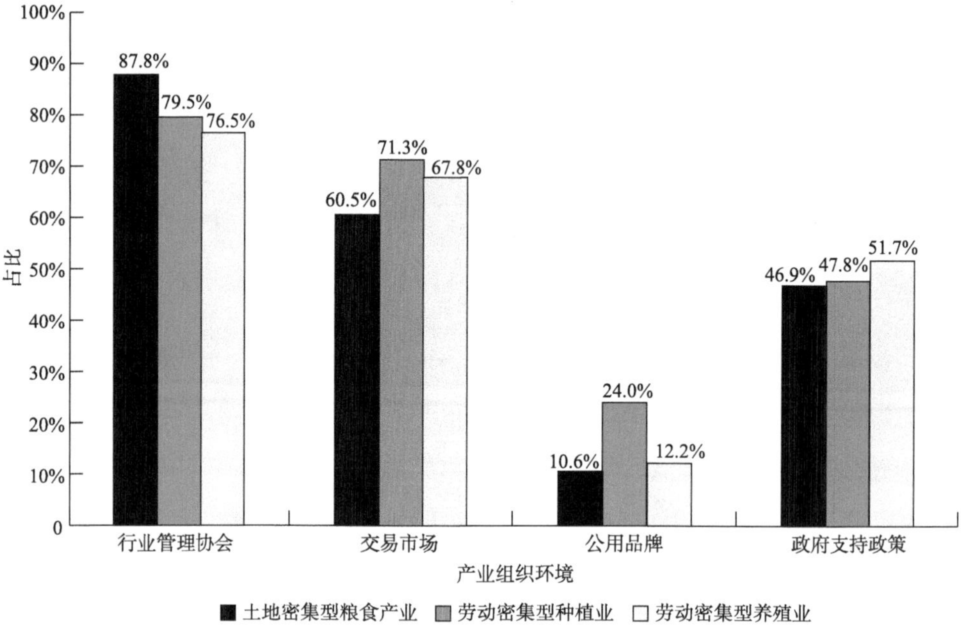

图 16-36 不同产业类型农户所在地产业组织环境

被调查农户所在地行业管理协会情况：17.5%的被调查农户所在地有行业管理协会，82.5%的被调查农户所在地没有。其中，从事土地密集型粮食产业的农户，其所在地有行业管理协会的占 87.8%，略高于另外两个产业。

被调查农户所在地农产品交易市场情况：65.4%的被调查农户所在地有该农产品的交易市场，34.6%的被调查农户所在地则没有。其中，从事劳动密集型种植业的农户，其所在地有该农产品交易市场的占 71.3%，略高于另外两个产业。

被调查农户所在地农产品销售的公用品牌情况：15.1%的被调查农户所在地有该农产品销售的公用品牌，剩下 84.9%的农户没有。其中，从事劳动密集型种植业的农户,其所在地有该农产品销售的公用品牌的占 24.0%,显著高于另外两个产业。

被调查农户所在地政府支持情况：48.7%的被调查农户表示当地政府有支持该农产品生产、加工与销售专门政策，51.3%的农户则表示没有。其中，从事劳动密集型养殖业的农户，其所在地政府有支持该农产品生产、加工与销售专门政策的占 51.7%，略高于另外两个产业。

从被调查农户所在地农产品市场的知名度来看，59.3%的被调查农户所在地该农产品没有市场知名度，35.0%的被调查农户所在地该农产品有一定市场知名度，还有 5.6%的被调查农户所在地该农产品市场知名度高，见图 16-37。

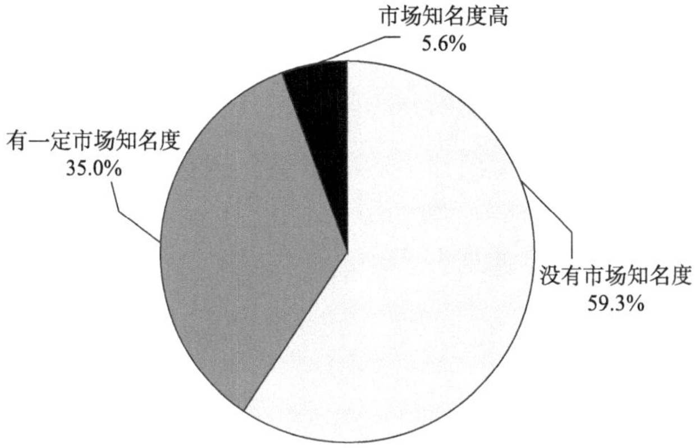

图 16-37　被调查农户所在地农产品市场知名度

从产业类型与农户所在地农产品市场知名度的关系来看，从事劳动密集型种植业的农户，其所在地该农产品市场知名度显著高于土地密集型粮食产业和劳动密集型养殖业，见图 16-38。

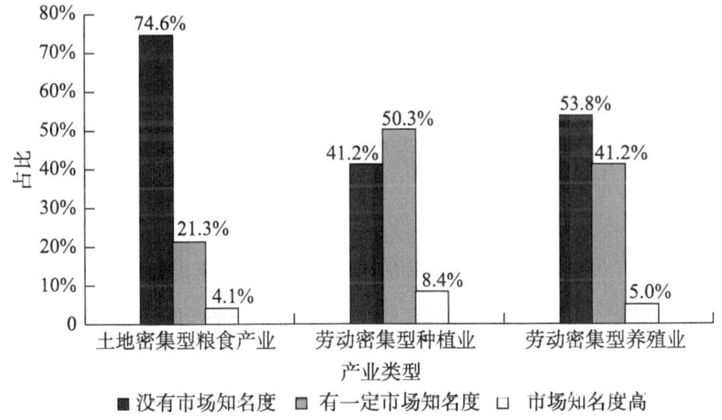

图 16-38　不同产业类型农户所在地农产品市场知名度

第二节　不同产业类型农业产业组织体系效率测评与比较分析

在进行多指标综合评价时，由于各指标具有不同的物理单位，存在量纲上的差异，因此首先需要对指标进行无量纲化处理，即采用科学合理的统计学方法将原始数据规格化、标准化，以消除不同量纲对计算结果的影响。具体无量纲化处理的方法很多，常用的有功效系数法、均值法、极差法等。其中，均值法虽然能较好地保留指标的变异程度信息，但由于使用均值法后各指标的均值都为 1，不能避免指标之间的相互影响，因此并不适用于综合评价。而极差法以指标的最大值与最小值之差为比例进行变换，在无形中改变了指标的权重值，也是不可取的。所以采用“功效系数法”对数据进行无量纲化处理。计算公式如下：

$$A_{ij}=\frac{X_{ij}-X_{sj}}{X_{mj}-X_{sj}}\times 0.5+0.5$$

其中，A_{ij} 为所在指标项的规格化指数，X_{ij} 为所在指标项数值，X_{mj} 为所在指标项的最大值，X_{sj} 为所在指标项的最小值，$X_{mj}-X_{sj}$ 即所在指标项的变化幅度。经过无量纲化处理后的数据全部处在 0.5~1 的区间，而且不会改变该指标的排名位次。

一、不同产业类型农业产业组织体系效率单一指标测评与比较

（一）集约化发展水平的现状与比较

集约化发展水平主要用资金集约水平、劳动集约水平和技术进步率三个指标来反映，不同产业类型的集约化发展水平见表 16-12。从评价指标看：在指标资金集约水平中，劳动密集型养殖业的得分最高，劳动密集型种植业和土地密集型粮食产业的得分相对较低；在指标劳动集约水平中，由于劳动密集型种植业和劳动密集型养殖业均属于劳动密集型产业，因此二者的得分明显高于土地密集型粮食产业；在指标技术进步率中，劳动密集型种植业的得分最高，其次是劳动密集型养殖业，土地密集型粮食产业的技术进步率得分最低。从产业类型看：土地密集型粮食产业中，资金集约水平贡献最大，其次是技术进步率，最后是劳动集约水平；劳动密集型种植业中，技术进步率贡献最大，其次是劳动集约水平，最后是资金集约水平；劳动密集型养殖业中，资金集约水平贡献最大，其次是劳动集约水平，最后是技术进步率。总体而言，在集约化发展水平方面，劳动密集型养殖业得分最高，其次是劳动密集型种植业，且二者得分远远高于土地密集型粮食产业。

表 16-12　集约化发展水平的现状与比较

评价指标	资金集约水平		劳动集约水平		技术进步率		综合	
	得分	排名	得分	排名	得分	排名	得分	排名
土地密集型粮食产业	3.32	3	2.52	3	2.91	3	8.75	3
劳动密集型种植业	3.38	2	5.03	1	5.82	1	14.24	2
劳动密集型养殖业	6.65	1	5.01	2	3.25	2	14.91	1

（二）专业化分工程度的现状与比较

专业化分工程度主要用农业收入占家庭总收入的比例、登记为家庭农场的比例和通过合作社获得服务的比例三个指标来反映，不同产业类型的专业化分工程度见表 16-13。从评价指标看：在指标农业收入占家庭总收入的比例中，劳动密集型种植业的得分最高，其次是劳动密集型养殖业，土地密集型粮食产业的得分最低，原因在于劳动密集型种植业和劳动密集型养殖业生产的专业化程度更高；在指标登记为家庭农场的比例中，劳动密集型养殖业得分最高，其次是劳动密集型种植业，最后是土地密集型粮食产业；在指标通过合作社获得服务的比例中，劳动密集型种植业的得分最高，其次是劳动密集型养殖业，土地密集型粮食产业的得分最低。从产业类型看：土地密集型粮食产业和劳动密集型种植业，农业收入占家庭总收入的比例贡献最大，其次是通过合作社获得服务的比例，最后是登记为家庭农场的比例；而劳动密集型养殖业则是农业收入占家庭总收入的比例贡献最大，其次是登记为家庭农产的比例，最后是通过合作社获得服务的比例。总体而言，在专业化分工程度方面，劳动密集型种植业得分最高，其次是劳动密集型养殖业，土地密集型粮食产业得分最低。

表 16-13　专业化分工程度的现状与比较

评价指标	农业收入占家庭总收入的比例		登记为家庭农场的比例		通过合作社获得服务的比例		综合	
	得分	排名	得分	排名	得分	排名	得分	排名
土地密集型粮食产业	2.50	3	2.26	3	2.48	3	7.24	3
劳动密集型种植业	4.99	1	3.17	2	4.96	1	13.12	1
劳动密集型养殖业	4.94	2	4.53	1	3.14	2	12.61	2

（三）多元化服务水平的现状与比较

多元化服务水平主要用社会化服务主体数量、社会化服务覆盖率和农户对社会化服务的满意程度三个指标来反映，不同产业类型的多元化服务水平见表 16-14。从评价指标看：在指标社会化服务主体数量中，劳动密集型种植业的得分最高，其次是劳动密集型养殖业，土地密集型粮食产业的得分最低；在指标社会化服务覆盖率中，劳动密集型养殖业得分最高，其次是劳动密集型种植业，土地密集型粮食产业得分最低；在指标农户对社会化服务的满意程度中，劳动密集型养殖业的得分最高，其次是土地密集型粮食产业，劳动密集型种植业的得分最低。从产业类型看：土地密集型粮食产业中，农户对社会化服务的满意程度贡献最大，其次是社会化服务主体数量和社会化服务覆盖率；劳动密集型种植业中，社会化服务主体数量贡献最大，其次是社会化服务覆盖率，农户对社会化服务的满意程度的得分最低；劳动密集型养殖业中，农户对社会化服务的满意程度贡献最大，其次是社会化服务覆盖率，最后是社会化服务主体数量。总体而言，在多元化服务水平方面，劳动密集型养殖业得分最高，其次是劳动密集型种植业，最后是土地密集型粮食产业。

表 16-14 多元化服务水平的现状与比较

评价指标	社会化服务主体数量		社会化服务覆盖率		农户对社会化服务的满意程度		综合	
	得分	排名	得分	排名	得分	排名	得分	排名
土地密集型粮食产业	2.19	3	2.18	3	3.14	2	7.51	3
劳动密集型种植业	4.38	1	3.61	2	2.40	3	10.39	2
劳动密集型养殖业	3.70	2	4.35	1	4.80	1	12.85	1

（四）产业化经营程度的现状与比较

产业化经营程度主要用参加农业合作社的比例、与农业龙头企业建立合同关系的比例和产业化经营主体发展状况三个指标来反映，不同产业类型的产业化经营程度见表 16-15。从评价指标看：在指标参加农业合作社的比例中，劳动密集型种植业的得分最高，其次是劳动密集型养殖业，土地密集型粮食产业的得分最低；在指标与农业龙头企业建立合同关系的比例中，劳动密集型养殖业得分最高，其次是劳动密集型种植业，土地密集型粮食产业得分最低；在指标产业化经营主体发展状况中，劳动密集型养殖业的得分最高，其次是劳动密集型种植业，土地密集型粮食产业的得分最低。从产业类型看：土地密集型粮食产业和劳动密集型养殖业中，产业化经营主体发展状况贡献最大，其次是与农业龙头企业建立合同关系的比例，最后是参加农业合作社的比例；而劳动密集型种植业则是，产业化经营主体发展状况贡献最大，其次是参加农业合作社的比例，最后是与农业龙头企业建立合同关系的比例。总体而言，在产业化经营程度方面，劳动密集型养殖业得分最高，其次是劳动密集型种植业，两者得分远远高于土地密集型粮食产业。

表 16-15 产业化经营程度的现状与比较

评价指标	参加农业合作社的比例		与农业龙头企业建立合同关系的比例		产业化经营主体发展状况		综合	
	得分	排名	得分	排名	得分	排名	得分	排名
土地密集型粮食产业	2.17	3	2.26	3	2.41	3	6.83	3
劳动密集型种植业	4.33	1	3.18	2	4.62	2	12.13	2
劳动密集型养殖业	3.47	2	4.51	1	4.82	1	12.81	1

（五）组织化协调效率的现状与比较

组织化协调效率主要用农户对合作社的满意程度、农户与农业龙头企业交易的稳定性和合作社对农户生产和销售的影响三个指标来反映，不同产业类型的组织化协调效率见表 16-16。从评价指标看：三项指标的情况相同，均是劳动密集型种植业的得分最高，其次是劳动密集型养殖业，土地密集型粮食产业的得分最低。从产业类型看：土地密集型粮食产业中，合作社对农户生产和销售的影响贡献相对更大，其次是农户对合作社的满意程度和农户与农业龙头企业交易的稳定性，均为 2.18；劳动密集型种植业中，同样是合作社对农户生产和销售的影响贡献相对更大，其次是农户对合作社的满意程度和农户与农业龙头企业交易的稳定性，均为 4.36；劳动密集型养殖业中，农户对合作社的满意程度贡献最大，其次是农户与农业龙头企业交易的稳定性，最后是合作社对农户生产和销售的影响。总体而言，在组织化协调效率方面，劳动密集型种植业得分最高，其次是劳动密集型养殖业，最后是土地密集型粮食产业。

表 16-16 组织化协调效率的现状与比较

评价指标	农户对合作社的满意程度		农户与农业龙头企业交易的稳定性		合作社对农户生产和销售的影响		综合	
	得分	排名	得分	排名	得分	排名	得分	排名
土地密集型粮食产业	2.18	3	2.18	3	2.22	3	6.58	3
劳动密集型种植业	4.36	1	4.36	1	4.45	1	13.16	1
劳动密集型养殖业	3.62	2	3.30	2	3.21	2	10.13	2

（六）区域化空间拓展的现状与比较

区域化空间拓展主要用农产品销售半径、农业产业发展规模和区域品牌发展程度三个指标来反映，不同产业类型的区域化空间拓展见表 16-17。从评价指标看：在指标农产品销售半径中，劳动密集型种植业的得分最高，其次是劳动密集型养殖业，土地密集型粮食产业的得分最低；在指标农业产业发展规模中，土地密集型粮食产业得分最高，其次是劳动密集型种植业，劳动密集型养殖业得分最低；在指标区域品牌发展程度中，劳动密集型种植业的得分最高，其次是劳动密集型养殖业，土地密集型粮食产业的得分最低。从产业类型看：土地密集型粮食产业中，农业产业发展规模贡献最大，其次是区域品牌发展程度，最后是农产品销售半径；劳动密集型种植业中，区域品牌发展程度贡献最大，其次是农产品销售半径，最后是农业产业发展规模；劳动密集型养殖业中，农产品销售半径贡献最大，其次是区域品牌发展程度，农业产业发展规模得分最低。总体而言，在区域化空间拓展方面，劳动密集型种植业得分最高，其次是土地密集型粮食产业，劳动密集型养殖业得分最低。

表 16-17 区域化空间拓展的现状与比较

评价指标	农产品销售半径		农业产业发展规模		区域品牌发展程度		综合	
	得分	排名	得分	排名	得分	排名	得分	排名
土地密集型粮食产业	2.17	3	4.50	1	2.89	3	9.56	2
劳动密集型种植业	4.33	1	4.00	2	5.78	1	14.11	1
劳动密集型养殖业	3.37	2	2.25	3	3.24	2	8.86	3

（七）市场化竞争能力的现状与比较

市场化竞争能力主要用农产品市场知名度、农产品市场占有率和农产品外销率三个指标来反映，不同产业类型的市场化竞争能力见表 16-18。从评价指标看：三项指标的情况相同，均为劳动密集型种植业的得分最高，其次是劳动密集型养殖业，土地密集型粮食产业的得分最低。从产业类型看：土地密集型粮食产业中，农产品市场占有率的贡献较大，其次是农产品市场知名度和农产品外销率，均为 2.17；劳动密集型种植业中，农产品市场占有率的贡献较大，其次是农产品市场知名度和农产品外销率，均为 4.33；劳动密集型养殖业中，农产品市场知名度和农产品外销率的贡献较大，均为 3.41，其次是农产品市场占有率。总体而言，在市场化竞争能力方面，劳动密集型种植业得分最高，其次是劳动密集型养殖业，土地密集型粮食产业的得分最低。

表 16-18 市场化竞争能力的现状与比较

评价指标	农产品市场知名度		农产品市场占有率		农产品外销率		综合	
	得分	排名	得分	排名	得分	排名	得分	排名
土地密集型粮食产业	2.17	3	2.19	3	2.17	3	6.52	3
劳动密集型种植业	4.33	1	4.39	1	4.33	1	13.05	1
劳动密集型养殖业	3.41	2	3.26	2	3.41	2	10.08	2

二、不同产业类型农业产业组织体系效率总体测评与比较

分别对土地密集型粮食产业、劳动密集型种植业和劳动密集型养殖业三种产业类型农业产业组织体系效率进行测评，最终结果如表 16-19 所示。由表可知，在

土地密集型粮食产业中，区域化空间拓展得分最高，其次是集约化发展水平，然后依次是多元化服务水平、专业化分工程度、产业化经营程度、组织化协调效率和市场化竞争能力；劳动密集型种植业中，集约化发展水平得分最高，其次是区域化空间拓展，然后依次是组织化协调效率、专业化分工程度、市场化竞争能力、产业化经营程度和多元化服务水平；劳动密集型养殖业中，集约发展水平得分最高，其次是多元化服务水平，然后依次是产业化经营程度、专业化分工程度、组织化协调效率、市场化竞争能力和区域化空间拓展。从综合评价值来看，劳动密集型种植业得分最高，为 90.20%，其次是劳动密集型养殖业，为 82.25%，土地密集型粮食产业的得分最低，为 52.99%。值得注意的是，土地密集型粮食产业的农业产业组织体系效率远远低于其他两种产品类型，产生这种差异的原因主要是什么？为了回答这个问题，下一节将进一步对农业产业组织体系效率的影响因子进行探索研究。

表 16-19　不同产业类型农业产业组织体系效率

产品类型		土地密集型粮食产业		劳动密集型种植业		劳动密集型养殖业	
		一级指标	二级指标	一级指标	二级指标	一级指标	二级指标
B_1	C_1	8.75%	3.32%	14.24%	3.38%	14.91%	6.65%
	C_2		2.52%		5.03%		5.01%
	C_3		2.91%		5.82%		3.25%
B_2	C_4	7.24%	2.50%	13.12%	4.99%	12.61%	4.94%
	C_5		2.26%		3.17%		4.53%
	C_6		2.48%		4.96%		3.14%
B_3	C_7	7.51%	2.19%	10.39%	4.38%	12.85%	3.70%
	C_8		2.18%		3.61%		4.35%
	C_9		3.14%		2.40%		4.80%
B_4	C_{10}	6.83%	2.17%	12.13%	4.33%	12.81%	3.47%
	C_{11}		2.26%		3.18%		4.51%
	C_{12}		2.41%		4.62%		4.82%
B_5	C_{13}	6.58%	2.18%	13.16%	4.36%	10.13%	3.62%
	C_{14}		2.18%		4.36%		3.30%
	C_{15}		2.22%		4.45%		3.21%
B_6	C_{16}	9.56%	2.17%	14.11%	4.33%	8.86%	3.37%
	C_{17}		4.50%		4.00%		2.25%
	C_{18}		2.89%		5.78%		3.24%
B_7	C_{19}	6.52%	2.17%	13.05%	4.33%	10.08%	3.41%
	C_{20}		2.19%		4.39%		3.26%
	C_{21}		2.17%		4.33%		3.41%
A		52.99%		90.20%		82.25%	

第三节 不同产业类型农业产业组织体系效率影响因子分析

一、不同产业类型农业产业组织体系效率影响因子理论分析

根据理论分析和国外已有的研究成果，可将影响农业产业组织体系效率的因素归结为以下几个方面。

（1）产业主体状况（P）。主要用农户经营规模、户主受教育程度、合作社发展情况、农业龙头企业发展情况、农产品行业协会发展情况等指标来反映。

（2）产业特性（C）。主要用交易不确定性、交易频率、资产专用性和风险性来反映。交易不确定性主要用农产品易腐性、运输难度和市场价格波动性三个指标来反映；交易频率用农产品种养周期代表；资产专用性主要用物质资本专用性和人力资本专用性两个指标反映；风险性用自然风险、市场风险和技术风险三个指标反映。

（3）农业资源禀赋（R）。主要用劳动力成本、种养历史、交通条件和农户所处地区四个指标来反映。

（4）产业制度环境（E）。主要用政策条件（农户所在地政府有否支持该农产品生产、加工与销售专门政策）、补贴项目、资金途径、技术途径和信贷难度等指标来反映。

二、不同产品类型农业产业组织体系效率影响因子的计量分析

（一）建立计量经济模型

为了检验上述影响农业产业组织体系效率因子的假设，明确各因子的影响程度和显著性，本章建立了农业产业组织体系效率的计量经济模型，应用 1 031 个样本数据进行计量分析。根据上面的假设，模型可以用下列函数形式表示：

$$Y_i = F\left(P_i, C_i, R_i, E_i\right) + e_i$$

其中，Y_i代表第i个农户生产农产品所属产业类型的农业产业组织体系效率；e_i为随机误差项。模型中各影响因子的定义和赋值说明如表 16-20 所示。

表 16-20 模型解释变量及赋值说明

变量名称	内容	定义	预计方向
产业主体状况	农户经营规模	比较小=1；一般=2；普遍比较大=3	+
	户主受教育程度	小学以下=1；小学=2；初中=3；高中或中专=4；高中以上=5	+
	合作社发展情况	没有=1；有一些=2；比较多=3	+
	农业龙头企业发展情况	没有=1；有一些=2；比较多=3	+
	农产品行业协会发展情况	有=1；无=0	+
产业特性*	农产品易腐性	低=1；中=2；高=3	−
	运输难度	低=1；中=2；高=3	−
	市场价格波动	很稳定=1；比较稳定=2；很不稳定=3	−
	农产品种养周期	3 个月以下=1；3~6 个月=2；6 个月以上=3	−
	物质资本专用性	弱=1；中=2；强=3	+
	人力资本专用性	弱=1；中=2；强=3	+
	自然风险	低=1；中=2；高=3	−
	技术风险	低=1；中=2；高=3	−
农业资源禀赋	劳动力成本	根据农户所在地实际的劳动力成本统计	−
	种养历史	根据农户实际种养时间统计	+
	交通条件	交通方便=1；交通不方便=0	+
	所处地区	以东北地区为参照项	
	东部沿海地区	东部沿海地区=1；其他地区=0	?
	中部地区	中部地区=1；其他地区=0	?
	西部地区	西部地区=1；其他地区=0	?
产业制度环境	政策条件	有专门政策=1；没有专门政策=0	+
	补贴项目	根据农户实际获得的政府补贴项目统计	+
	资金途径	根据农户实际生产资金的来源渠道统计	+
	技术途径	根据农户实际获得农业技术的渠道统计	+
	信贷难度	很小=1；较小=2，一般=3；较大=4；很大=5	−

*从本调查数据的分析看，市场风险与农产品价格波动显著相关，为了避免变量之间的多重共线性问题，产业特征中剔除市场风险，仅以农产品价格波动作为变量来代表

（二）计量方法选择

本章以第三章得到的农业产业组织体系效率为被解释变量，以上文选取的影响因子为解释变量建立回归模型。由于不同产业类型农业产业组织体系效率值在0.5到1之间，即这个模型中的被解释变量被限制在这个范围内，直接采用最小二乘法，会导致参数估计存在偏差，必须采用受限因变量模型进行估计，因此，我们选择Tobit回归模型进行分析。

Tobit 模型也被称为样本选择模型、受限因变量模型、审查（Censor）模型，是因变量满足某种约束条件下取值的模型。Tobit 模型不同于离散选择模型和一般的连续变量选择模型，它的特点在于因变量是受限变量，模型实际上由两类方程组成，一类表示约束条件的选择方程模型；另一类是满足约束条件下的某连续变量方程模型。该模型主要用于研究在某些选择行为下，连续变量如何变化的问题。人们为了纪念 Tobit 在因变量受限一类问题上的研究，把该类模型称为Tobit 模型。

（三）模型估计结果及分析

应用 Stata 13.0 统计软件对 1 031 个样本数据进行 Tobit 回归处理。在处理过程中，采用向后筛选法，即首先将全部变量引入回归方程，然后进行变量的显著性检验，在一个或多个不显著的变量中，将 T 检验值最小的那个变量剔除，再重新拟合回归方程，并进行各种检验，直到方程中所有变量的 T 检验值基本显著为止。这样，一共有十四种计量估计结果。从各种模型的计量结果看，大部分模型整体检验显著，不同统计模型的计量结果相似和相对稳定。为了减少篇幅，在此仅列出其中两种模型的计量结果，见表 16-21。

表 16-21　影响农业产业组织体系效率因素的模型回归结果

变量名称	内容	模型一		模型二	
		系数	T 值	系数	T 值
产业主体状况	农户经营规模	0.015 7	1.754 3*		
	户主受教育程度	−0.003 2	−0.537 1		
	合作社发展情况	−0.025 6	−2.419 0**	−0.022 2	−2.299 3**
	农业龙头企业发展情况	−0.013 4	−1.254 8		
	农产品行业协会发展情况	0.005 7	0.359 5		
产业特性	农产品易腐性	0.047 6	3.853 5***	0.050 5	5.341 1***
	运输难度	0.004 4	0.350 2		

续表

变量名称	内容	模型一		模型二	
		系数	T 值	系数	T 值
产业特性	市场价格波动	0.032 9	2.968 8***	0.024 2	2.342**
	农产品种养周期	0.039 2	4.135 3***	0.039 4	4.387 9***
	物质资本专用性	0.013 3	1.421 7		
	人力资本专用性	0.031 1	2.866 7***	0.034 7	3.804 7***
	自然风险	−0.006 4	−0.680 8	−0.003 0	−7.355 1***
	技术风险	−0.005 9	−1.197 6		
农业资源禀赋	劳动力成本	0.000 2	1.231 7	0.000 2	1.683 9*
	种养历史	−0.002 9	−6.520 0***		
	交通条件	−0.021 5	−0.587 4		
	所处地区				
	东部沿海地区	0.167 0	4.728 8***	0.114 6	8.857 0***
	中部地区	0.068 8	1.910 6*		
	西部地区	0.127 6	3.429 9***	0.065 0	3.902 3***
产业制度环境	政策条件	−0.003 4	−0.268 0		
	补贴项目	−0.004 6	−2.344 4**	−0.005 6	−3.052 6***
	资金途径	0.014 6	2.324 5**	0.010 4	1.853 3*
	技术途径	0.001 0	0.114 0		
	信贷难度	−0.004 7	−1.044 1		
常数项		0.384 2	5.521 9***	0.432 3	10.112 4***
模型整体检验统计量	Log likelihood	340.363 1		358.564 14	
	Adjusted R^2	0.353 8		0.353 4	
	LR chi2	277.92		282.48	
	Prob > chi2	0.000 0		0.000 0	

***、**、*分别表示 1%、5%、10%的统计显著性水平

根据模型计量结果，影响农业产业组织体系效率的主要因素、显著性和影响程度归纳如下。

（1）产业主体状况变量中，在 5%的显著水平上，只有合作社变量通过了显著性检验，但符号为负。说明合作社数量越多，产业组织体系效率越低，这与之前的影响预期不一致。原因可能是当前合作社虽数目众多，但大多数带动能力却不强，由于门槛低，缺乏监管，很多合作社注册后，实际并没有运行，成为套取国家资金的“空壳社”，从而导致农民对合作社信任缺失，进而对产业组织体系效率产生负面影响。农户经营规模变量在模型一中通过 10%的显著性检验且符号为正，但在模型二中则不显著。说明农户经营规模对农业产业组织体系效率具有一

定的正向作用，农户经营规模越大，农业产业组织体系效率越高。当然，农户经营规模也并不是越大越好。作为农业的基本经营主体，农户的经营规模受到投入水平、技术水平、生产条件等多方面的限制。当经营规模超自身经营能力后，资源利用率、土地产出率和经济效益都可能下降。

从各个模型的计量结果看，户主受教育程度、农业龙头企业发展情况和农产品行业协会发展情况变量的 T 值均未通过 10%水平的显著性检验。其中，户主受教育程度变量的符号为负，与之前的预期方向不一致。可能的原因是户主所受的教育程度越高，越倾向于单打独斗，与其他农户合作的需求和意愿更低，这一定程度上影响了农户的组织化水平，造成农业产业组织体系效率的缺失。农业龙头企业发展情况的符号同样为负，与之前的预期方向不一致，这说明当前农业企业数量虽然有一定的增长，但普遍经营规模小，经济实力弱，辐射面狭窄，带动能力不强，缺乏抵御市场风险和自然风险的能力，规模大、带动能力强的龙头企业仍然匮乏。同时，部分农业企业与农户的联结不紧密，不顾农户利益，挫伤农户生产积极性也是原因之一。农产品行业协会发展情况变量的符号为正，与之前的预期方向一致，这个结果证实了农产品行业协会在产业组织体系形成和发展过程中的积极作用。

（2）产业特性变量中，农产品易腐性、种养周期、人力资本专用性和自然风险等变量通过 1%水平的显著性检验，市场价格波动变量在模型一中通过 1%水平的显著性检验，在模型二中通过 5%水平的显著性检验。其中，农产品易腐性变量系数的符号为正，与之前的预期方向不一致，说明易腐性越高的农产品，其产业组织体系效率越高。究其原因，可能是由于易腐农产品在生产、加工、储藏等环节的技术要求更高，促进了该产业专业化分工程度的进一步深化。同时，易腐农产品对多元化服务的需求更强，客观上提高了产业的多元化服务水平。市场价格波动变量的系数符号为正，与之前的预期方向不一致，可能的原因是价格波动越大的农产品，农户越倾向于通过加入合作社或者与农业龙头企业建立稳定交易关系，形成利益共同体，降低风险成本，所以相较于价格波动小的农产品，其产业化经营程度更高。农产品种养周期变量的符号为正，同样与之前的预期方向不一致。一般来说，种养周期越长的农产品，农户面临的不确定性越大，生产风险和交易风险也随之提高。但从另外一方面看，种养周期长的农产品，其利润空间也越大，农户往往会采取一体化经营的组织形式，从而带动产业化经营和多元化服务水平的提高。人力资本专用性变量的系数符号为正，与之前的预期方向一致。专用性人力资本是通过学习和经验积累形成一些特殊知识和能力，这些专用性知识包括特殊思维、技能、专业知识、社会关系网络等。人力资本专用性是专业化分工和协作的产物，一个产业的人力资本专用性越强，也就意味着其专业化分工程度越高。自然风险变量的系数符号为负，与之前的预期方向一致。原因可能是为了保证收益的稳定，对于自然风险越大的农产品，农户越不愿意进行专业化生产，其专业化水平越低。

从各个模型的计量结果看，运输难度、物质资本专用性和技术风险变量的 T 值均未通过 10%水平的显著性检验。其中，运输难度变量的系数符号为正，与之前的预期方向不一致，原因可能是随着我国国民经济的快速发展，交通物流行业也得到了较快发展。农产品的运输难度普遍降低，因而对农业产业组织体系效率的影响不明显。物质资本专用性变量的系数符号为正，与之前的预期方向一致。物质资本专用性越强，交易双方维持交易的持续性愿望也就越强，农业产业组织体系效率越高。技术风险变量的符号为负，与之前的预期一致。技术风险即伴随着科学技术的发展、生产方式的改变而产生的威胁人们生产与生活的风险。技术风险越高的农产品，在采用农业技术时越容易对农业资源和环境带来危害，从而造成农业产业组织体系效率的损失。

（3）农业资源禀赋变量中，在 1%的显著水平上，只有地区虚拟变量中的东部沿海地区和西部地区变量通过了显著性检验，且符号为正。地区虚拟变量是以东北地区为参照项进行设置的。计量结果表明：地区的经济自然条件是农业产业组织体系效率的重要影响因素，且东部沿海地区和西部地区的农业产业组织体系效率显著高于东北地区。其原因在于，东部沿海地区经济较为发达，农业更偏向技术含量和附加值较高的产业结构。从全国范围看，东部沿海地区的农业组织化水平也远远高于其他地区，因而东部沿海地区农业产业组织体系较高，这个结果是比较合理的。而造成西部地区农业产业组织体系效率较高的原因则可能是西部地区农业产业的投入较少，产出也少，所以相对效率较高。劳动力成本变量在模型一中不显著，在模型二中通过 10%水平的显著性检验，但符号为正，与之前的预期方向不一致。可能的原因是，劳动力成本上升倒逼农业产业用资本代替劳动，促进新的农业技术的研发、利用和推广，推动农业产业结构高度化，进而提高农业产业的集约化发展水平。

从各个模型的计量结果看，交通条件变量的 T 值未通过显著性检验，且符号为负，与之前的预期方向不一致。可能的原因是当前我国的交通条件已经得到明显改善，不同农产品类型之间的交通条件差异不大。另外，相对而言，交通条件较好的地方农村劳动力的非农化现象更严重，农业劳动力的流失也会对农业产业组织体系效率造成一定的影响。中部地区变量在模型一中通过了 10%水平的显著性检验，在模型二中则未通过显著性检验。说明中部地区与东北地区之间的农业产业组织体系效率并不具有显著差异。

（4）产业制度环境变量中，在 1%的显著水平上，补贴项目变量通过了显著性检验。资金途径变量在模型一中通过 5%水平的显著性检验，在模型二中通过 10%的显著性检验。其中，补贴项目变量的系数符号为负，与之前的预期方向不一致。原因可能是当前国家补贴项目虽然数量多，但各项补贴所发挥的实际效果不大，甚至产生了消极作用。以农产品价格保护政策为例，该政策虽然保障了农民收入及农户从事农业生产的积极性，但同时也是导致国内农产品价格高于国际市场，国际市场占有率降低，国际竞争力丧失的一个主要原因。资金途径变量的系数符号为正，与之前的符号预期一致。毋庸置疑，资金供给不足已经成为制约现代农业发展症结，农户、农业合作社、农业企业等农业产业主体的发展都离不开雄厚的资金支持。资金途径广泛的农业产业，其农业产业组织体系效率也会更高。

从各个模型的计量结果看，政策条件、技术途径和信贷难度等变量的 T 值均未通过 10%水平的显著性检验。其中，政策条件变量的系数符号为负，与之前的预期方向不一致，可能的原因是地方政策落实的效果不明显，政策执行的方式与手段不够合理。技术途径变量的系数符号为正，与之前的预期方向一致。技术途径越多，越有利于先进农业的推广和应用，有利于提高农业产出的数量和质量，推动农业产业的进一步发展。信贷难度变量的系数符号为负，与之前的预期方向一致。这个结果说明：信贷难度越大，农业产业组织体系的效率越低。受自然风险和市场风险的双重影响，农业本身就是一个弱质产业，信贷支持对于农业产业的发展至关重要。信贷难度的加大无疑会对农业产业组织体系效率造成一定程度的负面影响。

第四节　结论与政策建议

本章遵循的逻辑思路为首先从集约化发展、专业化分工、多元化服务、产业化经营、组织化协调、区域化拓展和市场化竞争七个维度构建农业产业组织体系效率测评指标体系，运用客观性较强的熵值法确定各指标权重；然后基于农户层面调查收集的数据，对不同产品类型的农业产业组织体系效率进行测算和比较分析；最后通过 Tobit 回归分析找出影响农业产业组织体系效率的主要因素，最终得出以下主要结论和政策建议。

一、研究结论

根据对不同产业类型农业产业组织体系效率问题的实证研究，得到以下几方面的研究结论。

（一）关于农业产业组织体系效率测评指标体系

建设现代农业不仅仅是实现生产手段的科技化，而是构建一个完整的现代农业产业组织体系，构建和完善农业产业组织体系是推进现代农业建设的核心。由于农业产业组织体系是一个多角度、多层次、不断变化的复杂而庞大的系统。因此，本章从集约化发展、专业化分工、多元化服务、产业化经营、组织化协调、区域化发展和市场化竞争七个维度构建农业产业组织体系效率测评指标体系，该指标体系包括 7 个一级指标和 21 个二级指标。运用客观确定权重的熵值法对各指标进行赋权，最终结果是集约化发展水平权重最大，其次是区域化空间拓展，然后依次是专业化分工程度、产业化经营程度、多元化服务水平、组织化协调效率和市场化竞争能力。说明指标集约化发展水平提供的信息量最大，指标市场化竞争能力提供的信息量最少。

（二）关于不同产业类型农业产业组织体系效率

从不同产业类型农业产业组织体系效率的测评结果来看，劳动密集型种植业得分最高，为 90.20%，其次是劳动密集型养殖业，为 82.25%，土地密集型粮食产业的得分最低，为 52.99%。其中，劳动密集型养殖业的集约化发展水平最高，其次是劳动密集型种植业，土地密集型粮食产业最低；劳动密集型种植业的专业化分工程度最高，其次是劳动密集型养殖业，土地密集型粮食产业最低；劳动密集型养殖业的多元化服务水平最高，其次是劳动密集型种植业，土地密集型粮食产业最低；劳动密集型养殖业的产业化经营程度最高，其次是劳动密集型种植业，土地密集型粮食产业最低；劳动密集型种植业在组织化协调效率方面得分最高，劳动密集型养殖业次之，土地密集型粮食产业得分最低；劳动密集型种植业的区域化空间拓展最高，其次是土地密集型粮食产业，劳动密集型养殖业最低；劳动密集型种植业的市场化竞争能力最强，其次是劳动密集型养殖业，土地密集型粮食产业最弱。

（三）关于农业产业组织体系效率的主要影响因素

从影响农业产业组织体系效率因素的实证研究结果表明：合作社发展情况、农产品易腐性、市场价格波动、农产品种养周期、人力资本专用性、自然风险、劳动力成本、补贴项目、资金途径和所处地区等变量对农业产业组织体系效率具有显著影响。其中，合作社数量越多，农业产业组织体系的效率越低；农产品易腐性越强，其农业产业组织体系效率越高；农产品市场价格波动越大，其农业产业组织体系效率越高；农产品种养周期越长，其农业产业组织体系效率越高；农产品的人力资本专用性越强，其农业产业组织体系效率越高；农产品生产的自然风险越大，其农业产业组织体系效率越低；农产品生产的劳动力成本越高，其农业产业组织体系效率越高；农产品的补贴项目越多，其农业产业组织体系效率越低；农产品生产的资金途径越多，其农业产业组织体系效率越高。此外，不同地区的农业产业组织体系效率具有明显差异。

二、促进农业产业组织体系优化的途径与政策建议

根据上述研究结论，提出以下几点政策建议。

（一）推动合作社由数量型向质量效益型转变

当前我国的农民专业合作社发展呈现异质性、多样性的特点，水平参差不齐。由于登记注册门槛过低、监管无力、规制理念偏差、监督管理滞后、农民意识欠缺、管理人才欠缺及信息不完全等原因，相当一部分数量的合作社正处于“空壳”运行状态。这不仅影响到农民及社会对合作社的认知，导致信任缺失，还将产生不良的示范后果，给合作社长远的健康发展埋下隐患。因此农民专业合作社今后工作要在发展中逐步规范，从注重数量扩张向注重提升质量转变。首先，有必要对“空壳社”实行退出机制。退出形式可以多样化，可以整合，也可以兼并重组，直至撤销其营业执照，依法注销。其次，要加强合作社财务管理，建立外部审计制度，由外部审计机构对合作社的机构、管理制度、业务活动、资产状况和经济效益等方面定期进行审计和跟踪观察，在一定程度上控制“空壳合作社”的产生及存续。再次，政府应继续在税收优惠、财政补贴、金融信贷、土地供给等方面向合作社倾斜，积极帮助解决资金、用地等困难，强化金融支持，做好政策措施落实的监督检查。最后，建立农民专业合作社联合社，通过引导农民专业合作社以产品和产业为纽带开展合作与联合，充分发挥合作社功能，解决大部分合作社存在的规模小、竞争能力有限、抵抗风险能力弱、带动农户效果差等问题。

（二）建立健全农业金融支持体系

加大金融支持和服务现代农业发展的力度，要逐步建立以政策性金融、合作金融、商业金融为主体，民营借贷组织为补充，分工协作的金融支持体系。改造农业发展银行，发展农村金融投资公司，真正满足不同层次农业资金需求。各金

融机构应更多关注和满足具有资源优势和产业优势的农产品产业带、主导产业生产基地、农产品专业市场建设的资金需求，提高对农业产业化龙头企业的综合服务水平，大力支持现代农业发展。首先，要健全国有商业性农村金融服务体系，为农村中小企业和龙头加工企业提供服务。国有商业银行要根据业务发展需要，在撤并机构时不搞“一刀切”，既要防止全面撤并造成农村金融服务的“断档”，又要防止出现网点多、费用大、效益低的局面。条件成熟时，可将基层营业网点与城乡一体化程度较高的信用社整合为地方性商业银行。其次，要健全政策性金融机构，改善农村生产环境服务。农业发展银行应根据行政区域设置县级支行，发挥其政策性支农作用。最后，要完善合作性金融，为农户提供金融服务。合作金融组织机构可按行政区域设置或按经济区域设置，把信用站建到村委会或信用村，充分发挥其贴近农户的地缘信任关系优势。

（三）加快农业技术创新及推广应用

由于我国土地资源供给相对缺乏弹性，人均土地面积规模非常狭小，而相对应的劳动力供给较富有弹性，农村富余劳动力基数庞大，所以在现在或将来很长一段时间内，中国农业发展都必须选择生物化学型技术进步模式。从资源禀赋角度出发，未来中国农业技术进步的主要方向还是以土地节约型技术为主的生物化学型技术进步。为适应 21 世纪农业发展的要求，加快农业现代化进程，必须加大科技投入，推进农业技术创新，改革目前中国农业科研与推广相脱节的体制和机制，使农教科紧密结合。还要不断加大对农业基础科研的投资，有重点地完善一批农业基础科研设施建设，确保农业基本技术储备。在农业技术推广应用方面，积极引入市场机制、有偿服务与无偿服务相结合的新型技术推广体系。适度推进农业机械化水平，加快农业信息化平台建设，着力打造农业信息收集和发布公共服务。加强农民教育培训，尤其是对种养殖大户进行科技培训和对技术落地进行全程对接。完善中国农产品市场体系，加快建设农产品期货制度。进一步改善农民外出务工环境，加快发展农村职业技术教育和农村成人教育，增强农村劳动力的就业能力，合理转移农村富余劳动力，促进农业劳动生产率提高。

（四）构建和完善农业风险管理机制

农业所面临的风险种类繁多，而且各种风险属性各异。任何单一的风险管理手段都不可能有效解决农业所暴露的风险问题。为此，应该建立完整的风险管理体系，从风险管理的对象看，应该包括农业自然灾害风险管理、农业技术风险管理、农业市场风险管理、农业生态风险管理，以及农业巨灾风险管理等体系；从风险管理的手段看，应该包括农业保险、灾害救济、农产品价格保护，以及农产品期货市场等。其中，农业保险是农业风险管理机制的核心。政府首先应加大对农户农业自然风险管理的补贴，减少农户的保费，提高农户参加农业保险的积极性。其次，应根据农户的不同需求，提供多层次多样化的农业保险补贴和优惠政策。例如，生产规模大，收入水平高的农户，其自愿参保的可能性本身就很大，即便政府的补贴水平不高，他们也可能去购买农业保险，对于部分农户可以降低保险补贴，而加大对生产规模小，收入水平低的农户的保险补贴。最后，鼓励和扶持农户参加农民合作组织，以组织的形式共同面对农业自然风险，这样不仅把小规模生产的农户组织起来，扩大了生产规模，还有利于农户之间传播各种农业信息，有效规避农业风险。

（五）创新农业补贴方式，加大政策支持力度

随着农业生产成本不断上升、农业比较效益持续下降、资源环境压力日益趋紧，一些补贴政策已经难以适应农业发展的新挑战、新要求，必须创新补贴方式，改革农业支持政策机制，建立健全既符合我国基本国情农情，又适应国际规则的国家农业支持保护体系。首先，要坚持市场定价原则，完善农产品价格形成机制。在保护农民利益的前提下，稳妥推动最低收购价、临时收储等政策逐步向农产品目标价格制度转变，减少价格支持政策对市场的扭曲影响，切实发挥市场配置资源的决定性作用，建立形成农产品生产的消费导向、市场引领机制。其次，要改革完善现有补贴措施，建立政策补贴与重要农产品生产挂钩机制，促进提高政策效能与补贴效率。要根据农业经营体系变化的新形势，完善现行补贴措施，建立“谁种补谁”及“多种多补、不种不补”机制，使政府补贴与农产品种植面积或产量挂钩，促进农民多种粮、种好粮。再次，要创新补贴方式，探索实施新型补贴措施。要以增强政策的针对性和有效性为导向，以补贴重点产品、重要地区和关键环节为核心，以突出解决农业现代化建设中的重点矛盾和关键问题为方向，创新补贴方式、探索实施新型直接补贴措施。最后，要加大绿箱政策支持力度，全面提升农业综合服务支持水平。

第十七章　农户选择产业组织模式的影响因素分析

第一节　引　言

很多国内外学者认为，交易费用的高低是影响农户选择产业组织模式的重要因素（Abdulai and Birachi，2010；Berthon et al.，2003；蔡荣和祁春节，2007）。Williamson（1979）使用资产专用性、不确定性和交易频率三个维度对交易费用进行刻画。交易不确定性在农产品交易中，是影响农户选择不同产业组织模式的重要因素（Masten，2000）。因此本章将尝试基于交易费用经济学中的不确定性视角，从理论和实证两个方面，解释中国蔬菜种植农户为何会选择上述四种蔬菜产业组织模式，即农户选择蔬菜产业组织模式的影响因素。之所以只采用不确定性为主要研究视角，而忽略资产专用性和交易频率的原因主要有以下三点：第一，关于不确定性影响农户选择产业组织模式的研究较少，还不够深入；第二，与其他农产品相比，蔬菜价格波动比较剧烈，受天气等自然环境因素影响较大，产品品质也较难衡量，因此在蔬菜产业中不确定性较资产专用性更为重要；第三，交易频率由交易过程中的不确定性所决定，不是影响用户选择产业组织模式的根本原因。

据此，本章将以交易费用理论为依据，构建一个以交易不确定性为基础的理论框架，并据此提出研究假说；然后建立一个反映个体层面因素，农户选择蔬菜产业组织模式的实证模型，基于河北省和浙江省 410 户农户的调查数据，实证检验农户选择不同产业组织模式的影响因素，并对实证结果进行讨论和小结。本章的研究将有助于丰富农户选择产业组织模式影响因素的理论和实践，同时为产业组织模式的推广路径提供参考，具有重要的现实意义。

第二节 分析框架和研究假说

一、基于不确定性的分析框架

Coase（1937）在《企业的性质》中首次提出交易费用思想并加以运用，他认为只要产权清晰，在交易费用为零的情况下，所有的市场行为都是有效的，最终会实现资源的最优配置，但在交易费用为正的情况下，不同的资源分配会产生不一样的结果。按照交易费用理论，农户在选择不同产业组织模式，或者不同组织机制时，交易费用的高低是他们一个重要的考虑因素（Abdulai and Birachi，2010；Berthon et al.，2003）。

不确定性是交易费用的一个维度（Williamson，1979）。新制度经济学定义下的不确定性是指事件的可能结果不止一种，由于人的有限理性，事先不能准确预知某个事件或某种决策的结果。不确定性通常来源于三方面：不完全预见性、人类无力解决的复杂问题和交易环境发生的无法预知的变化（Alchian，1950；Williamson，1979）。人们在做决策时，每个决策项均存在多个潜在结果，这些潜在结果的叠加分布隐含了不确定性，虽然最终只会出现一个结果，但并不会事先被人所知。从本质上说，人们做决策时会做出导致不同结果的行动，但由于不确定性的存在，最终最优结果不一定会实现（刘颖娴等，2015）。不确定性的客观存在为交易中发生机会主义行为提供了可能（Williamson，1975）。机会主义行为是一种"自私"的行为，是指参与交易的市场主体用不正当的手段谋求自身利益最大化。在经济活动中，人都是自私的，可以为了自己的利益不择手段，只要有机会就会做出损人利己的行为（Williamson，1993）。机会主义行为通常会使交易中的一方受到损失，影响交易的顺利进行，并产生交易费用。为尽可能减少机会主义行为，降低交易费用，各种制度应运而生。例如，买卖双方建立更为紧密的多次合作关系，而非进行短期单次交易。在农业产业中契约农业或农民专业合作社，就是建立紧密多次合作关系的典型模式。宋金田和祁春节（2013）发现农户成立农民专业合作社，可以减少交易过程中交易对象的机会主义行为，降低交易不确定性。Hobbs 和 Young（2000）认为相比于纯市场交易，契约农业在降低生产者所面临的不确定性方面，有更大的优势。Staatz（1987）认为，由于合作社既有市场交易的特征，也有纵向一体化的特征，在解决交易不确定性时，比农业公司更胜一筹。从上述文献中可以发现，农民专业合作社和公司契约，能够与农户建立重复性的交易关系和合作关系，减少交易双方的机会主义行为，降低交易中的不确定性。那么农户是否会在交易不确定性上升时，选择与农民专业合作社或农业公司建立紧密的合作关系和长期的交易关系，以此来规避不确定性带来的影响？不确定性是否会影响农户对产业组织模式的选择？为探讨上述问题，本章将会对不确定性进行分类衡量，构建分析框架，研究农户选择产业组织模式的影响因素。

基于现有文献（Geyskens et al.，2006；Moschini and Hennessy，2001；刘颖娴等，2015），本章将不确定性分为三种类型：生产不确定性、环境不确定性（环境波动性和环境多样性）和行为不确定性，见图 17-1。

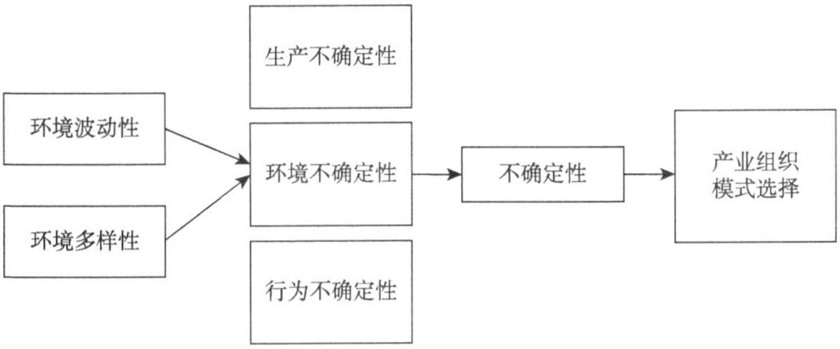

图 17-1 基于不确定性的分析框架

二、研究假说

生产不确定性是指农户在生产过程中由天气、病虫害等原因造成产品质量和产出数量无法被准确预知（Moschini and Hennessy，2001）。这种不确定性是农业生产所固有的属性，并会对农业生产起到基础性影响（Just and Pope，1978）。这些不可控因素对农业生产影响的程度，受到农业生产周期、时间和季节的影响。由于蔬菜生产具有季节性和周期性，以及某些类蔬菜的投入和产出之间存在较长的间隔等原因，蔬菜生产不确定性对农户来说影响巨大。

农户可以通过使用灌溉设备、使用高质量的农药化肥、提高蔬菜生产技术和购买农业保险等措施，来降低生产不确定性和其对农业生产所造成的影响。通常农民专业合作社或签约公司会为其社员或签约农户提供各类服务，如技术培训和技术指导，提供低价高质的投入品，帮助建设基础设施等（Barrett et al.，2012；Song et al.，2014；李霖和郭红东，2014）。因此，当生产不确定性上升时，农户更倾向于选择有合作社或农业公司参与的产业组织模式。故而，本章提出以下假设：

假设 1：当生产不确定性上升时，农户倾向于选择部分横向合作模式、完全横向合作模式和纵向协作模式，倾向于不选择完全市场交易模式。

环境不确定性指的是由于交易环境变化过快，农户无法在交易前准确获取相关市场信息，并做出预测（Geyskens et al.，1998）。环境不确定性的产生通常与信息缺失有关。为进一步衡量环境不确定性，很多学者将环境不确定性分为两个维度：环境波动性和环境多样性（Fischer et al.，2009；Ganesan，1994；Geyskens et al.，1998；Zhang and Hu，2011）。

环境波动性是指环境变化的剧烈程度（Geyskens et al.，1998）。如果环境波动性增加，各类未知的变化将更难在交易前被预测和了解（Ganesan，1994）。为了降低环境波动性的影响，农户需要得到及时的市场信息和稳定的销售渠道。通常农民专业合作社或签约公司可以为农户提供及时、准确的市场信息，提高农户的生产和销售能力，帮助农户与市场对接，并为其提供稳定的销售渠道，甚至统一销售服务（Bijman，2008；Ito et al.，2012；蔡荣，2011；孙艳华等，2008）。因此，当环境波动性上升时，农户为了适应快速变化且不可预知的环境，更倾向于选择比较稳定的产业组织模式，如横向合作模式或纵向协作模式（Zhang and Hu，2011）。故而，本章提出以下假设：

假设 2：当环境波动性上升时，农户倾向于选择部分横向合作模式、完全横向合作模式和纵向协作模式，倾向于不选择完全市场交易模式。

环境多样性指的是环境要素异质且多样化的程度（Geyskens et al.，1998）。环境多样性偏高，意味着卖方的选择余地更大，有更多的买方可供其选择。即该市场属于竞争激烈的买方市场，这也就意味着卖方对特定买家的依赖程度较低（Ganesan，1994）。当环境多样性上升时，卖家在处理多样化和个性化的市场需求时，更倾向于保持独立性，而非加入某个特定组织或与公司签订契约（Klein et al.，1990）。换句话说，环境多样性使得农户有更多买家可以选择，他们没有选择加入合作社，并与合作社发生交易，或与公司签订契约，将蔬菜销售给公司的倾向，农户更愿意作为独立个体，与市场更多其他交易者发生纯市场交易的买卖关系。因此，本章提出以下假设：

假设 3：当环境多样性上升时，农户倾向于选择完全市场交易模式和部分横向合作模式，倾向于不选择完全横向合作模式和纵向协作模式。

行为不确定性反映了在信息不对称的情况下，衡量交易者行为和表现的困难程度（Bijman et al.，2010）。在本章中，行为不确定性指的是买方在交易中存在机会主义行为的可能性（Andrei et al.，2013）。在完全市场交易模式、部分横向合作模式和纵向协作模式中，买方通常为个体贩销户、产地贩销商和农业公司，这些交易者往往比农户的市场势力和话语权要大得多，双方交易地位不平等，买方在交易中有发生机会主义行为的可能性。以纵向协作模式为例，交易的买方是驾驭市场能力较强的企业法人，交易的卖方则是分散的小规模农户，属于自然人，交易双方的性质和数量存在很大差异。农户在与农业公司谈判时处于相对弱势的地位。公司凭借自身优势，可能借助不合理的契约条款侵占农民利益，如收购农产品时故意压级或压价，而单个农户往往力量薄弱，在面对企业违约时并没有能力维护自身利益，只能默认公司的机会主义行为（万俊毅等，2009）。个体贩销户和产地贩销商的情况类似，他们通常具有强大的市场势力，甚至垄断的市场资源，这类交易者面对农户时有很强的机会主义倾向，当农户发现交易者的机会主义行为时，也往往无计可施。从上述分析中可以发现，完全市场交易模式、部分横向合作模式和纵向协作模式这三种组织模式中，买家机会主义行为发生的可能性较大。而在完全横向合作模式中，农户通过集体行动参与到合作社中，可以显著提升农户的市场势力，通过统一经营甚至统一销售的方式，更好地保障农户的经营主体地位，避免了公司或个体贩销户的机会主义行为（Xu et al.，2013；苑鹏，2014）。另外，中国农村地区存在着丰富的社会资本，合作社的各个社员通常在同一个区域，甚至同村或同乡，社员间有着高度的信任感和利益趋同性，这大大降低了机会主义行为产生的可能性。因此，农户成为合作社社员并与合作社进行农产品交易，合作社的机会主义倾向很低（Li et al.，2018）。故而，本章提出以下假设：

假设 4：当行为不确定性上升时，农户倾向于选择完全横向合作模式，倾向于不选择完全市场交易模式、部分横向合作模式和纵向协作模式。

第三节　模型构建与变量选择

一、Logit 模型

本章假定农户在 4 种不同的产业组织模式中，会且只会选择一种模式，若有两种及以上选择，则按蔬菜销售量最高的模式为准。农户进行产业组织模式的选择时，做出选择哪一个（which）的决策，对每一个农户来说，这个选择符合以下三个特征：有限性、完备性和选项相互排斥性。农户选择产业组织模式可以被看作以效率最大化为主要目标的选择过程。选择过程的因变量是一个分类变量，类别的数量超过两个，且不同选择间没有排序关系，因此，采用多元 Logit 模型进行估计（Greene，2007）。

y 表示因变量，是一个随机变量，可取值为$\{1,2,\cdots,k\}$，k 为一个正整数，令 x 代表一组变量。在本例中，y 代表四种产业组织模式：完全市场交易模式（k=1）、部分横向合作模式（k=2）、完全横向合作模式（k=3）和纵向协作模式（k=4）。x 包含衡量生产不确定性、环境不确定性和行为不确定性的变量及控制变量。农户选择某种产业组织模式 k 的概率可表征为

$$P\left(y=k\middle|x\right)=\frac{\exp\left(x\beta_k\right)}{1+\sum_{k=1}^{J}\exp\left(x\beta_k\right)} \tag{17-1}$$

式（17-1）中的估计参数只反映自变量的影响方向，无法反映自变量变化一个单位，农户选择某种产业组织模式的概率变化多少，即自变量的边际效应（Greene，2007）。为了能够衡量不同不确定性因素的边际效应，设定方程如下：

$$\frac{\partial P_k}{\partial x}=P_k\left(\beta_k-\sum_{K=1}^{K-1}P_k\beta_k\right) \tag{17-2}$$

二、实证模型与变量选择

根据上文，本章将不确定性分为四种不同的形式：生产不确定性、环境波动性、环境多样性和行为不确定性，则检验产业组织模式选择的影响因素的实证模型为

$$\mathrm{BR}_{kj}=c_k+\sum_{i=1}^{2}\alpha_{ki}\mathrm{PU}_{ij}+\sum_{i=1}^{2}\beta_{ki}\mathrm{EV}_{ij}+\sum_{i=1}^{3}\gamma_{ki}\mathrm{ED}_{ij}+\delta_k\mathrm{BU}_j+\sum_{i=1}^{5}\theta_{ki}\mathrm{CV}_{ij}+\varepsilon_{kj} \tag{17-3}$$

其中，BR_{kj} 表示第 j 个农户选择第 k 种产业组织模式；PU_{ij} 表示第 j 个农户的第 i 个生产不确定性的衡量变量；EV_{ij} 表示第 j 个农户的第 i 个环境波动性的衡量变量；ED_{ij} 表示第 j 个农户的第 i 个环境多样性的衡量变量；BU_j 表示第 j 个农户的第 i 个行为不确定性的衡量变量；CV_{ij} 表示第 j 个农户的第 i 个控制变量；ε_{kj} 表示具有标准性质的随机扰动项；c_k，α_{ki}，β_{ki}，γ_{ki}，δ_k，θ_{ki} 表示未知系数。

以往的研究文献，使用了各种不同指标来测量这些不同类型的不确定性。例如，Bokusheva 等（2007）在进行俄罗斯农场投资行为的研究时，将生产不确定性的衡量变量设定为农民对于生产风险严重程度的自我评价（五级利克特量表）；Chavas（2011）在对生产不确定性对农业生产效率的影响的描述性分析时，将生产不确定性确定为天气效应、疾病和虫害；刘颖娴等（2015）则选取是否进行土地流转、是否有核心示范基地和是否获得财政补贴等三个指标来测量合作社的生产不确定性。Zhang 和 Hu（2011）在研究中国蔬菜和橙子种植户时，使用农户自我评估未来市场变化的困难程度（七级利克特量表）来衡量环境波动性，使用农民自我评估自身对特定买家的依赖程度（七级利克特量表）和自我评估是否会有

更好的替代购买者（七级利克特量表）来衡量环境多样性；Kim 等（2013）在分析中国三大城市的供应商和零售商关系时，通过零售商对消费趋势变化、竞争对手行为、批发商行为和政府新政策的反映程度这四个指标（七级利克特量表）来测量环境波动性，通过公司规模和零售商对竞争对手、市场细分和市场品牌、产品线和产品项目的评估（七级利克特量表）来测量环境多样性。Andrei 等（2013）在研究巴西肉鸡产业时，使用生产者对买方产生机会主义行为程度的自我认知（五级利克特量表）来衡量行为不确定性。

基于上述文献和调研数据，本章选取下述变量作为不同类型不确定性的衡量指标（表 17-1）。选取农户对蔬菜种植中自然风险程度的自我感知来作为主观指标，气温波动[①]×蔬菜面积作为客观指标来测量生产不确定性。使用五级利克特量表，来评估农户对自然风险的认知，其中 1 代表农户认为蔬菜种植的自然风险最低，5 则代表最高。无法预知的气候波动会给生产不确定性带来影响（Chavas，2011），因而使用气温波动指标来衡量生产不确定性。气温波动使用年均气温标准化值的绝对值来表示。年均气温标准化值由 $\frac{2014\text{年年均气温}-2004\sim2014\text{年年均气温的平均值}}{2004\sim2014\text{年年均气温的标准差}}$ 计算得知。气温波动对生产不确定性的影响与蔬菜种植面积有关，即蔬菜种植面积越大，农户受到气温波动变化的影响也越大。因此，使用气温波动与 2014 年蔬菜种植总面积的乘积作为衡量生产不确定性的客观指标。

使用两个虚拟变量作为衡量环境波动性的指标：当地市场蔬菜价格波动程度（Tolno et al.，2015）和农户是否无法便利地从多个渠道（政府、媒体和乡亲等）获取市场信息（Wollni and Zeller，2007）。在调研时发现，当地市场全年蔬菜价格波动大于 300%时[②]，样本农户会认为蔬菜价格波动非常剧烈。因而，使用当地市场 2014 年全年蔬菜价格波动是否大于 300%来确定蔬菜价格波动程度。当农户无法便利地从多个渠道（政府、媒体和乡亲等）获取市场信息时，往往表示他们在接收市场信息、预测市场变化和处理市场波动时会有困难。若农户无法便利地获取市场信息，或蔬菜市场价格波动较大时，则表明农户面临较大的环境波动性。

环境多样性指的是农户寻找其他替代买家的难易度（Klein et al.，1990）。使用三个虚拟变量作为环境多样性的指标：农户是否在批发市场上有固定摊位[③]、农户所在村庄是否在平原地区、农户是否在浙江省。农户在批发市场有固定摊位，表示农户能够遇到众多买家，有更多机会找到替代买家。与之相类似，农

① 气温数据从国家科学气象数据共享服务平台（http://data.cma.cn）获取。本章的 60 个样本村庄的气温数据使用地理位置最接近这些样本村庄的气象站的气温数据来表征。

② 在调研中，调研员在问农户关于价格波动的问题时发现，农户认为蔬菜价格全年波动在 50%、100%和 200%时属于正常波动，当蔬菜价格全年波动超过 300%时，农户认为价格属于剧烈波动。

③ 农户在批发市场有固定摊位代表他们在批发市场租用固定摊位达到或超过一年。

户所在村庄在平原地区，往往代表农户所在村庄交通更为便利，农户也更容易获取市场信息，更容易找到替代买家。与河北省相比，浙江省的经济更为发达，市场化程度也更高，因此浙江省农户比河北省农户更容易获取市场资源和寻找替代购买者。

本章使用易腐性来表征行为不确定性。根据上文所述，行为不确定性指的是买方在交易中存在机会主义行为的可能性，而蔬菜交易中的买方机会主义行为，多表现为在交易过程中通过不合理的手段对蔬菜进行压级压价，侵占农户的利益。若买方的质量收购标准不透明，则农户的蔬菜很容易被压级压价，甚至被买方以不正当的原因拒收（Bijman et al.，2010）。蔬菜易腐程度上升，会使得蔬菜品质更难衡量，会增加农户蔬菜被压级压价的可能性，甚至被以不正当原因拒收，买方的机会主义行为可能性也随之增加。即蔬菜的易腐程度越高，则农户会面临越高的行为不确定性。考虑到大棚蔬菜的易腐程度通常比露天蔬菜的易腐程度高，因此，使用大棚蔬菜面积占总蔬菜面积的比例作为易腐性的衡量指标。

实证分析中还加入了三个村庄变量和两个农户个体与生产特征变量作为控制变量。村庄变量为农户所在村提供销售服务的蔬菜合作社数量、不提供销售服务的蔬菜合作社数量、蔬菜公司数量①。这三个变量既可以表征可供农户选择的产业组织模式的数量，也可表征当地蔬菜市场的竞争程度（Wollni and Zeller，2007）。农户个体与生产特征变量为农户受教育程度、2012 年蔬菜种植总面积的自然对数。考虑到当年蔬菜种植面积与农户选择产业组织模式之间有内生性，假定两年前农户还未选择横向合作或纵向协作模式，该滞后数据（lagged data）不受农户选择产业组织模式的影响。因此，选取 2012 年蔬菜种植面积数据代替 2014 年蔬菜种植面积比例数据（Fischer and Qaim，2012）。考虑到蔬菜种植面积数据的正偏态分布，使用选取自然对数的方式对该数据进行修正。

第四节　变量描述性统计分析

本章所用不确定性变量、村庄变量和农户个体与生产特征变量的描述性统计如表 17-1 所示。

① 农户所在村庄提供销售服务的蔬菜合作社数量、不提供销售服务的蔬菜合作社数量、蔬菜公司的数量的部分数据在原本调研数据中缺失。调研员通过对河北省农业厅的相关干部进行电话采访，获取河北省的村庄数据；通过对浙江省蔬菜合作社理事长和蔬菜公司经理进行补充采访，获取了浙江省的村庄数据。

表 17-1　变量描述与描述性统计分析

变量	变量描述	均值	标准差	最小值	最大值
自然风险	农户对蔬菜种植中自然风险程度的自我感知（风险很小=1，风险比较小=2，风险一般=3，风险比较大=4，风险非常大=5）	3.12	1.22	1	5
气温波动×蔬菜面积	气温波动×2014 蔬菜种植总面积	1.04	0.87	0	2.05
价格波动	当地市场上 2014 年全年蔬菜价格波动大于 300%=1，价格波动小于或等于 300%=0	0.34	0.47	0	1
信息获取困难性	无法从政府、媒体（网络、电视和报纸等）和乡亲处获取市场信息=1，能够从上述渠道获取市场信息=0	0.38	0.49	0	1
批发市场摊位	在蔬菜批发市场上有固定摊位=1，在蔬菜批发市场上没有固定摊位=0	0.04	0.20	0	1
平原地区	农户所在村庄在平原地区=1，农户所在村庄不在平原地区=0	0.75	0.43	0	1
浙江省	农户在浙江省=1，农户在河北省=0	0.50	0.50	0	1
大棚面积比例	大棚蔬菜面积占蔬菜种植面积的比例	0.49	0.48	0	1
有销售服务合作社数量	本村提供销售服务的蔬菜合作社数量/个	1.39	1.59	0	8
无销售服务合作社数量	本村不提供销售服务的蔬菜合作社数量/个	1.12	1.15	0	5
公司数量	本村蔬菜公司数量/个	1.00	1.72	0	10
受教育程度	农户户主受教育程度为初中及以上=1，农户户主受教育程度为小学及以下=0	0.65	0.48	0	1
2012 年蔬菜面积	2012 年蔬菜种植面积/亩	55.26	163.05	0*	1 500

*有些蔬菜种植户在 2012 年并没有种植蔬菜，他们种植蔬菜从 2014 年开始，故 2012 年蔬菜面积最小值为 0

样本农户自我感知在蔬菜种植中自然风险程度的均值为 3.12，标准差为 1.22，这表明，从总体来讲，菜农认为蔬菜种植中自然风险略微偏高。大概有 1/3 的样本农户认为，当地蔬菜市场的价格波动程度超过了 300%，体现出蔬菜市场价格波动非常剧烈，给菜农带来较大的环境不确定性。大约有 38%的样本农户无法从政府、媒体（网络、电视和报纸等）和乡亲处获取市场信息，且仅有 4%的样本农户在批发市场上有固定摊位，从中可以看出，大部分农户获取市场信息并不容易。此外，平均每个村庄有 1.39 个提供销售服务的蔬菜合作社、1.12 个不提供销售服务的蔬菜合作社和 1 个蔬菜公司。有 65%的样本农户户主的受教育程度是初中及以上，表明大部分菜农有较高的受教育程度。样本农户 2012 年蔬菜种植面积平均值超过了 55 亩。样本农户 2012 年蔬菜种植面积数据的标准差也很大，达到了 163.05，样本农户最大蔬菜种植面积为 1 500 亩，这表明农户蔬菜种植面积的差异很大。这种巨大的差异可能缘于河北省和浙江省的蔬菜种植户中，既存在以家庭为基础的小规模农户，也存在大规模流转土地的职业蔬菜种植大户。

第五节 实证结果

为检验模型是否存在多重共线性，本章进行了模型的方差膨胀因子（VIFs）检验。13 个自变量中 VIF 平均值为 1.72，VIF 最大值为 3.82。由于 VIF 最大值远小于多重共线性判断值 10，因此可以认为，多重共线性在模型中并不会明显影响估计结果。

本章使用多元 Logit 回归来估计生产不确定性、环境波动性、环境多样性和行为不确定性对农户选择产业组织模式的影响。多元 Logit 模型的估计结果见表 17-2。本章侧重于讨论各不确定性变量的边际效应，因而主要讨论多元 Logit 回归的边际效应结果。

表 17-2 多元 Logit 模型估计结果

解释变量		部分横向合作模式		完全横向合作模式		纵向协作模式	
		系数	z 值	系数	z 值	系数	z 值
生产不确定性	自然风险	0.058 (0.139)	0.41	−0.044 (0.131)	−0.34	0.314** (0.159)	1.97
	气温波动×蔬菜面积	0.013** (0.005)	2.47	0.010** (0.005)	2.23	0.010** (0.004)	2.28
环境波动性	价格波动	0.315 (0.317)	0.99	−0.136 (0.336)	−0.41	−0.102 (0.431)	−0.24
	信息获取困难性	−0.175 (0.332)	−0.53	0.584* (0.319)	1.83	0.252 (0.401)	0.63
环境多样性	批发市场摊位	−0.949 (0.876)	−1.08	−1.666 (1.120)	−1.49	0.380 (0.102)	0.37
	平原地区	−1.374** (0.664)	−2.07	0.180 (0.429)	0.42	0.431 (0.503)	0.86
	浙江省	−0.882 (0.791)	−1.11	1.469** (0.663)	2.22	−0.118 (0.643)	−0.18
行为不确定性	大棚面积比例	0.901 (0.617)	1.46	0.475 (0.618)	0.77	−1.470** (0.639)	−2.30
控制变量	有销售服务合作社数量	0.263 (0.170)	1.54	0.386** (0.154)	2.50	−1.066*** (0.252)	−4.24
	无销售服务合作社数量	0.066 (0.158)	0.42	−0.269* (0.158)	−1.70	0.232 (0.189)	1.23

续表

解释变量		部分横向合作模式		完全横向合作模式		纵向协作模式	
		系数	*z* 值	系数	*z* 值	系数	*z* 值
控制变量	公司数量	−0.413**	−2.16	−0.392***	−2.70	0.777***	3.70
		(0.191)		(0.145)		(0.210)	
	受教育程度	0.424	1.13	0.882**	2.44	0.545	1.32
		(0.376)		(0.362)		(0.412)	
	ln(2012 年蔬菜面积)	0.057	1.19	0.092*	1.67	0.028	0.53
		(0.048)		(0.055)		(0.053)	

***、**、*分别表示 1%、5%、10%的统计显著性水平；括号中为标准误

从表 17-3 可以发现，当其他因素保持不变时，农户对蔬菜种植的自然风险感知每上升 1 利克特单位，农户选择纵向协作模式的可能性会显著增加 0.023。气温波动和蔬菜面积的乘积每上升 1 个单位，农户选择部分和完全横向合作模式与纵向协作模式的可能性会显著上升 0.001，农户选择完全市场交易模式的可能性显著下降 0.002。由此，假设 1 得以证实，即当生产不确定性上升时，农户倾向于选择部分横向合作模式、完全横向合作模式和纵向协作模式，倾向于不选择完全市场交易模式。

表 17-3　多元 Logit 模型边际效应估计结果

解释变量		完全市场交易模式		部分横向合作模式		完全横向合作模式		纵向协作模式	
		边际效应	*z* 值	边际效应	*z* 值	边际效应	*z* 值	边际效应	*z* 值
生产不确定性	自然风险	−0.018	−0.92	0.005	0.34	−0.010	−0.68	0.023**	1.97
		(0.020)		(0.015)		(0.014)		(0.011)	
	气温波动×蔬菜面积	−0.002***	−2.65	0.001*	1.66	0.001*	1.79	0.001**	2.18
		(0.001)		(0.001)		(0.001)		(0.0002)	
环境波动性	价格波动	−0.012	−0.25	0.040	1.20	−0.020	−0.55	−0.008	−0.27
		(0.050)		(0.033)		(0.036)		(0.032)	
	信息获取困难性	−0.041	−0.84	−0.037	−1.06	0.065*	1.90	0.013	0.45
		(0.049)		(0.035)		(0.034)		(0.029)	
环境多样性	批发市场摊位	0.105	1.13	0.043*	1.83	−0.168	−1.37	0.020	0.85
		(0.093)		(0.024)		(0.122)		(0.023)	
	平原地区	0.080	1.03	−0.162**	−2.32	0.040	0.88	0.042	1.14
		(0.078)		(0.070)		(0.045)		(0.036)	
	浙江省	−0.021	−0.21	−0.142*	−1.75	0.180**	2.54	−0.017	−0.37
		(0.989)		(0.811)		(0.071)		(0.047)	
行为不确定性	大棚面积比例	−0.020	−0.23	0.085	1.34	0.053	0.80	−0.118***	−2.58
		(0.086)		(0.063)		(0.066)		(0.046)	

续表

解释变量		完全市场交易模式		部分横向合作模式		完全横向合作模式		纵向协作模式	
		边际效应	z 值	边际效应	z 值	边际效应	z 值	边际效应	z 值
控制变量	有销售服务合作社数量	0.006 (0.025)	0.24	0.029* (0.017)	1.70	0.051*** (0.015)	3.29	−0.086*** (0.018)	−4.79
	无销售服务合作社数量	0.003 (0.023)	0.14	0.011 (0.165)	0.64	−0.034** (0.017)	−2.02	0.020 (0.014)	1.46
	公司数量	0.021 (0.024)	0.87	−0.041** (0.193)	−2.10	−0.045*** (0.014)	−3.10	0.065*** (0.015)	4.39
	受教育程度	−0.132** (0.052)	−2.55	0.024 (0.039)	0.61	0.083** (0.038)	2.17	0.025 (0.030)	0.84
	ln（2012 年蔬菜面积）	−0.016** (0.007)	−2.17	0.007 (0.006)	1.21	0.008 (0.006)	1.40	0.003 (0.004)	0.08

***、**、*分别表示 1%、5%、10%的统计显著性水平；括号中为标准误

无法从政府、媒体（网络、电视和报纸等）和乡亲处获取市场信息的农户与可以便利地获取市场信息的农户相比，选择完全横向合作模式的可能性显著升高 0.065。而价格波动指标则对农户选择产业组织模式无显著性影响。该估计结果使得假设 2 获得部分证实，即当环境波动性上升时，农户倾向于选择完全部分横向合作模式。

在批发市场有固定摊位的农户与无固定摊位的农户相比，选择部分横向合作模式的可能性显著升高 0.043。农户所在村庄为平原地区在 5%的水平下，会显著降低农户选择部分横向合作模式的可能性。农户在浙江省，会显著提高农户选择完全横向合作模式的可能性，显著降低农户选择部分横向合作模式的可能性。该估计结果表明，假设 3 获得部分证实。

大棚面积比例在模型中被用来衡量行为不确定性，从估计结果中可以看出，大棚面积比例每上升 1 个百分点，农户选择纵向协作模式的可能性显著下降 0.118，该估计结果表明，假设 4 部分得以证实，即当行为不确定性上升时，农户倾向于不选择纵向协作模式。

除此之外，还可以发现，受教育程度在初中及以上的农户与受教育程度在小学及以下的农户相比，选择完全横向合作模式的可能性显著升高 0.083，选择完全市场交易模式的可能性显著降低 0.132。即较高的受教育程度使得农户更倾向于选择有组织化的产业组织模式，而受教育程度低的农户则不愿意接受新鲜事物，更倾向于选择较为传统的产业组织模式（Fischer and Qaim，2012）。此外，蔬菜种植面积在 5%的水平下，会显著降低农户选择完全市场交易模式的可能性。可能的原因是，当农户种植规模较大时，农户很可能是职业农户，而非家庭式生产的小农

户，因此农户不满足于作为独立蔬菜种植户并选择传统的完全市场交易模式。

第六节　本 章 小 结

本章以交易费用理论为基础，构建了一个以不确定性为视角来研究农户选择产业组织模式的理论框架。而后，以河北省和浙江省蔬菜产业为例，运用多元 Logit 模型，使用调研数据，检验了农户选择产业组织模式的影响因素，得到如下结论。

第一，生产不确定性和行为不确定性显著地影响蔬菜农户选择产业组织模式。当生产不确定性上升时，农户更倾向于选择部分横向合作模式、完全横向合作模式和纵向协作模式，倾向于不选择完全市场交易模式；当行为不确定性上升时，农户倾向于不选择纵向协作模式。农户选择完全市场交易模式和纵向协作模式与否，不受环境不确定性的影响；环境不确定性对农户选择部分横向合作和完全横向合作模式有显著影响，但影响方向不明确。

第二，本章通过实证证实，农户在波动性高的环境中，更倾向于选择相对稳定的产业组织模式，如完全横向合作模式。这一发现与以往的国外文献不一致，如 Ganesan（1994）发现交易者处于不确定性高的环境中时，更倾向于选择灵活的、短期的交易方式来适应多变的环境。关注本章结论和以往国外文献的异同可以发现，大部分得出此结论的国外文献往往基于西方国家大（制造）公司，这些公司通常有很强的进入市场参与竞争的能力。它们在多变的环境中依然能够便利地获取市场信息，并寻找到合适的买家。然而，目前中国大部分的蔬菜种植户在面临多变的市场环境时，需要选择相对稳定的产业组织模式，依赖合作社或农业公司来获取市场信息和销售服务，才能够顺利地进入市场，参与竞争。

第三，估计结果表明，当行为不确定性上升时，农户倾向于不选择纵向协作模式。Geyskens 等（2006）通过元分析发现，行为不确定性使得交易者更倾向于选择科层式治理结构，倾向于不选择市场治理结构。该研究仅关注两种选择，而未曾考虑中间机制，而本章研究将合作社模式和纵向协作模式考虑在内。另外，该元分析主要关注发达国家的大公司，而本章研究则将行为不确定性的影响分析扩展至发展中国家的农户身上。从上述两方面可以看出，本章对不确定性影响产业组织模式选择的理论和实践进行了扩展。

第四，通过边际效应估计结果可以发现，行为不确定性对农户选择产业组织模式的影响，要大于生产不确定性的影响。换句话说，蔬菜农户对交易对象的可信任度的关注，要高于对多变的天气的关注。

第五篇　农民专业合作社在农业产业组织体系中的作用

农业产业发展，从整体上讲，必然受到多方面基本因素的影响：①技术性因素，即自然条件、产品形状等；②市场性因素，即市场格局、市场结构等；③主体性因素，即生产经营主体及其制度状态等；④制度性因素，主要指政治、法律、社会、文化等环境性因素。不同的产品、不同的产区、不同的时期，这几方面因素都不一样。

而农业产业组织体系，则必然隐含着这样几个维度：①它是从田头到餐桌的纵向链条的，如供应链、价值链等，也就是市场导向的；②它还是横向的、网状的，这里包含着家庭农场、合作社组织、社会化服务组织、龙头企业、行业协会组织等多种组织形式及其之间构成的复杂的关系（制度、合约、组织等）；③它有宏观意义上的（全国），也有中观意义上的（产区），当然也要落实到微观组织上（如农户、合作社、企业等）；④在不同的产品、不同的产区、不同的时期，它是不一样的状态。

因此，研究农业产业组织体系，实际上涉及几个方面：①若干产业主体；②若干产业主体之间形成的关系（制度、合约、组织等）；③农户（农产品）是如何进入市场的；④农民专业合作社在其中的地位、作用、机制与绩效等，这也是本研究的主要内容之一。而讨论农民专业合作社在农业产业组织体系中的地位、作用、机制与绩效等时，主体之间的关系最重要。在主体之间的关系中，主要有技术性关系（各个环节之间的技术相关性）、业务性关系（契约或契约形式的产业主体间关系）和利益性关系（产业主体间的利益分配格局）。

因此，“以合作组织为中心的农业产业组织体系创新研究”，也即从农业产业组织体系视角研究农民专业合作社发展，但不是孤立地去研究合作社。我们不能忘记“以合作社为中心”的研究期待，但并不机械地预设任何产业、任何产区、任何时期都必然会“以合作社为中心”。研究农业产业组织体系中的农民专业合作社发展，具体地说，就是研究某产业、某产区中合作社发展情况（服务功能、经营规模、产权关系、治理结构、分配机制、经营机制、经营绩效、互动机理、市场地位、联合业态、政策环境与模式归纳），特别要聚焦于合作社与产业组织体系（产业链、产业网络）中其他组织主体的关系、互动、竞合等。当然，我们还是期待发现、提炼和创新以农民合作为中心的并且有利于农民收益改善的农业产业组织模式和体系。

第十八章　农民专业合作社在农业产业组织体系中的角色及策略

没有一个组织是自给自足的，所有组织的存在都有赖于与其所处的更大体系的关系。而且，最好或最合适的组织结构依赖于正在进行的工作类型和组织面临的环境要求或条件（斯科特，2002）。显然，作为一种社会经济组织，农民专业合作社也必然生存于特定的并且必须适应的社会经济技术环境中。总体而言，我国农民专业合作社发展处于结构嵌入（成员异质性）、市场嵌入（供应链管理）、制度嵌入（社会政治结构）、村社嵌入（村社传统）等多重嵌入型结构环境中（徐旭初，2008）。其中，以农业生产经营为主业的合作社必然生存于某个特定的农业产业或农业产区中，因此，农业产业组织体系无疑是其重要的结构环境因素之一。而且，再考虑到近年来我国显著的农业结构变革趋势、农产品供应链管理格局和农业供给侧结构性改革的制度背景，因此有必要进一步在合作社发展的结构环境背景下，理性审视合作社在农业产业组织体系中的角色及其相应的策略。

第一节　农民专业合作社的结构环境

合作社无非是一种处于一定组织环境中、具有一定质性规定的组织形式。回顾近年来的有关研究，不难发现，关注制度环境约束的较多，考虑技术环境约束的较少[①]；关注当前和眼下的较多，考虑既往历史因素动态演化后续影响的较少；关注合作社环境适应性的较多，关注其能动性的较少。然而，这种研究的偏重是

① 其实，农业合作社与技术环境（特别是产品生产技术特性）的相关性远比人们想象的要大。

可以理解的，因为作为一种“环境适应性”组织，对农民专业合作社现实活动的阐释必然侧重于其所处环境的现实约束。

可以确认，当前中国农民专业合作社的发展既源起于农业产业特性之必然，也迫于20世纪80年代以来我国势不可挡的工业化、市场化、城市化和全球化的复合型现代化进程，更深深地嵌入在我国社会经济结构的多重现实约束中。我国农民专业合作社发展的多重嵌入性是独特的、显著的，更是深刻的。

一是基于农业生产经营主体异质性的“结构嵌入”。在当今中国，农民分化日益加剧，农业生产经营主体异质性问题极为突出。农民分化的形势在很大程度上决定着农村产权主体的异质性，而正是这种产权主体的异质性深刻地影响着合作社产生和发展中的成员动机、产权结构、治理结构乃至文化取向等。换言之，与西方发达国家相比，我国农民专业合作社在发展中呈现出显著的成员异质性（邵科和徐旭初，2008；黄胜忠，2009）。社员不仅生产规模可能大小不一，而且经济实力、技术水平、经营能力乃至风险偏好都大不一样。合作社的本意是通过社员内部的横向一体化去应对外部的纵向一体化（张晓山，2009），而我国合作社则不然：社员并非利益同质的共同体关系，很可能在共同应对外部市场竞争的同时，其内部也形成某种购销关系，即一部分社员赚另一部分社员的钱。显然，这并不符合传统的、理想的或标准的合作社范式。

二是基于农产品供应链管理态势的“市场嵌入”。自20世纪80年代以来，农业产业处于具有深远意义的结构变革中，农业合作社面临以纵向协调为主要特征的农业纵向一体化与供应链管理趋势，迫使以成员利益为导向的合作社必须尽快适应以市场需求为导向的转变。而且，我国异于欧美国家和地区通常路径（先合作化/横向一体化，而后产业化/纵向一体化）的先产业化（纵向一体化）后合作化（横向一体化）的农业经济发展路径，必然造成我国农民专业合作社的发生和发展目标、方式、走向的独特性（徐旭初，2005a）。同样，这种市场嵌入困境也迫使我国农民专业合作社必须在战略、组织和业务等诸方面及时、深刻地变革创新，以适应环境变化。这些变革和创新意味着：合作社的组织关注点必然越来越转向关注市场和合作社自身发展，而非只是社员收益；合作社的运营战略必然地由内敛趋向开放，趋向和融入供应链；合作社必然面临对传统的利益原则及机制的调整，参与构建具有新的合理性的内外部利益协调机制。在一定程度上，合作社内部的纵向一体化是对外部纵向一体化的应对；换言之，“市场嵌入”在一定程度上导致了“结构嵌入”。

三是基于我国社会政治结构的“制度嵌入”。我国政府从来就是政治、法律和行政的合法性的强势赋予者（苑鹏，2001，2009b；夏英，2008）。近年来，各级政府对农民专业合作社发展期望日重，介入颇深，影响甚大，这既有利于促进合作社快速发展、规制合作社内部管理，同时也容易使合作社勉为其难地去承载政府的某些经济或社会功能，甚至破坏合作社应有的独立性（郭红东，2002；任大鹏和郭海霞，2008）。不少人认为政府对合作社的干预使得合作社的边界有泛化倾向。实际上，不少地方政府及其干部在很多时候就是以经济发展为导向，一开始就是把合作社视为一个微型企业甚至中小企业的，当作一个可以带动当地农村经济发展的主体，而对其民主管理、文化内涵关注不多。所以，他们更强调的是合作社对社员和非社员的带动，而不注重对合作社运作规范性的监管。这就可以解释为什么很多龙头企业要参与到合作社经营中，因为它们都是追随着政策来的。在一定程度上，政府部门并不是迎合龙头企业，而是诱导龙头企业。由此可见，未来我国农民专业合作社发展的核心问题在很大程度上就转化成了如何建构合作社自治与政府规制的合理平衡的问题。

四是基于村社结构和乡土文化的“村社嵌入”。我国农民专业合作社从一开始就根植于农村基层中，其理念、制度及其具体实践与农村乡土社会的村社结构、文化土壤、社会记忆及其非正式制度是否契合是至关重要的。然而，中国农村传统的价值观念和文化规范中，似乎比较缺乏市场机制下那种经常要求人们以平等关系、一般信任为最大“道德保障”的文化资源（孙亚范，2003；赵泉民，2009）。更何况在当前农村社区、基层组织及其集体土地资源发生深刻变化的情形下，合作社与社区组织如何建构合理的互动关系，合作社社区化究竟是强化还是弱化了其质性程度，更是农民专业合作社发展中值得关注的问题。实际上，有无相宜的合作社文化土壤的问题核心还是平衡问题，即合作社如何平衡适应内外部组织环境变化与坚持合作社文化内核的问题。如果合作社益贫性的逐渐扬弃势在必然，则对民主性的一定坚持则无疑是合作社变革的底线所在。

所有这些无疑意味着，我国农民专业合作社的发展形势要严峻得多，面临的约束要复杂得多，合作社企业家要稀缺得多，成员禀赋要参差得多，政府介入要频繁得多，这更导致了我国农民专业合作社相较于国外合作社的差异性。如果把我国农民专业合作社放在这个多重嵌入性框架里来看，合作社的嵌入程度越深，就越不像传统的、理想的或标准的合作社。在此意义上，中国农民专业合作社的发展必然是超越经典的、反映中国特色的、体现时代特征的。

第二节　农民专业合作社在农业产业组织体系中的生态位

在多重嵌入的结构环境中，诸多现实约束都聚焦于一点，就是以农业生产经营为主业的合作社必然生存于某个特定的农业产业或农业产区中，因此，农业产业组织体系无疑是其重要的结构环境因素之一。

决定农民专业合作社在农业产业组织体系中的角色、地位和作用的关键因素是其在所处的特定的农业产业或农业产区中的生态位。

企业总是存在于一定的社会经济技术环境中，两者不可避免地存在互动关系，由此也就产生了一种关系状态，这种关系状态被称作企业的生态位（钱辉和张大亮，2006）。相应地讲，合作社的生态位，就是合作社在特定时期特定环境里能动地与环境及其他相关经济主体相互作用过程中所形成的关系状态、相对地位与功能作用。

合作社在农业产业组织体系中的生态位是如何决定的呢？概言之，是由合作社的自身情状，即合作社的组织禀赋和能力和合作社的环境情状，即合作社所处的特定的农业产业或产区的技术属性、市场特性、制度属性等相互作用而决定的。换言之，合作社在农业产业组织体系中的生态位反映了合作社与农业产业组织体系环境之间所形成的一种共存均衡状态。

从理论上讲，一方面，合作社本身具有一定的固有属性，这些性质主要表现为合作社的组织禀赋和能力，即内部生态结构、资源特征、产品性质、生产能力等。在市场经济环境中，经济组织的成功在很大程度上取决于组织禀赋和能力相对于市场环境的合用性（徐旭初，2005a）。组织能力，可以视为组织成员所拥有的资源、知识、禀赋等的有机集合。显然，对合作社而言，其一，要在一定的市场环境中生存下去或很好地生存，就必须有符合市场要求的组织能力。这种组织能力主要表现为合作社成员（特别是关键成员）的能力以及他们之间的耦合性。其二，农业是一个产品特性影响极大的特殊产业，因此，合作社的组织禀赋和能力尤其反映在对其所生产、交易或服务的“那一种”产品的生产技术特性和市场交易特性的适配性上。其三，对市场要求的能力的拥有总是不均衡分布的，这种异质性或不均衡分布就直接决定了合作社组织契约的性质、形态和细节。

另一方面，既然合作社生态位是合作社与环境互动适配后的客观状态，那么合作社所处环境所具有的技术属性、市场特性、制度属性等就显得至关重要。首先，不同农产品的生产技术特性所造成的资产专用性和农业生产、交易中对时间和季节的特殊依赖性差异颇大，进而也就在不同的农产品领域诱致农民合作要求的可能也不尽相同。其次，在很多农产品领域中，季节性、易损性、农业生产投入、地理位置等都集中表现为农产品供求特性，会导致合作社面临资产专用性、不确定性和交易频度问题，进而影响甚至决定合作社与其他交易主体的博弈地位和竞合关系。可以认为，农产品供求特性及其结构是影响合作社生态位及其运营的主要因素之一。所以，合作社通常率先兴起于农产品商品率较高、农业剩余较多、市场风险较大、单个农户博弈弱势较明显的情况下，兴起于具有较明显季节或时间约束、易损性较强、交易频度较高的农产品领域内，兴起于规模经济较显著、专业化程度较高、资产专用性较高、资本或技术要求较高的行业中，兴起于政府管制较少的农产品品种上。再次，在以垂直协调为主要特征的农产品供应链管理环境中，农产品市场的交易方式不断发生变化，农业生产逐渐从生产导向型转变为市场导向型，交易组织形式由市场交易逐渐向合同生产方式、纵向一体化等转变，而农产品加工商和零售商的规模越来越大、专业化程度越来越高，尤其是综合性超市、专业水果超市、农产品配送中心等新型供应链主体的出现，及其设置的各种私人标准，都为小农户和合作社进入市场设置了较高的门槛。最后，不同地区的社会政治等方面的制度设置、价值理念、村社结构、文化土壤、社会记忆及其非正式制度都直接或间接地作为环境因素影响着合作社生态位及其运营。

显然，我国农业产业组织体系的现实情状深刻地影响着合作社在其中的生态位。一方面，生态位更为不利的小农户亟待提高组织化程度，合作社则无疑是理想的组织形式。Cook 和 Burress（2009）指出传统合作社的出现就是由于信息不对称和外部性等问题的存在，农户通过集体行动来提高市场交易的规模效益，以形成与其他供应链主体的抗衡势力。而面对多变的、差异化的终端消费者和日益复杂的、门槛越来越高的供应链渠道，小农户的利润空间迅速压缩，他们必须通过提高产品增值、降低自身生产或交易成本的途径，才能够获得足够的利润。这些环境因素的改变，为合作社的发展提供了充分的生态位，从而驱动合作社的设立（梁巧和王鑫鑫，2014）。

然而，另一方面，尽管近年来合作社总数和成员总数高速提升，出资总额稳步提高，加工服务型合作社和生产服务型合作社增幅较大，但就整体而言，我国农民专业合作社的生态位并不理想，运营水平较低，正处在建设和发展并重的关键时期。一是由于合作社生产、经营或服务规模小，规模经济难以实现，竞争优势无法体现。二是合作社的经营层次总体偏低，多处于低端的初级品市场，比较缺乏营销能力，既难以与上下游经营主体进行有效博弈，更无法支撑所在区域相关农业的产业链，从而很难有效参与、融入并获益于农业产业链、供应链和价值链。三是由于内部成员异质性结构制约和外部供应链管理环境倒逼等因素，入社农户与合作社带头人以及上下游相关利益主体（特别是龙头企业）之间难以建立起紧密、合理的利益联结机制，普通社员难以分享到合作社惠顾返利、盈利分红等合作社独特的组织效益。由此，合作社这样的生态位必然深刻地影响甚至决定其在农业产业组织体系中的角色、地位和功能。

第三节　农民专业合作社在农业产业组织体系中的角色和功能

必须认真地指出，在市场经济情境中，农民专业合作社与农业产业组织体系中其他主体的关系在本质上是市场合约关系，必然按照市场规则（而绝非其他规则）进行交易、竞合。因此，尽管农业的产业性状决定了合作社普遍存在于农业领域有其客观必然性，但是，并非任何产业任何产区任何时期都必然"以合作社为中心"，合作社更非农业产业组织体系中的唯一组织选择。更明确地说，在农业产业组织体系背景下，当前中国大多数运营正常的农民专业合作社或多或少地具有合作制属性，是产业化和制度性色彩鲜明的股份合作制的改进型（且为过渡型）中间组织，但并非许多人指责的异化或"伪"合作社。

作为一种股份合作制的中间组织，我国绝大部分合作社同时杂糅了合作化、产业化和社会化的农业组织化功能（当然，这些合作社看起来也不怎么"规范"）。农业组织化至少包括农业的合作化、产业化和社会化等三方面。其一，合作化是指农户通过集体行动达致减工降本，实现规模经济效应，换言之，合作社的初衷是基于成本运营，旨在省钱。其二，产业化即纵向一体化，是通过延长产业链、供应链或价值链来整合外部利益相关主体。关键是如何分配产业化收益，是公平分配给合作社成员还是由少数骨干成员独享。其三，社会化是指将价值链中原本由自身提供的具有共性的、非核心的，但内包不经济的农业生产环节或业务流程剥离出来后，外包给外部专业服务提供者来完成的经济活动。现实中，合作社通常较多地在农业投入品采购方面体现合作化功能，而在农产品销售方面常常表现出内部产业化关系；同时，合作社还可能部分外包生产环节或业务给其他社会化服务组织，或者在满足成员自我服务的基础上成为外包服务提供者，从而表现出社会化功能。因此，在农业产业组织体系中，合作社可能既是农民合作组织，也是农业社会化服务组织，还是农业产业化经营组织。

在合作社与其他相关主体的交易关系中，既有技术性关系（各环节之间的技术相关性），也有业务性关系（契约或契约形式的相关主体间关系），更有利益性关系（相关主体间的利益分配格局）。在此意义上，合作社在农业产业组织体系中的角色及其与其他主体的关系，不单纯或不仅仅是新古典经济学所强调的资源配置问题，在许多情况下更是一个政治经济学的权利与权力的配置问题（邓宏图等，2014）。

农业产业组织体系的交易关系和治理机制，既是具体产业（或产区）技术性、市场性、农户性、社区性及其合作性的基本特点使然，又是具体产业和产业组织转型发展的重要标志。一般而言，短期重复式的交易关系及其相应的一般市场治理机制，往往与传统、分散和小规模的生产经营方式相关联；而战略联盟式的交易关系及其相应的产权与正规契约治理机制，往往与相对规模化、组织化和现代化的生产经营方式相关联；至于关系治理机制运用的普遍性，则与该产业的农户性与社区性特征密切相关。因此，市场、关系、契约和产权多种治理机制会以不同组合方式出现在合作社与其他主体的交易关系中，一般而言，其中，市场机制是基础，关系机制是手段，契约机制是保证，产权机制是深化。合作社往往在关系机制的作用发挥上起着催化与强化的作用，社员股份分红的特性也使产权机制发挥共同利益导向的作用。

同样必须认真地指出，尽管连接农业产业上下游交易关系的中间组织有多种形式，但合作社仍是其中最重要的组织形式。因为真正的合作社，一定是农户为寻求出路，自发、主动组建起来的，因而也一定是代表了农户的意愿和利益。然而，合作社的中国实践与理想型合作社普遍发生了不同程度的偏移，因此，对合作社功能的考察不能用理想主义的眼光展开。农民专业合作社的载体化特性决定了合作社的功能表现为合作化/产业化/社会化的混合性功能。在微观农户层面，合作社内部成员异质性决定了成员间的合作具有典型的非对称特征，因此，合作社对社员农户的福利改进表现为“帕累托改进”，而且，合作社的功能还表现在对非社员农户的外部溢出效应。

如今，在乡村振兴战略的背景下，能更清晰地看到农民专业合作社的作用空间：①合作社理应成为实现小农户和现代农业发展有机衔接的主要载体。在这方面，合作社具有独特的、不可或缺的价值和作用。合作社把自愿联合的农民组织起来，合作应对市场经济，合作发展现代农业。这也意味着合作社要注重适度规模经营，注重生产技术服务，注重农产品品质提升，注重农产品市场营销（特别是品牌建设），注重开展农产品加工，注重农产品品种优化，注重合作社之间的联合与合作等。②合作社理应成为发展适度规模经营的重要主体。许多合作社提供农业产前产中产后服务，以克服农业生产内部效率损失，获得规模经济效益。它们既为社员提供农资采购、生产服务、市场销售、技术培训等规模化服务，也通过土地流转开展规模经营，成为土地流转服务的重要平台。土地股份合作社即是例证。③合作社理应成为农业社会化服务体系的重要主体。现实中，合作社不仅是农民社员自我服务的组织平台，也为其他农民提供各种诸如代耕代种、联耕联种、土地托管等专业化规模化社会化服务，还开展农业技术推广，促进新技术、新品种开发。④合作社理应成为农村一二三产业融合发展的重要载体。无论是延长农业产业链，提高农业附加值，还是积极开发农业多种功能，开展乡村生态休闲、旅游观光、文化教育等，其中最重要的是大力发展劳动与资本等多要素相结合的农村股份合作社，大力构建与一二三产业融合发展相适应的经营机制和利益机制。近年来大量涌现的旅游合作社、物业合作社、劳务合作社等形式都是例证。⑤合作社理应成为深化农村集体产权制度改革的重要方式。农村集体产权制度改革事关农民利益保护和利益发展，而农村社区股份合作社尽管并非合作制，也为农村集体产权制度改革提供了基本的组织形态。⑥此外，合作社也是农民通过自身努力彰显主体性、提升自我管理水平和发展能力，进而有效参与乡村治理的有效组织形态。总之，当前我国大多数农民专业合作社都是富于中国本土特色的创新组织形态，而且必将于农业农村现代化、农业供应链管理、乡村治理和社会发展、扶贫开发等广阔视野中进一步展现其独特的制度魅力和组织功能。

第四节　农民专业合作社在农业产业组织体系中的策略

在农业产业组织体系中，任何一个组织主体都必然以提升自身运营绩效为取向，农民专业合作社也不例外。面对在农业产业组织体系中现实的生态位情状，合作社必须在战略、组织和业务等诸方面进行及时且深刻的变革、创新和运营优化，以适应环境流变，提升生态位效能及其运营绩效。

合作社的变革、创新和运营优化，实质上就是对组织环境流变的应对，因此其战略优化是首要的。目前，我国农民专业合作社的组织环境流变主要表现为鲜明的农产品供应链管理格局和趋势。在战略上，这意味着：尽管组织主旨一直未变，但合作社的组织关注点已越来越转向关注市场和合作社自身发展，而非只是社员收益；合作社的运营战略必然由内敛趋向开放，走向供应链，参与供应链，融入供应链；合作社必须调整传统的利益原则及机制，参与构建具有新的合理性的内外部利益协调机制。其中，核心问题就是合作社如何协调与供应链网络中其他节点主体的关系，如何协调成员异质性利益关系，进而调整合作社运营战略取向。

其次，合作社本质上是一种治理结构，因此，其变革、创新和运营优化不只是单一的业务问题，必然涉及其组织结构及制度、机制的相应变革。如今，在合作社成员呈现显著的“圈层”结构的情况下，如何协调异质性成员之间的财产关系，如何建构一种既能民主控制又能有效决策的规则体系和治理结构，如何实现既惠泽社员又有效激励的分配效果，无疑是合作社组织优化的基本问题。这里的关键在于如何建构既有利于提升经济绩效又能促进合意治理的内部治理结构和收益协调机制。

最终，合作社运营优化必须落脚于其业务创新和优化。基于在农业产业组织体系中现实的生态位及其情状，合作社一般可以采取以下经营策略以提升生态位效能。

（1）基于生态位分化的错位经营策略。企业竞争优势的最终源泉在于其生态环境维度中生态因子所存在的异质性或不对称性。因此，合作社要根据产业特点和自身特征，选择区别于竞争对手的生态因子组合，从而实现生产和经营的异质性或不对称性，比竞争对手更好地满足市场需求，并创造更高的效益。

（2）基于生态位拓展的价值创新策略。企业的生态因子中既包括资源因子，同时也包括空间因子，而且资源因子和空间因子可以细分，因而决定企业生态位的生态因子是多维的。因此，合作社可以不以竞争为出发点，而是以顾客价值为导向，在更大范围内探索尚未被发现和占据的潜在生态位，通过创新客户价值使之变为现实，从而提高生态位的效能。

（3）基于生态位扩大的资源扩充策略。合作社可以通过技术创新、管理创新或差异化服务的方式扩展自身的生态位空间，以实现企业的可持续发展。

从近年来我国大量农民专业合作社实践来看，合作社基于自身生态位及其情状的业务优化有着很多切入点。例如，规模导向，就是通过扩大生产、经营、服务规模或通过要素（如土地）股份合作，以降低平均成本、提高要素产出；质量导向，就是紧紧抓住提高农产品质量和品质，以提高附加值和市场竞争力；品牌导向，就是通过农产品（或合作社）品牌建设，以提高附加值和市场知名度、竞争力；加工导向，就是独自或联合开展农产品加工业务，以提高附加值和市场竞争力；出口导向，就是寻找出口业务，开展外向型营销，以提高附加值和市场空间、竞争力；联合导向，就是通过参与、构建合作社联合社、产业化联合体、行业协会、公共服务平台等，以获得单个合作社无法获得的收益改善；综合导向，就是合作社开展多元化业务经营，以突破专业化经营的限制；企业导向，就是合作社日益企业化经营管理，甚至兴办合作社企业；等等。其中，最关键的则是规模经营和产业融合。

总之，在农业产业组织体系中，农民专业合作社必须根据自身的生态位及其情状，通过变革、创新和运营优化来提升自身运营能力和水平，以更好地提升合作社与社员的经济绩效，更有效地提高合作社的适应性、竞争力和可持续性。同时，也期待发现和创新以农民合作为中心的、有利于农民收益改善的农业产业组织模式和体系。

第十九章　农民专业合作社在小农户与现代农业发展有机衔接中的作用

第一节　引　言

党的十九大报告作出了实施乡村振兴战略的重大决策部署，其中明确指出要“实现小农户和现代农业发展有机衔接”。在此之前，关于“小农户”的提法则是改革开放以来中央文件和历届党代会报告中从来没有过的[①]，这表明“党中央非常清醒地认识到在今后相当长的时间中，一家一户的小农户的生产可能还是我们中国会长期存在的一个历史现象，短期内是不可能就把它完全消灭掉的”[②]。与此同时，随着土地流转费用刚性上涨及农民非农收入日渐增加，土地出让收入的相对吸引力下降等原因，农村土地流转速度近年来逐步放缓，规模化的“中农”乃至“大农”经营面临诸多限制。因此，可以确认，在相当长的一个时期内，我国农业生产经营的主要组织形依然是“小农”，小农现代化是我国农业现代化的关键所在。

与小农相对应，小农经济长期以来成为一个具有贬义的词。曾经在一段时期内，相当一部分学者甚至马克思都认为，家庭经营是落后的，最终会被社会化大生产所取代。但事实证明并非如此，尤其是恰亚诺夫（1996）的“生存小农论”和舒尔茨（1999）的“理性小农论”应运而生之后。后来一些学者（包括恰亚诺夫本人），以农业分工的特殊性为基点，从农业本身的适宜规模来解释家庭经营的合理性。而且，当前农业规模化经营主要也是基于家庭经营的规模经营，旨在通

---

① 需要指出，党中央之所以提“小农户”，可能是想避免与“小农”混淆。“小农”概念的意识形态色彩浓重，而“小农户”概念比较纯粹，指的是现代意义上从事小规模农业生产的农户。但本书对此不做细分。

② 转引自：陈锡文于 2017 年 11 月 29 日在“《财经》年会 2018：预测与战略”上的讲话. http://finance.sina.com.cn/meeting/2017-11-29/doc-ifypathz7150585.shtml，2017-11-29.

过发展家庭经营的专业农户，遏制农业兼业化，提高农业综合生产能力。不过，近年来我国所提倡的规模经营却开始呈现出越来越排斥家庭经营因素，强调依靠国家力量推动“大农”发展的现象。

因此，在农业农村进入新时代的大背景下，我们应当重新检视和反思以小农为载体的农民问题。我们亟须重新检视“小农”和“现代农业”议题，并基于对中国特色的小农户和农业现代化道路的反思，深入思考：①在我国改造小农的农业现代化道路中，小农与农业现代化发展方向是否一致？②如何衡量小农户与现代农业发展是否有机衔接？③再进一步，在不改变农地所有制关系和农户家庭经营的基础上实现小农户适度规模经营的合作社，是小农户与现代农业发展有机衔接的理想载体吗？

第二节　“小农”辨析

一、“小农”的概念界定

不可否认，在传统意义上，“小农”是一个意识形态色彩鲜明的词，“小农不但代表了一种低下的社会身份，而且代表了已经过去的历史”（艾利思，2006）[①]。沙宁（Shanin，1971）认为，传统小农思想的分野在于将小农主要视为一种政治文化现象，还是一种特殊经济现象。在“小农”的经济分析派别中，最具代表性的首推苏联时期的著名农业经济学家恰亚诺夫（A. Chayanov）。恰亚诺夫（1996）在理论上构建了一个小农经济系统，土地、劳动力和生产方式是这个系统中的核心要素，它们自然结合于小农家庭的发展过程，而其中的劳动力要素是主要（甚至唯一）的家庭收入变量。而论及作为经济类型的“小农”的定义，最经典的当属恩格斯，他在《法德农民问题》（1995）中指出，“小农”指的是小块土地的所有者或租佃者（尤其是所有者身份），而这一“小块土地”既不大于其全家之力所能耕种的最大限度，也不小于能保证全家糊口的最小限度。作为补充，艾利思（2006）则强调，“小农”仅限于利用家庭劳动从农业生产活动中获

① 本章之所以仍然使用“小农”这一表述，既是与中文通常泛用的“农民”一词相区分（后者如今已经涵盖了企业家农民、商业农民或“大农”“中农”“小农”等特征迥异的群体），也是希望人们能够正视“小农”在意识形态面纱下的丰富内涵。需要指出的是，当前对于“农民”概念的表达已经逐步从“身份”内涵（个人出身）转向了“职业”内涵（职业选择），换言之，对于小农的译法从 peasant 变成了（small) farmer。

取生活资料，并且仅部分地参与市场（往往是不完全或不全面的初级市场）。此外，还有不少学者在界定小农时还将其嵌入于特定的社会文化环境中，如沃尔夫（Wolf，1966）在研究拉丁美洲的农民时指出，只有当农民成为更高社会阶层的附庸并努力迎合其要求且愿意接受其惩罚时才能被称为“小农”。不难发现，无论是在政治上处于从属地位，还是在经济上自主营生，抑或是在文化上的鲜明地方色彩，传统学者对于“小农”的界定并非规范地讨论“小农是什么”，而是基于各自不同的历史背景和研究立场来展示小农的特质，以此呈现出一个特殊的社会群体。

二、中国语境下的“小农”

相较国外，中国的小农问题比较复杂。根据对19世纪末20世纪初中国华北地区小农在面对棉花商品化时的种植选择展开细致研究，黄宗智（1986）提出了“商品小农”的观点，指出随着土地租用方式由传统的分成制转换为定额制，小农与地主之间的关系逐步跳出了繁复礼节与习俗的限制，农业生产关系变成了纯粹的商品关系，而农业的商品化又导致小农的分化。徐勇和邓大才（2006）也认为，在当今中国，小农成分极为复杂。有效的理论解释大致介于黄宗智（1986）的“商品小农”与舒尔茨（1999）的“理性小农”之间。因此，考虑到当前农民生产、生活和交往都被卷入“社会化”大分工网络，他们提出了“社会化小农”的观点。这些农户充分融入了现代市场经济，社会化程度比较高，但经营规模普遍较小，其实现模式是“社会化+小农”①。诚然，就我国实际而言，无论是马克思的“剥削小农”理论，恰亚诺夫的“生存小农”理论，舒尔茨的“理性小农”理论，还是后续针对中国本土的“商品小农”和“社会化小农”等理论分析范式，其对于小农经济行为的理论解释都局限于特定的历史条件及制度环境。因此，试图有效解释我国的小农经济行为及其特征，既要借鉴既有理论范式，更要将其置于新的社会情境（尤其是改革开放以来的重大社会转型）中来加以阐释。

改革开放初期，家庭联产承包责任制的伟大创举极大地解放了农村生产力，农业农村面貌由此焕然一新。对此，理论界将家庭联产承包责任制的成功大多归

---

① 杜鹏（2017）进一步指出，“社会化小农”虽然也强调了小农生产要素配置的社会化，但主要强调个体的小农与社会化体系之间的嵌入关系。因此，“社会化小农”对农业生产关系的揭示局限于“小农—社会化”体系的层次，未能进入小农生产结构。基于此，其提出了“社会性小农”概念，即立足于小农生产结构，强调小农生产的社会性，是村社体系和社会化体系之下的生产主体，且主要以微观、零碎和自发的形态存在，它既相对独立于外部体系，同时又构成分散的小农对接生产体系的基础。

因于市场化体制下的资源优化配置机制及其对微观主体的有效激励。与此同时，也有学者认为，家庭联产承包责任制这种家庭生产组织模式虽然能最大化实现自我激励，但也存在规模效应的短板（陈纪平，2012）。尤其是随着时间的推移，分散、细碎的家庭生产模式日益滞后于农村生产力的快速发展，农业"内卷化"困境逐步显现，学界对于农业经营"规模效率"的争论持续发酵。因此，如果仅就形式含义而言，小农是对经营规模的描述，我国现阶段的小农在一定意义上是农业资源禀赋的结果（郭庆海，2018）。

党中央国务院高度重视农业规模经营问题，肇始于1987年中央五号文件，而大力推进农业适度规模经营的提法在中央重要文件中屡见不鲜①。倪国华和蔡昉（2015）指出，为了实现农业增产、农民增收，以及农业现代化与工业化、城镇化相同步的经济目标，中央迫切希望能够改变当前农地小规模及分散化的经营格局。但是，不少研究发现，农业生产的"规模报酬递增"规律在一定程度上并不存在，甚至代之以"规模报酬递减"的事实（万广华和程恩江，1996；刘凤芹，2006），可见，基于效率尺度选择农户经营规模在现实中并不具备可行性（郭庆海，2014）②。有学者甚至提出，规模经济对农业领域的贡献并不突出，土地产出率与规模经营没有必然联系（罗必良，2000）。由此可见，如何合理把控农业规模经营中"度"的问题是政界和学界共同关注焦点。

张红宇（2015b）指出，何谓适度规模经营，在全国提出统一的定量标准很难，但适度有两个具体表现：一是务农收入相当于当地二、三产业务工收入；二是土地经营规模相当于当地户均承包地面积10~15倍③。纪志耿和黄婧（2014）测算得出，务农收入要想赶上1人外出务工的收入，一年一熟地区需要耕种31~53亩，一年两熟地区需要16~21亩；务农收入要想赶上1.5人外出务工的收入，一年一熟地区需要耕种48~81亩，一年两熟地区需要24~33亩；务农收入要想赶上2人外出务工的收入，一年一熟地区需要耕种63~107亩，一年两熟地区需要耕种31~43亩。钱克明和彭廷军（2013）则通过对主要粮食作物（水

① 重要中央文件包括1993年党的十四届三中全会通过的《中共中央关于建立社会主义市场经济体制若干问题的决定》、1998年党的十五届三中全会通过的《中共中央关于农业和农村工作若干重大问题的决定》、2003年党的十六届三中全会通过的《中共中央关于完善社会主义市场经济体制若干问题的决定》、2008年党的十七届三中全会通过的《中共中央关于推进农村改革发展若干重大问题的决定》和2018年习近平总书记在党的十九大上所作的报告，以及2005年、2006年、2008年、2010年、2012~2018年的中央一号文件。

② Sen（1966）通过细密的研究发现，随着农地经营规模的扩大，虽然以全要素生产率度量的农业生产效率提高，但是单位土地的产出则明显下降，即后来被称为农业发展中典型事实的"IR关系"（inverse relationship）。

③ 中共中央办公厅、国务院办公厅《关于引导农村土地经营权有序流转发展农业适度规模经营的意见》（中办发〔2014〕61号）指出，各地要依据自然经济条件、农村劳动力转移情况、农业机械化水平等因素，研究确定本地区土地规模经营的适宜标准。现阶段，对土地经营规模相当于当地户均承包地面积10~15倍、务农收入相当于当地二、三产业务工收入的，应当给予重点扶持。

稻、小麦、玉米）进行测算发现，按规模经营每亩粮食生产纯收益500元计算，要保证种粮大户家庭收入与城镇居民不相上下，北方适度规模目标值约为120亩，南方适度规模目标值约为60亩[①]。然而，2009年第二次土地调查数据显示，虽然全国耕地总面积达20.3亿亩，比基于1996年第一次调查逐年变更到2009年的耕地数据多出2亿亩，但从人均耕地面积看只有1.52亩，较第一次调查时的人均耕地面积1.59亩有所下降，不到世界人均水平的一半[②]。近年来，虽然农业适度规模经营加速推进，但据农业农村部统计，以50亩为规模经营标准线，截至2016年底，我国小规模农户还有近2.6亿户，占农户总数的97%左右，而且据估算，2020年小农约为2.2亿户，2030年约为1.7亿户，到2050年仍将有1亿户左右[③]。

毫无疑问，对于现阶段我国数以亿计的农户而言，农业经营的"规模小"是首要的形式特征，也即"小生产"[④]。当然，除了规模小的形式特征，中国语境下的小农还具有一些同样重要的内部特征，例如：

（1）兼业化渐成主流。中国的农业现代化过程与城市化、工业化过程紧密相关，农村的优质劳动力向城市转移，小农兼业化明显。在我国农业普查中，农村常住户类型按家庭经营的兼业情况可以划分为纯农户、农业兼业户、非农业兼业户、非农业生产经营户、非经营户等六大类。其中，农业兼业户是指家庭经营行业既有农业又有非农业，但以农业经营收入为主的住户（又称第一类兼业农户，简称一兼户）；相对而言，非农业兼业户则以非农业经营收入为主（又称第二类兼业农户，简称二兼户）[⑤]。而且根据1997~2017年各年度《中国统计年鉴》全国农村居民从业收入及其构成相关数据，自1996~2016年的20年间，我国农户家庭非农经营收入占比从1996年底的39.4%增加到2016年底的66.5%[⑥]，工资性收入取代了家庭经营收入的主体性地位（郭庆海，2018）。可见，兼业农户已经分化为我国农户中的最大群体，而究其原因，在家庭收益最大化目标之下，农户选择兼业经营也是一种理性选择（钱忠好，2008），这无可厚非。

---

① 叶兴庆也认同南方和北方会有区别，北方一年一熟的地方，大概测算是在100~120亩，南方一年两熟的地方，为60~70亩，就是比较适度的家庭经营规模。资料来源：叶兴庆. 专家谈土地适度规模经营：北方100亩南方60亩. http://country.cnr.cn/snsp/20150604/t20150604_518744193.shtml，2015-06-04.

② 国土资源部，国家统计局，国务院第二次全国土地调查领导小组办公室. 关于第二次全国土地调查主要数据成果的公报. http://www.scio.gov.cn/m/ztk/xwfb/2013/gxbxwfbhjsdecqgtdtczysjc/zcfg30026/Document/1358319/1358319.htm，2013-12-30.

③ 转引自：屈冬玉（农业农村部副部长）. 以信息化加快推进小农现代化. 人民日报，2017-06-05.

④ 诚然，卜范达和韩喜平（2003）认为，用经营规模大小作为划分标准实际上只具有外在的或统计学意义。

⑤ 国家统计局. 农业普查汇总表主要指标解释. http://www.stats.gov.cn/tjsj/pcsj/nypc/nypc2/zh/html/0806.htm.

⑥ 农户家庭非农经营收入包括工资性收入和非农业净收入（指家庭经营中二、三产业的净收入）。

（2）生计资本水平低。基于从国际发展领域对农户生计的思考，Chambers 和 Conway（1992）提出，“生计”（livelihood）是一个人保障其基本生活的一种手段和能力，也是一种资产（即储备、资源、要求权、可获得性）和生活方式的选择活动。根据英国国际发展署的可持续生计框架[①]，生计资本可以被划分为五大类，分别为自然资本、物质资本、金融资本、人力资本和社会资本。农户的生计状况是五种生计资本综合作用的成果，农户所拥有的资产状况决定了不同的生计实施策略，在不同的资产状况下，生计活动呈现多样性，并且相互结合起来以实现生计策略（李斌等，2004；李琳一和李小云，2007）。郭圣乾和张纪伟（2013）基于全国 5 省 10 县的调查发现，在现有生计资本组合状况下，我国农户的生计资本水平总体偏低，其中自然资本和物资资本相对充足，而金融资本、人力资本和社会资本较为匮乏。

（3）传统文化基因深。相对于城市而言，农村受传统文化的影响更为深刻和久远，尤其在一些偏远地区，农村的正规学校教育缺位，只能依靠口口相传和实践传统。然而，在特定的意识形态和社会框架内发展起来的这套传统知识和技能往往充斥着各种禁忌、迷信和性别偏见（杜洁，2000）。农户增收问题看似经济问题，因为衡量收入水平的客观指标都是经济指标，但从深层次看就会发现，隐藏在经济背后的是文化。中国传统的农业文化自诞生之初就与小农生产方式息息相关，小农生产方式孕育出了传统农业文化，而传统农业文化也为小农生产方式的延续提供了思想土壤，根植于小农生产方式之上的传统文化价值观念至今还发挥着作用。一方面，传统农业文化便于保存维护农耕文明的因子，但另一方面也使得小农更局限于自己的“一亩三分地”，眼界不够开阔，接受现代化思想比较缓慢。因此，在一定意义上，不破解传统农业文化的基因，就难以实现现代农业转型的目标。

（4）风险厌恶程度高。这是小农和中农、大农的重要区别之一，相对应地，小农的风险承受能力差。Scott（1976）认为，规避风险是小农经济行为的主导动机。而 Lipton（1968）也指出，小农的经济行为遵循的是“生存法则”，出于安全第一的理性考量，小农往往会表现出一些表面上看似不合理的行为。王宏州和黄季焜（2016）在江西、河南、河北及山东 4 省采用风险游戏对农民的风险偏好特征进行了研究，发现大部分农民（75%）倾向于风险规避，而且无论是在基本风险情况下还是在共担风险情况下，多数农民都会做出规避风险的决策，特别是女性及年龄较高的农民，其对于基本风险的保守程度更高。

---

① 英国国际发展署的持续性农户生计框架把农户看作在脆弱的背景中生存的发展单元。在其中，他们可利用一定的资产及资产的配置，实现所期望的成果或状况，从而满足他们的生计目标。

第三节 现代农业发展辨析

一、现代农业的概念界定

谈现代农业首先避不开其参照系，即传统农业。舒尔茨（1999）认为，传统农业是从铁器工具的使用到工业化以前的农业，而农业现代化即从传统农业向现代农业的转化过程，完成了这一转化过程的农业就称为现代农业。一般认为，现代农业的主要特征体现在如下几个方面：①市场化。包括中间产品、最终产品和劳务在内的农业生产要素都实现了商品化，农业从自给农业发展为市场化农业。②工业化。从农业生产的部分环节以至全过程，工业化设备（主要表现为机械化、自动化设备）逐步取代传统的人力畜力及手工工具。③科技化。早在20世纪70年代初，主要发达国家农业生产率增长量中靠科技进步实现的已达60%~80%（张思华，2008）[①]。④产业化。农业产业链条逐步延伸，逐步形成种养加、产供销、贸工农一体化的农业经营格局。⑤组织化。农民组织化是现代农业的发展方向和一般途径，农民组织化可以有效赋予农民进入市场、价格改进、降低交易费用、特殊服务、降低风险等收益[②]。⑥社会化。现代农业的生产方式逐步由孤立、封闭转变为协作、开放，相应地，农业生产服务也逐步走向社会化[③]。

二、中国农业现代化道路简评

党的十八大报告首次提出要“走中国特色新型工业化、信息化、城镇化、农

① 截至2017年，我国农业科技进步对农业增长量的贡献率也已提高到57.5%，超过了土地、劳动力及物质投入要素的贡献份额。转引自：徐南平（科技部副部长）. 我国农业科技进步贡献率已达57.5%. 经济日报，2018-03-29.

② 除此之外，农民组织化还可以帮助农民改变信仰、价值体系及社会意识和政治态度，即可以提高“人作为社会中一个有责任和参与感的成员”的个人价值，可以带来农民世界广泛而深刻的变化，而这种变化是农民进步和强大所必需的（徐旭初，2005b）。

③ 近些年来，中央财政持续支持农业生产社会化服务发展，在一些省份开展了农业生产全程社会化服务试点，形成了农业生产托管等直接服务农户和农业生产的多种有效形式，对于推进服务带动型规模经营、解决“谁来种地”“怎样种地”等问题发挥了重要作用。详见：《农业部办公厅、财政部办公厅关于支持农业生产社会化服务工作的通知》（农办财〔2017〕41号），2017-06-09.

业现代化道路”，十九大报告进一步明确提出要“推动新型工业化、信息化、城镇化、农业现代化同步发展”。中央提出的“新四化”无疑是在国家发展关键时期和改革攻坚阶段对现代化发展基本路径的明示。事实上，早在2014年，中央已经在一号文件《关于全面深化农村改革加快推进农业现代化的若干意见》中明确指出，我们应“努力走出一条生产技术先进、经营规模适度、市场竞争力强、生态环境可持续的中国特色新型农业现代化道路”。

在此，需要认识到，中国特色新型农业现代化道路依然面临一些矛盾性的隐忧，具体而言，包括五个张力性命题。

一是粮食安全与国际市场之间的张力。粮食安全对于中国这样一个人口大国具有极为深远的战略意义。随着时代发展，我国自给自足的传统粮食战略已经逐步转变为有效利用国际市场、确保供需平衡的新型粮食战略。而且，可以预见的是，随着经济发展和居民消费结构的升级，粮食的国内市场与国际市场之间的联系将愈加微妙，究竟是更加侧重于把饭碗端在自己手里，还是更多地利用国际市场？粮食安全问题将变得愈加复杂。

二是农业的主体功能与多元功能之间的张力。一般而言，农业具有经济、社会、政治、文化和生态等五大功能，各功能之间密切联系，互为依托。就我国而言，农业的主体功能依然是“保障供给”，即满足人们生存和发展对食品的需要，对国民经济发展起基础支撑作用。因此，要挖掘农业的多功能性，可能会削弱其主体功能。

三是土地规模经营与集约经营之间的张力。规模经营是通过规模经营降低平均成本，从而获得更大的获利空间，而集约经营更注重提高劳动生产率、资源利用率、土地产出率等。同时，当前主要精力是放在集中耕地，扩大人均经营土地面积上，还是完善激励和约束措施，促进土地从粗放经营向集约经营的转化上，也存在排序抉择问题。

四是新型农业经营主体与小农生产之间的张力。在今后相当长一段时期，小农户家庭经营仍然是农业生产的主要形态，但是未来农业发展潜力较大，城市工商资本和个人资本参与农业经营开发的积极性增强，专业大户（以及扩展型的家庭农场）、农民专业合作社、农业（龙头）企业等各类新型农业经营主体将进一步发展，小农生产与各种新型农业经营主体之间如何有机融合、形成良性发展的格局亟须深化探索。

五是农业综合生产与可持续发展之间的张力。由于农业是一个非常复杂的系统，决定了农业生产能力与生产资源、生态环境、科技应用、农村经济体制与政策的关系极其复杂，因此农业现代化的重要命题之一就是提高农业综合生产能力，但农业综合生产能力与可持续发展存在一定程度的矛盾，二者之间实际上是一种农业生产的现实性与历时性的矛盾。

总体而言，农业现代化的国际经验固然应该借鉴，但我们仍然可以自信地走出一条中国特色新型农业现代化道路。尤其需要指出的是，即便完成了绝大部分的农村剩余劳动力转移工作，我国农户的户均土地经营规模仍然难以与欧美国家农户（农场主）的土地经营规模相提并论，而这也正是习近平总书记在其博士论文中提出的要走组织化的农村市场化道路的初衷[①]。

第四节 小农户与现代农业发展如何有机衔接?

一、如何衡量“有机衔接”？

农为邦本，当前我国农业发展的外部环境和内部动因均发生了深刻的变化，而且正值全面建成小康社会的关键冲刺阶段，因此加快推进农业现代化变得更为紧迫。同时，小农现状与我国农业供给侧结构性改革、保障粮食安全、满足消费升级需要也不相适应，亟待推进小农户的现代化改造。尤其是在新的历史时期，随着工业化城镇化快速推进，小农家庭经营的环境发生了质的变化，小农发展也面临着诸如耕地细碎化、劳动力老龄化、农业比较收益持续下降等现实挑战。因此，小农如何与现代农业接轨、与大市场对接，是新时代实施乡村振兴战略必须解决的大问题，党的十九大报告、2017 年中央农村工作会议和 2018 年中央一号文件明确指出了改造小农户的道路，就是加快小农户与现代农业发展有机衔接。

小农户与现代农业发展有机衔接，有几个方面需要思考：第一，尽管小农农业具有精耕细作、自主性、内源性和地方性等诸多长处（叶敬忠，2013），但基于现代农业和小农各自的特征，传统小农户非常容易成为现代农业的“边缘人”或利益受损者，换言之，现代农业发展必然（过度）挤出传统小农，仅仅依靠传统小农自身力量去有机衔接现代农业发展，难度极大。第二，小农户与现代农业发展有机衔接，应该是有机的对接、嵌入和融合，而不是勉强迁就，换言之，并非所有形态的小农都能够与现代农业有机衔接。第三，小农户与现代农业发展有机

① 原话是“西方发达国家发展农业市场化的实践也充分证明，只有将农民充分组织起来，才能使农民尽快安全、顺利地进入国内外市场，并能够有效地降低进入市场的成本，提高农产品的市场竞争力和市场占有率。……这就要求各级党委、政府在发展社会主义市场经济中，立足于中国农村经济和社会发展的具体实际，充分发挥党和政府善于组织农民参加革命和建设的独特优势，……走出一条符合中国国情、组织化水平很高、深受广大农民欢迎的农村市场化发展路子来”[转引自习近平（2001），第 144 页]。

衔接，应有效缓解和克服小农自身的弱势性，换言之，小农户与现代农业发展有机衔接的实现过程就是改造、提升“传统小农”，培育“现代小农”的过程。第四，克服小农弱点和弱势性，既要靠小农自身的成长，更要靠相应的制度装置，特别是组织性制度装置。

那么，这些制度装置要满足什么条件？有机衔接要怎么去衡量？本书认为，总体而言，大约要做到以下几点才能称为“有机衔接”。第一，能够为小农提供所需服务。要立足小农生产的特点和需要，通过加快发展农业生产性、经营性和金融性服务体系，切实为小农提供农业社会化服务。第二，能够有效抑制市场波动。通过建立扶持机制，引导更多惠农政策和资金资源向小农倾斜，确保构建一个抵御市场过度冲击的小农保护机制。第三，能够提高小农组织化程度。通过大力发展农民专业合作社，积极促进农业龙头企业，放手培育农产品行业协会等农业中介服务组织，培育和完善面向小农提供社会化服务的小农自组织和专业化组织，实现农户的法人化、组织化转型。第四，利益联结机制要具有保障小农利益的合意性。带动小农增收致富的关键在于如何建立一个合意的利益联结机制，既符合市场经济规律又有助于小农增收致富，实现小农与新型经营主体之间“风险共担、利益共享”。第五，要让小农有自我成长空间。除了可以依靠政府的政策支持和相关经营主体的引导带动，小农有机衔接现代农业的关键还在于提升小农的自我发展能力，增强自我服务能力。等等。

二、组织化小农：小农户有机衔接现代农业的一个新视角

综上，要实现小农户与现代农业发展有机衔接，必须通过组织化路径，提供现代农业服务。为了有效解释自改革开放以来小农为改善自身福利并不断尝试对接农业现代化的初始动机及其行为逻辑，本章尝试提出一个“组织化小农”（organized small farmer）的概念[①]。组织化小农是一个解释性概念，顾名思义，组织化小农是指组织化程度比较高但经营规模较小的农户。与此相对应的“小农组织化”（organization of small farmer）概念，是指小农以市场为导向，以合作制为基础，以利益机制为纽带，依据现代农业的发展要求进行有效整合的过程、系统或状态。说小农组织化是一个过程，意味着它有不同阶段之分；说小农组织化是

① 在改革开放以前，尤其是在20世纪五六十年代，也如火如荼地开展了小农组织化（合作化）运动，但需要指出的是，这一时期的小农组织化从最初的自立自发最终演变成了旨在用集体意志完全抹除小农个体性的政治化运动。而本章探讨的改革开放以来的小农组织化主要涉及经济领域，旨在解决小农一家一户干不了、干不好的事情，有效表达小农群体的合理诉求，增强市场谈判话语权。

一个系统，则意味着它是合作化、产业化和社会化的有机组合；说小农组织化是一种状态，则意味着它存在合意性与合宜性的张力。

农业农村部部长韩长赋指出，农业现代化的背面是农民现代化，小农户大量且长期存在是我国与一般农业发达国家的一大区别，要实现农业和农民问题的共同解决，必须要将小农户纳入现代农业发展的共同轨道，不断提升小农户发展现代农业的能力①。正是由于我国的基本农情没有变，在引导小农户进入现代农业发展轨道时，应采取不同的方式（苑鹏和丁忠兵，2018）。有学者指出，对于农民来说，克服小生产之痛，有两条主要出路：一是内涵发展之路，用先进技术和设施，从事高附加值产品的生产；二是外延发展之路，就是通过各种不同的生产组织方式，实现区域生产的规模化，通过区域规模化，化解小生产之痛，主要是解决好与大市场的对接，而这就是组织创新，其中最主要的形式，就是新型合作组织②。黄祖辉（2000）也曾明确指出，只要生产的生物性、地域的分散性及规模的不均匀性这些农业生产的基本特点存在，农民的合作就有存在的必然性。孔祥智和穆娜娜（2018）也认同，以土地租赁为主的土地流转型规模经营道路实际上走不通，在小农户基础上实现农业现代化的唯一出路是把农民组织起来，而农民专业合作社是农民组织化的核心载体。

第五节 合作社是小农户和现代农业发展有机衔接的理想载体吗？

一、小农户接受现代农业服务的基本路径

在现代农业发展的大背景下，小农户要顺利实现与现代农业发展的有机衔接，大致需要三大服务的助力，分别包括生产性服务、经营性服务和金融性服务，详见图 19-1。而在各类服务各个环节中，作为小农组织化核心载体的农民专业合作社无不扮演着重要角色。

---

① 韩长赋. 积极推进小农户和现代农业发展有机衔接. http://www.qstheory.cn/dukan/qs/2018-01/15/c_1122242133.htm，2018-01-15.

② 柯炳生. 如何理解小农户的“小”？农民日报，2018-05-28.

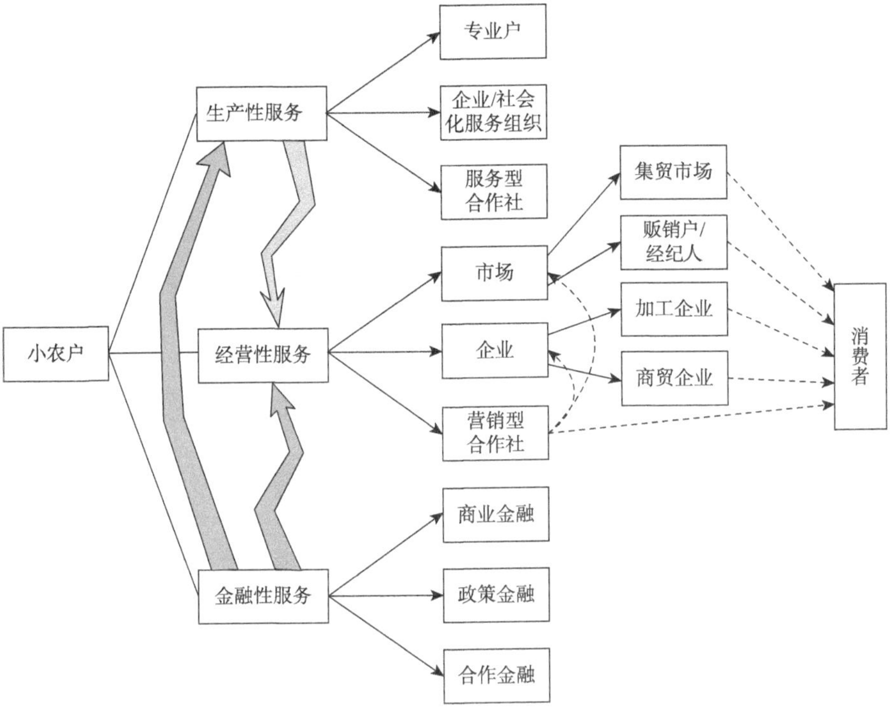

图 19-1　小农户接受现代农业服务的基本路径

（1）生产性服务环节。农业生产性服务是指贯穿了农业生产作业的整个链条，直接或间接协助于产前、产中和产后各环节作业的社会化服务[①]。通过发展农业生产性服务业，可以有效解决小农户在适应市场方面的困难，最终实现农业资源及要素配置效率的提升，以及农业发展方式的顺利转变。有鉴于此，姜长云（2016）认为，理想的农业生产服务模式休现为“现代农业企业家+发达的农业生产性服务业+为数众多的小规模兼业农户”。其中的“现代农业企业家”主要包括专业种养大户（新型职业农民）、农业（龙头）企业、服务型合作社及其他社会化服务组织。在国际上，服务型合作社主要限于提供专门化的产品关联服务，服务内容可包括运输、仓储、烘干、脱壳、种子培育、冷藏、技术咨询、设施设备租赁、维修、兽医、虫害管理，以及一些其他的杂项服务。在我国，在农业生产性服务环节，当前比较典型的服务型合作社主要有农机合作社、用水合作社（农民用水协会）、

① 详见《关于加快发展农业生产性服务业的指导意见》（农经发〔2017〕6 号），2017-08-23。当然，农业生产性服务业也有广义和狭义之分。广义的农业生产性服务业跨度覆盖田间到餐桌，是指为贯穿于农产品生产到食品进入餐桌全过程的生产经营提供服务的行为；而狭义的农业生产性服务业集中于农产品的生产过程，是指为从种到收的农业生产作业提供全部或部分生产经营服务的活动。可见，农业农村部等部委的指导意见中侧重的是狭义的农业生产性服务概念。

测土配方施肥合作社、植保合作社等。相比专业大户、农业企业等其他农业生产性服务主体，服务型合作社基于成本运营，坚持成员自我服务，无疑对小农户更具比较吸引力。

（2）经营性服务环节。正如马克思在《资本论》中说到的，从商品到货币是“惊险的一跃”，如果不能实现这一跳跃，那么摔坏的将“不是商品，而是商品所有者”。确实，商品是为了交换而生产的，最终是为了转换成货币。对于绝大多数农户而言，由于农业生产的盲目性和自发性强，加上充分的市场信息的搜寻成本较高，解决农产品滞销问题成了他们的头等大事。从图 19-1 可以看出，小农户可以通过集贸市场、批发市场或贩销户（农业经纪人）等最基础的市场渠道对接消费者，或者通过与农业加工企业或商贸企业签订购销合同的方式对接消费者，还可以通过参加营销型合作社（即当前主流的农民专业合作社），以农批对接、农超对接、农社对接的方式，直接对接消费者或衔接下游基础市场或通过农业企业渠道间接对接消费者。在国际著名合作经济学家库克（Cook，1995）看来，合作社作为一种制度化机制的出现主要基于两方面原因，一是为农户平抑因过度供给导致的价格损失，二是帮助抗衡由于市场失灵带来的机会主义和套牢（hold-up）风险。在 20 世纪八九十年代，正是由于我国农产品普遍处于过剩阶段，以提供农产品销售服务为主的（营销型）合作社应运而生，而且，对于小农户而言，市场进入、价格改进几乎是他们最基本也是最大的利益。

（3）金融性服务环节。众所周知，农村金融是现代农村经济的核心，商业金融、政策金融及合作金融是农村金融体系的三个组成部分，正如中共十七届三中全会通过的《中共中央关于推进农村改革发展若干重大问题的决定》明确提出的：“加快建立商业性金融、合作性金融、政策性金融相结合，资本充足、功能健全、服务完善、运行安全的农村金融体系。”由于农业农村中的金融抑制与金融排斥是普遍存在的，融资成本高，抵押方式严，且机会不均等，这使得小农户付出了沉重的代价。为此，各级政府、各类非政府组织/非营利组织、农村社区组织及农户都试图通过金融创新活动来缓解及解决这个问题。于是，近些年来涌现出许多各类“介于规范与不规范金融组织之间的机构”（世界银行，2008），而且在中国现实情境中，它们必然可预见地呈现为从合作金融形式到合作金融组织的发展续谱。目前，我国农村合作金融组织及形式大致包括：以财政扶贫资金为引导的村级发展互助资金，以国内外非政府组织扶贫资金为引导的社区发展基金，经银行业监督管理机构批准成立的农村资金互助社，在农民专业合作社内部开展的信用合作，以及由非政府组织、银行、信用社、部分农村居民等发起的以小额信贷为核心的各类农村非正规金融组织[①]。

① 至于农村信用社，在当下情境下，我们不认为其具有合作金融属性，即便其以前曾经是农村合作金融组织。

二、合作社在小农户与现代农业发展有机衔接中的地位和作用

综上，不难看出，首先，在实现小农户与现代农业发展有机衔接的过程中，应通过组织化路径，提供现代农业服务；其次，无论是在生产性服务还是经营性服务抑或是金融性服务环节，小农户接受现代农业服务的基本途径都是多元化的；再次，在诸多路径中，农民专业合作社无疑是一种非常适用且合意的主体和载体。

本章认为，现代农业服务具有资本性、技术性和风险性三大属性要素。资本性，指的是现代农业服务对于资本（资金）的需求和依赖程度，并在此基础上形成农业服务组织的固定资产、无形资产和递延资产等资本性资产。技术性，指的是现代农业服务中因产业或产品特性差异产生的对特殊技能或专门知识（及相关技能或知识的拥有者）的需求和依赖程度。风险性，指的是现代农业服务要面对的服务风险（主要是自然风险和市场风险）的大小，以及相关农业服务组织对服务风险的预防和抵御能力①。

合作社作为一种独特的社会经济组织，其基本功能就是通过集体行动，为其成员提供有效的自我服务。合作社的理论模型非常理想，虽然理论构想最初源自消费合作社，但农业合作社逐步发展成为合作社主流，对小农非常友好，最能够保护小农利益。当然，也应认识到，农民专业合作社在实践过程中并不尽如人意。具体而言，不难发现两个基本事实：其一，服务型合作社的技术性和风险性较低，定价相对透明，小农明白了解业务内容，更容易参与和受益；但其中的装备类服务合作社的资本性较高，对小农而言更多是社会化服务组织。例如，农机合作社对农机手而言是合作社（为农机手自己服务），对小农户而言是社会化服务（购买农机服务）。其二，营销型合作社的资本性、技术性和风险性均较高，更容易呈现精英控制、普通农户有限参与、定价不透明、利润分配不对称（最为人所诟病）等现象。然而，在相当程度上，作为农民专业合作社主体的营销型合作社依然是最可取的，虽然存在核心成员与普通成员的异质性及其分化分层，但与其说是精英俘获，不如说是一种内部分工、激励兼容的“类企业”制度安排。因此，我们应该客观地、理性地、辩证地看待合作社在小农户与现代农业发展有机衔接中的地位和作用。无论如何，不能忘记“以合作社为载体”的价值期待，但不应机械

---

① Crozier 和 Friedberg（1977）曾指出，组织中权力有四个重要来源，第一个权力来源与特殊技能或难以替代的职能专业化产生的一种压力相联系，即专家权力，换言之，掌握特殊技能或专门知识的专家能够在组织中“解决某些关键性问题”，因此拥有可感知且具有实际意义的组织权力；第二个权力来源在于控制与环境的联系，即自权力，熟悉组织与环境关系的人可以很好地认识环境的不确定性，对于这种认识的利用可以使其在几个互相联系的行动体系中受益。不难看出，现代农业服务的技术性要素和风险性要素即分别对应于前述的两大组织权力来源。

地预设任何产业、任何产区、任何时期都必然会“以合作社为载体”。

第六节 结论与启示

当前，我国农业正迎来一场极其深刻的，而且是前所未有的大转型[①]。其间，小农户与现代农业发展有机衔接则是亟待解答的重要命题之一。在这样的情境中，农民专业合作社的产生和发展既有符合现代农业合作一般逻辑的内在动因，也有基于我国农业和农村发展的基本情况的客观必然，更有因我国农业和农村经济进入新阶段的现实要求，还有根植于各地乡土社会的具体情况。而且，如果能够适当释放合作社的定义域（对“惠顾”进行重新诠释以深刻体认中国特色的股份合作制）（徐旭初和吴彬，2017），不难想见，我国农民专业合作社发展的天地必然更加广阔，而且与合作社发展的实际情况也相吻合。

同时，在积极探索中国特色新型农业现代化道路的背景下，农民专业合作社在有机衔接小农户与现代农业发展过程中承载的角色职能可能会呈现出一些值得关注的发展趋势：①在小农户有机衔接现代农业发展的过程中，农民专业合作社（尤其在政策层面上）作为现代农业经营主体将越来越显现出核心作用；②合作社将逐步走向“控量提质”阶段，合作社联合乃至联盟（如浙江省的“三位一体”农合联实践）态势逐步明朗化，从而将小农户分层、分类地纳入组织化轨道；③合作社将逐步由专业性经营向综合性经营发展[②]，诸如农机合作社、消费合作社、旅游合作社、劳务合作社、物业合作社等服务型合作社形态将集中涌现，小农户将全方位地获得自我服务或社会化服务；④合作社的纵向一体化程度持续加深，农业生产经营服务的上下游链条之间日趋整合发展，小农参与其中将获得更多的附加值增益。同时，也要看到：①在新修订《农民专业合作社法》的基本框架下，相当一部分合作社将在传统合作基础上引入更为灵活的资本联合形式；②合作社的类企业化经营色彩将日益浓厚，合作社治理结构日益趋于职业经理人管理与成员民主管理并重；③合作社将在农产品质量安全控制环节中扮演着越

---

① 如黄宗智和彭玉生（2007）认为的，当前所处的变革时代是中国几千年未曾有过的中国农业三大历史性变迁的交汇点，即持续上升的大规模非农就业、持续下降的人口自然增长，以及持续转型的食物消费和农业结构。这三大变迁的合力将导致长期以来务农人数的第一次显著下降，这样的下降又正好与农业向相对高附加值和高劳动需求的产品转型相同步，其结果必然是农民人均收入的提高。

② 这里所说的综合性的农民专业合作社是指合作社业务将不再局限于某一类农产品的某些环节，而是扩展到某一大类农产品的若干个环节甚至所有环节。应该特别指出，这里所说的综合性的农民专业合作社并非是日本农协式的社区综合型合作社，这两者有着本质性差异，不可混淆。

来越重要的角色；④合作社的农产品品牌化建设（尤其是各类有含金量的农产品质量认证）工作将继续推进并逐步成为合作社的工作重心；⑤在信息社会中，合作社将日益融入电子商务浪潮和智慧农业中；等等。无论如何，农民专业合作社无疑是小农户与现代农业发展有机衔接的关键载体；而“组织化小农”的培育和成长，或称“小农组织化”过程，必将是小农户与现代农业发展有机衔接的必由之路。

第二十章　农民专业合作社提高农户收入的作用

农民专业合作社作为其成员自愿联合组成，并为满足成员共同服务需求的自助经济组织，其组建、经营的要旨在于提高社员农户收入，增进社员福利。一方面，通过组建、参与合作社，小农户能够节约由不完全和非对称信息及资产专用性的存在而产生的交易费用；另一方面，合作社提供的社会化服务能帮助小农户实现规模经济。此外，通过联合分散的小农户，可以增强其市场谈判能力；完善社员与合作社间的利益联接机制，使其获得利润返还；分配合作社纵向一体化经营中产生的增值利润；提高农产品品质获得产品溢价等。这些均是合作社提高社员收入的机制所在。

实证研究的结论符合理论预期，诸多证据表明农户参与合作社能显著改善其福利状况。然而，从既有研究的方法和内容看，对合作社增收绩效的考察仍有待完善和拓展。就方法而言，目前采用的研究方法主要有成本收益比较法、基于 OLS（ordinary least squares，最小二乘）模型的多元线性回归、倾向得分匹配法、处理效应模型及基于自然实验法的双重差分模型，等等。当然，若农户是否入社是外生给定的，那么成本收益比较法和 OLS 模型足以评价合作社的增收绩效。但作为理性的个体，农户的行为往往是追求最优化的自我选择结果，上述两种方法由于忽视了农户自选择问题，其结论可能有偏。倾向得分匹配法作为一种改进方法，能有效消除由年龄、受教育程度、经营规模等可观测变量引起的样本选择偏差，但面对农户兴趣、合作意识、先天能力禀赋等不可观测变量则显得无能为力。处理效应模型能弥补倾向得分匹配法的缺陷。该方法通过估计农户入社决策模型，计算农户入社的概率值，并将其作为自变量纳入收入决定方程，由此可消除由不可观测变量带来的样本选择偏差。但美中不足的是该方法忽视了社员和非社员的结构性差异，没有考虑处理效应的异质性。双重差分模型尽管是当前评估政策效果应用最广泛的研究工具之一，但双重差分模型有其严格的适用条件，要求样本满足随机性和同质性假设[①]。显然，对合作社增收绩效的评价并不满足双重差分模型的前置假设。

就研究内容而言，学界对合作社增收机制的探讨暗含着一个重要的前提，即合作社能否提高农户收入不仅取决于农户是否参与合作社，更在于合作社向其社员提供了哪些服务，换言之，合作社的服务功能能否得以发挥。然而，已有的研究仅仅是将农户二元划分为社员和非社员，而未将合作社的服务功能纳入实证分析框架。自 2007 年《农民专业合作社法》颁布，并伴随出台一系列扶持优惠政策以来，我国合作社在经历数量急剧扩张的同时，合作社“假、空、死”等异化现象备受诟病，合作社的服务功能也趋于弱化。在这一背景下，若不考察合作社的服务功能，而将获得服务与未获得服务的社员“混为一谈”，显然会造成研究结论的偏误，这会相应低估“真实”合作社的增收效果。当然，也得承认部分学者未将合作社的服务功能纳入考察的一个重要原因是这些研究多是针对某一地区的典型案例，数据多源自某一个或几个典型合作社。但该类研究的结论难以推广到全国，对当前我国合作社的增收效果也难有全局的把握。

本章将采用 Maddala（1986）提出的内生转换模型来弥补既有研究在方法上的缺陷。内生转换模型综合考虑了可观测和不可观测变量导致的样本选择偏差，从而弥补了倾向得分匹配法的不足。此外，内生转换模型分别拟合社员和非社员的收入决定方程，并结合反事实推断分析，能突破处理效应模型中关于两组农户处理效应同质的不合理假设。当前，内生转换模型在国外的项目效果评价中得到了比较广泛的应用，有学者更是将其用于评析合作社的福利改进效果，这为本章提供了方法论借鉴。此外，针对当前合作社出现异化、服务功能弱化的基本现实，本章将根据社员农户从合作社获得的具体服务来审视合作社服务功能的发挥状况，并在此基础上，将社员进一步划分为获得服务和未获得服务两个组别，结合非社员样本构成两个子样本，比较分析合作社对两组社员增收绩效的差异。

来自 10 余省（自治区）1 243 位农户的证据表明，合作社能否提高社员的收入水取决于合作社能否有效发挥其服务功能。在合作社发挥其服务功能的前提下，参与合作社对任一随机农户的处理效应为 0.706。并且，非社员在参与合作社的反事实情境下，其收入的增长幅度将明显高于既有社员，因此，一个基本的政策启示是在保证发挥合作社服务功能的前提下，鼓励扶持非社员组建并参与合作社。另外，通过多种方法的比较研究，我们还发现，对可观测变量或不可观测变量造成的选择偏误的忽视，均低估了“真实”合作社的增收绩效。处理效应模型尽管

① 随机性是指实验对象必须是被随机选入处理组和对照组的，即不存在样本选择偏差，同质性要求实验组和对照组除实验者所操纵的实验变项不同外，其他各方面都应达到近乎相同或完全相同的程度。

在一定程度上解决了由选择问题产生的估计偏差，但没有考虑处理效应的异质性，因此，内生转换模型才是目前更为严谨的分析方法。

第一节　内生转换模型和处理效应估计

一、内生转换模型

本章首先借鉴孙艳华等（2007）、张晋华等（2012）的研究成果，构建农户收入决定方程：

$$Y_i = \alpha_i C_i + \sum_{j=1}^{n} \beta_j X_{ij} + \mu_i \tag{20-1}$$

其中，Y_i 为农户 i 的家庭农业年收入（取对数）；C_i 为农户 i 是否为社员的虚拟变量，且 $C_i = 1$ 表示农户 i 为合作社社员，$C_i = 0$ 则反之；X_{ij} 为一组影响农户收入的其他变量，包括户主性别、年龄、受教育程度、家庭农业劳动力数量、农业收入主要来源、农业经营规模、专用性投资、村庄外部环境特征等；由于本章采用的数据为2009年和2015年的混合截面数据，因此式（20-1）右侧还加入了年份虚拟变量；此外，为了控制地域差异对农户收入的影响，式（20-1）还控制了省份虚拟变量；μ 为服从独立同分布的残差项；α 和 β 分别为对应的估计系数。

正如前文所述，若农户是否为社员是随机给定的，那么基于式（20-1）的OLS回归便能得到农户收入的无偏估计，α 则刻画了合作社对农户收入的影响。然而，不少研究均表明农户是否为社员并非随机给定，而是诸多因素综合作用的结果，并且，这些因素可能同时影响农户的决策与收入水平，由此产生样本选择性偏差。

根据内生转换模型，并借鉴郭红东和蒋文华（2004）的研究成果，本章基于农户的基本特征构建其行为决策模型：

$$C_i^* = \gamma_j Z_{ij} + \nu_i \tag{20-2}$$

其中，C_i^* 为虚拟变量 C_i 的潜变量，当 $C_i^* > 0$ 时，$C_i = 1$；$C_i^* \leqslant 0$ 时，$C_i = 0$；Z_{ij} 为影响农户决策的一组变量。需要强调的是，内生转换模型允许 Z_{ij} 中的解释变量和 X_{ij} 重叠，但为了识别，Z_{ij} 中应至少有一个变量（识别变量）不包含于 X_{ij}，并且该变量应直接影响农户的行为，而不直接影响其收入水平。参照孙亚范（2003）、张晋华等（2012）的做法，本章选“农户对合作社的认知程度”作为识别变量。考虑到该变量与农户入社行为可能存在因果反馈关系，对该变量做了前置处理，即对社员的调查基于问题“在入社之前，您对合作社的了解程度如何”。ν 为期望为 0 的随机误差项；γ 为对应的系数。

由此，农户在参与和未参与合作社两种情境下，其收入方程可表示为

$$Y_{1i}=\sum_{j=1}^{n}\beta_{1j}X_{1ij}+\mu_{1i}\quad（若 C_i=1） \tag{20-3}$$

$$Y_{0i}=\sum_{j=1}^{n}\beta_{0j}X_{0ij}+\mu_{0i}\quad（若 C_i=0） \tag{20-4}$$

由于现实中不可能同时观测到农户既参与又不参与合作社两种情境下的收入，并且随机误差项的条件期望不为零，因此，采用 OLS 估计式（20-3）和式（20-4）将得到有偏的结果。记 $\sigma_{\nu}^{2}=\mathrm{var}(\nu)$，$\sigma_{\mu_1\nu}=\mathrm{cov}(\mu_1,\nu)$，$\sigma_{\mu_0\nu}=\mathrm{cov}(\mu_0,\nu)$，将 σ_{ν}^{2} 标准化为 1，μ_1 和 μ_0 的条件期望表示为

$$E\left(\mu_{1i}\middle|C_i=1\right)=E\left(\mu_{1i}\middle|\gamma_{1i}Z_{ij}+\nu_i>0\right)=\sigma_{\mu_1\nu}\left[\phi\left(\gamma_{1i}Z_{ij}\right)/\Phi\left(\gamma_{1i}Z_{ij}\right)\right]\triangleq\sigma_{\mu_1\nu}\times\lambda_{1i} \tag{20-5}$$

$$E\left(\mu_{0i}\middle|C_i=0\right)=E\left(\mu_{0i}\middle|\gamma_{0i}Z_{ij}+\nu_i>0\right)=\sigma_{\mu_0\nu}\left[-\phi\left(\gamma_{0i}Z_{ij}\right)/1-\Phi\left(\gamma_{0i}Z_{ij}\right)\right]\triangleq\sigma_{\mu_0\nu}\times\lambda_{0i} \tag{20-6}$$

因此，农户在参与和不参与合作社两种情境下收入的条件期望分别为

$$E\left(Y_{1i}\middle|C_i=1\right)=\beta_{1j}X_{1ij}+\sigma_{\mu_1\nu}\times\left[\phi\left(\tilde{\gamma}_j\tilde{Z}_{1ij}\right)/\Phi\left(\tilde{\gamma}_j\tilde{Z}_{1ij}\right)\right]=\beta_{1j}X_{1ij}+\sigma_{\mu_1\nu}\lambda_{1i} \tag{20-7}$$

$$E\left(Y_{0i}\middle|C_i=0\right)=\beta_{0j}X_{0ij}-\sigma_{\mu_0\nu}\times\left[\phi\left(\tilde{\gamma}_j\tilde{Z}_{0ij}\right)/1-\Phi\left(\tilde{\gamma}_j\tilde{Z}_{0ij}\right)\right]=\beta_{0j}X_{0ij}+\sigma_{\mu_0\nu}\lambda_{0i} \tag{20-8}$$

式（20-5）~式（20-8）中，$\phi\left(\gamma_jZ_{ij}\right)$ 和 $\Phi\left(\gamma_jZ_{ij}\right)$ 分别表示以 γ_jZ_{ij} 为变量的标准正态分布的密度函数和累计概率密度函数，$+\left[\phi\left(\gamma_jZ_{ij}\right)/\Phi\left(\gamma_jZ_{ij}\right)\right]$ 和 $-\left[\phi\left(\gamma_jZ_{ij}\right)/1-\Phi\left(\gamma_jZ_{ij}\right)\right]$ 代表了由不可观测变量带来的选择。根据式（20-5）和式（20-6），如果 $\sigma_{\mu_1\nu}$ 与 $\sigma_{\mu_0\nu}$ 显著不为零，则说明有必要纠正由不可观测变量引起的样本选择偏差。在模型估计过程中，$\sigma_{\mu_1\nu}$ 与 $\sigma_{\mu_0\nu}$ 的显著性由 μ_1 和 ν 、μ_0 和 ν 的相关系数 $\rho_{\mu_1\nu}\left(\sigma_{\mu_1\nu}/\sigma_{\nu}\right)$ 和 $\rho_{\mu_0\nu}\left(\sigma_{\mu_0\nu}/\sigma_{\nu}\right)$ 给出。

二、基于内生转换模型的处理效应估算

根据内生转换模型的估计结果，我们还能估算社员在不参与及非社员在参与合作社两种反事实情景下的收入水平：

$$E\left(Y_{0i}\middle|C_i=1\right)=\beta_{0j}X_{1ij}+\sigma_{\mu_0\nu}\lambda_{1i} \tag{20-9}$$

$$E\left(Y_{1i}\middle|C_i=0\right)=\beta_{1j}X_{0ij}+\sigma_{\mu_1\nu}\lambda_{0i} \tag{20-10}$$

因此，社员的平均处理效应（ATT）可表示为式（20-7）和式（20-9）之差：

$$\text{ATT}=E\left(Y_{1i}\middle|C_i=1\right)-E\left(Y_{0i}\middle|C_i=1\right)=\left(\beta_{1i}-\beta_{0i}\right)X_{1ij}+\left(\sigma_{\mu_1\nu}-\sigma_{\mu_0\nu}\right)\lambda_{1i} \tag{20-11}$$

非社员的平均处理效应（ATU）可表示为式（20-10）和式（20-8）之差：

$$\text{ATU}=E\left(Y_{1i}\middle|C_i=0\right)-E\left(Y_{0i}\middle|C_i=0\right)=\left(\beta_{1i}-\beta_{0i}\right)X_{0ij}+\left(\sigma_{\mu_1\nu}-\sigma_{\mu_0\nu}\right)\lambda_{0i} \tag{20-12}$$

合作社对任一随机农户的平均处理效应（ATE）则为 ATT 和 ATU 的加权平均值。

第二节　样本来源及描述性分析

一、数据来源及描述性分析

本章所采用的数据源自“中国农民专业合作社成长机理与发展对策研究”和“农业产业组织体系与农民合作社发展”课题组分别于 2009 年和 2015 年的农户调研。其中，前者覆盖全国 23 省（自治区、直辖市）1 004 位农户，后者涵盖 25 省（自治区、直辖市）1 032 位农户。由于两次调研并非追踪调查，故视其为混合截面数据，并对其做如下处理：一是根据受访者对“您家附近是否成立了合作社”的作答，剔除农户因附近未组建合作社而无法参与的情形；二是在此基础上剔除关键变量缺失和逻辑明显错误的样本；三是为排除测量误差的影响，删除 0.5%的最高收入样本和 0.5%的最低收入样本。处理后最终得到有效样本 1 243 个，分布于全国 15 个省（自治区）[①]。其中，社员样本 213 个，非社员 1 030 个。表 20-1 比较了社员和非社员的基本信息，均值 T 检验的结果表明两组农户在户主特征、家庭生产经营特征、外部环境特征及对合作社的认知等方面均呈现出高度异质性，并且，社员的家庭农业收入明显高于非社员。

此外，本章试图将合作社的服务功能纳入实证分析框架，具体的思路是依据社员能否从合作社获得相应的服务，将社员样本细分为社员Ⅰ和社员Ⅱ，其中，前者是指享受合作社提供的任一服务（调研中，合作社提供了多种服务形式）的

① 2009 年的数据来自安徽、河南、江西、湖北、浙江、江苏、山东、湖南、重庆、贵州、四川、广东、福建、云南、甘肃、内蒙古、天津、河北、辽宁、吉林、黑龙江、新疆、山西。2015 年的数据在 2009 年的基础上还涵盖了广西、宁夏、陕西等数据，但不包括湖北的数据。处理后的总样本分布于安徽、福建、广东、广西、河北、河南、黑龙江、湖北、江西、山东、山西、陕西、四川、新疆和浙江。

社员，后者则是未获得任何一种服务的社员。同样，表 20-1 给出了两组社员农户（社员Ⅰ和社员Ⅱ）的基本特征，我们发现除在农业劳动力人数、农业收入主要来源、对合作社的了解程度、家庭农业年收入方面存在显著差异外，二者的其他特征趋于一致。社员Ⅰ的家庭农业收入则明显高于社员Ⅱ。

表 20-1　变量设置及描述性统计

变量	代码	赋值及单位	非社员（N=1 030）	社员（N=213）	社员Ⅰ（N=146）	社员Ⅱ（N=67）
户主性别	GENDER	男=1；女=0	0.899	0.841**	0.861	0.794
户主年龄	AGE	岁	50.679	49.085**	48.986	49.303
户主受教育程度 a	EDU	（见表下说明）	2.630	2.832***	2.854	2.781
农业劳动力人数 b	AGRILAB	人	2.057	2.427***	2.264	2.776*
农业经营规模 c	SCALE	（见表下说明）	2.459	2.909***	2.930	2.864
农业收入主要来源 d	SAINC	粮食=1；其他=0	46.214	28.774***	25.517	35.821*
是否有专门设施投资	INVES	是=1；否=0	0.382	0.533***	53.103	53.731
对合作社的了解程度 e	KNOW	（见表下说明）	1.938	3.286***	3.514	2.788***
村庄地势特征	MONT	山区=1；其他=0	25.825	29.245	27.397	33.333
家庭农业年收入 f	AGRIINC	万元	3.769	5.089***	5.638	3.892**

***、**、*分别表示 1%、5%、10%的统计显著性水平

a 户主受教育程度赋值：小学以下=1；小学=2；初中=3；高中=4；高中及以上=5。b 劳动力定义为 16~60 岁的家庭成员，但不包括学生。c 考虑到农户作物种类包括种植类和养殖类，二者对规模的度量存在差异，故对经营规模的衡量采用受访者的主观感知，即“您家种植（或养殖）该农作物的规模在当地属于什么水平：很小规模=1；中等偏小=2；中等规模=3；中等偏大=4；很大规模=5”。d 调研中不乏农户经营多种农作物或养殖品种，我们仅收集了销售额最大的农作物或养殖品种信息。e 采用五点利克特法度量：没听说过=1；听说过，但不太了解=2；有点了解=3；比较了解=4；很了解=5；f 根据农村居民消费指数，以 2015 年为基期，对 2009 年的收入进行折算

二、对合作社服务功能的考察

向社员农户提供服务是合作社组建运营的逻辑起点，大量的国际经验表明，合作社可以通过向社员提供产品销售、农资集体采购、农产品包装保鲜及加工、技术信息与培训，以及信贷服务来帮助小农户解决在现代市场发展中面临的诸多难题。从表 20-2 可知，农产品销售服务是当前我国合作社的主要服务形式，2009 年从合作社获得该服务的社员比重高达 67.01%。农产品销售服务本质上是合作社的一种产业化功能，它源自我国 1978 年以来的农副产品市场化改革，目的在于解决分散农户与现代大市场难以对接的矛盾。随着合作社实力的壮大，其产业化功

能将逐渐拓展，典型的包括将农产品的加工环节纳入其经营范围，从而获得农产品加工附加值。但受制于合作社自身的经济实力，当前合作社向其社员提供产品加工服务的较少，2009 年这一比重仅为 37.11%，2015 年更是降至 22.41%。

表 20-2 合作社的服务功能及其比较

服务类型	2009 年	2015 年
产品销售	65（67.01%）	48（41.38%）
农资集体采购	61（62.89%）	48（41.38%）
技术指导与培训	63（64.95%）	55（47.41%）
获得服务	70（72.16%）	76（65.52%）
产品保鲜与加工	36（37.11%）	26（22.41%）
信贷	15（15.46%）	14（12.07%）
年底分红	27（27.84%）	28（24.14%）

注：括号内为占比

农资集体采购、技术指导与培训服务属合作社的合作化功能，其目的是以横向一体化解决纵向一体化问题。通过集体采购来扩大农资采购量，增强农户的市场谈判力，进而获得优质低价的农资；技术指导与培训服务作为一种低门槛、规模效应和扩散效应明显的服务形式，同样倍受合作社与社员的青睐。2009 年获得合作社农资集体采购服务、技术指导与培训服务的社员占比高达 62.89%和 64.95%。信贷服务是以资金互助的形式解决部分农户在生产经营中面临的资金紧约束。同样，信贷服务在相当程度上受制于合作社的实力，2009 年和 2015 年仅 15.46%、12.07%的社员能够获得合作社的信贷服务。年底分红本质上并非合作社的一种服务形式，但由于分红是合作社服务功能发挥的产物，并直接关系到社员农户的收入水平，因此，本章同样将其视为合作社的一种服务形式。样本中，2009 年仅 27.84%的社员从合作社获得分红。

综合视之，2009 年社员 I 的比重高达 72.16%，但至 2015 年这一数值降至 65.52%，社员获得不同类型的服务的比重也均有所下降。尽管 2009 年和 2015 年的数据并非追踪调研数据，但在随机抽样框架下，2015 年社员 I 所占比重较 2009 年下降近 7 个百分点，反映出当前我国合作社服务功能弱化的趋势。

第三节 实证研究结果

实证研究的思路如下：首先，在不考虑合作社服务功能的情况下，采用 1 243 份农户数据（全样本）拟合内生转换模型，并根据模型的拟合结果实现反事实推断，估算合作社对社员农户收入的处理效应。其次，尝试将合作社的服务功能纳入实证分析框架，具体操作是将社员Ⅰ、Ⅱ分别与非社员组成子样本Ⅰ和Ⅱ，并分别拟合内生转换模型，进一步比较参与合作社对两组社员农户的处理效应差异。最后，将基于全样本和子样本Ⅰ，分别采用 OLS 模型和处理效应模型评价合作社的增收效果，并进一步比较各方法的优劣。文中模型估计采用 STATA 13.0 软件实现。

一、总样本回归结果

表 20-3 中的 Model 1 是采用总样本回归的结果。就选择模型（即农户入社决策模型）而言，对合作社的了解程度是影响农户行为的重要因素，该变量的系数为 0.780，且在 1%的水平上显著。这和张晋华等（2012）、伊藤顺一等（2011）的实证结果一致。此外，农户家庭农业劳动力人数越多，其参与合作社的可能性越高。原因可能在于该变量表征农业在农户家庭经济中的相对地位，家庭农业劳动力投入越多，农业的地位越高，农户越寄希望于合作社能帮助其解决生产经营中面临的问题。农产品的生产特性、专用型投资、生产经营规模及村庄地势特征对微观农户的决策影响不显著。就户主特征而言，相比男性，女性更倾向于参与合作社，年龄和受教育程度的作用不显著。

表 20-3 全样本和子样本Ⅰ的内生转换模型估计结果

变量	Model 1（全样本）			Model 2（子样本Ⅰ）	
	选择模型	非社员农户	社员农户	非社员农户	社员农户
GENDER	−0.431***（0.159）	0.166（0.106）	0.453（0.284）	0.156（0.106）	0.152（0.237）
AGE（ln）	−0.216	−0.805***（0.175）	0.241（0.581）	−0.808***（0.175）	0.869*（0.466）
EDU	−0.010	−0.015（0.037）	−0.030（0.112）	−0.013（0.037）	0.020（0.089）
AGRILAB（ln）	0.413***（0.140）	0.266***（0.078）	0.368（0.249）	0.274***（0.077）	0.784***（0.214）
SAINC	0.079（0.132）	−0.570***（0.074）	−0.641**（0.267）	−0.569***（0.074）	−0.544***（0.205）
INVES	0.008（0.121）	0.551***（0.071）	−0.008（0.229）	0.551***（0.071）	0.007（0.177）
SCALE	0.069（0.051）	0.370***（0.030）	0.207*（0.107）	0.371***（0.030）	0.302***（0.078）
MONT	0.141（0.122）	−0.223***（0.074）	−0.561**（0.229）	−0.216***（0.04）	−0.374**（0.185）
KNOW	0.780***（0.063）				
YEAR（2015 年=1）	0.136（0.154）	0.767***（0.083）	0.612*（0.325）	0.773***（0.083）	0.203（0.258）
省（自治区）	控制	控制	控制	控制	控制
常数项	−2.231*（1.274）	2.288***（0.740）	−0.928（2.416）	2.306***（0.739）	−3.682*（1.886）
$\rho_{\mu_0 \upsilon}$（或 $\rho_{\mu_1 \upsilon}$）		−0.193（0.121）	−0.507***（0.170）	−0.183（0.126）	−0.309**（0.141）

续表

变量	Model 1（全样本）			Model 2（子样本Ⅰ）	
	选择模型	非社员农户	社员农户	非社员农户	社员农户
样本量		927	188	927	129
对数似然值	−1 917.058			−1 663.717	
F 统计值	804.88***			824.16***	
联合独立似然比检验	9.89***			6.18**	

***、**、*分别表示 1%、5%、10%的统计显著性水平；括号内为标准误

进一步比较 Model 1 中社员和非社员的收入决定方程，我们发现诸多解释变量对两组农户家庭农业收入的影响不同，这也凸显了 OLS 模型和处理效应模型的固有缺陷[①]。在表 20-3 的 Model 1 中，户主年龄、农业劳动力人数、专用性投资均显著作用于非社员农户，但对社员农户的影响不显著；生产规模的扩大将有助于提高社员与非社员的收入水平，但对非社员的贡献将明显高于社员；和感性认识一致，农户所在村庄位于山区不利于其收入提高，并且这种削减作用对社员更明显；相比经济作物或养殖业，主要从事粮食经营的农户其收入水平显著偏低，并且，这种负向作用对社员农户的影响更大。最后，$\rho_{\mu_1 v}$ 显著，农户的选择模型与其收入决定方程的联合独立似然比通过检验，说明有必要纠正由不可观测变量引起的样本选择偏误。

为反映合作社对农户收入的影响，根据式（20-7）和式（20-8）计算出了在消除样本选择偏差后，两组农户的农业收入水平（取自然对数 ln）。此外，还根据式（20-9）和式（20-10）分别计算出社员在不参与合作社，以及非社员在参与合作社两种反事实情境下的收入水平。最后根据式（20-11）和式（20-12）计算出 ATT（社员的平均处理效应）为 0.236，ATU（非社员的平均处理效应）为 0.428。说明加入合作社能显著提高农户的收入水平，并且非社员参与合作社，其增收幅度将更明显。

二、子样本回归结果

当然，以上分析并未考虑合作社服务功能发挥与否。对此，本章将分别基于子样本Ⅰ和Ⅱ，重新拟合内生转换模型。模型拟合结果分别见表 20-3 中的 Model 2[②]

---

① OLS 模型和处理效应模型均假设两组农户的收入决定机制同质。

② Model 2 中，选择模型的估计结果和 Model 3 同样十分接近，为节省篇幅，本章并未给出。若读者感兴趣，可联系作者并索取。

和表 20-4 中的 Model 3。在 Model 2 中，非社员农户收入决定方程的拟合结果和全样本回归的结果十分接近，各变量无论是系数方向、显著性均表现出一致。在社员农户方面则表现出不同，具体而言，户主的年龄、农户家庭农业劳动力对社员的收入有显著作用，而年份变量则变得不显著。Model 2 下半部的诸多证据同样表明有必要纠正由不可观测变量引起的样本选择性偏误。

表 20-4　子样本Ⅱ的回归结果

变量	Model 3（子样本Ⅱ）			Model 4 OLS 回归
	选择模型	非社员农户	社员农户	
Coop（参与=1）				−0.782（0.742）
GENDER	−0.386*（0.203）	0.161（0.107）	1.267***（0.418）	0.220**（0.108）
AGE（ln）	−0.188（0.413）	−0.805***（0.175）	−1.819*（0.947）	−0.871***（0.181）
EDU	0.015（0.085）	−0.011（0.037）	−0.119（0.182）	−0.014（0.038）
AGRILAB（ln）	0.318*（0.183）	0.277***（0.077）	−0.653*（0.376）	0.249***（0.079）
SAINC	0.151（0.189）	−0.572***（0.074）	−1.116**（0.477）	−0.576***（0.077）
INVES	0.046（0.171）	0.554***（0.071）	0.151（0.402）	0.538***（0.073）
SCALE	0.073（0.070）	0.371***（0.030）	0.473**（0.188）	0.354***（0.031）
MONT	0.215（0.163）	−0.221***（0.074）	−1.258***（0.389）	−0.185**（0.076）
KNOW	0.523***（0.082）			
省（自治区）	控制	控制	控制	控制
YEAR（2015 年=1）	0.520**（0.227）	0.756***（0.084）	4.497***（0.613）	0.893***（0.088）
_cons	−2.528（1.727）	2.297***（0.739）	3.863（4.105）	2.464***（0.763）
$\rho_{\mu_0\upsilon}$（或 $\rho_{\mu_1\upsilon}$）		−0.178（0.202）	−0.297（0.318）	
样本量		927	59	1 041
对数似然值	−1 525.385			
F 统计值	805.80***			31.91***
调整后的 R^2				0.416
联合独立似然比检验	1.45			

***、**、*分别表示 1%、5%、10%的统计显著性水平；括号内为标准误

为了更清晰地反映合作社对农户的增收效果，本章给出了两组农户分别在两种情境下家庭农业收入的概率密度分布，见图 20-1。图 20-1（a）显示，若社员农户不参与合作社，其收入的概率密度分布曲线将明显左移，说明在剔除样本选择偏差的情况下，社员参与合作社能有效提升其收入水平，ATT 为 0.548。图 20-1（b）则显示，非社员在参与合作社的反事实情境下，其收入的概率密度分布曲线大幅度右移，因此，若非社员农户参与合作社，其收入将大幅提升，进一步比较发现，其收入提升的幅度（ATU=0.718）明显大于社员收入的提升幅度。因

此，一个基本的政策启示在于当前应鼓励非社员农户参与合作社。

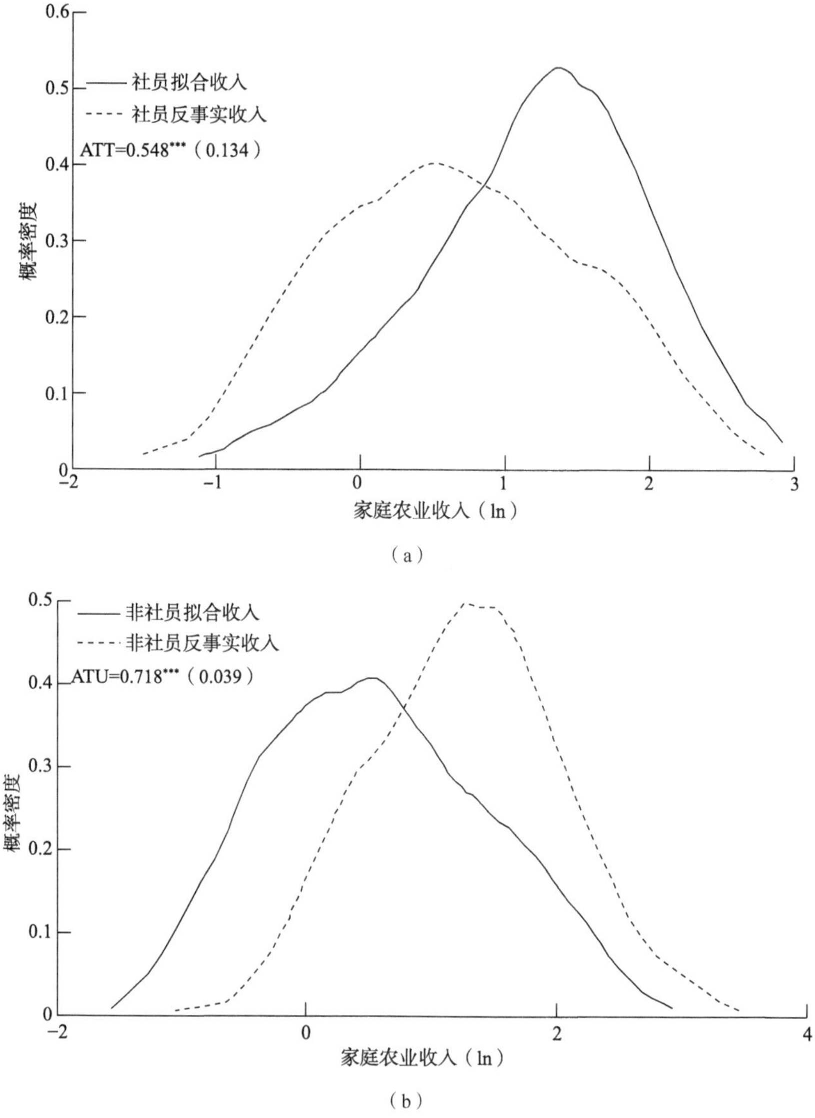

图 20-1　两种情境下农户的收入概率密度图

在 Model 3 中，$\rho_{\mu_0\upsilon}$ 和 $\rho_{\mu_1\upsilon}$ 均变得不显著，联合独立似然比检验也并未通过，说明对选择偏误的纠正没有必要，基于 OLS 模型的多元线性回归便能得到式（20-1）的无偏估计。表 20-4 中的 Model 4 为 OLS 模型的估计结果，其中，“参与合作社”变量为负，但统计上并不显著。换言之，若农户不能从合作社获得相应的服务，参与或不参与合作社对其收入并没有实质性影响。

三、多方法的比较研究

表20-5给出了全样本和子样本Ⅰ基于OLS模型和处理效应模型的研究结果[①]。比较发现，OLS 模型由于忽视农户行为决策的内生性问题，从而造成研究结论的严重偏误；处理效应模型尽管在一定程度上解决了由样本选择问题产生的估计偏差，但是没有考虑到处理效应的异质性问题。当前，对合作社增收绩效的考察，比较严谨的方法是内生转换模型。此外，比较子样本Ⅰ和全样本的研究结果，我们还能得出结论：忽视合作社服务功能，均会不同程度地低估“真实”合作社提高社员农户收入水平的作用。

表 20-5　不同研究方法的比较

变量	全样本			子样本Ⅰ		
	OLS 模型	处理效应模型	内生转换模型	OLS 模型	处理效应模型	内生转换模型
回归系数（或 ATE）	0.029 （0.087）	0.329* （0.165）	0.396	0.379*** （0.094）	0.587*** （0.161）	0.706
ATT			0.236*** （0.090）			0.548*** （0.134）
ATU			0.428*** （0.099）			0.718*** （0.039）
样本量	1 172	1 115	1 115	1 112	1 056	1 056
F 统计值	32.66***	829.50***	804.88***	38.44***	952.95***	824.16***
调整后的 R^2	0.394			0.447		

***、*分别表示 1%、10%的统计显著性水平；括号内为标准误

注：ATE 为 ATT 和 ATU 的加权平均值，故未给出显著性

第四节　结论、启示与讨论

基于全国 15 个省（自治区）1 243 份农户调研数据，本章首次将合作社的服务功能性纳入实证分析框架，并结合内生转换模型考察了合作社对社员农户家庭农业收入的影响。研究结果表明：①合作社并不必然提高社员农户的收入水平，合作社的增收效应能否发挥关键取决于其服务功能性是否得以充分发挥，换言之，

① 文中未给出倾向得分匹配法估算结果的原因是在计算倾向得分分值时，显著影响农户决策行为的变量较少。这可能影响匹配的效果，从而给研究结论造成偏差。

社员农户能否从合作社获得满足其需求的服务是合作社提高农户收入的前提条件。对合作社服务功能性不加考察，明显低估了“真实”合作社的增收效果。②合作社在充分发挥服务功能的情况下，其对任一随机农户的平均处理效应为0.623，并且，非社员农户在参与合作社的反事实情境下，其收入的提升幅度将明显高于社员农户（ATU > ATT）。③基于不同方法的比较研究发现，内生转换模型既消除了由可观测变量和不可观测变量引起的选择偏误，又考虑了处理效应的异质性问题，具有OLS模型和处理效应模型无法比拟的优势，是当前评价合作社增收绩效较为严谨的方法。

本章的政策启示是规范合作社运营，促使其服务功能得以充分发挥，保证社员切实从合作社获得满足其需求的服务。然而，针对当前我国多数合作社异化和服务功能弱化等事实，本章以为要转换合作社“先发展，后规范”的发展路径，在保证合作社增量的同时，重点优化存量，通过制定激励和监管并重的合作社发展政策，实现我国合作社发展从数量扩张到质量提升的转变。当然，在肯定加大对合作社的监督考核的必要性时，将何种指标纳入监督考核体系显得尤为关键。是参考国际合作社联盟制定的合作社七项基本原则，还是根据我国《农民专业合作社法》规定的五原则？本章认为应立足社员，考察社员能否从合作社获得满足其需求的服务，合作社最终能否带动社员增收，这才是根本。诚如徐旭初（2006）所言，现实中的合作社是否为合作社，不在于它们理论上符合某种原则，而在于实践上究竟如何。

此外，根据本章的研究结论，还能引申出一个值得讨论的话题，即现实中，农民专业合作社是否真如部分学者所言，是社会弱势群体的联合？合作社是否真正能带动小农户？换言之，农民合作究竟是哪些人的合作？本章的研究结果表明，当前，农民合作更多地体现为农村“精英”，或农村弱势群体中的“精英”分子的合作，合作社存在“精英俘获”问题。样本选择偏差的存在是“精英俘获”问题的有力证明，社员和非社员特征变量的差异也适当地反映出这一问题。当前，若政府决策部门将扶持农民专业合作社发展作为农民增收的一个重要手段，那么需要谨慎地看到政策受益群体的局限性，若一味地扶持现有合作社发展，以实现当前社员农户收入的提高，将有可能导致农村内部收入差距的进一步扩大。当前，政府决策部门应在保证合作社充分发挥其服务功能的前提下，鼓励引导非社员组建并参与合作社。

需要说明的是，数据的局限性使得本章的研究仍存在诸多问题需要改进。例如，尽管本章尝试将合作社的服务功能纳入实证分析框架，但在操作层面上也仅是根据社员能否从合作社获得服务而将其做简单的二元划分，处理方式略显“粗糙”。由此产生的问题是本章并未考虑到不同类型的服务对农户增收效果的差异，以及多种服务可能存在的叠加效应。此外，基于本章采用的研究方法和掌握的资料，研究也并未克服已有研究的一个通病，即忽视合作社对非社员的“溢出效应”。由于村民之间的频繁互动，合作社提供的技术、市场信息等可能在社员和非社员间传递，从而间接影响非社员的收入水平。最后，合作社自身的异质性对农户收入的影响也是本章考察的薄弱点。

第二十一章　农民专业合作社在减缓贫困中的作用

贫困是与人类发展相生相伴的经济社会现象，减贫是任何政府和社会必须承担的重要责任。自中华人民共和国成立以来，中国政府及其他社会各界便高度重视贫困问题，投入了巨大资源开展减贫扶贫事业。尤其是自 1978 年改革开放以来，我国近 7 亿农村贫困人口摆脱贫困，其成就举世瞩目，给予再高的评价也不为过。然而，根据国家统计局对全国 31 个省（自治区、直辖市）16 万户居民家庭的抽样调查，2014 年全国农村贫困人口仍有 7 017 万，贫困发生率达 7.2%，至 2020 年现行标准下农村贫困人口全部脱贫任务仍然艰巨[①]。

发轫于 20 世纪 90 年代的农民专业合作社已历经 20 余年的发展，其数量和性质已然发生显著性变化。据农业农村部的统计，截至 2016 年 6 月底，全国已登记注册的合作社达 166.9 万家，实际入社农户约占全国农户总数的 42.7%。合作社显然成为我国最庞大的新型农业经营主体之一，群众基础广泛。并且，合作社的性质也由最初的向弱势农户提供市场信息与技术、帮助解决农产品销售难题的市场经营主体日渐演化成一个社会功能多元的载体。在扶贫攻坚背景下，合作社自然而然进入各级政府的视野，并被寄予厚望。2012 年至 2017 年连续六年中央一号文件对合作社给予关注；2011 年中共中央、国务院印发的《中国农村扶贫开发纲要（2011—2020 年）》，以及 2016 年国务院发布的《“十三五”脱贫攻坚规划》明确表示要扶持农民专业合作社，带动和帮助贫困农户发展生产。在地方上，如甘肃省出台《关于加快贫困地区农民合作社发展的通知》，要求把发展农民合作社作为精准扶贫的一项重要任务。

学界对合作社减贫同样表达出诸多期许。不少学者（吴彬和徐旭初，2009；许军涛，2015；尹广文和崔月琴，2016）认为合作社天然的“益贫性”使其成为

① 资料来源：《中国农村贫困监测报告（2015）》。现行农村贫困标准为每人每年 2 300 元（2010 年不变价）。

实现益贫、减贫和脱贫的理想载体，以农民专业合作社为主流形式的农村合作组织为我国农村减贫事业提供了极为可取的发展路径（徐旭初和吴彬，2012）。也正因此，部分学者还积极探索合作社的扶贫模式与机制，如刘宇翔（2015）构建了政府主动、社会联动的欠发达地区农民合作扶贫模式；韩国民和高颖（2009）提出了“整村推进+农民专业合作社”的反贫困思路；赵晓峰和刑成举（2016）表示应依托合作社推动产业扶贫、资产收益扶贫、金融合作扶贫和农业科技扶贫；徐旭初和吴彬（2016）更是关注到合作社在彰显贫困群体主体性，提升自我管理水平、自我发展和参与现代化建设能力方面的突出表现。

然而，现实的窘境在于相比非贫困地区，贫困地区农民组织化程度低，农民专业合作社发展相对迟缓（苏晓云，2012；黄承伟等，2015）。并且，已有的对合作社益贫性、减贫功能、扶贫模式的探讨均是以西方经典式合作社为研究蓝本，并未考虑到当前组织质性异化、服务功能弱化的现实（潘劲，2011；黄祖辉和朋文欢，2016）。自 2007 年《农民专业合作社法》颁布实施，并伴随一系列扶持优惠政策出台以来，我国合作社发展呈“井喷之势”，据农业农村部的统计，截至 2016 年 6 月底，全国依法登记的合作社已达 166.9 万家，实有入社农户约占全国农户总数的 42.7%[①]。然而，在数量急剧扩张的同时，合作社“假、空、死”等异化、变异现象备受诟病。在这样的背景下，异化的合作社是否仍具备益贫性？其益贫性又将如何发挥？针对此，本章将在农民专业合作社减缓贫困作用的相关理论思考的基础上，重新考察贫困地区合作社的形成机制及基本形态，并在此基础上，进一步审视合作社的益贫性，以期为我国的减贫事业提供借鉴。

第一节　农民专业合作社减缓贫困作用的理论思考

在贫困治理结构中，不仅存在着多个社会行动者，而且他们之间存在着各自差异的行动意愿、行动能力和制度文化，以及由此引致的相互关联、合作和博弈，及其彼此行动边界的建构和演变。由此，我们认为，贫困中的合作，实质上是对贫困治理结构中农民主体性的体认和重视。农村贫困问题的缓解与解决，归根到底，还是要充分发挥贫困农民的主体性、主动性和创造性，着力增强贫困农民的自我发展能力。然而，贫困地区、贫困人口的内源动力不足，必须外源介入。这也是贫困地区与非贫困地区最大的差异处。所以，中国特色的贫困治理结构，必

① 资料来源：https://m.nongji360.com/view/77899.

然是在农民的主体作用、政府的主导作用、市场的基础作用和社会的促进作用等共同作用下的合作治理结构。在此意义上，比较合适的重要抓手之一就是积极推进贫困地区农村合作组织发展。

在各类减贫方式方法中，合作社（合作组织）一直被视为一个由贫困群体通过自助和互助而实现益贫、减贫和脱贫的理想载体，也被认为是外源主体实现益贫、减贫和扶贫的主要途径。建构中国特色的贫困治理结构，比较合适的重要抓手之一就是积极推进贫困地区农村合作组织发展。这也是“内源发展”式减贫战略（而非“行政推动”式减贫战略）的题中之意。

在充分注意到合作社（合作组织）的益贫性的同时，也必须明确指出几点易为人们忽视的误区：其一，“合作社必须帮助贫困人口”。事实上，合作社虽然具有“天然的”益贫性，但合作社并不“必须”帮助贫困人口。其二，“合作社的出现是反市场的”。应该指出，合作社成员设想的只是合作社内部的益贫机制，而对外部实际上更多地反映出一种环境适应性，即在尊重外部环境的前提下，通过内部的组织机制来实现益贫。其三，“办合作社一定能实现脱贫”。其实，合作社既不是脱贫的必要条件，也不是充分条件。

在减贫视域中，我国农村合作组织的制度安排呈现出一些日益显著的特点：①组织旨趣上，益贫性不再显著；②组织目标上，逐步从“互助益贫”走向“合作共赢”；③组织战略上，逐步从成员导向走向市场导向；④组织制度上，更多地具有要素合作性质，而且是多要素合作。

在类型学意义上，就基本模式而言，传统型合作组织和协会型合作组织相对比较可能实现扶贫功能，而股份型合作组织、现代型合作组织和联社型合作组织则可能在比较欠缺主观益贫性的同时相对具有客观益贫性。就治理结构而言，农民主导型合作组织和相关组织主导型合作组织相对具有主观益贫性，而企业主导型合作组织则相对具有客观益贫性。如若按组织旨趣，互助型合作社相对具有主观益贫性，共赢型合作社则相对具有客观益贫性。

中国贫困地区农村合作组织发展就是一个如何看待在贫困地区情境和扶贫开发视域中农村合作组织难免异化（益贫性减弱）和避免异化（益贫性维持）的问题。

在成员异质性视域中，贫困地区农村合作组织发展必然要面对两个不可回避的问题：一是精英俘获问题，即合作社经营在精英成员的左右下倾向于他们的利益目标（往往是盈利倾向），而非大多数普通成员的利益目标（通常是服务目的），盈利倾向与服务目的之间的矛盾不断突出。二是激励兼容问题，即当合作社日益趋于多要素甚至全要素合作时，如何在坚持合作制基本原则的同时，实现对劳动、土地、资本、技术等要素的激励兼容。令人深思的是这两个问题有时形成一种既相互关联又难以衡平的实践悖论。

总体而言，在贫困地区，合作社主要通过与龙头企业协同合作，逐渐参与产业化扶贫并不断深入，基本模式大致有三：龙头企业+（合作社+农户）、（龙头企业+合作社）+农户、合作社+企业+农户。事实上，合作组织（合作社）参与产业化扶贫的外在形态和内部组织结构是多种多样的，其运营和存续的基础都是与企业建立紧密的业务关联（甚至可以说是业务捆绑），甚至大多数是不太符合合作社原则、法律和政策规范的。就合作社及其贫困农户而言，一方面，这些产业化扶贫模式在短期内是可得的、有效的，也是益贫的；另一方面，这些合作社的业务及其持续性是依赖于龙头企业的，治理结构也难免是不规范的，甚至可以说是嵌入“农业资本主义”链条中的。然而无论如何，它们实际上大都是“市场导向、企业带动、合作社连接，农户受益”的，具有较显著的客观益贫性。因此，要建立和完善利益联结机制，实现龙头企业与农户互助共赢，这是贫困地区农业产业化健康发展的核心和动力。

相当多的贫困地区农村合作组织是在政府部门的直接或间接推动下组建的，在其发展进程中，比较普遍地并存着行政介入不当和制度供给不足两方面问题。农村合作组织的发展并不是简单的农民合作或不合作的问题，而是地方政府、农民等利益主体之间权利的重新划分和利益的重新调整，其发展路径、发展水平、组织形式都取决于各利益主体的相互博弈及最终形成的博弈均衡。而这种博弈关系的背后，主要反映的是政府与合作社的“相互赋权”的非对称性的动态演化。贫困地区农村合作组织发展中的政府作用将会继续显现甚至强化，但从长远看则可能逐渐隐性化或弱化；如果一味坚持政府“主导型赋权”，则往往会干扰和阻碍合作社的进一步发展。

社会介入贫困地区农村合作组织发展，或者贫困地区农村合作组织对接非政府组织扶贫项目，其基本类型大致有产业发展类、资金互助类、农村发展类和妇女发展类等。同时，也呈现出鲜明的不同于政府行政干预的活动特点，如突出成员参与、扎根基层社区、强调公平公正、重视教育培训、注重妇女发展等。也正是这些特点支撑了非政府组织扶贫项目的有效性、影响力和独特价值，成为一种外源干预与内源发展相结合的社会行动方式。但应该清醒地看到，就我国农村减贫实践而言，社会介入并非一定有效，社会介入和政府干预之间互动耦合失衡的情况比比皆是，普遍存在模式不契合、合作惯性、非均衡性发展及能力建设滞后等困境。当前，建立多元主体协同作用的贫困治理结构势在必然，仅仅依靠政府力量扶贫不符合扶贫的发展趋势，同样，过于指望社会扶贫也不太现实。

社区在农村减贫中的意义都至关重要：社区环境是农村减贫工作的基础和前提，社区治理是贫困治理结构的重要机制，而社区参与与发展则是贫困治理创新的重要方向。正是在村社情境中，贫困地区农村合作组织获得“嵌入性生长”，受益“地方性知识”，同时也孕育其“现代性指向”；与此同时，村社也或强或弱地对合作组织起到支持或制约的干预性作用。而贫困地区农村合作组织发展对社区的作用，主要体现为缓解贫困地区农户与市场的不对等性，培育贫困地区农民社员的现代性，拓展贫困地区农村社会资本，重塑贫困地区农村社会信任，以及改善贫困地区农村公共决策等方面。

贫困地区农村合作组织作为妇女减贫与发展的平台，也面临着各种各样的现实问题，如其组织运行与当地妇女的参与或多或少地存在着矛盾和冲突；民主管理机制尚未健全完善，有些合作社由发起人实际控制，成员无法正常参与合作社决策，妇女的参与更无从谈起；成员缺乏社会性别意识，合作社主要以男性成员为主，妇女的参与也无法保障。当然，政府对妇女贫困的关注度还不够。

贫困地区农村合作组织发展中的合作金融机制，大致包括减贫旨趣的组织目标、明晰界定的财产关系、民主参与的治理结构、小额信贷的运行模式及内外结合的风险控制等。较之商业金融，合作金融组织及形式具有显著的社会性，并常常表现为益贫性。不过应该指出，与一些善意的判断不同，合作金融组织及形式的组织目标并非天然地指向减贫扶贫，甚至也未必具有客观益贫性，而是旨在通过互助合作行为达致解决成员自身问题的目的。事实上，各类农村合作金融组织及形式将长期面临着许多近乎无解的挑战和思考：如何平衡减贫扶贫旨趣与可持续发展要求？如何兼顾民主参与与激励兼容？如何处理外部推动与不当干预的矛盾？如何把握合作金融发展的阶段性与趋势性？应该指出，反贫困不能简单地单一指望合作金融组织或扶贫互助资金组织，只有当合作金融组织创新与其他适当的制度及制度创新相结合，特别是与农业产业体系意义上的产业合作或农业组织化相结合，才有可能真正打破贫困农户发展的瓶颈。

第二节　合作社的形成机制与基本形态

根据制度变迁理论，农民专业合作社作为一种制度创新，其形成和良性发展的根本动力在于追求组织化的潜在收益（邓衡山等，2011；潘劲，2011）。因此，讨论组织化潜在收益的来源和实现可能性是揭示贫困地区合作社形成与发展路径的有效手段。黄祖辉等（2002）认为影响合作社形成与发展的因素大致可归纳为农产品特性因素、生产集群因素、组织成员因素和外部制度环境因素。其中，农产品特性是形成农产品交易费用的主要原因，构成了合作社形成的原初必要性（黄祖辉等，2002）。当然，通过组建合作社的方式将潜在收益转变成现实收益仍然需要成本，当成本大于潜在收益时，合作社作为一种制度变迁仍然不会发生，只有当合作存在着很大的潜在收益，并且达到足以超过人们不合作的心理阈限时，人们才意识到有必要通过合作来获得这种潜在的合作收益，进而转化为合作动机、意愿和行为（朱启臻和王念，2008）。在农业生产领域中，只有在社区内实现了专业化和规模化生产，才能为合作奠定基础（朱启臻和王念，2008）。换言之，生产集群因素作为专业化和规模化的综合体现，决定了组织化潜在收益的存在空间。组织成员因素包括组织成员的结构和素质（含合作精神、合作意识、合作知识、合作传统），其中，成员结构从某种程度上是组织成员异质性的反映，决定了合作组织的创建水平、基本形态和发展路径。组织成员的素质决定了合作的成本。从这个角度看，组织成员因素往往关系到潜在化收益能否实现，而非潜在化收益的存在与生存空间。

外部制度环境不仅是组织化潜在收益“变现”的催化剂，在扶贫攻坚背景下，其本身还逐渐演化成组织化收益（潘劲，2011；邓衡山和王文烂，2014）。2007 年随着我国首部《农民专业合作社法》的颁布，2012~2016 年连续五年的中央一号文件对合作社给予关注，随后一系列扶持政策的出台为农村合作组织的形成提供了利好。我国合作社开始呈现出加速发展的态势，截至 2015 年 12 月底，我国在工商部门登记的农村合作组织数量已达 150 余万家。从贫困地区的实际看，农村合作组织作为有效的组织载体，被不少地方政府视为促进当地农业产业发展，带动贫困农户脱贫致富的一剂“良药”，推广农村合作组织甚至作为一项考核地方政府及相关部门政绩的指标。

当然，除法律法规、行政介入等制度环境因素外，外部制度环境还包括地方的合作文化与传统。但基于合作传统形成的组织多属具备综合性质的社区服务组织，如村级发展基金、用水协会等，而并非基于当地优势或规模产业而形成的农村合作组织。由于不少贫困地区产业弱势，或多以粮食产业为主，农民组织化潜在收益本身不明显。当然，并不能完全否认贫困地区的产业潜力，如我们走访的山西省石楼县是核桃与红枣的主产区，目前全县核桃与红枣种植面积分别突破 24 万亩和 27 万亩，但作为国家级贫困县，2015 年农民人均可支配收入仅 2 727 元，农民组织化程度仍然较低。外部新兴产业的引入同样会逐渐形成优势产业，从而形成组织化潜在收益。

需要指出的是，即便贫困地区的农业产业的性状构成了明显的组织化潜在收益，但处于贫困线以下的农户由于缺乏人力资本和社会资本，很难组建一个富有生命力的合作社，从而使潜在利润难以变现。这也解释了缘何贫困地区农民组织化潜在收益明显，农村合作组织却始终难以形成。诚如国鲁来（2001）所言，建立合作组织的可能性不会自发地转变为现实性，没有合作组织企业家，就不会有合作组织。合作组织的形成有赖于农村能人的牵头，而能人不仅可以是农村内部的稀缺精英，还可以是外部精英的引入，这也就决定了目前我国农村合作组织并非经典意义上由农村同质性的“弱势群体”为满足自身需求服务而组建的自助经济组织。相反，由农村本土稀缺能人或外部精英牵头领办，弱势农户仅业务参与是当前我国农村合作组织在成长路径上的客观现实。能人领办的合作社往往是经济绩效好，但不规范的合作组织，而一味地追求合作组织的规范化，则往往经济绩效欠佳。换言之，当前我国农村合作组织终将难以做到合宜性（即公平）和合意性（即效率）的统一。而贫困地区农村合作组织的形成机制及其基本形态决定其益贫性也并非经典合作组织表现出的弱势农户自助或互助的益贫。

第三节　贫困地区合作社的益贫机制

合作社的益贫机制是指合作社能够给予贫困社员的利益，以及实现这些利益的联结方式（吴彬和徐旭初，2009），其“天然”的益贫性是由其性质所决定的。然而，也有学者指出，在实践中合作社是否拥有益贫功能，取决于其是否符合《农民专业合作社法》的基本要求，能否真正体现合作社的民主性、成员性（孔祥智，2016）。因此，在贫困地区打造一批规范的合作社，是加快精准扶贫进程的重要途径。然而，诚如上文所述，目前贫困地区的合作社是在政府政策诱导下，由农村精英领办的，合作社的形成机制决定其形态并非西方经典式合作社，本质上也并不完全符合《农民专业合作社法》的相关规定，也因此，其益贫性的发挥也并非表现为西方经典合作社的通过弱势农户的互助而达到自助的益贫。那么，是否仍然具备益贫性，其益贫性又将如何发挥？

徐旭初（2016）创新性地区分了“客观益贫性”和“主观益贫性”的概念，这为我们审视当前贫困地区合作社的益贫性提供了一个理性的分析框架。“客观益贫性”，是指益贫主体在主观上并无明显的益贫动机，而客观上却起到益贫效果。从结果上看，客观益贫性属于合作社为追求自身绩效而产生的外溢效应，如带动贫困地区农业产业的发展，提供更多的就业机会等，从而间接地使贫困农户受益。从过程上看，客观益贫性则为实现组织绩效的必要条件，是服务于合作社的经济绩效。当然，需要指出的是，出于经济理性的考虑，合作社（或组织负责人）将更倾向于贫困地区的非贫困人口或贫困农户中的精英群体。相应地，客观的益贫也可能更易于被农村精英识别并俘获，从而产生贫困农户的分化。需要承认的是，尽管客观益贫性主要是服务于合作社的经济绩效，而非组织负责人对贫困群体的刻意关照，形式上可能并不如西方经典合作组织的合宜性，但其扶贫的效果依然显著，充分体现了（异化的）合作社的合意性。

“主观益贫性”是指益贫主体在主观上存在益贫动机，而客观上则未必起到益贫效果。应当说明，与其说农民专业合作社具有主观益贫性，倒不如说合作社负责人具有主观益贫倾向。还需要指出，合作社并不天然具有主观益贫性，换言之，在不考虑其他因素的作用下，异化的农民专业合作社（或负责人）对主观益贫性的追求是一种非理性选择，这也就意味着贫困地区的合作社表现出主观益贫倾向需具备更多的前置条件，而这些前置条件可能是经济性的，也可能是非经济性的。

经济性的前提条件更多地源自政府。2007 年我国首部《农民专业合作社法》颁布实施，并伴随一系列扶持政策出台，为合作社获得政府扶持及政府支持合作社发展提供了法律和政策依据。一方面，合作社可通过协助政府完成减贫目标，来换取政府的合法性资源，典型的包括资金扶持。从而将政府当作其事业发展的“第一推动力”（徐旭初，2014）。缺乏这一经济激励，组织负责人将丧失有意扶贫的积极性。另一方面，在扶贫攻坚背景下，政府将农民专业合作社视为打赢扶贫攻坚战的政策工具。当前，随着扶贫理念和思路的转换，政府越来越清晰地认识到传统的救济式“输血”扶贫很难达到贫困农户持续减贫、永久脱贫和长效发展的效果。只有依托农业产业的发展，才能实现贫困农户的“造血”功能。农民专业合作社作为农业产业发展的带头者和贫困农户参与产业扶贫的有效组织载体，也顺其自然地进入政府的视野。双方达成的“默契”将使得二者形成稳定的“交易伙伴关系”。

当然，为了在短期内实现减贫目标，政府的合法性资源往往会更加倾向于经济绩效好（或许并不太规范，甚至仅是披着合作社的外衣）的合作社，而对于相对规范，但经济绩效不突出的合作社反而获得更少的资源。这也构成学术界和政府在各自追求上的“分歧”。现阶段贫困地区农民专业合作社的形成机制决定了其合意性与合宜性长期内难以共融，势必造成农民专业合作社的两极分化。这也解释了为何出于套取国家财政支持而成立的合作社却没有得到政府的任何补助。

需要指出的是，相比农民专业合作社，农业龙头企业的经济实力更强，对农业产业的推动作用更强，带动农户的面更广。那么政府为何将农民专业合作社作为扶持的优先项而非农业龙头企业？一是引入和培育龙头企业的难度大；二是政府介入龙头企业不易。合作社对政府的扶持具有某种天然的倾向性（苑鹏，2001），而这种“天然的倾向性”在一定程度上使得政府通过介入合作组织对其进行干预的作用空间更大（徐旭初，2014）；三是合作社相比龙头企业表现出合宜性，合作社和政府更易达成某种意义上的契合。

非经济性的前提条件则表现为通过履行社会责任，农民专业合作组织将获得社会或政府的合法性认可，如被授予“示范社”的称号。而对于合作组织负责人而言，社会责任的履行将有助于提高其在村民中的声誉，并树立良好的形象。诸如种种还能换取更多的经济便利。

第四节 来自现实的检视：几个案例

一、案例来源

本章的案例系 2016 年 8 月笔者在安徽省金寨县和广西壮族自治区富川自治县的调研所得，此次调研所选取的农村合作组织均由所在县的农业局等部门选取产生。金寨县位于皖西边陲，大别山腹地，地处三省（安徽、湖北、河南）七县二区接合部。2015 年金寨县农民人均可支配收入 10 327.76 元，在安徽省 61 个区县中位列 30 位。金寨县是国家扶贫工作重点县，2011 年金寨县又被列为大别山片区扶贫攻坚重点县，2015 年金寨贫困发生率高达 14.32%[①]，较安徽省平均贫困发生率高 8.6 个百分点[②]。据统计，2014 年金寨县经工商部门注册登记的合作社有 2 004 家[③]，为规范、促进合作社的发展，增强合作社的带动作用，2014 年金寨县出台《金寨县人民政府关于促进农民专业合作社规范发展的实施意见》，力争 2015 年参加合作社的成员户比例占全县总户数的 40%以上。

富川自治县位于广西东北部，地处湘、桂、粤三省交界的都庞、萌诸两岭余脉之间[④]。富川自治县为国家扶贫工作重点县，2014 年全县农村居民人均纯收入 6 827 元，位列广西壮族自治区 109 个区县倒数 31 位；截至 2016 年初，全县贫困建档立卡户 15 465 户，贫困人口 64 283 人，贫困发生率为 22.87%。为在精准扶贫中更好地发挥农民专业合作社的示范带动作用，富川自治县于 2016 年初下发文件（富农产联办〔2016〕1 号）[⑤]，在合作社能力建设、项目补助、信贷支持等多方面鼓励扶持其规范化发展。截至 2016 年上半年，全县通过工商注册成立的合作社共 224 家，参与经营各类水果 14.3 万亩，蔬菜 10.2 万亩，存栏种母猪 1 500 头，年出栏肉猪 1.6 万头；全年合作社统一购销农产品达 16 万吨，购销金额 2.5 亿元[⑥]。

---

① 资料来源：http://la.wenming.cn/wmbb/201601/t20160120_2284092.htm.

② 2015 年安徽省农村贫困发生率为 5.72%。

③ 资料来源：http://ah.people.com.cn/n/2015/0320/c362052-24222411.html.

④ 资料来源：富川自治县县志.

⑤ 资料来源：《关于加快发展农民专业合作组织和家庭农场能力建设意见的通知》.

⑥ 资料来源：《富川县农民专业合作社发展建设情况》，由富川自治县农业局提供。

二、案例介绍

案例一：安徽省金寨县某畜禽养殖专业合作社。该合作社社长于2008年返乡创业，并从事土鸡饲养。他前期在深圳某鞋厂打工，并任管理层职务。2013年8月，受乡镇政府的鼓动，并出于扩大养殖规模的目的，组建合作社。起初合作社由7名本地成员以入股的形式构成，其中，社长出资40万元，其余6人各出资10万元。合作社经营完全由社长承担，其余6人不从事土鸡养殖，盈余年底按股分红。目前，又有9名本地村民申请加入合作社，从事土鸡饲养。合作社向新进9名社员提供种苗、饲料和养殖技术，待鸡出笼，合作社负责统一销售，并且规定自9名社员入社第二年起向其收取每只鸡1~2元的服务费，但年底没有盈余分红。此外，合作社还带动30余名非社员养殖土鸡，其中贫困户15人。合作社向其赊销鸡苗，提供养殖技术，并负责销售成品鸡。对贫困农户，合作社并不收取服务费。

2015年11月，金寨县实施扶贫贴息贷款政策，规定每位贫困建档立卡户有5万元的贴息贷款额度。合作社为解决资金短缺难题，和贫困农户达成协议，合作社将通过以下方式帮扶贫困户[①]以换取贷款额度（贫困户任选其一）。

（1）就业劳务方式：申请主体（合作社）利用贷款扩大生产，与贫困户签订两年以上期限的用工合同，以工资方式帮助其就业增收，工资收入每月不低于1 000元。

（2）经营收益分红方式：申请主体以贫困户的名义获得扶贫贷款资金，主导经营并负责偿还贷款，每年给予每位贫困户2 000元的资金收益。

（3）反租倒包方式：通过土地流转，由申请主体出资建饲养基地，再返租给贫困户承包，申请主体负责市场、技术等，贫困户负责养殖，并从中获益。

（4）产品合作方式：申请主体利用贷款扩大规模，以优于市场的条件与贫困建档立卡户签订种苗供给、技术支持、产品回收等协议，增加贫困户的收入。

截至调研日，已有8位贫困户和合作社签订协议，并均选择第二种帮扶措施。当被问起合作社是否计划以同样的方式带动贫困农户时，社长表示目前资金并不短缺，且养殖规模较大，销售可能出现问题，因此并不计划再带动贫困户。当然，若出现资金紧缺的情况，可能还会考虑。鉴于合作社在扶贫帮困，以及带动当地产业发展方面的作用，2015年在金寨县农民专业合作社评级管理中，该合作社被评定为AA级（最高AAA级）；2016年被评为市级示范社。

① 摘自该合作社提供的《金寨县创业扶贫贷款帮扶协议》。

案例二：安徽省金寨县某茶叶专业合作社。该合作社于 2007 年 9 月在县乡两级政府的支持与帮助下组建成立，为金寨县首家合作社。其社长为当地的“大能人”，自 1984 年起被推选为村民组长，随后又担任村支部书记，金寨县林场厂长、支部书记，目前已集多种头衔及名誉于一身，如“六安好人”称号、全国劳动模范称号，同时担任县人大代表、党委委员。谈及对合作社的看法，社长表示合作社作为一个平台，首先是借此争取更多的政府扶持资金，其次是将散沙式的农户组织起来，集体闯市场，提高凝聚力。目前，合作社社员 313 户，其中核心农户 9 位，包括社长的 4 名家庭成员和 4 位片区片长（原村干部）。

据介绍，合作社和社员的合作模型有四种：一是以基地为基础的紧密型合作。合作社成立之初便流转农户山林建设茶叶基地 2 930 亩，由社长的儿子统一管理。生产的鲜茶加工后统一打品牌销售。二是针对贫困户的合作型合作。该模式的社员为合作社脱贫致富的对象，是县里脱贫攻坚下达的任务指标，共 76 户。合作社在社员林地进行前期投资，包括平整土地、栽种茶树等，然后交由社员管理，社员按照合作社的标准进行生产和采摘，并以高于市场价 30%~70%的收购价交由合作社加工销售。年底按社员与合作社的交易量返利分红，2015 年返利 20%。三是松散型合作。农户基于自家原有茶园，按照合作社的标准统一采摘，合作社以略高于市场价的价格收购，并且年底可按交易量享受分红。目前松散型农户 51 位。四是带动型合作。该模式和松散型类似，其目的是扩大成品茶产量。带动型农户分布 4 大片区，180 余户，由片长负责组织。

案例三：安徽省金寨县某蔬菜种植专业合作社。2010 年该合作社社长通过金寨县政府招商引资项目返乡创业种植蔬果，前期在江苏无锡从事蔬菜种植 20 余年。2012 年合作社由 12 名成员组建成立，其中 10 人以土地入股，每亩土地 3 万元（当地土地征用补偿标准），合计 20 亩，占 40%的股份。社长与其余 1 人出资入股，各占 30%的股份。合作社由社长统一经营管理，盈余年底按股分红。2014 年为扩大种植规模，村集体将原本村民撂荒的近 480 亩土地统一流转，并转包给合作社，流转费用 600 元/亩·年，期限为 10 年，待期满后优先续租并根据市场行情调整流转价格。当然，后期流转的 480 亩土地归前期出资 2 人所有，与以土地入股的 10 名社员无关。

目前，合作社近 500 亩土地主要用于蔬菜、水果和苗木种植，由合作社统一雇工经营。合作社常年雇工 50 余人，季节性雇工 150 余人，多为农村 60~70 岁的留守老人。谈及雇员的年龄结构，合作社社长无奈表示，青壮劳动力 200 元/天的工资承担不起，即便承担得起，由于外出务工，这样的劳动力少之又少。目前，男性雇员的工资水平为 70 元/天，女性 60 元/天，建档立卡贫困户工资每月则不低于 2 000 元。2015 年合作社工资支出 100 余万元。为支持合作社的发展，地方政府积极为其申报上级部门相关荣誉，如 2016 年该合作社被评为六安市市级示范社。

此外，所在村集体向其提供办公场所。

案例四：广西富川自治县某种植专业合作社。该合作社社长于 2012 年返乡从事农业种植，前期在广东打工。出于获取政府补贴的想法，社长于 2014 年在县工商局注册成立合作社，但自合作社成立起，并未获得政府的任何补贴。合作社目前社员共 6 人，其中 4 名为挂名社员，不与合作社发生任何业务，其余 2 名社员连同社长堂弟（非社员）共同参与合作社经营。目前合作社共经营土地 200 亩，其中 100 亩是以 400 元/亩·年的价格向其他农户流转得到，主要用于水稻和蔬菜种植。

合作社所在村集体为贫困村，贫困户比重高达 50%，青壮劳动力外出打工较多。农忙时节合作社雇佣本地留守妇女 20 余人，淡季雇工 10 余人，工资为 80 元/天。2016 年上半年已支付人工工资 3 万余元。当被问起在雇佣工中，是否有贫困户，社长表示应该有，但由于不是村干部，具体哪些是贫困户也不清楚。而被问及合作社是否带动了贫困户时，社长表示目前已知的有 2 个贫困户开始种植蔬菜，但由于种植风险大，种植技术缺乏，若政府没有补贴，也不敢带动贫困农户。

案例五：广西富川自治县某果蔬专业合作社。合作社成立于 2012 年。前期，合作社社长在深圳办厂做水果出口生意。随后赴湖南推广西瓜嫁接苗，并兼果蔬代理等业务。由于合作社社长具有经济头脑、种植技术好且敢于示范，2012 年受所在镇镇党委书记邀请，回乡发展农业并成立合作社。最初，合作社社长从南宁引进黄金瓜进行试种，试种成功后，通过订单农业的形式带动周边农户（并非完全合作社社员）种植。

合作社和农户签订的合同内容如下[①]：

经双方商议，甲方（合作社）愿意提供黄金瓜种子给乙方（订单农户）种植，包括黄金瓜技术指导；乙方所种植的黄金瓜，甲方负责按规格回收，回收方式：1.6 斤以上回收价 4 元/斤，1.2~1.6 斤回收价 2 元/斤。烂瓜、生瓜、死藤瓜、畸形瓜一律不回收；乙方不能将黄金瓜出售他人，若乙方有需求，可到甲方处按 4.5 元/斤的价格回购，且每户不得超过 200 斤；付款方式：自回收起 10~20 天结算一次，收购结束后一个月内付清。甲方负责收购，违者赔偿乙方 3 万~5 万元，乙方不得私自出售或赠送黄金瓜给他人，违者罚款 1 万~2 万元给甲方。

待合作社回收黄金瓜后，再以 8~10 元/斤的价格销售出去，合作社盈余并不按交易量或按股分红。

除此之外，合作社流转农户土地 500 余亩，建设大棚 40 余亩，主要种植黄金瓜、葡萄、提子和蔬菜。合作社统一雇工经营，在忙季雇工近 100 人，淡季 20 余人，2015 年人工工资 40 余万元。当被问及在雇工中是否有贫困农户，合作社社长

① 摘自该合作社提供的农户协议。

表示有，“之前有一些初中辍学的青少年在农场工作，后经一查，发现基本上是贫困家庭的子女。和其他工人一样，工资为 70 元/天，手脚快的 80~100 元/天”。在谈及合作社目前面临的问题时，合作社负责人表示启动资金缺乏，尽管农业部门（县农业局）给 30 万元补助，但也是杯水车薪。县政府尽管表示支持，却没有扶持行动，因此，合作社后期不会继续带动更多农户。

三、案例总结

以上五个案例均表明，目前贫困地区的合作社并非经典意义上的由同质的农村弱势群体为满足自身需求服务而组建的自助组织。在政府扶持政策诱导下，农村本土或外部引进的精英领办组建是当前贫困地区合作社的基本形成机制。当前，贫困地区的合作社形态各异，部分合作社呈现出异化或变异，甚至只是披着合作社的外衣。但其对贫困地区农业产业的带动作用不容忽视，它不仅带动本土优势产业的发展（如案例二中的茶叶产业），甚至还会引入新兴产业（如案例一中的土鸡饲养与案例三中的果蔬种植）。异化的合作社不仅是产业扶贫的组织载体，还发挥着产业带动和示范作用，对贫困农户的作用不仅体现在通过获取组织经济绩效而对农户产生的涓滴效应，还表现为对传统农户的示范教育意义。

因此，并不能因合作社的变异或异化而否定其益贫属性，换言之，合作社的规范性并不是判别其益贫与否的依据。五个案例均显示，当前贫困地区变异或异化的合作社同样具备益贫性，但其形成机制及其基本形态决定其益贫性也将区别于西方经典式合作社表现出的通过农户互助而达到自助的益贫，对贫困地区合作社益贫性的理解需建立在对益贫性客观和主观的划分的认识之上。客观益贫性是指合作社并无扶贫动机，但其行为却起到扶贫效果，它是合作社在追求组织绩效过程中产生的外溢效应，并且服务于组织的经济绩效。当前，合作社的客观益贫性主要体现在带动贫困地区农业产业的发展、为贫困农户提供更多的就业机会，以及向农户提供土地流转费用等。

合作社的主观益贫性是指组织负责人有意地帮扶贫困群体。当然，从经济学意义上看，异化或变异的合作社发挥主观益贫性属于典型的非理性行为，换言之，在没有任何外力作用的情况下，合作社将缺乏主观益贫动机。然而在扶贫攻氛围和导向下，异化的合作社仍然拥有主观益贫性的追求和行为，其中，获得政府的合法性资源（包括政府资金补助、荣誉）是合作社发挥主观益贫性的先决条件之一。此外，提升合作社负责人的个人声誉也是合作社发挥主观益贫动机的重要诱因。

第五节　结论、讨论与建议

农村合作组织作为精准扶贫的有效组织载体，已被学界和实务界认可。然而，近年来合作组织异化和服务功能弱化的现象也备受学者诟病，当前，我国农村合作组织是否仍能发挥其益贫性也遭受诸多质疑。本章通过考察贫困地区农村合作组织的形成机制和基本形态，进一步讨论现阶段其益贫性或扶贫的逻辑。

研究表明，利好的制度环境是贫困地区催生农村合作组织的重要因素，然而，优势产业的薄弱，尤其是贫困群体的弱势使得贫困地区合作组织供给长期不足。目前，贫困地区的合作组织由能人领办，普通农户仅业务参与是其基本形态。当前，贫困地区农村合作组织仍然具备益贫性，合作组织的规范化程度并非判断其是否具有益贫性的唯一依据，但贫困地区农村合作组织的形成机制及其基本形态决定其益贫性明显区别于经典合作组织中农户的自助或互助式益贫。贫困地区合作组织的益贫性包含客观益贫性和主观益贫性。来自安徽金寨、广西富川的五个合作社案例表明，贫困地区客观益贫性主要包括带动贫困地区产业发展、向贫困农户提供就业岗位及支付土地流转费用等；贫困地区农村合作组织并不具有主观益贫性的"天然"动机，获得政府合法性资源或提升个人声誉是合作组织负责人发挥主观益贫性的先决条件。

根据以上研究结论，本章认为地方政府应积极地培育农村合作组织，提高贫困农民的组织化程度。一方面，应积极发动农村能人的作用，积极地营造良好的环境，扫清农村合作组织形成与发展的障碍，充分发挥其客观益贫性。另一方面，通过以奖代补的形式，诱致、激发组织发挥其主观扶贫动机。此外，本章还认为学界对农村合作组织异化应更加地包容，而非大肆地批评指责。贫困地区组织形成的机制可能是探究组织异化很好的切入点，这也会对组织异化的原因和合理性有更充分的认识，进而提出更具针对性的措施。当然，不少学者会发出上述组织还是农村合作组织的疑问，以至于发出"合作社原则，最后还能坚守什么"的疑问（潘劲，2011）。但诚如徐旭初（2006）所言，即现实中的合作社是否为合作社，不在于它们理论上是否符合某种原则，而在于实践上究竟如何。

进而，本章进一步在公共政策层面上提出建议：

第一，要在扶贫开发中高度重视"内源发展"战略，充分发挥贫困人口的主体作用。当前，中共中央、国务院指出：我国扶贫开发已进入"啃硬骨头、攻坚拔寨"的冲刺期；要把精准扶贫、精准脱贫作为基本方略，坚决打赢脱贫攻坚战。

而精准扶贫、精准脱贫最终的落脚点必须在持续减贫、根本脱贫上。而要持续减贫、根本脱贫，关键在于内源减贫、内源扶贫、内源脱贫。因此，必须在脱贫攻坚中高度重视“内源发展”战略，充分发挥贫困人口的主体作用。

第二，要大力发展贫困地区农村合作组织，使其尽快成为新时期扶贫开发工作中重要的切入点和着力点。从根本上讲，贫困地区的减贫和脱贫，离不开外部资源介入，但更要靠贫困人口自身。在贫困地区，最重要的是要让人有事做，让事有人做。这里的“事”，不是一家一户的农事操作，而是一村一业的农业产业；这里的“人”，不是一家一户的自然人，而是一社一会的社会经济组织。没有既扎根本土又契合现代性的组织载体，任何形式外部资源的输入都难以从根本上实现脱贫目标。也正是在此意义上，贫困地区农村合作组织无疑应该被视为合适的内源组织载体、外源介入载体和政策瞄准载体。大力发展贫困地区农村合作组织无疑应该被视为合适的实现精准扶贫、提升扶贫效应的实施路径，必须使贫困地区农村合作组织发展尽快成为新时期扶贫开发工作中重要的切入点和着力点。

第三，要科学发展贫困地区农村合作组织，使其真正成为新时期扶贫开发工作中重要的杠杆和载体。我国贫困地区农村合作组织发展自有其独特的机理、规律和趋势，因此，必须科学发展贫困地区农村合作组织。要符合主体性参与（即坚持贫困地区农民，特别是普通农民在农村合作组织中的组织主体地位）、现代性导向（即要将农村合作组织办成一所在非工业、非城市环境下促进农民尤其是社员的现代性的学校）、市场化运作（即农村合作组织要按照符合市场经济规律的方式运作）、包容式发展的原则（意味着在农村合作组织发展过程中，要尽可能惠及所有农民群体，鼓励益贫取向）。同时，也要注重经济旨趣与社会旨趣相结合，专业合作与信用合作相结合，内源动力与外源动力相结合，新生力量与传统组织相结合。此外，政府部门、龙头企业、社会组织等外源主体既要热情鼓励、恰当指导和有力扶持，更要恰如其分，保持耐心。

第六篇　制度环境、技术变迁与农业产业组织体系

第二十二章　政府支持与农民专业合作社的发展

第一节　引　　言

2007 年《农民专业合作社法》颁布后，我国农民专业合作社发展迅速。截至 2017 年 9 月底，我国已登记成立农民专业合作社 196.9 万家，注册农户超过 1 亿户，占全国农户总数 46.8%[①]。合作社已经成为我国农业产业组织体系中不容忽视的新主体。作为一种现代农业组织形式，合作社对外盈利、对内惠顾（徐旭初，2003，2005b；唐宗焜，2003），在整个农业食品体系中发挥着独特的协调功能（Sykuta and Cook，2001）。一方面，合作社具有竞争标尺作用（Liang and Hendrikse，2016）。通过农户集体行动的方式，集体采购农资、共同出售产品，降低了交易成本，提升了生产者在市场中的议价能力，帮助农户在价值链中获得更高的份额（Nilsson，1998）。另一方面，合作社吸纳小农成员、推广新兴农业技术，将共同资金用于信贷和农田水利基础设施建设，从而起到了促进就业、累积资本、促进社区发展的社会服务功能（Bernard et al.，2012）。此外，在以中国为代表的发展中国家中，合作社还肩负着振兴农业、发展经济和稳定社会的功能（徐旭初，2008）。因此，发展农民专业合作社、发挥其独特作用，对我国发展现代农业、实现乡村振兴具有重要意义。

现有文献从内部动力和外部引导两方面探讨我国合作社形成发展的动因。农户是否成立合作社缔结互惠契约，取决于组织协调效率与市场交易效率孰高孰低。当组织合作社的协调效率高于市场交易效率时，农户更愿意成立合作社；反之，农户则倾向于散户交易（Hansmann，1988，1996；温涛等，2015）。在农业生产领

① 资料来源：《2018 中国新型农业经营主体发展分析报告》.

域，组织协调效率与市场交易效率的高低受到农产品交易特性的影响。资产专用性高、生产不确定性与市场不确定性高的农产品面临更高的交易成本，因而生产者倾向于集体行动，以节约交易成本、减少机会组织行为（黄祖辉等，2008；黄祖辉和高钰玲，2012）。交易成本节约所产生的组织化潜在利润是农民从散户交易走向集体行动的组织创新源泉（邓衡山等，2011）。当某类农产品的各环节由于组织化而使其潜在增值空间升高时，农户成立合作社的意愿更强，该类合作社的数量更多。然而，这些将合作社形成归因于内部动力的研究通常从农户个体决策角度出发，较少提及外部环境，特别是制度环境对合作社发展的影响。

制度是社会的博弈规则与个体参与者的参考框架（Silverman，1971）。North（1990）将制度定义为正式制度（如宪法、法律和法规）和非正式制约因素（文化惯例、行为规范和自我强制行为守则）。在非正式制度中，社会资本对合作社成立和发展具有重要作用。合作社与外部社会网络的良性互动能够提高成员对组织的信心，加强组织凝聚力，从而促使农户参与合作社（梁巧等，2014），村民的熟人信任也更容易在村庄孕育合作社（徐志刚等，2011；孙葆春等，2013）。

正式制度对合作社发展的影响则更为直接。正式制度（及其实施机制）制定了“游戏规则”，并通过影响组织发展所必需的知识、资金等资源的可获得性，为组织发展创造机会和压力（Carlsson and Berkes，2005；Young，2006；Berkes，2009；Bodin and Crona，2009）。因此，政府支持在组织发展过程中的作用受到学者的高度重视（Pergelova and Angulo-Ruiz，2014）。Sykuta 和 James（2004）指出，在影响农民专业合作社形成发展的所有因素中，制度环境起着至关重要的作用，政府应制定合适的制度框架支持农民专业合作社发展（Ostrom，1990；国鲁来，2006；Bijman et al.，2012）。

对于政府而言，制定实施支持政策促进企业发展的目标有两个：一是通过企业持续运营产生正外部效应的溢出效应，如就业、养老金等（Lin et al.，1998），减轻政府的社会福利负担；二是通过企业带动区域经济发展，实现官员个人的政治晋升目标（Shleifer and Vishny，1994）。因此，政府采取支持政策时，对政治收益的关注大于企业经济收益。这就导致一方面政府干预有可能矫正市场失灵与经济扭曲（Wu，2006），另一方面，政府不恰当的干预可能造成公共支出效率低下甚至产生反作用。

在我国，合作社由于肩负国家经济转型期振兴农业、发展经济和稳定社会等功能（徐旭初，2008），一直受到政府强烈干预（Liang and Hendrikse，2013a）。与此同时，由于自身特殊的治理结构与我国的产权制度，合作社在发展过程中也面临着人力不足、资金短缺等问题（Maskur，2016）。2004 年以来，发展合作社在历年公布的一号文件中被多次提及，我国政府为促进农民专业合作社发展，提供了包括法律章程、财政补贴奖励、税费减免、融资支持、人才与技术培训等各类支持（Deng et al.，2010；Liang et al.，2015）。自 2000 年以来，特别是 2007 年国家颁布了《农民专业合作社法》之后，合作社数量急剧增长。此外，我国各省（自治区、直辖市）政府对合作社的支持也呈现出时间与空间上的差异（Adger et al.，2005；Young，2010）。

大量农业经济领域文献探讨了政府干预或支持活动对农业生产与销售的作用。多数研究集中于政府干预对市场失灵领域，如技术采纳与创新（Wang et al.，2015；Zhang and Wu，2018）、资源环境可持续性研究（Ragkos et al.，2017；Shiferaw and Holden，2000）、农业契约（Wu，2006）、农民或农村福利改进（Heerink，2006）等方面的影响。政府通常采用立法、价格干预、直接补贴、低息信贷、税收优惠、技术援助等政策工具对微观主体行为加以干预或支持（Iliopoulos，2013）。这些研究的确证实了政府干预在证明经济扭曲方面的作用，然而迄今为止，关于政府支持如何作用于农民专业合作社发展的研究极为有限（Deng et al.，2011）。尽管一些学者提及政策、法规等制度支持对合作社形成的必要性，但目前关于制度环境如何影响合作社形成与发展的定量研究仍然不足。

基于此，本章将研究我国政府支持政策对农民专业合作社发展的影响，探讨政府如何更高效地配置公共资源，为合作社发展营造良好的制度环境。具体研究问题为政府对农民专业合作社的支持概况是什么？政府各类支持政策是如何在数量和社员规模方面影响合作社的发展的？对粮食、蔬菜和猪肉等各行业合作社发展中政府支持的作用是否具有不均衡的特征？

本章可能在以下两方面有所贡献：第一，在理论方面，为制度环境影响经济活动契约安排的理论提供了经验证据，是该理论的有力补充。尽管许多学者都强调特定类型组织的发展依赖于制度环境（Williamson，2000），但这一论点仍缺乏广泛的实证研究。第二，在数据方面，Deng 等（2011）应用我国部分区域微观调查数据考察政策环境在中国合作社发展中的影响，本章则应用全国各省（自治区、直辖市）的面板数据研究政府支持对合作社发展的长期影响，避免了微观数据可能存在的采样偏差。第三，由于不同产品部门合作社的发展水平不同，因而政府支持可能有所不同。因此，我们着眼于各省（自治区、直辖市）政府支持对不同农产品合作社发展的影响，从而获得更精确的研究结果。

本章其余部分安排如下：在第二节中介绍所使用的数据与中国农民专业合作社发展和政府支持的概况，第三节主要介绍研究方法，第四节是基于政府支持对合作社总体效果的实证分析结果和讨论，在第五节中我们进一步探讨政府部门对三类主要农业产业中的合作社规模的作用效果差异，第六节为总结。

第二节　政府对合作社发展的支持概况

本章选择2007~2015年我国30个省（自治区、直辖市）9年的统计数据作为研究样本。其中各省（自治区、直辖市）合作社发展情况与政府支持情况来源于农业农村部年度统计数据和Python抓取的农业农村部及各省（自治区、直辖市）农业厅网站数据；其他相关数据来源于已出版的各类统计年鉴。西藏、香港、澳门和台湾由于数据可得性与统计口径差异等原因未纳入样本。由于2007年《农民专业合作社法》颁布之前，我国几乎没有关于农民合作社发展或政府支持的统计数据，我们选择2007年作为数据起始年，最终获得270个有效观测值。

一、我国合作社发展情况

自20世纪70年代末改革开放以来，我国市场经济不断发展，在农业领域逐渐打破小农经营的自给自足模式。农户开始生产和销售农产品，但这使他们暴露在生产技术水平不足和市场风险之中。因此，20世纪80年代后期，农村出现农民专业合作社，为农民提供技术指导和市场信息，帮助小农户与市场对接。2007年，我国颁布了《农民专业合作社法》，此后农民专业合作社发展势头迅猛。图22-1显示了2007~2015年期间农民专业合作社数量与社员总规模。2007年底，全国共成立74 219家农民专业合作社，这一数字在2015年增加到1 336 089家，年平均增长率为43.5%。社员总规模的增长呈现出相同的趋势，从2007年的11 047 460户增加到2015年的53 985 801户，占农业就业人口的19.89%，年平均增长率为21.9%。

农业农村部根据产出品的不同，将我国合作社分为种植业合作社、畜牧业合作社、林业合作社和渔业合作社四类。由于林业、渔业合作社的发展受地理条件限制较大且占全国合作社的比重较低，本章将重点考察种植业和畜牧业合作社，并从中分别挑选出粮食、蔬菜和生猪合作社展开研究，进一步观察不同类型合作社的增长趋势和份额情况。我们发现各产品（服务）类的合作社的发展态势呈现较大差异，见图22-2和图22-3。与其他部门的合作社相比，粮食合作社的数量增长最快：2007年全国共有6 301家粮食合作社，仅占合作社总数的9%，但2015年底已增至276 177家，占全国合作社总数的21%。蔬菜合作社从2013年的

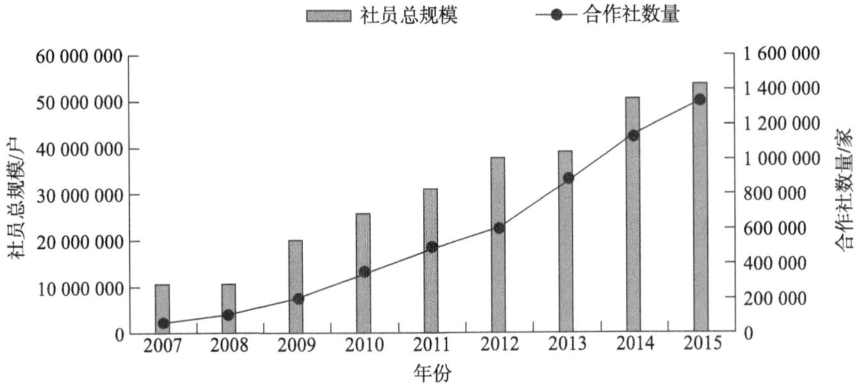

图 22-1　我国农民专业合作社数量与社员总规模（2007~2015 年）

78 081 家增加到 2015 年的 127 570 家，占合作社总份额增加近 1%。生猪合作社在 2007 年有 7 449 家，在各类合作社中居于第一，此后几年尽管数量上有所增加（2015 年底达到 108 598 家），但其占全国合作社的比例从 2007 年的 10%下降到 2015 年的 8%。

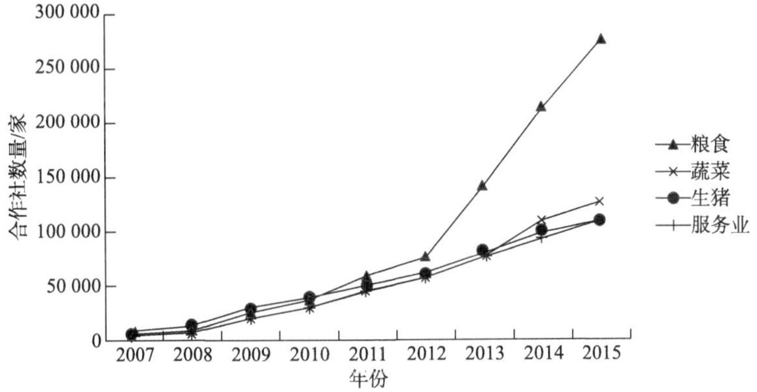

图 22-2　我国各类合作社数量（2007~2015 年）

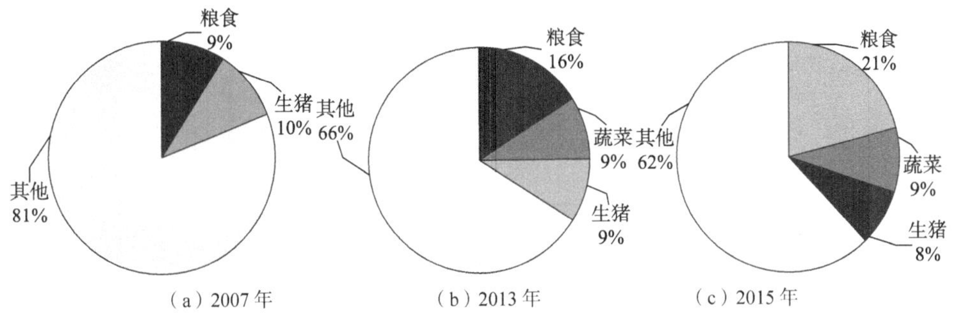

图 22-3　我国各类合作社占全国合作社数量比重变化情况（2007 年、2013 年、2015 年）

粮食合作社从 2011 年起发展较快，并于 2013 年数量增长突然加速，其中有几个可能的原因：2012 年我国食品进口量超过 7 000 万吨，自给率约为 89.4%，低于国家提出的红色警戒线 95%；与此同时，2012 年世界粮食日的主题为“Agricultural cooperatives-key to feeding the world”，这也指出了粮食合作社在维护粮食安全中所起到的重要作用。因此，2013 年初中国政府出台一号文件，明确指出加强对粮食生产地区和生产者的支持，以确保粮食安全。

对于合作社发展的动因研究，大多数文献将其动因归于交易成本节约（Kimball，1988）。当某类农产品具有高不确定性和高资产专用性时，组织化节约了交易成本，使产品的潜在增值空间升高，农户成立合作社的意愿更强，因而该类合作社的数量更多（邓衡山等，2011）。根据此论点推论：散户面临高交易成本的蔬菜和生猪产业创立合作社的可能性高于低交易成本的粮食合作社；然而在中国，粮食合作社的创立率最高，因而我们推断，在交易成本之外，政府支持对合作社的发展具有关键作用。

二、政府对我国合作社的支持情况

尽管政府对合作社的关注并非严格意义上的支持政策，但其仍在很大程度上反映了政府的制度环境导向（Jones and Baumgartner，2005）。我们应用 Python 数据抓取技术，在农业农村部网站上搜索了题目中包含“合作社”“合作组织”的所有信息。过滤重复信息后，网站历年发布的有关合作社的消息数量如图 22-4 所示。2005 年，农业农村部网站上只有 8 条信息与合作社有关，而到了 2016 年，与农民专业合作社相关的信息大幅增加至 6 803 条。政府相关信息发布的增长表明政府越来越重视农民专业合作社的发展。

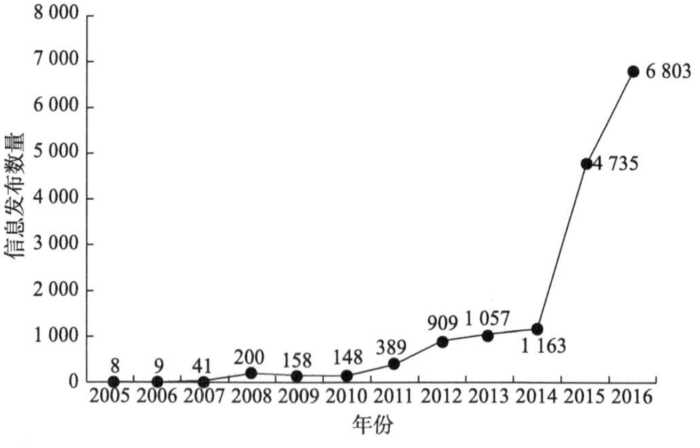

图 22-4 农业农村部网站与合作社相关的信息发布数量（2005~2016 年）

法律章程等形式的立法对合作社的发展至关重要（Bijman et al.，2012）。浙江省于 2005 年率先实施了我国第一个省级合作社法，《农民专业合作社法》于 2007 年颁布，其中大部分条款均与浙江省的合作社法一致。此后，越来越多的省（自治区、直辖市）陆续颁布了省级合作社法实施办法。表 22-1 列出了 2007~2015 年省级合作社法省（自治区、直辖市）数量的演变情况。2007 年，仅浙江实施合作社法，而到了 2015 年底，全国 18 个省（直辖市）出台了合作社法实施办法。

表 22-1　2007~2015 年已出台省级合作社实施办法的省（自治区、直辖市）

年份	已出台合作社法实施办法的省（自治区、直辖市）	省（自治区、直辖市）数量总计
2007	浙江	1
2008	湖北、陕西	3
2009	无	3
2010	北京、辽宁、黑龙江、江苏、安徽、山东、湖南、四川	11
2011	重庆	12
2012	山西、江西、海南	15
2013	无	15
2014	天津	16
2015	河北、福建	18

政府资金支持对于创业阶段的组织的发展及获得战略灵活性最为关键（Patzelt and Shepherd，2009；Tan and Peng，2003）。2008 年以来，我国政府对合作社的资金支持基本增长，但 2013 年以后呈缓慢下降趋势（图 22-5）。具体而言，政府对合作社的资金支持从 2007 年的 23 027.6 万元增加到 2012 年的 54 767.4 万元，年平均增长率超过 20%。然而，2012 年之后，政府支持合作社发展的资金数额逐渐减少，2015 年降至 45 986.5 万元。

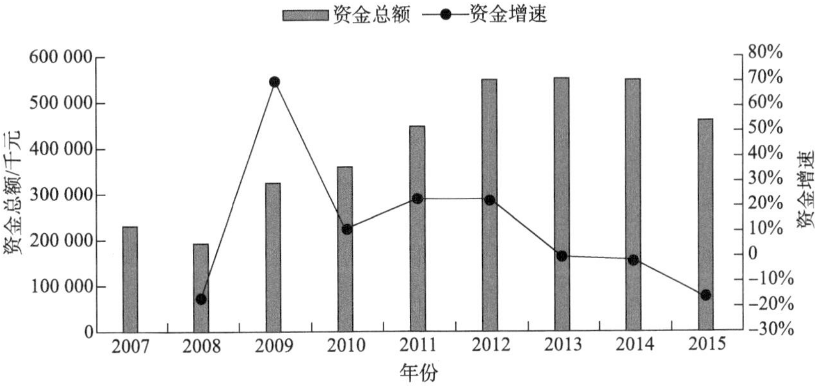

图 22-5　我国政府对各类合作社的支持资金总额与增速（2007~2015 年）

与政府支持合作社的资金总额变化趋势相同，自 2012 年以来，每个得到补贴的合作社年平均所获资金总额一直在下降，如图 22-6 所示。受资助合作社自 2008 年以来收到的平均资金一直在增长，到 2012 年达到最高峰，每个合作社 171.39 万元。后来呈现下降趋势，2015 年下降到 138.46 万元。2007 年受惠合作社比例，即受资助合作社数量占当年合作社总数的比例为 18.18%，在 2008 年略微上升后，在 2015 年持续下降至 2.49%。

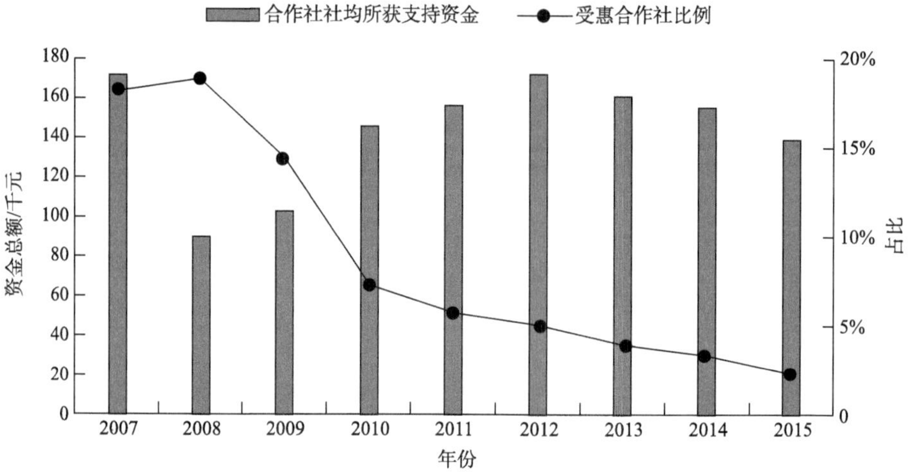

图 22-6 受惠合作社比例与社均资金支持变动情况（2007~2015 年）

受惠合作社比例和社均所得支持额均下降，表明政府对合作社的支持从直接资金支持转向其他形式的支持。经过近十年的快速发展，中国农民专业合作社正在从数量增长向质量提升发展（Huang and Liang，2018）。合作社数量增速减缓可以佐证此。现阶段政府更加重视改善合作社的自我发展，如为管理人员和合作社成员提供培训。例如，2013 年 一号文件提到：应该给予大学毕业生更多的优惠政策，使其在农民专业合作社工作。另一可能导致合作社所获政府资金支持下降的原因是，自 2010 年以来，家族农场发展迅速，这些农场拿走了政府对合作社的部分资金支持。

图 22-7 比较了数据库中所有 30 个省（自治区、直辖市）在 2007 年和 2015 年的受惠合作社比例。从图中可以看出，除重庆以外，大部分省（自治区、直辖市）的合作社 2015 年受益于资金支持的比例远低于 2007 年。2007 年受惠合作社比例最高，为 82.49%，2015 年为 14.52%。受惠合作社比例下降的原因是农民专业合作社数量快速增长。

图 22-8 显示了 2007 年和 2015 年各省（自治区、直辖市）受资助合作社获得的平均资金金额。大多数省（自治区、直辖市）合作社 2015 年的平均支持资金比 2007 年有所增加。2007 年，新疆合作社收到了 2 17.47 万元，这是 30 个省（自治

区、直辖市）中最高的，而黑龙江省合作社获得的平均最高资助额在 2015 年增加到 1 578.44 万元。

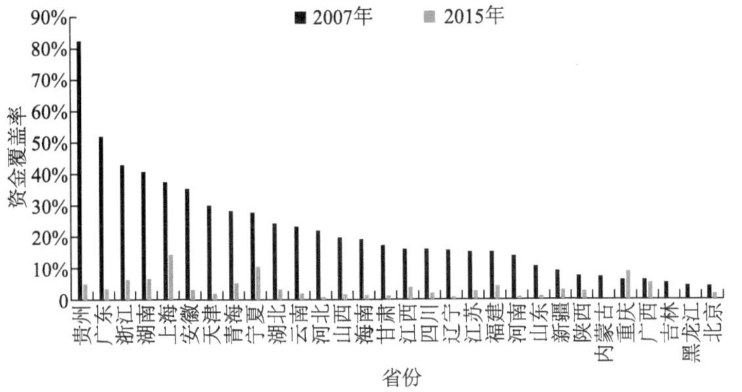

图 22-7　各省（自治区、直辖市）受惠合作社比例（2007 年和 2015 年）

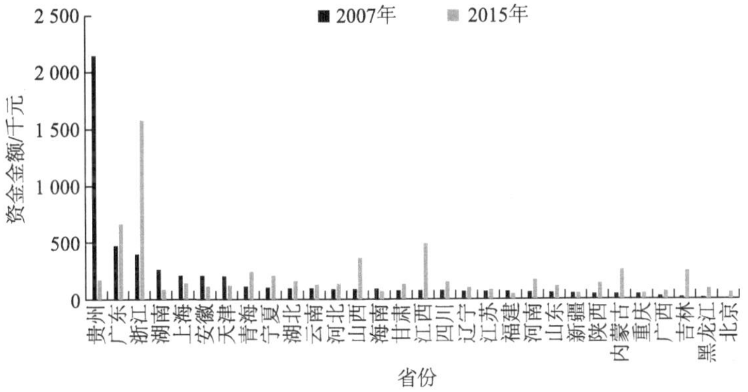

图 22-8　各省（自治区、直辖市）合作社社均政府支持资金金额（2007 年和 2015 年）

第三节　研究方法与数据

一、因变量：合作社发展

Bijman 等（2012）和 Hanisch 等（2013）通过市场份额来体现竞争力及农民专业合作社的发展。市场集中率或每百个生产者合作社的数量也用于衡量农业合作社的发展（Rogers and Petraglia，1994；Milford，2012）。组织规模（如总资产和雇员）经常用作微观层面组织成长的代表（Greiner，1989）。考虑到数据的可用性，我们使用两个指标来衡量一个省（自治区、直辖市）的合作社的总体发展，即合作社数量的年增长率和合作社的平均社员规模，分别代表合作社发展的数量和质量总体发展情况。之所以采用相对值数据，是为了剔除各省（自治区、直辖市）合作社受其自身情况影响，从而影响实证结果。

二、自变量：政府支持

Sexton 和 Iskow（1992）按支持方式将政府对合作社的支持分为三类，分别为立法与市场竞争政策、资金支持和其他奖励措施（如税费减免、信贷可得性及技术援助等）。Deng 等（2010）根据中国的情况将政府对合作社的支持方式进行了更详细的分类，包括政府正式文件、资金支持或免税、信贷支持、技术培训，以及提供土地或办公空间。然而，这种分类方式缺乏量化衡量指标，且过于微观，不适用于省级层面的研究。此外，由于我国农村金融改革相对滞后、非营利性金融机构较为缺乏，我国政府的信贷支持通常难以发挥作用（苑鹏，2009b）。因此，本章未将信贷支持纳入政府对合作社的支持中。此外，现有文献在研究政府支持对中国农民专业合作社发展的影响时，较少研究立法支持对合作社发展的作用。而新组织获取发展所需的关键性资源依赖于立法法规所赋予的合法性身份（Zimmerman and Zeitz，2002；Navis and Glynn，2010）。

据此，本章选择政府支持中的间接立法支持和直接资金支持来反映政府对合作社的支持程度。立法支持采用各省（自治区、直辖市）实行省级合作社法律章程的时间来衡量。资金支持由受惠合作社比例和支持力度反映，受惠合作社比例由获得政府资助的合作社占合作社总数的比例计算，支持力度则由获资助合作社所得的平均资金金额表示。这两项指标分别反映了政府对合作社的资金支持的广度和深度。

三、控制变量

由于当地经济发展水平会对合作社发展情况产生影响（邓衡山等，2011），本章控制了各省（自治区、直辖市）人均 GDP 水平；人力资本是影响合作社创业的重要因素（Xu et al.，2017），本章用农村地区全部人口中获得高中文凭的比例作为衡量人力资本的指标。还将农业雇员及其在总人口中的份额和人均耕地作为控制变量，以捕捉农业发展对合作社的影响。除了这些一般性控制变量外，还需要考虑每个产业的发展情况。针对粮食与蔬菜合作社，分别控制了人均产值和生产面积占耕地总面积的比例；对于生猪合作社，控制了人均生猪出栏量和畜牧业产值占 GDP 的农业总产值的比重。各控制变量的定义如表 22-2 所示。

表 22-2　变量定义

变量		定义与测量方法
因变量（t）	合作社增长率	各省（自治区、直辖市）合作社数量年增长率
	合作社社均社员数量	各省（自治区、直辖市）合作社社均社员数量/人
自变量（t−1）	立法支持	颁布省级合作社法律法规的时间长度/月
	受惠合作社比例	获得政府资助的合作社数量占该省（自治区、直辖市）合作社总数的比例
	资金支持强度	获得资助的合作社平均所获的资助金额/千元
控制变量（t−1）	地区经济发展水平	人均 GDP/千元
	农村人力资本状况	高中及以上学历人口占农村地区总人口的比重
	耕地面积	农业人口人均耕地面积/亩
	农业人口	从事农业生产的人口数量/万人
	农业人口比重	从事农业生产的人口占总人口的比重
	粮食产值	人均粮食产值/元
	农业产值	农业 GDP/亿元
	农业产值比重	农业 GDP 占该省（自治区、直辖市）GDP 总值的比重
	粮食耕地面积	粮食生产用地占耕地总面积的比重
	蔬菜产值	人均蔬菜产值/元
	蔬菜耕地面积	蔬菜生产用地占耕地总面积的比重
	生猪产量	人均生猪出栏量/头
	生猪产值	畜牧业产值占农业总产值的比重

四、模型

本章应用我国 30 个省（自治区、直辖市）9 年的面板数据，构造式（22-1）中的模型来探讨政府支持对各省（自治区、直辖市）合作社发展的影响。

$$D_{it} = \beta_1 GS_{it-1} + \beta_2 C_{it-1} + \beta_3 CS_{it-1} + \beta_3 t + \varepsilon_{it} \qquad (22\text{-}1)$$

其中，D_{it} 表示当年合作社年均数量增长率或社均社员数量，即农民专业合作社的发展水平。GS_{it-1} 表示前一年政府支持情况，包括立法支持（颁布合作社法律法规的时间）和受惠合作社比例［获得政府资助的合作社数量占该省（自治区、直辖市）合作社总数的比例］和资金支持强度（获得资助的合作社平均所获的资助金额）。C_{it-1} 表示对各类合作社均会产生影响的控制变量组，包括人均 GDP、农业人口及其在总人口中的比重、农业人口人均耕地面积和农村居民教育水平。CS_{it-1} 分别表示可能对合作社发展产生影响的控制变量，包括粮食、蔬菜人均产值和其生产用地占耕地总面积的比例、人均生猪出栏量和畜牧业产值占 GDP 的农业总产值的比重。t 为时间趋势。ε_{it} 为随机误差项。

由于合作社发展程度对政府支持及其他变量的响应具有滞后性，我们对自变量和控制变量均做出一期滞后处理，并对时间趋势加以控制。在 Hausman 检验拒绝原假设后，拟采用固定效应模型估计政府支持对合作社发展的影响。同时，为了避免面板数据的异方差和自相关问题，我们对各省（自治区、直辖市）数据进行聚类处理。

第四节　实证分析与讨论

表 22-3 列出了实证分析的结果。资金支持在促进合作社发展方面发挥着重要作用，但省级法律支持对合作社的发展没有显著影响。具体而言，资金支持覆盖可以促进合作社的发展，而资金支持的力量可以改善合作社的规模。

表 22-3　政府支持在合作社发展中的作用

变量	合作社增长率			社均社员数量		
	回归（1）	回归（2）	回归（3）	回归（4）	回归（5）	回归（6）
合作社增长率	0.021	0.020	0.021			
	（0.088）	（0.100）	（0.088）			
合作社社均社员数量				0.076^{***}	0.083^{***}	0.078^{***}
				（0.010）	（0.010）	（0.010）
立法支持	−0.112	−0.078	−0.114	0.215	0.286	0.150
	（0.168）	（0.193）	（0.170）	（0.291）	（0.281）	（0.284）
受惠合作社比例	4.147^{***}		4.169^{***}	0.194		0.291^{**}
	（0.485）		（0.504）	（0.119）		（0.116）
资金支持强度		-15.510^{**}	1.062		8.368^{**}	9.660^{***}
		（7.335）	（6.666）		（3.316）	（3.294）
地区经济发展水平	0.489	0.613	0.473	0.830	1.158	0.731
	（0.511）	（0.602）	（0.528）	（0.752）	（0.748）	（0.736）
农村人力资本状况	0.170	−0.504	0.160	−1.340	−1.761	−1.680
	（1.295）	（1.473）	（1.296）	（1.523）	（1.516）	（1.495）

续表

变量	合作社增长率			社均社员数量		
	回归（1）	回归（2）	回归（3）	回归（4）	回归（5）	回归（6）
耕地面积	4.037***	3.714***	3.981***	−2.297	−1.864	−2.676
	（0.781）	（0.983）	（0.865）	（2.381）	（2.348）	（2.330）
农业人口	51.06*	99.85***	50.50*	−28.14	25.97	−24.79
	（27.76）	（32.20）	（28.21）	（73.11）	（72.92）	（71.55）
农业人口比重	−0.966	−4.502***	−0.925	−1.179	−3.015	−0.902
	（1.464）	（1.684）	（1.499）	（3.466）	（3.542）	（3.392）
农业产值	−40.27	−91.00***	−39.71	−50.30*	−59.09**	−43.840
	（24.48）	（28.34）	（24.95）	（28.20）	（28.01）	（27.54）
农业产值比重	3.333*	6.670***	3.259	7.699**	8.370***	7.339**
	（1.974）	（2.341）	（2.056）	（3.051）	（3.028）	（2.982）
时间趋势项	−0.050**	0.030	−0.051**	−3.892	−5.626	−3.567
	（0.023）	（0.025）	（0.024）	（5.070）	（5.013）	（4.963）
Sargan test	0.717	0.676	0.370	0.722	0.541	0.543
AR（1） test	0.000	0.001	0.000	0.584	0.023	0.023
AR（2） test	0.303	0.374	0.449	0.783	0.111	0.112
样本量		210			240	
Number of id		30			30	

***、**、* 分别表示 1%、5%、10%的统计显著性水平；括号内为标准差

我们分别在模型中添加财务支持覆盖面和强度，以预测它们在合作开发中的作用。回归（1）表明，增加 1%的受惠合作社比例可以促进合作社数量增长 4.15%。相比之下，如果资金支持力度（获资助合作社所得的平均资金金额）增加 1%，合作社的数量减少 15.51%，参见回归（2）。对于合作社的平均社员规模，资金支持覆盖范围对其没有显著影响，参见回归（4）。每个受惠合作社收到的资金增加 1%导致平均社员人数增加 8.37%。

然后，进行受惠合作社比例和资金支持强度之间的相关性检验以检查多重共线性问题。t 统计结果表明，政府支持的两个维度之间没有显著的关系。因此，我们将它们添加到模型中并估计它们的同时效应。在模型中增加资金支持力度之后，财政覆盖对合作增长率的影响几乎没有变化，参见回归（3）。具体而言，受惠合作社比例增加 1%有助于合作社数量增长 4.17%。与此同时，资金支持力度在回归（2）中的负面影响被资金支持覆盖所抵消，变得微不足道。省级法律和章程的不作为都没有显著影响。

在回归（6）中，我们可以看到政府资金支持覆盖面和实力都对合作社的社员规模产生了显著的积极影响，尽管后者的作用更为重要。如果合作社的增长率增

加 1%，则平均社员规模增加 0.29。增加 1%的资金支持力度导致每个合作社增加 9.66 名成员。但是，省级法律和章程的颁布对合作社平均社员人数没有显著影响。

回归结果的 Sargan 检验都表明模型所采用的工具变量符合原假设，AR（1）和 AR（2）测试结果则表明模型中没有自相关问题。我们还应用固定效应模型进行稳健性检验，获得与广义线性模型一致的结果。所有这些证据表明我们的估算结果令人信服且稳健。因此，我们采用回归（3）和回归（6）作为最终的计量经济模型来分析和讨论结果。

省级法律和章程方面的法律支持在农民专业合作社的数量增长或成员规模方面没有显示出重要作用。这一结果似乎与 Zimmerman 和 Zeitz（2002）的观点相矛盾，即对新企业的法律支持对于获取资源和克服“新事物的责任”非常重要。尽管如此，我们的估计结果并不否认合作社自 2007 年颁布国家合作社法以来发展迅速的事实。中央政府鼓励省级政府制定自己的合作法，从而广泛采用省级法律。但是，大多数省级合作社法律都是从国家法律中复制出来的，只是名义上存在，而不是实际履行任何职能。我国滞后的农业市场体系也有可能导致“获得资金支持”这一事实本身代表了与政府密切联系的信号，具有比正式监管措施更明显的作用。

更广泛的资金支持覆盖范围有助于农民专业合作社数量和社员人数的增长。该结果与 Deng 等（2010）的观察结果一致，为合作社提供补贴的村庄有较高的合作创业率。支持力度对社员规模产生积极影响，对合作社数量增长产生积极而微不足道的影响。这一结果揭示了一种有趣的现象：资金支持吸引越来越多的农业企业家涌入合作“产业”，尽管他们并不知道能够从政府处获得多少资金。

资金支持覆盖面对农民专业合作社的数量增长发挥着重要作用，而支持力度则对扩大社员规模影响较大。根据政府的统计数据，近年来受惠合作社比例一直在下降。这是一个好的趋势，说明政府希望合作社从数量增长转向质量提升。社员人数的增加可能是提高合作社竞争力的有效途径之一。因此，更加集中的资金投放、为每个合作社提供的更多资金有利于中国合作社的发展。

第五节　各产业合作社发展情况

政府支持在不同类型合作社发展中起到的作用各不相同，见表 22-4。具体而言，立法支持对蔬菜和生猪合作社的发展产生积极影响，颁布省级合作社法律法规的时间每增加一个月，则蔬菜合作社和生猪合作社的数量分别增加 2.81%和

1.47%；资金支持对蔬菜和生猪合作社的增长没有显著效果。资金支持则对粮食合作社的发展具有积极影响，1%的受惠合作社比例提升促使粮食合作社数量增长2.14%。

表 22-4　政府支持在各类合作社发展中发挥的作用

变量名称	(1)	(2)	(3)
	粮食合作社增长率	蔬菜合作社增长率	生猪合作社增长率
立法支持	0.329（0.859）	2.810**（1.093）	1.467**（0.702）
受惠合作社比例	2.138*（1.118）	−1.305（9.043）	−0.020 2（0.465）
资金支持强度	−0.155（8.383）	17.60（24.59）	9.733（6.903）
地区经济发展水平	−2.045（1.514）	14.02*（7.225）	0.069 2（1.921）
农村人力资本状况	−8.837（6.511）	−4.164（7.597）	6.321（5.663）
耕地面积	0.428（7.971）	0.945（3.055）	0.145（2.903）
农业人口	−63.55（197.1）	1 019（996.6）	305.5（328.4）
农业人口比重	4.378（8.620）	−39.93（34.97）	−12.80（18.57）
粮食产值	222.6（158.3）		
粮食耕地面积	0.168（0.434）		
蔬菜产值		90.13（203.4）	
蔬菜耕地面积		0.751（1.489）	
生猪产量			−291.1（304.2）
生猪产值			19.13（22.91）
时间趋势	0.039 1（12.57）	−94.94***（29.52）	−23.62*（11.79）
观测值	240	60	240
观测省（自治区、直辖市）	30	30	30
R^2	0.126	0.610	0.245

***、**、* 分别表示 1%、5%、10%的统计显著性水平；括号内为稳健标准差

从上述估计结果可以得到两方面启示。第一，粮食合作社的数量增长对资金支持的敏感度高于蔬菜和生猪合作社，政府资金支持为粮食合作社发展提供了强有力的激励。本章认为这可能是粮食合作社在粮食安全保障方面的特殊作用致使中国政府倾向于提供更多的财政资金，对粮食生产者进行直接补贴，这一点从 2012 年以来粮食合作社加速发展的情况中可以得出。相较于蔬菜和生猪产业，受政府管控较多的粮食产业的生产利润率和交易成本较低，粮食生产者成立合作社所带来的组织化利润也较低，粮食合作社产生的内在动因不足，其发展更多地依赖于政府的支持。

第二，蔬菜与生猪合作社的发展更多依赖立法支持赋予的合法性环境。蔬菜和养猪产业通常具有较高的产品附加值，因此生产者所获得的利润很大程度上取

决于其在供应链中的资源和地位。通过创办合作社，农民往往能够获得主导地位获得更高收益。然而，创业活动往往面临一定的风险。颁布合作社法律法规反映出政府对农业生产经营的鼓励方向，合作社的组织合法性因此得到了越来越多市场主体的认同，在获得发展的关键性资源方面开始具有优势，这在一定程度上降低了农户创办合作社的风险。因此，有力的立法支持激励了蔬菜和生猪合作社的产生。

第六节 结论与启示

本章运用 2007~2015 年我国 30 个省（自治区、直辖市）的统计数据，描述了 2007 年以来我国农民专业合作社的发展情况和政府对合作社的各类支持手段，通过探讨考虑各省（自治区、直辖市）政府对农民专业合作社发展的影响，以及这种影响在不同部门的差异，旨在为政府对优化公共投入政策提供一些观点，从而为合作社创造一个良好的制度环境。

2007 年，我国颁布了《农民专业合作社法》，农民合作社数量开始迅速增加。许多省级政府随后制定实施了当地农民专业合作社法律法规。与此同时，政府向农民专业合作社提供了资金、技术等多种支持，以促进农民专业合作社的发展。然而，近年来政府对农民专业合作社的资金支持在覆盖率（受惠合作社比例）和支持力度方面均呈现下降趋势。

通过实证分析，我们发现，政府支持在合作社的出现和发展中起到了至关重要的作用，总体而言，资金支持的作用较大，而省级合作社的立法支持对合作社的发展没有显著影响。然而在不同产业的合作社中，政府支持所发挥的作用不尽相同。粮食合作社的数量增长相较于蔬菜和生猪合作社，对政府资金支持的覆盖率更加敏感；而蔬菜合作社和生猪合作社的数量增长则显著受到政府立法支持的影响。

这些结果说明了农民专业合作社发展的一些趋势和我国政府在制度环境中的地位和作用。首先，省级法律支持的影响有限。这可能是由于大多数省（自治区、直辖市）的法律都是从国家法律中复制的，并且仅是名义性的存在。法律和章程对合作社的引导作用需要加以改进。

其次，尽管农业创业者不了解自己能够从政府获得的资金的具体金额，来自政府的资金支持仍然吸引他们越来越多地涌入粮食合作社“产业”。这可能是由于我国粮食生产经营的市场化程度较低，获得来自政府的资金支持（与政府有紧密联系的信号）比较正式规范，能够使农业生产者在市场交易中获取更大的优势。

与此同时，我国合作社的发展正在从数量增长转向质量提升，较为明显地表现在社员规模的增加，这是提高合作社竞争力的有效途径之一。因此，政府应更加集中资金使用目标，为合作社发展提供更充足的资金。

最后，在市场化程度较高的产业中，各省（自治区、直辖市）对合作社的立法支持对合作社数量增长具有显著的正向作用。这说明随着合作社法实施时间的延长，合作社作为市场主体的合法性地位逐渐被市场中其他参与者接受，其帮助个体农业生产者获得更有利地位的作用也得到了农业生产者的认可。针对不同类型的合作社，政府应制定与其产业特性相对应的支持政策。例如，出于粮食安全的考虑和粮食产业低利润特点，政府更加重视其作用，并相应地对粮食合作社给予更多的资金支持。

第二十三章　互联网发展对农业产业组织体系的影响

近年来，在一些发展中国家，尤其是在中国，随着网络基础设施的不断普及和信息产业的快速发展，开始出现基于互联网的数字红利往农村地区和农业领域快速扩散的新兴现象，互联网正在成为提升农户市场对接能力、改善农业产业组织体系的有力手段。在中国互联网加速与农户融合的背景下，有必要梳理并深入认识农业产业组织体系所逐渐发生的演变，归纳分析农户利用互联网对接市场的主要组织模式，准确把握互联网背景下农业产业组织体系的发展定位，推动互联网与农业产业组织体系共同良性发展。

第一节　中国互联网与农户的加速融合

从整个世界来看，中国互联网建设起步较晚，但发展速度惊人，很快便成为全球第一大网，拥有最多的网民数量及最广的联网区域。2006~2010 年，是中国互联网普及率增长最快的时期，互联网普及率每年上升五或六个百分点。截至 2017 年 12 月，中国网民规模达到 7.72 亿人，互联网普及率为 55.8%，其中，农村网民规模为 2.09 亿人，占比 27.0%，农村地区互联网普及率为 35.4%[①]；这是个体层面的数据，如果从家庭的角度看，只要有一个家庭成员对接互联网，我们就算这个家庭是互联网化的家庭，那么，90%以上的中国家庭，甚至几乎是所有家庭，都可能已经互联网化了。当互联网普及到一定程度的时候，由于有足够多的人使用互

① 资料来源：中国互联网络信息中心 2018 年 1 月发布的第 41 次《中国互联网络发展状况统计报告》. http://cnnic.cn/hlwfzyj/hlwxzbg/hlwtjbg/201803/P020180305409870339136.pdf.

联网，那么，互联网的各种相关成果就会进入一个加速应用的阶段，从而对我们经济社会的方方面面产生深刻的影响，这样的一个发展阶段，中国人现在普遍称之为“互联网+”发展阶段。

电子商务是互联网技术在商业贸易领域加以应用的产物，在中国，电子商务作为新兴业态迎来了前所未有的发展机遇和良好态势。2017 年，中国网络零售额达到 7.18 万亿元，同比增长 32.2%，对社会消费品零售总额增长的贡献率为 37.9%；其中，农村地区实现网络零售额 1.24 万亿元，同比增长 39.1%，农村网店数量达到 985.6 万家，同比增长 20.7%，带动就业人数超过 2 800 万人[①]。在中国，已有大量的小农户借助第三方电子商务平台（如淘宝、京东）和网络社交媒体（如微信、微博）开展农产品网络销售。据估算，2017 年中国农产品的网络零售交易额占整个农村网络零售额比重为 20%，达到 2 500 亿元；农业农村部预测，2020 年中国农产品网络零售交易额将达到 8 000 亿元[②]。目前中国拥有数千家涉农交易类的电商平台企业，其中，阿里巴巴占据了最大的市场份额。2016 年，在阿里巴巴旗下的淘宝、天猫和 1688 三大平台上，完成农产品交易累计超过 1 000 亿元，同比增速超过 40%[③]。在部分县域地区，电子商务以某种因地制宜的方式与当地的农产品相结合，取得了很好的效果，有力地推动了县域及以下地区的农业产业发展。以县域为单元寻找农业电子商务发展路径，很快成了关注的热点和学者所选取的重要研究视角（Zeng et al.，2017）。此外，在个别农村地区，电子商务广泛地与当地生产特色农产品的农户有机融合，催生了一批主营大闸蟹、山核桃、花木、蜂蜜、苹果、茶叶、杂粮等农产品的电子商务专业村。在这些专业村中，相当数量的农户通过电子商务平台或者网络社交媒体实现与消费者的直接联系和线上交易，并借助快递企业的运输服务，将农产品发给消费者。部分地区的电子商务专业村甚至实现连片发展，汇聚了众多网商、快递企业、电商服务企业、供货商、配套用品生产商、培训机构、政府等主体，形成较大规模的电子商务集群现象。除了农户主动学习利用互联网开展农产品营销以外，一些平台企业也在积极加快布局农村市场，试图通过建立电子商务服务站的形式帮助当地的农户将农产品顺利销往大都市。例如，阿里巴巴集团于 2014 年 10 月发布了“千县万村”计划，提出将在三到五年内投资 100 亿元，建立 1 000 个县级运营中心和 1 万个村级服务站，构筑“县—村”两级的农村电子商务服务体系，一方面打通“消费品下乡”的信息

---

① 资料来源：人民日报对中国商务部例行新闻发布会的报道《网络零售，拉着消费跑（聚焦高质量发展）》. http://finance.people.com.cn/n1/2018/0126/c1004-29787776.html.

② 资料来源：洪涛教授主持发布的《2018 年中国农产品电商发展报告》. http://www.ebrun.com/20180320/268676.shtml.

③ 资料来源：阿里研究院发布的《从“客厅革命”到“厨房革命”：阿里农产品电子商务白皮书（2016）》. https://wenku.baidu.com/view/204c6f5fae1ffc4ffe4733687e21af45b307fef8.html.

流和物流通道，另一方面探索“农产品上行”渠道，最终形成面向农民的互联网生态服务中心。此后，京东、苏宁、中国邮政等企业也陆续实施了类似的计划。截至 2015 年，农村电商服务站已覆盖中国 1 000 多个县、近 25 万个村点①，为当地居民提供线上代买、代卖、代缴费等服务。

总而言之，随着中国互联网日益成为广泛的基础设施，互联网技术正在加速地与更多的农户有机融合，促进提升小农户对接大市场的能力。电子商务已经开始成为数字红利向农村地区和农业领域扩散的实现路径和重要形态。可以预料，在不久的将来，伴随中国城乡之间和地区之间互联网接入可及性差异的继续缩小，以及快递、金融、培训等配套产业的快速发展，互联网改善农户与市场的对接将成为更加普遍的现象。

第二节　互联网发展与农业产业组织体系演变

一、原有农业产业组织体系的架构与痛点

在互联网得到普及和应用之前，农业产业组织体系的架构如图 23-1 所示，农户主要通过三类产业化主体去对接市场：批发商、合作组织和农业企业。

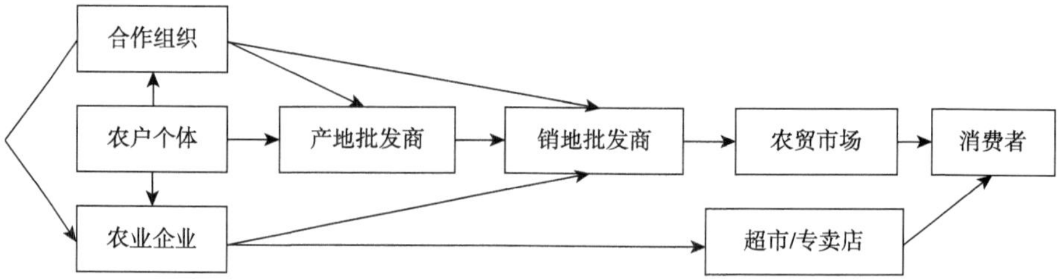

图 23-1　前互联网时代的农业产业组织体系

（1）农户通过批发商对接市场。这是最早也是痛点最多的产业组织模式。产地批发商向分散的农户收购农产品，然后输往产地批发市场，再经由销地批发市场、农贸市场，最后达到消费者手中。这种模式具有交易的规模效益，也有利于农业的专业化发展。但对农户而言，价格和交易的不确定性仍无法减少，农户也

① 资料来源：中国新闻网报道《商务部：农村电商已覆盖 1 000 多个县近 25 万个村点》. http://www.chinanews.com/cj/2016/02-05/7750359.shtml.

难以分享农产品加工、销售环节的利润。而且，在这种模式下，农产品交易的中间环节增加，加上中间商可以利用信息和区位的垄断优势，压低农产品收购价格、抬高销售价格，获取高额利润，使农户和消费者利益易受损害（安玉发和张娣杰，2011；刘天军等，2013）。由于诸多中间环节的存在，产销主体之间的关系疏远，信息通常是不对称的，农户的生产往往脱离实际需求。

（2）农户通过成立合作组织对接市场。农户在自愿互助的基础上成立各种类型的合作经济组织，再由合作经济组织充当中介，一头为农户提供产前、产中或产后服务，另一头对接产地批发商、销地批发商或农业企业，将产品输往市场。该模式的主要优点是农户与合作社是利益共同体，容易实现组织内部的专业化分工，进而农户可以从合作社得到多种内在化的采购、生产、营销、信息等方面的服务与收益，并提高自己进入市场或与产业相关主体谈判与交易的能力（郭红东，2011；张忠根，2016）。但是，即便农户通过成立合作社对接市场，合作社在整个流通体系中的地位通常并不占据优势或握有较强的主动权，农产品流通的中间环节依然存在，到达消费者手中的产品价格并不实惠，产销之间的信息传递同样缓慢和较容易扭曲，合作社在获取市场信息、指导生产方面未必能够得到明显改善。

（3）农户通过农业企业对接市场。农业企业负责向农户提供良种和技术，与农户签订农产品回收协议，龙头企业收购到农户提供的产品后，既可能对接销地批发商，也可能对接超市或专卖店。这种模式有利于促进农户获得新技术，解决农产品“卖难”问题，但是也存在着局限性：一是公司与农户是两个不同的利益主体，两者关系比较脆弱，履约存在不确定性；二是公司控制着产业的关键环节，处于强势地位，而分散的农户在与公司谈判签订合同时，仍然处于弱势地位；三是依然存在部分中间环节（傅晨，2013；邓衡山和王文烂，2014）。

二、互联网背景下农业产业组织体系的演变趋势

随着互联网的不断普及与加速应用，农业产业组织体系将逐渐发生演变，产生新的组织模式，如图 23-2 所示。互联网技术提供了一个实现产销主体跨地域直接对话且高度集聚的虚拟平台，这使得传统模式中联结产销两端的中间商的合法性机制受到巨大的冲击。在互联网平台和现代物流产业的支持下，部分农户可以实现与消费者之间的直接交易，部分农户则在合作组织的基础上利用互联网对接消费者，还有的农户或合作组织通过与电商企业（包括平台企业和运营服务商）合作的方式实现间接利用互联网对接消费者。无论是哪一种情况，中间环节都将被最大限度地排除出农产品流通体系，整个农业产业组织体系变得扁平化，生产

者与消费者之间的关系更加紧密，他们的行为信息也将实现数据化。

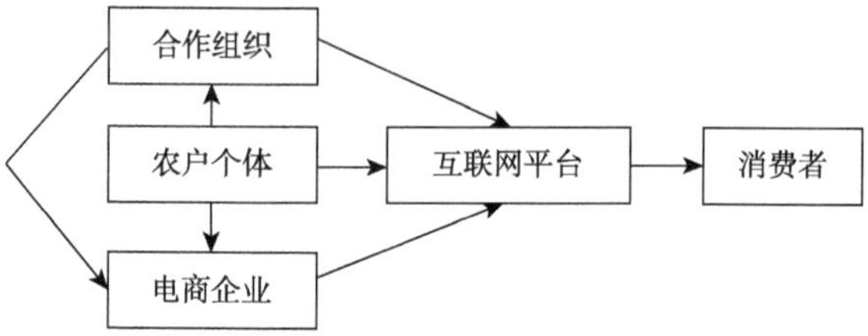

图 23-2 互联网背景下农业产业组织体系中的新现象

（1）组织体系扁平化。在前互联网时代，之所以农业产业组织体系中会存在中间环节和中间商，是由于时空的限制，生产者和消费者都是分散的，产销无法有效对接，只能依赖中间商来联结和传输。在以中间商为主导的产销对接体系中，农产品流通链条很长，中间环节多，包括田间收购、产地批发市场、销地一级批发市场、销地二级批发市场、社区农贸市场等，导致流通时间长、流通成本高、产品损耗大。在互联网时代，产销对接有了便捷的技术手段，一个必然的发展趋势是，传统模式中存在痛点的低效率流通环节将逐渐被排除出产销对接体系。在田间收购环节，中间商往往利用信息和区位的垄断优势，压低农产品收购价格，获取高额利润；对于农户而言，利用互联网开展电子商务可以有效填补其市场信息和销售渠道上的短板，改善自身的市场地位，摆脱产品被中间商低价收购的命运。产地和销地批发市场具有集散功能，但其所产生的租金、税费和利润需要转嫁到农产品的批发价格之中，抬高了到达消费者手中的最终价格；互联网平台同样可以发挥供需匹配的集散功能，且交易双方可以直接输送农产品，无须到批发市场进行中转。中间环节的减少，意味着整个农业产业组织体系将趋于扁平化，既减少了整个体系运行的交易成本，也大幅提高了运行效率。

（2）产销关系紧密化。在传统的农产品流通模式中，农户与消费者通常是分离的，很多时候农户不知道自己生产的农产品最终卖到谁的手里，消费者也不知道所购买的产品是哪个农户生产的。由于中间环节多，市场上的需求信息很难通过中间流通环节及时有效地反馈给农户，信息传递的滞后性、失真性情况严重，加上地方市场分割严重，信息比较分散和不充分，甚至鱼目混珠。这不但无法指导生产，有时反而会产生误导，最终导致产品不能适销对路（杨志宏和翟印礼，2011）。通常地，农户的生产决策主要看亲戚、看邻居、看上年，生产的模仿性和盲目性强，而计划性、科学性和稳定性差，不利于市场供求平衡和农民持续增收。而在互联网时代，生产者与消费者之间的关系将变得十分紧密。首先，以平台型电子商务为代表的互联网新经济广泛地赋予了消费者更多的且更易执行的权利，包括知情权、评论权、投诉举报权等，消费者对这些权利的应用过程其实也是一个输送信息给卖家的过程。例如，消费者在完成交易以后所进行的服务评价，给网商提供了宝贵的需求端信息。其次，互联网使部分小农户开展农产品网上预售活动或私人定制农业成为现实，实现以需求为导向安排生产。最后，互联网可以实现农户和消费者之间的一对一互动。在反复的互动中，消费者可以了解到农户的生产过程、故事、理念和价值观等方面的信息，从而形成认同、信任和黏性。这既能提升消费者的回购率，又能促进消费者将产品推介给更多的消费者。

（3）行为信息数据化。在传统的模式中，各主体的行为信息缺乏有效记录、集中化和分析使用。而在互联网时代，线上交易行为信息都会得到记录，转化成数据，并得到应用。一方面，互联网使农业产业主体的生产经营行为信息数据化，可以推进农产品质量可追溯体系的建设，提升生产和流通的透明度，促进农产品质量监督和食品安全；另一方面，大量买家和卖家突破时空限制，集聚在虚拟平台上，产生各种即时信息和过往记录，形成大数据，大数据的应用有助于网商快速获取到准确的市场信息，更好地引导农户的生产经营，避免盲目性（曾亿武等，2018）。此外，一个普遍的现实是，农户或合作组织通常很难在正规金融机构那里获得信贷支持；互联网使经济主体的行为信息数据化，形成网络信用，基于网络信用的互联网金融能够有效弥补正规金融体系将农户或合作组织隔离在外的缺陷，农户或合作组织可以凭借所经营网店的资质或其他网络信用评估结果在互联网平台上获得贷款。

第三节　互联网背景下农户对接市场的主要组织模式

一、农户依托电商平台自主经营模式

近年来，一些农户以家庭经营的形式在第三方电子商务平台上开设网店，实现与消费者的直接联系（图 23-3）。这种模式主要出现在具有特色农业产业、基础设施和物流配套便利、农户创业创新氛围活跃的地区。网络市场能够全天候、跨地区运作，使市场竞争更加充分。只有安全、优质、有特色的农产品才能在同类产品的网络市场竞争中脱颖而出，得到消费者的青睐（曾亿武和郭红东，2016）。得益于当地独特的资源禀赋或自然条件，所生产的农产品具有特色和区域知名度，农户便可以借助互联网成功绕开中间商，直接将农产品销售给外地消费者。第三方电商平台集聚了大量的顾客，这对电商农户而言，既带来了机遇，也带来了挑战。电商农户如果经营成功，不仅可以解决自身的农产品“卖难”问题，赚取比

传统模式更高的利润，还有机会在网络市场上塑造属于自己的品牌，并从其他农户手中收购更多的农产品，成为网络销售大户，实现大幅增收。另外，网络市场竞争充分，网店数量众多，同质化竞争和价格战十分激烈，这对电商农户的经营能力提出了很高的要求。并且，随着时间的推移，在网店装修、用户引流、图片美工、推广促销等方面的投入费用也会越来越多（邵占鹏，2017）。

图 23-3　农户依托电商平台对接消费者

案例 1：白牛村是浙江省的一个村庄，传统产业是山核桃种植、加工与贩卖，现有山核桃基地 1 600 亩。其所在的临安市具有 500 年的山核桃栽培历史，是全国最大的山核桃产区，素有“中国山核桃之乡”的美誉。2007 年，个别返乡青年开始尝试在淘宝网上销售本地的山核桃，取得了很好的效果，产生了示范效应，带动了越来越多的村民参与电商创业。白牛村的网上销售额和电商农户数分别从 2007 年的 100 万元和 5 户增长到 2016 年的 3.5 亿元和 67 户；村民人均纯收入从 2007 年的 0.94 万元增长到 2016 年的 2.92 万元。返乡青年是电商创业的主力军，张青就是其中的一位。2012 年，她毅然放弃在外工作，选择返乡从事电商创业。除了销售自家产品以外，她还从周边农户和专业市场大量采购山核桃等坚果炒货。2017 年，她的家庭网络年销售额超过 1 000 万元。

二、农户依托社交平台自主经营模式

除了借助电商平台的自主经营模式以外，在一些农村地区，一些农户通过在微信、微博等网络社交媒体上展示生产过程和产品信息，促进实现与消费者的直接联系（图 23-4）。这种基于移动互联网的空间，以社交软件为工具，以人为中心，以社交为纽带的新商业，被称为“微商”。与电商平台相比，社交平台的进入门槛更低，操作更加简单，产销双方之间的互动更加灵活和丰富，并且不需要像依托电商平台自主经营模式那样投入不少的网店装修和推广费用。农户通过微信和微博在朋友圈、粉丝群把产品的实时动态分享给用户好友，提升他们的信任度与黏性。基于社交平台，农户还有机会将线上顾客转化延伸到线下农家乐和农产品采摘体验中来，或者开展私人定制农业（如果树认养）的新商业模式。但是，这种依托社交平台自主经营的模式同样需要具备一定的条件，除了产品质量好、物流条件便利以外，还要求经营者的熟人关系圈子广，并掌握良好的传播技巧。例如，在最佳的时间点图文并茂或利用小视频在朋友圈展示产品；否则，即便使用了社交平台，农户的销售规模也很有限。有的地区具有丰富的乡村旅游资源，拥有较大的来访客流量，农户利用网络社交媒体与旅客建立联系，而旅客在旅游的过程中加深了对当地农业的了解和体验，形成感知和信任，这些为农户日后开展社群营销创造了条件。

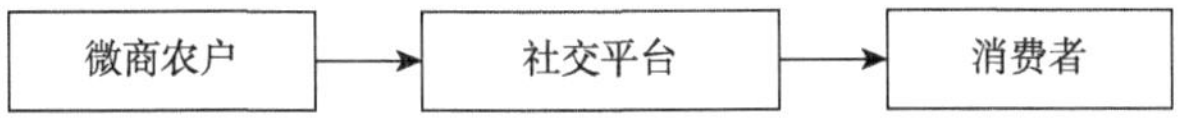

图 23-4　农户依托社交平台对接消费者

案例 2：屈万平是陕西省的一个农民，1973 年出生，因从小患有罕见的脆骨病，身高只有 1.1 米。2013 年 7 月，屈万平到北京求医时，偶然发现市场里销售的所谓洛川苹果其实是冒充的。于是，屈万平萌发了要把正宗的洛川苹果销往北京市场的念头。在朋友的鼓励下，屈万平开始在微信上卖起了洛川苹果。他给自己的微信取名叫“生命力”。每当有订单时，屈万平都会把客户的姓名、联系电话及需要苹果的规格认真地记录下来，精心为客户去采购并挑选质量最好的洛川苹果，并确保苹果完好无损地寄到每个客户的手中。因产品好、口碑好，屈万平的网上订单越来越多。屈万平说：“用自己的残躯劳动，把洛川苹果卖到全国各地，我很知足。”

三、合作组织依托电商和社交平台自主经营模式

合作社是农户联合成立的互助性经济组织。截至 2016 年底，中国依法登记的农民专业合作社达 179.4 万家，入社农户占全国农户总数的 44.4%；其中，国家示范社达 8 000 家、县级以上各级示范社达 13.5 万家[①]。一些运行有序、良性发展的合作社经过长期的努力，实现农资采购、生产标准、质量检测、技术培训、产品包装、品牌设计、市场营销等方面的统一化，带领社员农户共享规模经济效益，提升市场竞争优势（图 23-5）。由于在生产端和产品上打下了良好的基础，这些合作社具有直接利用互联网对接市场的转型潜力。从实践来看，合作社利用互联网对接市场的实现方式有两种：一种方式是合作社自己组建网络销售团队，负责在第三方电商平台上开设和经营合作社的专属网店，同时辅以社交平台的使用，网络销售团队成员既可能是来自本村的返乡青年，也可能是合作社从外地招聘进来的人员；另一种方式是合作社与外部的专业服务商建立委托代理的合作关系，合

① 资料来源：中国网发布的《2016 年我国新型农业经营主体总量达 280 万个》. http://sl.china.com.cn/2017/0522/17968.shtml?mobile.

作社只需专注于生产和线下的发货，而网店由专业服务商负责运营，当然网店的所有权是属于合作社的。前者由于网络销售团队是内部化的，交易成本相对较低，但合作社内部的管理成本会增加，而且通常会面临难以招揽到实力较强的专业人才的问题；后者由于专业服务商是独立主体，并且在外地（通常在大城市），谈判成本、磨合成本和不确定性较高，但好处是专业服务商的实力通常要比合作社自己组建的网络销售团队强大得多。

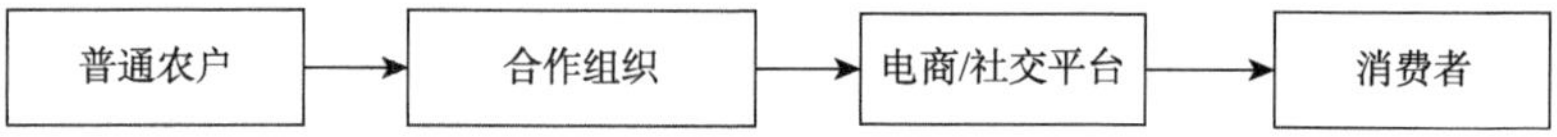

图 23-5 合作组织依托电商或社交平台对接消费者

案例 3：蒙生石榴产销专业合作社是云南省的一个合作社，成立于 2008 年 1 月，注册资本 600 万元，社员 1 125 人，社员种植石榴面积 1 万余亩，石榴收购场地面积 6 000 平方米，100 吨连排冷库 10 座，包装厂 1 个，农资仓库 1 600 平方米，办公区面积 2 600 平方米，下辖 25 个分社和 8 个营销组，注册了“蒙生”牌商标，合资组建了“红河蒙生生物肥有限公司”，生产销售石榴专用有机肥。该合作社提供产供销一体化服务，完善了产品追溯体系，生产上统一指导、统一技术，营销上统一购销、统一品牌。2012 年，蒙生石榴产销专业合作社建立网络营销团队，开始在淘宝网上开设网店，当年营业额 28 万元，2013 年增长至 139 万元，2014 年进驻天猫，全年网络成交额达到 541 万元。2015 年，蒙生石榴产销专业合作社和上海果宝网络科技有限公司合作，双方各司其职，分别负责线下供货和线上电商运营，开始在本来生活网、上海菜管家、正大易购、天天果园等各大电商平台销售蒙自石榴，全年电子商务交易额突破 1 000 万元。

四、专业大户或合作组织与电商企业合作模式

在有的地方，农户以家庭或合作社为单位，通过与电商平台企业或运营服务商建立供货的合作关系，实现间接利用互联网对接市场，分享到一定程度的数字红利（图 23-6）。这种模式适合于能够生产较大规模的优质农产品，但尚不具备直接利用互联网对接市场的意识、条件和能力的专业大户和合作组织。这些专业大户和合作组织通过与第三方合作实现农产品上行是明智的选择。第三方合作者发挥自身专业优势，通过互联网平台信息采集、大数据分析、行业研判以后，形成以消费者需求为导向的精准信息流，并将其传递到生产端，引导供货给自己的专业大户和合作组织开展相应的标准化生产、严格的品控流程和统一规范的产品包装。在这种模式中，专业大户和合作组织虽然没有属于自己的互联网渠道直接销

售产品给消费者，但是在第三方合作者的引导下，不仅规避了盲目生产，而且还提升了综合生产能力，因而同样获益不少。当然，与传统的“公司+农户”模式相同的是，专业大户或合作组织与第三方合作者属于不同的利益主体，双方之间同样会面临履约不确定性和谈判力量不对等的问题。从一些地方的实践来看，这种模式也可能会起到一种过渡的作用，为后期部分专业大户和合作组织直接利用互联网对接市场打下基础。专业大户和合作组织在与第三方合作的过程中不仅优化了生产，提升了产品质量和知名度，而且逐渐形成互联网思维。随着所在地支撑电子商务发展的配套条件不断成熟，其中的一些专业大户和合作组织可能会尝试自己直接利用互联网对接市场。当然，他们可能继续保持与第三方的合作关系，但他们的谈判能力和营利性得到了强化。

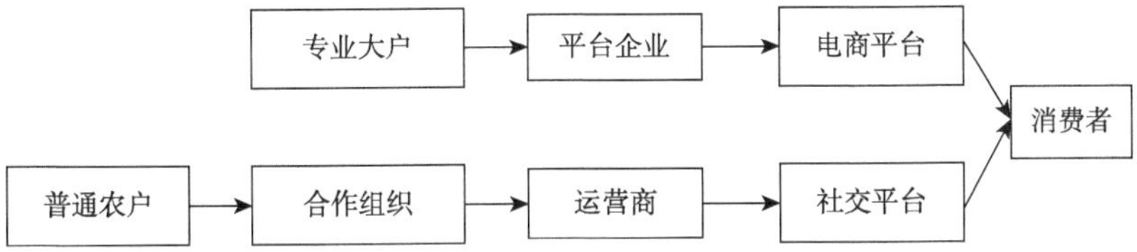

图 23-6　专业大户或合作组织与电商企业合作对接消费者

案例 4：通榆县是吉林省的一个县，位于北纬 45 度——全球公认的世界粮食黄金产业带，加上当地土壤和水的特质，通榆成了“杂粮杂豆之乡”“绿豆之乡”“美葵之乡”，年产粮食 20 多亿斤。但通榆地处偏僻，交通落后，粮食一直以原粮方式走传统的收储与批发渠道，缺少严格的标准化流程、缺少品牌、缺少深加工。农民收入水平低下，通榆被列为国家扶贫开发重点县。2013 年，通榆县以政府购买服务的形式与一家名叫“云飞鹤舞农牧业科技有限公司”的企业进行合作。该公司成为通榆农产品电子商务的运营服务商，负责策划利用互联网将本地的农产品销往一线城市与沿海经济发达地区，进而带动农户增收与脱贫。本地专业大户和合作组织与该服务商建立供货合作关系，他们按照服务商的要求开展标准化生产、产品品质分级和统一包装。另外，云飞鹤舞农牧业科技有限公司创建“三千禾”品牌，实行严格的产品检测和认证，先后在天猫、1688、1 号店等平台上经营旗舰店，开发移动端的农产品直供平台，同时依托城市著名社区网站，推进社区农产品直供。

五、各模式比较分析

目前，农户利用互联网对接市场的四种主要组织模式的基本特征如表 23-1 所示。从准入门槛的角度看，农户或合作组织依托电商平台和社交平台自主经营的准入门槛较低。这得益于一些具有包容性创新特点的网络社交媒体和电子商务平台不断被开发出来，为农户对接广阔的外部市场提供了机会和便利。以淘宝网为例，其具有低准入门槛、易操作性和使用客户多的特点，使大量的农户都有机会进入网络市场试售，不少农户通过学习、改进和坚持，收获了一批属于自己的线上顾客，实现了增收（Leong et al.，2016）。还有的农户由于生产的农产品颇受消费者喜爱，在微信、微博等网络社交媒体上被广泛传播，迅速走红，拥有了大量的直销客户。相比较而言，专业大户或合作组织与电商企业合作的组织模式的准入门槛要高得多，因为这种模式的销售对象以中高端消费者为主，并且电商企业会从众多的专业大户或合作组织中挑选出最佳的合作伙伴。他们对合作伙伴的综合生产能力要求比较高，一般的专业大户或合作组织达不到他们严格的标准。

表 23-1 互联网背景下农户对接市场的主要组织模式比较

组织模式	准入门槛	农户利益	线上竞争压力	适用农户范围	实现显著增收的难度
农户依托电商平台自主经营	低	大	大	小	大
农户依托社交平台自主经营	低	大	小	大	大
合作组织依托电商和社交平台自主经营	低	大	中	大	中
专业大户或合作组织与电商企业合作	高	中	无	小	中

从农户利益的角度看，农户以家庭或合作组织为单位，依托电商平台和社交平台自主经营的组织模式，能够获得最大限度的数字红利。农户实现与消费者的直接连线，将传统的中间商全部排除出产销对接体系，并且可以及时获取有效信息。在专业大户或合作组织与电商企业合作的组织模式中，专业大户或合作组织并没有自主利用互联网对接消费者，他们只是供货给电商企业，间接分享到一些数字红利，这其中包括中间环节减少所带来的部分增益，以及按照电商企业要求提高生产标准的增益。但是，专业大户或合作组织与第三方合作者属于不同的利益主体，双方之间同样会面临履约不确定性和谈判力量不对等的问题。

从线上竞争压力的角度看，农户依托电商平台自主经营，面临的竞争压力最大。因为电商平台集聚了大量的卖家，在海量的网店中脱颖而出，对农户的能力、素质和资金等方面的要求都比较高，即便某个阶段经营良好，保持可持续发展的压力始终是巨大的。农户依托社交平台自主经营，面临的竞争压力较小，一方面农户无须投入网店装修和推广费用，另一方面，熟人关系圈子是属于每个农户自己的，具有专用性和绝缘性；合作组织依托电商和社交平台自主经营，面临的竞争压力介于农户依托电商平台自主经营和农户依托社交平台自主经营之间，相比于农户单打独斗，合作组织可以发挥规模经济效应及“集中资源办事情”的优势；在专业大户或合作组织与电商企业合作的组织模式中，专业大户或合作组织只需专注于线下生产环节，完成供货，线上的竞争压力完全由电商企业承担。

从适用农户范围的角度来看，农户依托电商平台自主经营虽然准入门槛低，但经营成功的难度较大，需要的投入和面临的风险较大，绝大多数农户并不适合采用该模式。从目前的实践来看，这种模式主要出现在具有特色农业产业、基础设施和物流配套方便、农户创业创新氛围活跃的地区。这些地区为数不多，并且，在这些地区的内部，实现大幅增收的农户是屈指可数的，部分农户小幅增收，部分农户亏损收场。农户依托社交平台自主经营的模式不仅准入门槛低、操作简单，而且无须资金投入，因而适用于多数农户。合作组织依托电商和社交平台自主经营同样适用于多数地区的农户，尤其是经营规模较小的农户；农户通过合作组织实现抱团，增强竞争优势，集中物力、人力和财力，可以显著提升电商平台经营的成功概率及社交平台的覆盖面和影响力。专业大户或合作组织与电商企业合作的组织模式则仅仅适用于少数农户。

从实现显著增收的难度来看，农户无论是依托电商平台还是社交平台，实现显著增收的难度都是很大的。虽然依托社交平台的经营模式适用于多数农户，但是由于多数农户的非同行关系圈子并不大，他们依托社交平台实现直销的产品比例往往很低，只能充当传统销售渠道的一种辅助或补充手段，增收效果并不显著。相比较而言，合作组织依托电商和社交平台自主经营、专业大户或合作组织与电商企业合作这两种组织模式实现显著增收的难度有所下降，前者得益于规模经济效应的发挥及“集中资源办事情”的优势，后者得益于在与电商企业的合作过程中生产能力的提升和产品销路的拓展。

第四节　基于互联网建立以合作组织为中心的农业产业组织体系

一、互联网发展没有削弱合作组织的原有优势

即便是在互联网时代，商业的本质没有发生任何变化。互联网只是提供新的创业途径、工具或者空间，农户与合作组织之间的差别性依然存在。与单个农户相比，合作社始终具有规模经济效应及“集中资源办事情”的优势。另外，只要

保证合作组织“所有者与惠顾者同一”的基本特征，合作组织享有数字红利，就等同于农户享有数字红利。

前文已述，多数农户依托电商平台或社交平台自主经营面临较大的压力或瓶颈，实现显著增收的难度大，真正收获成功的农户占少数。对于大多数地区，农户通过合作社来完成网络销售是更为可行的方案。首先，合作社在对接物流企业、电商服务商、农资网商等主体时比单个农户具有更强的市场地位和谈判力量。其次，合作社能够整合资源，集中人力、物力和财力，发挥规模效应。例如，农户单独开网店需要分别付出各自的时间、精力和金钱，并且彼此之间还会同质竞争，如果采用合作社统一开网店的形式，则能够化零为整，形成合力，产生更好的效果。又如，合作社在引进基于互联网的智能化生产、信息化管理系统及农产品质量可追溯体系等方面具有更强的可行性。再次，相比于小农户，合作社不仅可以利用门槛较低的电子商务平台和网络社交媒体进行销售，还可以入驻卖家级别更高的电子商务平台（如天猫、京东），以及具有更高的概率参与到地方政府与电商专业团队或平台企业合作打造的地方特色网络展馆或电商平台（如淘宝特色中国馆、赶街网）。最后，合作社比农户更容易争取到政府的扶持，如物流成本上的补贴。

总而言之，合作组织依托电商和社交平台自主经营的组织模式更具普遍意义和发展潜力，政府应鼓励和支持合作组织实现互联网化。即便一个地区由于条件的限制，合作社尚无法依托电商和社交平台实现自主经营，那么，通过与电商企业合作间接分享数字红利也是一个不错的选择。考虑到交易成本，电商企业通常只会选择专业大户或合作组织进行合作，而不会直接对接分散的小农户。因此，对于大多数农户而言，无论是自主经营直接分享数字红利，还是与电商企业合作间接分享数字红利，都只有通过合作组织才能有效实现。我们主张：在互联网时代，中国要建立起以合作组织为中心的互联网化农业产业组织体系。

二、互联网发展提升合作组织的服务能力和运行效率

互联网发展不但没有削弱合作组织的原有优势，还提升了合作组织的服务能力和运行效率。一般说来，合作社的本质规定性是服务社员、民主控制（徐旭初，2012）。合作组织被赋予的主要功能是为成员提供服务，面对外部市场的竞争和内部社员的需求，合作社的服务能力显得至关重要（黄祖辉和邵科，2010；唐宗焜，2012；黄祖辉和高钰玲，2012）。国内外实践经验表明，农业合作社可以向社员提供农资统一采购、农产品包装或精加工、农产品统一销售、技术和信息供应等服

务。但是，在传统的商业环境中，农产品流通的中间环节依然存在，产销之间无法有效对接，合作组织在市场开拓、营销推广、获取信息、指导生产等方面的服务能力存在局限性。互联网的发展有助于压扁流通体系、减少中间环节，降低农资采购成本，促进产销互动、以销定产，形成数据化信息，实现需求信息有效及时地传递以及大数据的分析和应用，合作组织同样能够享有这些数字红利，更好地为社员提供优质的服务。另外，互联网的发展能够促进提升合作组织的内部运行效率。互联网作为一种信息沟通技术，能够为合作组织的管理层同普通社员之间，以及社员与社员之间的交流互动提供便利，降低内部的信息搜集成本，提高内部的信息传递速度和准确率，增强社员的参与意识，促进合作社的民主管理。

三、基于互联网建立以合作组织为中心的农业产业组织体系的政策建议

（1）完善基础设施和物流体系。农村道路交通、网络通信和物流运输，是支撑农村电子商务发展的基础条件。一个地区的合作组织无论是直接还是间接利用互联网对接市场，道路、网络和物流都是必不可少的方面。政府要加强农村道路建设，提高道路硬化比例，实施关键村道巩固提升和毁损公路恢复工程；要加强网络设施建设，推进宽带、光纤、移动通信技术等基站建设，扩大有线宽带和无线网络的覆盖面；要建立布局合理、便捷通畅、快速衔接、运输安全的城乡物流体系，不断降低物流成本、提高运输效率、减少运输损耗；加大对冷链物流的建设力度，扩大冷链物流在农村地区的覆盖面，为生鲜电商发展提供保障。

（2）加强农产品标准化建设。网络市场的竞争更加充分和激烈，传播效应更大，只有性价比高且质量稳定的农产品才能提供好的消费者体验。一个地区的合作组织，无论选择自主经营的直接方式，还是选择与电商企业合作的间接方式，都只有加强农产品标准化建设，才可能切实享受到电子商务所带来的数字红利。政府要强化农产品标准的制定工作，包括农产品生产、加工、包装和投入品等环节的标准制定和完善；建立农产品标准化生产的激励机制，通过补贴、奖励、以奖代补等办法，鼓励开展农产品标准化生产；健全农产品质量监管体系，建立农产品质量追溯系统，强化投入品源头监管，严格落实农产品质量检测，推进农产品质量认证。

（3）加大对合作组织的扶持力度。对于多数地区来说，小农户通过合作社来完成网络销售是更为可行的方案。合作社可以发挥组织优势。即使在与第三方合作间接利用互联网对接市场的模式中，第三方合作者通常对接的是合作社，甚至

是合作社联合社，因为小农户分散且经营规模小，对接小农户的交易成本较高。政府要积极鼓励发展农民专业合作组织，引导和促进农民专业合作社规范发展，加大对合作社服务能力提升的扶持力度，充分发挥示范合作社的示范带头作用，促进合作社之间的交流合作，支持有条件的地方创建合作社联合社。鼓励和引导有意向的农村青年返乡加入合作组织，带领合作组织建立起专业的网络销售队伍。加快农村金融创新，在合作组织发展电子商务过程中给予更好的信贷支持。鼓励和支持合作社运用信息手段提升内部运行效率，加强民主管理。鼓励和扶持合作社在农产品标准化生产的基础上加强品牌建设，塑造良好的信誉和知名度。

（4）加强互联网知识宣传和技能培训。增进对互联网的理解和认知，形成互联网意识和思维，是合作组织利用互联网对接市场的重要前提。政府可通过多种途径和形式加强互联网知识宣传，推介成功典型案例，营造合作组织学习和使用互联网的良好氛围，举办互联网知识竞赛和互联网创业大赛。此外，加强互联网使用技能培训，也是促进合作组织利用互联网对接市场的重要途径。政府应建立面向专门面向合作社带头人和网络销售团队的互联网技能培训体系，分层次开设基础班、提高班和精英班，科学安排培训课程，重视培训质量和实效。

（5）引进电商专业服务力量。无论是合作组织直接利用互联网对接市场，还是与第三方合作间接利用互联网对接市场，都离不开电商专业服务力量的支持。政府可以积极创造条件，将电商专业人才吸引入驻本地，一方面，政府可通过建立互联网产业园区、创造优越的办公环境，以及出台人才引进和招商优惠政策，增强对电商企业和专业人才的吸引力；另一方面，政府可考虑与互联网平台企业开展战略合作，推动本地合作社与平台企业建立合作关系。

第七篇　主要结论、政策启示和未来发展

第二十四章　主要研究结论和观点

第一节　发展农业产业组织的重要性

在我国改革开放前农业产业组织的演变历程中（1949~1978 年），1956 年是我国农产业组织演变的重要转折期。在此之前，我国农民拥有土地，对农业生产经营具有完全或部分决定权，农民的收入受劳动付出、经营绩效、要素租金等多重因素影响；农业生产主体较为多样，既有单干户（个体农户），也有互助组、初级社。1956 年之后，在高级社和人民公社的组织形式下，农民基本丧失了农业生产经营的决定权，农民收入和财产积累与农业生产绩效、劳动付出之间关联微弱。因此，从制度经济学角度看，我国 1956 年前的农业产业组织相较于 1956 年后的农业产业组织，其产权激励更加有效，生产责任更加明确，责、权、利之间更加对等，因此促进了农业生产经营绩效，如更高的粮食产量、更高的单位面积粮食产量、更高的人均粮食产量等。

1978 年改革开放以来，我国农业经营制度做出了重大调整，农业组织机构经历了一系列创新。由于农业具有生产灵活性和监督成本高昂的特点，家庭联产承包责任制是合理而有效的存在。随着现代农业的发展，农业组织朝着一体化的方向发展，以适应农业市场化的要求，降低交易成本、提高总体收益。随着农业产业化的发展，农业企业于 20 世纪 80 年代兴起。然而，企业和农户间的合约缺乏稳定性，农户面对强大的农业企业缺乏议价能力，只能成为纯粹的价格接受者。基于农户集体行动的农民专业合作社的建立则实现了小农户加入大市场，并获得议价权。与此同时，小农户生产土地分散的缺陷日益突出，家庭农场自 2008 年以来发展迅速，通过土地流转扩大生产规模。

当前，我国农业正迎来从传统农业到现代农业转型的关键时期，供给侧的人力、土地和资本投入发生着深刻的变化，农业从业人口日趋减少，农村劳动力结构呈现老龄化特征。与之相应地，农村土地流转集中趋势明显，农业规模化经营程度迅速提升；工商资本蜂拥进入农业，特别是价值较高的畜牧业、林业、水果业及蔬菜产业。在需求侧，消费者的需求从量的追求转向质的强调，并越来越差异化，对农产品质量与安全愈加重视，这对农业生产经营产生了专业化、规模化、标准化、集约化、品牌化的倒逼效应。电子商务也深刻地改变着农业生产运营方式和农村的生活方式，在农村迅速应用和扩展，其速度、广度和深度的发展令人目不暇接。总之，我国正迎来一场极其深刻的、前所未有的农业大转型。农业生产力上层的生产关系——农业产业组织体系——也同样发生着变革。无论是政府自上而下，还是农户自下而上，都采取了一系列积极措施来应对这些变化，如政府提出农业供给侧结构性改革、产业融合；新农人兴起、农户集体行动、建立农业产业化联合体等方式提高农业组织化程度。

基于我国农业发展的现实情况，小农户与各类产业组织将长期并存，并不断产生组织经营形式的创新。合作化、产业化和社会化是新型农业经营体系的基本特征。合作化是指小农通过集体行动达致减工降本，实现规模经济效应；产业化即纵向一体化，是通过延长产业链、供应链或价值链来整合外部利益相关主体，关键在于如何分配产业化收益，公平分配给合作社成员抑或由少数骨干成员独享；社会化是指将价值链中原本由自身提供的具有共性的、非核心的，但内包不经济的农业生产环节或业务流程剥离出来后，外包给外部专业服务提供者来完成的经济活动。新型农业经营主体和服务主体通过纵向合作、横向合作，以及横向一体化和纵向一体化，相互支撑、相互促进乃至相互融合，初步形成分工协作、优势互补的新型农业经营体系。目前，我国新型农业经营体系的运行模式初步形成了以“农户+合作社服务”为代表的农户自我经营与服务模式，以“农户+合作社+公司”为代表的农户与龙头企业合作模式，以及以“适度规模经营农户（专业大户、家庭农场）+企业化服务”为代表的市场化交易模式等基本运行模式。

随着信息技术的加速发展和智能电子设备的广泛普及，我国互联网正加速与农户融合，成为提升农户市场对接能力的重要手段。组织体系扁平化、产销关系紧密化和行为信息数据化是互联网背景下农业产业组织体系的演变趋势，原有组织体系中存在的痛点将逐渐得到解构和消除。从实践来看，农户利用互联网对接市场的组织模式主要有农户依托电商平台自主经营模式、农户依托社交平台自主经营模式、合作组织依托电商和社交平台自主经营模式，以及专业大户或合作组织与电商企业合作模式四种。总的来说，合作组织依托电商和社交平台自主经营的组织模式更具普遍意义。互联网的发展不但没有削弱合作组织的原有优势，还有助于提升合作组织的服务能力和运行效率。

第二节　农业产业组织的效率测评指标

集约化发展、专业化分工、多元化服务、产业化经营、组织化协调、区域化拓展和市场化竞争是现代农业发展对农业产业组织提出的新要求，因而产业组织体系效率测评指标应该包括以上七个维度的内容。基于此，本书构建了 7 个一级指标和 21 个二级指标，并运用熵值法对各指标进行客观赋权，最终发现在农业产业组织体系效率测评指标中，集约化发展水平权重最大，其次是区域化空间拓展，随后依次是专业化分工程度、产业化经营程度、多元化服务水平、组织化协调效率和市场化竞争能力。

根据以上指标体系赋权，并基于全国 20 多个省（自治区、直辖市）1 000 余个调研数据测算，研究发现我国不同产品类型农业产业组织体系效率有所差异。总体而言，劳动密集型种植业得分最高，其次是劳动密集型养殖业，土地密集型粮食产业的得分最低。其中，劳动密集型养殖业的集约化发展水平最高，其次是劳动密集型种植业，土地密集型粮食产业最低；劳动密集型种植业的专业化分工程度最高，其次是劳动密集型养殖业，土地密集型粮食产业最低；劳动密集型养殖业的多元化服务水平最高，其次是劳动密集型种植业，土地密集型粮食产业最低；劳动密集型养殖业的产业化经营程度最高，其次是劳动密集型种植业，土地密集型粮食产业最低；劳动密集型种植业在区域化空间拓展方面得分最高，劳动密集型养殖业次之，土地密集型粮食产业得分最低；劳动密集型种植业的组织化协调效率最高，其次是土地密集型粮食产业，劳动密集型养殖业最低；劳动密集型种植业的市场化竞争能力最强，其次是劳动密集型养殖业，土地密集型粮食产业最弱。

进一步看农业产业组织体系效率的影响因素，实证研究结果表明合作社数量越多，农业产业组织体系的效率越低；农产品易腐性越强、市场价格波动越大、农产品种养周期越长、农产品的人力资本专用性越强，农产品生产的自然风险越小、农产品生产的自然风险越大、农产品的补贴项目越少、农产品生产的资金途径越多，其农业产业组织体系效率越高。此外，不同地区的农业产业组织体系效率具有明显差异。

第三节　农民专业合作社的地位和作用

农民专业合作社的产生和发展既符合现代农业合作一般逻辑的内在动因，也是基于我国农业和农村发展的基本情况的客观必然。考虑到我国农业和农村经济进入新阶段的现实要求和各地乡土社会的具体情况，当前中国运营正常的农民专业合作社是产业化和制度性色彩鲜明的股份合作制的改进型和过渡型中间组织。尽管其与理想中的合作社具有一定差异，但或多或少地具有合作制属性，并非许多人指责的异化或“伪”合作社。因此，学者应结合农业发展实际，适当释放合作社的定义域。

作为杂糅了合作化、产业化和社会化等功能的农业组织，我国合作社的作用具有多元性特性和动态性。现实中，合作社通常较多地在农业投入品采购方面体现合作化功能，在农产品销售方面常常表现出内部产业化关系；同时，合作社还可能部分外包生产环节或业务给其他社会化服务组织，或者在满足成员自我服务的基础上成为外包服务提供者，从而表现出社会化功能。因此，在农业产业组织体系中，合作社可能既是农民合作组织，也是农业社会化服务组织，还是农业产业化经营组织。

合作社的增收效应能否实现，关键取决于其服务功能能否得以充分发挥。对合作社服务功能性的不加考察，则会低估合作社的增收效果。在有机衔接小农户与现代农业发展过程中，农民专业合作社将越来越显现出核心作用。当前，诸多农业经营主体中，家庭农场（或专业大户）是基础，合作社是关键，农业企业是龙头，社会化服务组织是支撑；而未来，农民专业合作社将在展开农产品营销、农资供应等主体业务的同时，由专业性经营向综合性经营发展，如在农业社会化服务、农业技术推广、农产品质量安全控制、农业产业开发、现代商业业态创新等方面发挥着更重要的作用。而在此过程中，农民专业合作社将会逐步暴露出单个合作社产业规模偏小、服务领域比较狭窄、经济协作难以开展等问题，迫切需要在专业合作社基础上进行再合作、再联合、再提升，进而参与、融入并获益于现代农业产业组织体系，具体表现为合作社联合社、联合会等的大量出现。

政府支持在合作社的出现和发展中起到了至关重要的作用。2013 年以来，无论在支持力度还是在支持范围上，政府对合作社的资金支持都呈现出下降的趋势，这显示出政府对于合作社发展的引导方针从数量增长转向了质量提升。关于政府支持在合作社数量与社员规模中的作用，总体而言，资金支持的作用较大，而省级合作社的立法支持对合作社的发展没有显著影响。然而在不同产业的合作社中，政府支持所发挥的作用不尽相同：粮食合作社的数量增长相较于蔬菜和生猪合作社，对政府资金支持的覆盖率更加敏感；而蔬菜合作社和生猪合作社的数量增长则显著受到政府立法支持的影响。

农村互联网电商与合作社有机结合，在传统农业向现代转型的过程中相得益彰。一方面，由于个体农户依托电商平台或社交平台自主经营面临较大的压力或瓶颈，实现显著增收的难度大，真正收获成功的农户占少数。对于大多数地区，农户通过合作社来完成网络销售是更为可行的方案。首先，合作社在对接物流企业、电商服务商、农资网商等主体时比单个农户具有更强的市场地位和谈判力量；其次，合作社能够整合资源，集中人力、物力和财力，发挥规模效应；再次，相比于小农户，合作社更容易入驻卖家级别更高的电子商务平台（如天猫、京东），并有更大概率进入地方政府与电商专业团队户或平台企业合作打造的地方特色网络展馆或电商平台（如淘宝特色中国馆、赶街网）；最后，合作社比小农户更容易争取到政府的扶持，如电商物流成本补贴等。

另一方面，互联网电商平台的发展也提升了合作组织的服务能力和运行效率。尽管合作社可以向社员提供农资统一采购、农产品包装或精加工、农产品统一销售、技术和信息供应等服务。但是，传统的商业环境中农产品流通的中间环节依然存在，产销之间无法有效对接的情况时有发生。合作组织在市场开拓、营销推广、获取信息、指导生产等方面存在局限性。互联网电商的发展有助于压扁流通体系、减少中间环节，降低农资采购成本，促进产销互动、以销定产，形成数据化信息，实现需求信息有效及时的传递及大数据的分析和应用。在互联网的加持下，合作组织能够享有这些数字红利，更好地为社员提供优质的服务。此外，作为一种信息沟通技术，互联网的发展能够促进提升合作组织的内部运行效率，为合作组织的管理层同普通社员之间，以及社员与社员之间的交流互动提供便利，降低内部的信息搜集成本，提高内部的信息传递速度和准确率，增强社员的参与意识，促进合作社的民主管理。

第四节　农业产业组织发展国际经验

国外农业产业组织发展具有多样性和多元化的特征。整个农业产业链条参与的主体很多，家庭经营的农户可以通过多种形式与其他主体对接形成多样化的产业组织形式，有的通过商品契约的形式与企业直接对接，有的通过要素契约的形式组建合作社与市场对接，有的在合作社的基础上再与企业建立商品契约关系。因产业链主体的谈判力不同形成了多元化的产业组织模式，并且各国农业产业组织模式并不统一，即使处于相同的产业也会呈现不同的发展模式，既有合作社主导模式，如丹麦生猪产业是以合作社为核心的产业组织体系，也有企业主导模式，还有混合模式，如德国生猪产业是合作社与企业并存的混合模式。

从国外农业产业组织演进轨迹来看，农业产业组织发展初期往往是农业产业链不同主体竞相发展，并且各主体之间形成松散的联系且多为商品契约关系，随着农业产业化不断发展，产业链主体开始通过横向一体化和纵向一体化实现规模化、产业化经营，各主体之间松散的关系也转变成为紧密的关系。在农业产业组织发展初期，资产专用性较强且具有合作社文化社会环境的国家，更倾向于形成合作社主导的产业组织，形成该产业领域产业组织演进的初始状态。因为易腐性产品甚至需要投入大量固定资产生产的产品，生产这类产品的农户更容易被其他产业链主体“敲竹杠”。他们会倾向于选择自己组建合作社与其他产业链主体对接，因此，合作社的发育就相对充分，更有利于产生以合作社为主导的农业产业组织。另外，由于各国在历史传统、意识形态、经济社会环境及农业自然禀赋、农民状况等方面存在差异，不同国家也会形成不同的农业产业组织模式。具有合作社文化底蕴的国家，合作社的发展更快，也更容易形成产业合作社主导的产业组织模式，如丹麦在 19 世纪中后期到 20 世纪初期掀起了农民识字文化运动，推动民主和民族觉醒，形成了农民强大的政治势力，这一制度背景塑造了以合作社为核心的产业组织体系。

在农业产业组织演进过程中，任何一种产业组织都必须参与市场竞争，只有那些能够将不同产业链主体之间，以及产业链主体内部的交易成本最小化的产业组织才具有生命力，反之则会在市场竞争过程中被淘汰。例如，丹麦合作社为了在竞争中获得更大优势，不断地进行兼并和合并，使得合作社的数量减少而规模实现了扩大，同时合作社积极向产后领域延伸，基本垄断了丹麦生猪的屠宰和加工。德国合作社为应对激烈的市场竞争，也采取了扩大规模和专业化管理等策略，提升了合作社横向一体化水平，但由于屠宰加工企业也在不断兼并甚至向生产环节延伸，合作社与企业的力量都得到了加强，很难形成某一主体主导的模式。另外，从农业产业组织的内部看，只有建立合理的利益风险分担机制，才能充分调动不同产业组织主体的积极性，进而降低不同主体之间的交易成本。德国生猪产业之所以选择多元化的治理模式，与德国整体市场竞争密切相关，充分的市场竞争保障了农户与企业、合作社等主体都能够获得合理的利益，同时分担不同的市场风险。日本之所以选择以综合农协为核心的产业组织体系，与综合农协内部通过金融业务的盈利弥补生产经营亏损，以及为农户提供多元化全产业链的综合服务是分不开的。丹麦合作社则是农户与市场联接的核心，为农户提供供种、饲料、养殖、加工、营销等各环节服务，并通过延长产业链条，保障社员能够分享农产品加工和流通环节的增值收益。

政府的产业政策倾斜能够改变农业产业组织成本收益预期，进而影响农业产业组织的演进。例如，日本农业产业政策很多通过综合农协来实施，同时在资金支持、税收优惠、金融扶持等方面给予大量帮助，使得日本其他农业产业经营主体发展迟缓。而丹麦和德国政府扮演的是“小政府”的角色，对农业产业经营主体的规制相对灵活，更多地是以提供服务为主。例如，德国建立了从联邦到州和州级以下的地方、从公共部门到混合型组织和私营服务部门等不同层级和类型的服务机构，为农场主提供专业化的服务。丹麦政府主要支持农业研究，重视咨询服务人员的再教育，以及建立高效、规范的农产品质量安全追溯体系。外国政府在对农业产业组织支持方面，倾向于采取普惠政策而不是靶向政策，各种产业链主体都可以公平地获得相应的扶持政策，避免了过度干预扶持某一主体而使产业组织呈现畸形发展。

尽管各国农业产业组织类型和模式有差异，但各国农业产业组织体系都符合本国的基本国情农情，并且都具有国际竞争力，实现了推动农业现代化的目标。因此，现实中不存在一个统一的、理想的农业产业组织模式，合作社在农业产业组织中所扮演的角色也因国情农情的不同而有差异，应合理分析合作社所处的产业特征、环境特征及政府政策，科学看待合作社在农业现代化中的地位和作用。政府的政策应当围绕培育产业的国际竞争力、发育完善的要素市场，而不是刻意追求某种特定的产业组织类型。

第二十五章　中国农业产业组织发展的问题与发展前瞻

第一节　当前中国农业产业组织发展值得研究与解决的问题

当前，我国农业产业组织发展在过程中主要存在以下五个需要进一步研究与解决的问题。

一是产业组织异化现象和主体行为扭曲的问题。近些年来，在我国农业产业的发展中，多种类型的产业组织得到蓬勃发展，其中不乏产业组织创新的探索，但也有产业组织异化的现象。这种异化现象主要在家庭农场和合作社中有所体现，也即存在不少“挂羊头卖狗肉”的产业组织。表现为不少家庭农场不是家庭经营，而是雇工经营；不少合作组织不是以合作主导，而是公司主导，甚至于社员不是合作社的所有者，而是被雇佣的农业劳动力。近年来我国农业产业组织所出现的异化现象，与改革前的农业产业组织异化的原因有所不同，那时的农业组织异化主要源于组织发展中的生产关系意识形态化推动，而现在的农业组织异化主要源于组织发展中的政策推动诱导偏差，即政府在鼓励家庭农场和合作组织发展的过程中，缺乏对这些产业组织的本质内涵的科学认定，致使有利可图但却异化的组织出现。产业组织的异化将会引致不利后果，导致组织制度失效、组织利益失衡、主体行为扭曲和组织创新受阻。因此，如何在农业产业组织发展中既鼓励组织创新，又防止组织异化，是一个亟待研究与解决的问题。

二是转型过程中异质性农民的组织化滞后问题。尽管我国改革开放已有 40 多年，但我国仍处在渐进式的改革与转型中，在这一过程中，农民的分化和异质化现象比较明显。农民分化是农民异质化的前因，农民的分化主要体现为农民职业的分化和收入的分化，农民的异质化则主要体现为同一产业领域从业农民特征的差异化。当前我国从事农业经营的农民的异质化主要表现在小规模经营与规模经营农户的并存、兼业与专业农户的并存、低收入和高收入农户的并存、老年与年轻农民的并存，以及低文化层次与高文化层次农民的并存等。在“物以类聚，人以群分”的定律作用下，农民的异质化会导致农民诉求的离散化和农民组织化的困难，进而小农在农业转型发展过程中处于边缘化的境地，难以与现代农业发展有机衔接。当前我国农民组织化过程中小农组织化的相对滞后，小农和贫困农户难以融入新型农业经营主体的组织体系这些现象，是一个很值得关注和研究的问题。

三是产业融合发展中不同组织的利益联结机制问题。近年来，政府积极推进农业产业融合发展和多功能发展，鼓励工商企业和资本投资农业，进入农业的适宜领域并取得了显著的进展。但与此同时，在产业融合发展中，尤其是农业一二三产融合发展的过程中，仍然存在组织协同不够，交易费用过高，利益分享悬殊，小农利益受损的情况。因此，如何从产业组织、产权与交易制度安排的角度，建立不同组织相互之间有效连接的利益机制，降低不同经营主体，如普通农民、家庭农场、专业大户、合作社、工商企业、互联网中介等主体相互关联的交易费用，提高不同组织的协同度和利益共享度，确保农民尤其是小农在产业横向与纵向融合中的利益不受损害，并且将小农引入和融入现代农业的发展轨道，以实现小农户与现代农业发展的有机衔接，是需要进一步深化研究和解决的问题。

四是信息化与互联网发展对农业产业组织的影响问题。我国已经进入信息化与互联网迅速发展的时代，信息化及其在经济社会各领域的渗透和应用，已深刻改变着人际交互的关系与方式。总体而言，多种类型的互联网技术和交易方式，目前对消费者层面的影响相对明显，但对生产者及其组织层面的影响还不是很明了。就农业产业而言，多种类型的电商和交易方式这些年来发展极为迅速，几乎覆盖了所有的农产品领域，深刻改变着传统的市场营销与物流体系。而从研究进展来看，目前学界比较关注农业互联网技术发展及其实践运用和提升方面的问题研究，并且取得了不少成果，但关于互联网技术和电商化发展对农业生产者行为、农业与农业产业组织发展的影响的研究，还显得相对不足。因此，有必要依据农业产业特性和产品性状的差异，深入研究不同互联网技术和交易方式对农业生产者生产和交易方式的影响，以及对农业产业组织形式与组织制度的影响，以得出科学结论和指导实践。

五是集体经济组织与农民专业合作组织的兼容问题。党的十九大报告和近年来中央一号文件都强调要坚持、巩固、完善我国农村基本经营制度，要保障农民财产权利和发展壮大村集体经济。我国农村基本经营制度的本质是农村社区集体所有下的农户家庭承包经营制度，并且我国的农村社区集体经济组织还具有两大功能，一是经济发展功能，二是社会管理功能。因此在现阶段的我国农村，应该意识到，保障农民财产权利并不单纯是为了增加农民财产性收入，更重要的是要让农民成为真正的市场经济主体；发展壮大农村集体经济也并不仅仅是追求农村社区集体经济的发展，而且更要增强农村集体对基层社区的服务功能和公共管理能力。改革开放以来，由于农民专业合作组织的发展，我国农民已不仅仅是农村社区集体经济组织的成员，相当多的农民也成了农民专业合作组织的成员，但这两种农村与农业组织的功能既有互补性，又有互异性。因此，农民主体在这样的“一主两仆”组织架构下，如何通过农村集体经济制度的深化改革，使农村社区集体经济组织与农民专业合作组织相互融合和共生发展，进而既使农民成为真正的市场经营主体，又使农民成为现代农村社区的治理主体，是一个很值得深入研究和关注的问题。

第二节　中国农业产业组织进一步发展的前瞻

（1）农业产业组织的演化还将进一步深化。就政府而言，一是既要支持农业产业组织的创新发展，又要防止因政府干预过多而导致产业组织的不断异化。科学辨析某种产业组织是异化还是创新，关键是要把握不同产业组织的本质内涵。例如，家庭农场的本质就是家庭经营，而不是雇工经营，雇工经营是企业的本质。又如，农业合作组织的本质就是合作社的所有者是社员，并且社员是相对独立的农业经营主体。二是鼓励小规模合作社的联合发展。原因是我国农民专业合作社的规模普遍太小，不利于合作社的服务功能发挥和市场谈判力增强，而合作社的联合发展则可以克服小规模合作社在这些方面的局限，并且能有效融入合作组织的其他功能，拓展合作组织的发展空间，如合作融资、合作保险、合作抵押等金融功能的融入和推进合作组织的多功能发展。三是推进集生产合作、信用合作、供销合作“三位一体”的区域性农合联组织发展。“三位一体”农合联组织的建构有两条基本路径，一是外生化路径，即由政府主导，自上而下推进；二是内生化路径，即由市场主导，自下而上推进。在“三位一体”农合联组织的发展中，选择适合于当地实际的路径，加快政府职能转换，赋权农合联组织及推进供销社的改革与转型发展，是“三位一体”农合联组织健康发展的关键。

（2）多类型农业产业组织的并存格局将继续存在。其中，在合作制基础上引入股份制的股份合作组织的模式还将进一步发展。具体来说，随着农村土地股份合作改革的深化，村集体和农民承包土地的股份合作组织会获得较快的发展。此外，在产业化经营的发展过程中，纵向一体的股份合作组织也将进一步发展。就农业供给侧结构性改革而言，通过政府职能的进一步转换，既发挥市场机制的作用，又发挥行业组织的作用，建立政府、市场、行业组织“三位一体”的农业供给侧调控结构是必然趋势。我国农业行业组织能否在三足鼎立的调控结构中真正起到应有的作用，不仅取决于政府职能的转换，而且还取决于政府对农业行业组织的赋权，使行业组织能在农业产业发展中有效发挥行业自律、区域协调、竞争有序、贸易协调、质量管控、信息传导与服务等方面的作用。

（3）农业产业融合发展将促使产业组织融合发展。产业融合发展与组织融合密不可分，组织融合是产业融合发展的基础。与我国农业产业融合相适应的组织融合将呈现两条路径。一条是下游公司（企业）向上游延伸的路径。这种延伸主要呈现出公司（企业）主导、自下而上的特点和“公司+合作社+农户”的产业组织模式。在这一过程中，下游的公司（企业）相对强势，因此，政府政策杠杆需把握公司（企业）向上游延伸的范围和适宜的领域，要引导公司（企业）与上游农民或农民合作组织建立共赢利益机制，避免农民利益受损。同时，上游农民的组织化和横向融合也应加快，尤其是重视小农的组织化，使小农融入产业融合发展，使农民组织和企业组织在上下游融合和交易中形成均衡状态。另一条路径是上游合作组织向下游延伸的路径。这种延伸主要呈现出合作组织主导、自上而下的特点和“合作社+农户+公司”的产业组织模式。农民合作组织向下游延伸在我国某些农业产业领域，如生猪产业领域已有呈现，这种自上而下的延伸能否有效，一是与合作社的联合发展有关，二是与下游产业链的特点有关，如果下游环节对资本需求和技术要求相对不高，则有助于上游合作组织向下游的延伸。

（4）互联网技术对产业组织发展将产生多重效应。互联网技术对产业组织发展的效应总体上将呈现为两个不同的方向。一是增强组织功能的效应，如互联网功能有助于产业组织的扁平化，进而会大大提高组织的传递效率和平台功能。二是替代组织功能的效应，如不少互联网交易具有进入门槛低和交易便捷化的特点，这会有助于个体化和个性化的运营，因而在一定程度上会产生去组织化的效应。此外，互联网的线上交易活动一方面会对某些线下交易活动产生替代效应，如对传统批发交易和零售交易的取代；另一方面，又会对某些线下交易活动产生带动效应，如促使个性化交易、快递式交易的加快发展。而这两种效应也会引致农业产业组织和组织体系的进一步变化，如促使农业产业组织及其组织体系朝网络化、虚拟化、智能化及线上与线下相结合的方向转变。

（5）农村集体经济改革将决定农业产业组织发展方向。我国农村社区集体经济的改革正在不断深化，这一改革不仅对巩固和完善我国农村基本经营制度，保障农民财产权益，发展壮大村集体经济具有决定性意义，而且对我国农业产业组织的发展方向具有决定性影响。就农村集体的各类产权制度改革而言，“三权分置”基础上的集体和农户混合所有制以及确权颁证基础上的股份合作制，应该成为我国农村集体产权制度深化改革的方向。这一改革要与城乡一体的社保制度建立和城镇化对农业富余劳动力的充分吸纳相同步。同时，我国农村社区集体经济组织还需要在有条件的村社区，如在城中村、镇中村和中心村进一步推进“股社分离”的改革，也就是将改革后的农村集体股份合作社与农村社区进行组织分离和功能分离。通过这样的系列化改革和配套，既使农村基层社会有明确管理主体，又使村集体经济有明确营运主体，以完善和优化农民主体、社区股份合作组织与农民专业合作组织功能互补、相互融合、“一主两仆”的农民组织制度，形成产权明晰、市场主导、政府引导、行业协调、多种类型产业组织融入的现代农业产业组织体系和农业家庭经营、合作经营、集体经营和公司经营相互协调、共生发展的现代农业经营体系。

第二十六章 未来政策取向

完善和创新农业产业组织体系，是中国实现农业现代化的重要基础，也是其必然结果。在资源禀赋和技术条件既定的条件下，农业产业组织的发展对提高农业生产率、增加农产品附加值、带动农民共同致富起决定性作用。基于上述对我国农业组织体系的分析，本章提出了如下政策建议。

第一节 关于农业产业组织发展支持体系的建议

1. 促进土地经营权长期稳定

长期稳定的土地经营权将保护经营者和承包农户双方的利益，避免短视行为导致的竭泽而渔，是新型农业经营主体创新发展的基本前提。为鼓励新型农业经营主体经营行为的长期化，在我国现有基本土地制度框架下，建议政府将“至少与承包农户签订十年以上的土地经营权流转合同”作为新型经营主体参与扶持项目申报或项目补助的基本前提条件，通过完善产权制度，让新型经营主体有“恒产”者有恒心。

2. 建立健全农业金融支持体系

现代农业的规模化特点决定必须有相应的资金相配套。要逐步建立以政策性金融、合作金融、商业金融为主体，以民营借贷组织为补充，分工协作的金融支持体系；改造农业发展银行，发展农村金融投资公司，真正满足不同层次农业资金需求。各金融机构应更多关注和满足具有资源优势和产业优势的农产品产业带、主导产业生产基地、农产品专业市场建设的资金需求。国有商业银行要根据业务发展需要，在撤并机构时不搞“一刀切”，在防止出现网点多、费用大、效益低的同时，要防止全面撤并造成对农村金融服务“断档”的局面；农业发展银行等政策性金融机构应为改善农村生产环境服务，根据行政区域设置县级支行，发挥其政策性支农作用；合作金融组织可按行政区域设置或按经济区域设置，把信用站建到村委会或信用村，充分发挥其贴近农户的地缘信任关系优势，为中小农户服务。

3. 加快农业技术创新及推广应用

由于我国农业土地资源供给相对缺乏弹性，在现在或将来很长一段时间内，中国农业发展都必须选择以土地节约型技术为主的生物化学型农业技术进步。为适应21世纪农业发展的要求，要不断加大对农业基础科研的投资，有重点地完善一批农业基础科研设施建设，确保农业基本技术储备；适度推进农业机械化水平，加快农业信息化平台建设，着力打造农业信息收集和发布的公共服务平台。在农业技术推广应用方面，积极引入市场机制和有偿服务与无偿服务相结合的新型技术推广体系；加强农民教育培训，尤其对种养殖大户进行科技培训和对技术落地进行全程对接；进一步加快发展农村职业技术教育和农村成人教育，增强农村劳动力的就业能力，合理转移农村富余劳动力，促进农业劳动生产率提高。总之，加快农业现代化进程，必须加大科技投入，推进农业技术创新，改革目前中国农业科研与推广相脱节的体制和机制，使农教科紧密结合。

4. 构建和完善农业风险管理机制

农业所面临的风险种类繁多、各种风险属性各异，农业保险则是农业风险管理机制的核心。首先，应加大对农户农业自然风险管理的补贴，减少农户的保费，提高农户参加农业保险的积极性。其次，应进一步完善政策性农业保险制度，把参加农业保险制度的目标从全体农户转向规模农户，建立对各类新型农业经营主体和服务主体的风险防范机制，以县域范围的特色农业为依托，建立产业风险准备金制度，降低自然灾害、社会突发性事件及市场大幅波动带来的生产经营不确定性和系统性风险。最后，鼓励开展合作保险探索，以组织的形式抵御农业自然风险，通过社会网络中农业信息的传播，有效规避农产品市场风险。

第二节　关于农民专业合作社发展导向的建议

由于登记注册门槛过低、监管无力、规制理念偏差、监督管理滞后、农民意识欠缺、管理人才欠缺及信息不完全等原因，当前我国的农民专业合作社发展呈现异质性、多样性、服务能力弱，发展水平参差不齐的特点。政策制定的最终目的是规范合作社运营，保证社员切实从合作社获得满足其所需的服务。针对我国多数合作社异化和服务功能弱化的事实，当前政策要转换合作社成长初期“先发展，后规范”的发展路径，在保证合作社增量的同时，重点优化存量，通过制定激励和监管并重的合作社发展政策，实现我国合作社发展从数量扩张到质量提升的转变。在规范合作社时，无论是将国际合作社联盟制定的七项基本原则，还是将我国《农民专业合作社法》规定的五项原则纳入监督考核体系，其核心宗旨都应立足社员，考察合作社能否为社员提供满足其需求的服务、能否带动社员增收。

在党的十九大提出的乡村振兴战略背景下，农民专业合作社的作用空间进一步扩大，其发展主要可从以下几个方面进行调整和加强：①合作社应成为实现小农户和现代农业发展有机衔接的主要载体，将自愿联合的农民组织起来，应对市场经济要求，发展现代农业。这也意味着合作社要注重生产技术服务，注重农产品品质提升，注重农产品市场营销（特别是品牌建设），注重开展农产品加工，注重农产品品种优化，注重合作社之间的联合与合作等。②合作社应成为发展适度规模经营的重要主体，通过提供农业产前产中产后服务，克服农业生产内部效率损失，以获得规模经济效益。许多合作社既为社员提供农资采购、生产服务、市场销售、技术培训等规模化服务，也通过土地流转开展规模经营，成为土地流转服务的重要平台。③合作社应成为农业社会化服务体系的骨干力量。合作社不仅是农民社员自我服务的组织平台，也为其他农民提供各种诸如代耕代种、联耕联种、土地托管等专业化规模化社会化服务，更肩负着促进新技术、新品种开发的农业技术推广的重任。④合作社应成为农村一二三产业融合发展的重要载体，开展乡村生态休闲、旅游观光、文化教育等多种产业，大力发展劳动与资本等多要素结合的农村股份合作社形式，发展旅游合作社、物业合作社、劳务合作社等，构建与一二三产业融合发展相适应的经营机制和利益机制。⑤合作社应成为深化农村集体产权制度改革，发展农村集体经济的新型实体。农村集体产权制度改革事关农民利益保护和利益发展，而农村社区股份合作社尽管并非合作制，也为农村集体产权制度改革提供了基本的组织形态。⑥合作社应成为参与乡村治理的有效载体。合作社是农民通过自身努力彰显主体性、提升自我管理水平和发展能力，进而有效参与乡村治理的有效组织形态。当前我国大多数农民专业合作社都是具有中国本土特色的创新组织形态，而且必将于农业农村现代化、农业供应链管理、乡村治理和社会发展、扶贫开发等广阔视野中进一步展现其独特的制度魅力和组织功能。

第三节 关于政府扶持方式的建议

1. 改变政府的扶持方式，逐步取消对特定“主体”的扶持，全面转向“项目”支持

为防止新型农业经营主体创新中存在投机行为，建议逐步取消对特定新型农业经营主体或服务主体（如家庭农场、农民专业合作社、龙头企业）等制定专门扶持政策的做法，全面转向项目支持，即因“事”而非因“人”支持。对于某些特定项目，如美丽乡村建设项目、农田水利建设项目等，在同等条件下，可以向一些类别的新型农业经营主体（如以社区为载体的休闲观光或土地股份合作社）倾斜。对仍然保留支持特定经营主体（如合作社、龙头企业、家庭农场）的政策，应将政策效果着眼于促进带动农户增收或实现适度规模经营等方面，如以新型农业经营主体与普通农户的签约数量规模和土地适度流转规模作为选择扶持对象的重要参考依据。

2. 资金支持项目中应加大人才培育的支持力度

培育具有企业家精神的独立市场主体是现代农业经营体系建设的重中之重。政府应当贯彻落实和强化新型职业农民教育培训及认证制度，将获得认证的职业农民纳入城镇职工养老、医疗、住房等社保体系中，并在各类农业项目申请中，在同等条件下对其给予倾斜。与双一流院校的 MBA 培训机构合作，在全国范围选拔中青年农业企业家，建立长期定点的新农民企业家专门培训班，为其提供学费补贴。与此同时，应建立金融机构小额创业贷款贴息制度，吸引有志青年返乡或下乡创业，为打造高素质现代农业生产经营者队伍提供便利条件。

政府应充分弘扬中华优秀传统文化，启动新乡贤返乡创业工程，吸引那些在外的本土成功企业家返乡二次创业，通过设立二次创业贷款项目、对生产性投资项目实行补贴或税费减免等扶持措施，引导更多的社会资本投入现代农业建设，带动家乡父老乡亲致富。

当然，在大力支持现代农业人才的同时，政府应该意识到其指导和支持对资源定位与合理分配具有重大影响，如过多地支持新农人可能会对传统农民的利益产生负面影响。因此，政府在追求现代农业人才培育的目标时，必须辅以适当措施，保障农业组织体系的全面发展。

3. 创新农业补贴方式，加大政府支持力度

随着农业生产成本不断上升、农业比较效益持续下降、资源环境压力日益趋紧，我国原有的补贴政策已经难以适应农业发展的新挑战新要求，必须创新补贴方式，改革农业支持政策机制，建立健全既符合我国基本国情农情，又适应国际规则的国家农业支持保护体系。

第一，农业支持政策的改革方向要坚持市场定价原则，完善农产品价格形成机制。在保护农民利益的前提下，稳妥推动最低收购价、临时收储等政策逐步向农产品目标价格制度转变，减少价格支持政策对市场的扭曲影响，切实发挥市场配置资源的决定性作用，建立形成农产品生产的消费导向、市场引领机制。

第二，要改革完善现有补贴措施，建立政策补贴与农产品生产挂钩机制，促进提高政策效能与补贴效率。要根据农业经营体系变化的新形势，完善现行补贴措施，建立“谁种补谁”及“多种多补、不种不补”机制，使政府补贴与农产品种植面积或产量挂钩，促进农民多种粮、种好粮。

第三，要创新补贴方式，探索实施新型补贴措施。要以增强政策的针对性和有效性为导向，以补贴重点产品、重要地区和关键环节为核心，以突出解决农业现代化建设中的重点矛盾和关键问题为方向，创新补贴方式、探索实施新型直接补贴措施。最后，要加大绿箱政策支持力度，全面提升农业综合服务支持水平。

4. 对于不同产业的产业组织实施差别化支持

政府应针对不同产业的农业组织，制定与其产品特性相对应的支持政策。例如，由于我国粮食生产经营的市场化程度较低，获得来自政府的资金支持（相较于正式法律法规），能够使农业生产者在国际贸易过程中获取更大优势。因此，出于粮食安全的考虑和粮食产业低利润的特点，政府应对粮食合作社给予更多的资金支持。在市场化程度较高、价值链定价权集中于规模生产者的产业中，正式的法律法规对合作社数量与合作社竞争力的提升具有显著的正向作用。因此，应鼓励各级政府因地制宜出台有利于合作社发展的合作社条例。

5. 促进小农户与现代农业有机衔接

建议政府强化对农业生产性服务业组织的支持力度，引导和鼓励各类新型市场服务主体为小农户提供全方位的服务，解决在超小规模农户难以改变的基本国情下，如何培育现代农业产业组织体系、让广大小农户分享现代农业收益的问题。政府应特别鼓励农机、植保、仓储等资本技术双密集型的服务主体发育，对它们购置相关服务设施与设备、开展土地平整与改良等服务给予一定比例的成本补贴和贷款贴息。通过大力推进农业社会化服务的规模化、专业化、标准化和品牌化，

加速小农户使用先进科技和先进装备的步伐，改善小农户的生产条件，提升小农户的生产经营能力，降低小农户的生产经营成本和风险，进一步推动土地流转、发展适度规模经营。此外，应鼓励市场服务主体与农户建立稳定的契约关系，发展订单服务，政府按照订单的服务人数和服务规模给予服务主体适当的生产补贴或奖励，保障服务主体获得市场平均利润，以促进小农户通过社会化服务载体实现与现代农业的有机衔接，逐步探索出一条小农国家发展现代农业、构建新型产业组织体系的新路径、新模式。

参 考 文 献

艾利思 F. 2006. 农民经济学：农民家庭农业和农业发展. 胡景北译. 上海：上海人民出版社.

安玉发，张娣杰. 2011. 告别“卖难”——农产品流通与营销实务. 北京：中国农业出版社.

薄一波. 2008. 若干重大决策与事件的回顾. 北京：中共党史出版社.

卜范达，韩喜平. 2003. “农户经营”内涵的探析. 当代经济研究，(9)：37-41.

蔡海龙. 2013. 农业产业化经营组织形式及其创新路径. 中国农村经济，(11)：4-11.

蔡荣. 2011. “合作社+农户”模式：交易费用节约与农户增收效应——基于山东省苹果种植农户问卷调查的实证分析. 中国农村经济，(1)：58-65.

蔡荣，祁春节. 2007. 农业产业化组织形式变迁——基于交易费用与契约选择的分析. 经济问题探索，(3)：28-31.

曹利群. 2007. 现代农业产业体系的内涵与特征. 宏观经济管理，(9)：40-42.

曹俐，雷岁江. 2005.“公司+农户”的经济学分析. 生产力研究，(6)：41-42，90.

常青，张兔元. 2010. 丹麦农业合作社与农业现代化的基本经验. 中国农业经济学会 2010 年学术研讨会论文集.

陈富桥，丁士军，姜爱芹. 2013. 产销对接方式对农户农产品销售收入的影响——基于茶叶种植户的实证研究. 农业技术经济，(7)：72-77.

陈纪平. 2012. 组织视角的中国农业规模化问题分析. 中国经济问题，(6)：40-46.

陈亮. 2015. 从阿里平台看农产品电子商务发展趋势. 中国流通经济，(6)：58-64.

陈锡文. 2016. 农业供给侧结构性改革的几个重大问题. 农业工程技术，(15)：38-42.

程郁，韩俊，罗丹. 2009. 供给配给与需求压抑交互影响下的正规信贷约束：来自 1874 户农户金融需求行为考察. 世界经济，(5)：73-82.

邓衡山，王文烂. 2014. 合作社的本质规定与现实检视——中国到底有没有真正的农民合作社?中国农村经济，(7)：15-26，38.

邓衡山，徐志刚，黄季焜，等. 2011. 组织化潜在利润对农民专业合作组织形成发展的影响. 经济学，(10)：1515-1532.

邓宏图，王巍，韩婷. 2014. 转型期农业合作社的现实与逻辑：来自山东寿光的经验观察. 中国农村经济，(7)：27-38.

杜洁. 2000. 女性主义与社会性别分析——社会性别理论在发展中的运用. 浙江学刊，(2)：94-98.

杜鹏. 2017. 社会性小农：小农经济发展的社会基础——基于江汉平原农业发展的启示. 农业经济问题，(1)：57-65.

杜润生. 2005. 杜润生自述：中国农村体制变革重大决策纪实. 北京：人民出版社.

杜吟棠. 2005. 农业产业化经营和农民组织创新对农民收入的影响. 中国农村观察，(3)：9-18，

80.
恩格斯 F. 1995. 法德农民问题//中共中央马克思恩格斯列宁斯大林著作编译局. 马克思恩格斯选集（第4卷）. 北京：人民出版社.
樊亢，戎殿新. 1994. 美国农业社会化服务体系——兼论农业合作社. 北京：经济日报出版社.
傅晨. 2013. 中国农业改革与发展前沿研究. 北京：中国农业出版社.
高强，刘同山，孔祥智. 2013. 家庭农场的制度解析：特征、发生机制与效应. 经济学家，(6)：48-56.
桂学文. 2013. 经济发展新动力：电子商务的作用机制与效果测度. 北京：科学出版社.
郭红东. 2002. 当前我国政府扶持农村专业合作经济组织发展的行为选择. 农村合作经济经营管理，(5)：37-38.
郭红东. 2011. 中国农民专业合作社发展：理论与实证研究. 杭州：浙江大学出版社.
郭红东，蒋文华. 2004. 影响农户参与专业合作经济组织行为的因素分析——基于对浙江省农户的实证研究. 中国农村经济，(5)：10-16，30.
郭红东，楼栋，胡卓红，等. 2009. 影响农民专业合作社成长的因素分析——基于浙江省部分农民专业合作社的调查. 中国农村经济，(8)：24-31.
郭庆海. 2014. 土地适度规模经营尺度：效率抑或收入. 农业经济问题，35（7）：4-10.
郭庆海. 2018. 小农户：属性、类型、经营状态及其与现代农业衔接. 农业经济问题，(6)：25-37.
郭圣乾，张纪伟. 2013. 农户生计资本脆弱性分析. 经济经纬，(3)：26-30.
国鲁来. 2001. 合作社制度及专业协会实践的制度经济学分析. 中国农村观察，(4)：36-48.
国鲁来. 2006. 农民合作组织发展的促进政策分析. 中国农村经济，(6)：4-11.
韩国民，高颖. 2009. 西部地区参与式扶贫与农民专业合作社发展的互动研究. 农村经济，(10)：116-118.
韩美贵，周应堂. 2007. 生鲜农产品安全供给几个关键问题及对策. 安徽农业科学，35（12）：3686-3689.
侯守礼，王威，顾海英. 2004. 不完备契约及其演进：政府信任和制度——以奶业契约为例. 中国农村观察，(6)：46-54.
胡定寰. 2002. 美国养鸡产业的发展和一体化经营模式. 世界农业，(9)：11-13，32.
胡定寰，陈志钢，孙庆珍，等. 2006. 合同生产模式对农户收入和食品安全的影响——以山东省苹果产业为例. 中国农村经济，(11)：17-24.
胡定寰，杨伟民，张瑜. 2009. "农超对接"与农民专业合作社发展. 农村经营管理，(8)：12-14.
胡晓鹏. 2008. 产业共生：理论界定及其内在机理. 中国工业经济，(9)：118-128.
黄承伟，周晶，程水林. 2015. 农村贫困治理中民间组织的发展及制约因素分析——以秦巴山片区4家草根民间组织的调查为例. 农村经济，(10)：50-56.
黄季焜，邓衡山，徐志刚. 2010. 中国农民专业合作经济组织的服务功能及其影响因素. 管理世界，(5)：75-82.
黄凯南. 2008. 共同演化理论研究评述. 中国地质大学学报，8（7）：97-101.
黄胜利，郑金土，温尚民，等. 2011. 美国和加拿大水果产业发展的经验与启示. 中国园艺文摘，(11)：45-47.
黄胜忠. 2009. 农业合作社的环境适应性分析. 开放时代，(4)：27-35.
黄宗智. 1986. 华北的小农经济与社会变迁. 北京：中华书局.
黄宗智. 2010. 中国的隐形农业革命. 北京：法律出版社.
黄宗智，彭玉生. 2007. 三大历史性变迁的交汇与中国小规模农业的前景. 中国社会科学，(4)：

74-88.
黄祖辉. 2000. 农民合作：必然性、变革态势与启示. 中国农村经济，(8)：4-8.
黄祖辉. 2008. 中国农民合作组织发展的若干理论与实践问题. 中国农村经济，(11)：4-7，26.
黄祖辉，扶玉枝，徐旭初. 2011. 农民专业合作社的效率及其影响因素分析. 中国农村经济，(7)：4-13.
黄祖辉，傅夏仙. 2001. 农地股份合作制：土地使用权流转中的制度创新. 浙江社会科学，(5)：41-44.
黄祖辉，高钰玲. 2012. 农民专业合作社服务功能的实现程度及其影响因素. 中国农村经济，(7)：4-16.
黄祖辉，梁巧. 2007. 小农户参与大市场的集体行动——以浙江省箬横西瓜合作社为例的分析. 农业经济问题，(9)：66-71.
黄祖辉，梁巧. 2009. 梨果供应链中不同组织的效率及其对农户的影响——基于浙江省的实证调研数据. 西北农林科技大学学报（社会科学版），(1)：36-40.
黄祖辉，梁巧，吴彬，等. 2015. 农业合作社的模式与启示：美国、荷兰和中国台湾的经验研究. 杭州：浙江大学出版社.
黄祖辉，刘东英. 2007. 我国生鲜蔬菜物流体系研究：制度组织与交易效率. 杭州：浙江大学出版社.
黄祖辉，朋文欢. 2016. 农民合作社的生产技术效率评析及其相关讨论——来自安徽砀山县 5 镇（乡）果农的证据. 农业技术经济，(8)：4-14.
黄祖辉，邵科. 2010. 基于产品特性视角的农民专业合作社组织结构与运营绩效分析. 学术交流，(7)：91-96.
黄祖辉，徐旭初，冯冠胜. 2002. 农民专业合作组织发展的影响因素分析——对浙江省农民专业合作组织发展现状的探讨. 中国农村经济，(3)：13-21.
黄祖辉，张静，Chen K. 2008. 交易费用与农户契约选择——来自浙冀两省 15 县 30 个村梨农调查的经验证据. 管理世界，(9)：76-81.
黄祖辉，张静，陈志钢. 2008. 中国梨果产业价值链分析. 中国农村经济，(7)：63-72.
晖峻众三. 2011. 日本农业 150 年（1985-2000 年）. 胡浩，等译. 北京：中国农业大学出版社.
纪志耿，黄婧. 2014. 拥有什么条件才能成为家庭农场主——经营规模测算及自立能力分析. 农村经济，(6)：3-7.
冀县卿，钱忠好. 2010. 农地股份合作社农地产权结构创新——基于江苏渌洋湖土地股份合作社的案例研究. 农业经济问题，(5)：77-83，111-112.
贾广东，张涛，刘睿文，等. 2015. 美国现代农业社会化服务体系发展对我国的启示. 农村经营管理，(10)：22-25.
贾愚，张三峰. 2013. 产业成长视角的乳业质量演化博弈分析：演化方向、速度与创新策略. 软科学，27（12）：11-16.
姜增伟. 2010. “超市+专业合作社+农户”是“农超对接”的有效模式. 中国农民合作社，(1)：34.
姜长云. 2016. 关于发展农业生产性服务业的思考. 农业经济问题，(5)：8-15.
姜长云，张立冬. 2014. 美国公司农场的发展及启示. 世界农业，(4)：29-32，52.
蒋燕，冯开文. 2008. 农业一体化中合作社不可或缺的原因——一个新制度经济学和博弈论角度的理论与案例分析. 经济研究导刊，(18)：67-70.
蒋永穆，高杰. 2013. 农业经营组织与农业产业体系的多层级共同演化机理. 财经科学，(4)：

93-99.
靳相木. 1998. 试论农业产业组织创新——着重于农业产业化实践的理论解释及比较分析. 农业技术经济,（1）：34-38，19.
科技部农村司. 2016. 国家现代农业科技推广体系建设有关情况（打印稿）.
克拉默 G，詹森 C. 1994. 农业经济学和农业企业. 吴大，等译. 北京：中国社会科学出版社.
克罗普 R. 2014. 美国奶农合作社和协会. 第五届中美奶业研讨会，哈尔滨.
孔祥智. 2016. 合作社的益贫性. 中国农民合作社,（7）：38.
孔祥智，蒋忱忱. 2010. 成员异质性对合作社治理机制的影响分析——以四川省井研县联合水果合作社为例. 农村经济,（9）：8-11.
孔祥智，金洪云，史冰清. 2012. 国外农业合作社研究. 北京：中国农业出版社.
孔祥智，穆娜娜. 2018. 实现小农户与现代农业发展的有机衔接. 农村经济,（2）：1-7.
库尔斯 R，乌尔 J. 2006. 农产品市场营销学. 9 版. 孔雁译. 北京：清华大学出版社.
拉坦. 1991. 诱致性制度变迁理论，财产权利与制度变迁——产权学派与新制度学派译文集. 陈昕译. 上海：上海三联书店.
李斌，李小云，左停. 2004. 农村发展中的生计途径研究与实践. 农业技术经济,（4）：10-16.
李翠霞，葛娅男. 2012. 我国原料乳生产模式演化路径研究——基于利益主体关系视角. 农业经济问题,（7）：33-38.
李琳一，李小云. 2007. 浅析发展学视角下的农户生计资产. 农村经济,（10）：100-104.
李霖，郭红东. 2014. 小农户集体行动研究文献综述——基于市场准入视角. 中国农村观察,（6）：82-91.
李晓明. 2006. 如何规范农民专业合作社建设. 金融经济,（8）：127-128.
李莹，杨伟民，张侃，等. 2011. 农民专业合作社参与“农超对接”的影响因素分析. 农业技术经济,（5）：65-71.
梁巧，王鑫鑫. 2014. 我国农民合作社设立机制——基于产业组织生态学理论的探讨. 经济理论与经济管理，34（7）：101-112.
梁巧，吴闻，刘敏，等. 2014. 社会资本对农民合作社社员参与行为及绩效的影响. 农业经济问题,（11）：71-79.
廖祖君，郭晓鸣. 2015. 中国农业经营组织体系演变的逻辑与方向：一个产业链整合的分析框架. 中国农村经济,（2）：13-21.
林坚，马彦丽. 2007. 农业合作社和投资者所有企业的边界——基于交易费用和组织成本角度的分析. 农业经济问题,（3）：16-20，79.
林坚，王宁. 2002. 公平与效率：合作社组织的思想宗旨及其制度安排. 农业经济问题,（9）：46-49.
刘凤芹. 2006. 农业土地规模经营的条件与效果研究：以东北农村为例. 管理世界,（9）：45-54.
刘天军，胡华平，朱玉春，等. 2013. 我国农产品现代流通体系机制创新研究. 农业经济问题,（8）：20-25，100.
刘晓鸥，邸元. 2013. 订单农业对农户农业生产的影响——基于三省（区）1041 个农户调查数据的分析. 中国农村经济,（4）：48-59.
刘颖娴，徐旭初，郭红东. 2015. 不确定性与农民专业合作社纵向一体化经营. 华南农业大学学报,（3）：60-69.
刘宇翔. 2015. 欠发达地区农民合作扶贫模式研究. 农业经济问题,（7）：37-45，110-111.
刘玉满. 1998. 培育农业产业组织体系 推动农业产业化发展. 中国农村经济,（12）：34-39.

卢广绵. 1933. 西河农民棉花运销合作的初步试验. 合作讯,(100).
栾敬东,程杰. 2007. 基于产业链的农业风险管理体系建设. 农业经济问题,(3):86-91.
罗必良. 2000. 农地经营规模的效率决定. 中国农村观察,(5):18-24.
罗必良. 2005. 农业产业组织:一个解释模型及其实证分析. 制度经济学研究,(1):59-70.
罗必良. 2007. 农民合作组织:偷懒、监督及其保障机制. 中国农村观察,(2):26-37.
罗必良. 2012. 关于农业组织化的战略思考. 农村经济,(6):3-5.
罗必良. 2017. 农业供给侧改革的关键、难点与方向. 农村经济,(1):1-10.
罗元青,王家能. 2008. 对我国农业产业组织形式创新的思考——基于分工与专业化视角. 农村经济,(6):34-36.
骆耕漠. 1934. 信用合作事业与中国农村金融. 中国农村,(2):66-74.
马克思 K H. 1995. 资本论//中共中央马克思恩格斯列宁斯大林著作编译局. 马克思恩格斯选集(第4卷). 北京:人民出版社.
马歇尔 A. 1980. 经济学原理. 朱志泰,陈良璧,等译. 北京:商务印书馆.
马迅. 2012. 农村土地股份合作社法律问题初探. 法制与社会,(1):215-216.
曼瑟尔 A. 1995. 集体行动的逻辑. 陈郁,等译. 上海:上海三联书店.
缪建平. 2008.《农民专业合作社法》贯彻推进农民合作组织规范化发展. 农村经营管理,(3):18-21.
倪国华,蔡昉. 2015. 农户究竟需要多大的农地经营规模?——农地经营规模决策图谱研究. 经济研究,(3):159-171.
牛若峰. 1998. 论市场经济与农民自由联合. 中国农村经济,(7):73-75.
牛若峰. 2002. 当代农业产业一体化经营. 南昌:江西人民出版社.
牛若峰. 2006. 农业产业化经营发展的观察和评论. 农业经济问题,(3):8-15.
潘劲. 2007. 农产品行业协会:现状、问题与发展思路. 中国农村经济,(4):53-59.
潘劲. 2011. 中国农民专业合作社:数据背后的解读. 中国农村观察,(6):2-11.
佩萱. 1933. 中国农村经济与农业合作. 北平:西北书局.
恰亚诺夫 A. 1996. 农民经济组织. 萧正洪译. 北京:中央编译出版社.
钱辉,张大亮. 2006. 基于生态位的企业演化机理探析. 浙江大学学报(人文社会科学版),36(2):20.
钱克明,彭廷军. 2013. 关于现代农业经营主体的调研报告. 农业经济问题,34(6):60-61.
钱忠好. 2000. 节约交易费用:农业产业化经营成功的关键——对江苏如意集团的个案研究. 中国农村经济,(8):62-66.
钱忠好. 2008. 非农就业是否必然导致农地流转——基于家庭内部分工的理论分析及其对中国农户兼业化的解释. 中国农村经济,(10):13-21.
切斯特 B. 1997. 经理人员的职能. 王永贵译. 北京:中国社会科学出版社.
秦孝仪. 1986. 革命文献第85集. 北京:中国国民党中央史料编纂委员会.
任伯琪,胡承波. 2014. 农业产业组织绩效评价体系建构及实证研究. 广东农业科学,(7):208-213.
任大鹏,郭海霞. 2008. 合作社制度的理想主义与现实主义——基于集体行动理论视角的思考. 农业经济问题,(3):90-94.
单汨源,李果,陈丹. 2006. 基于生态位理论的企业竞争战略研究. 科学学与科学技术管理,27(3):159-163.
邵科,徐旭初. 2008. 成员异质性对农民专业合作社治理结构的影响. 西北农林科技大学学报(社会科学版），（2）：5-9.
邵占鹏. 2017. 规则与资本的逻辑：淘宝村中农民网店的型塑机制. 西北农林科技大学学报，（4）：74-82.
施莱贝克尔 J T. 1981. 美国农业史. 高田，松平，朱人译. 北京：农业出版社.
施晟，卫龙宝，伍骏骞. 2012. “农超对接”进程中农产品供应链的合作绩效与剩余分配——基于“农户+合作社+超市”模式的分析. 中国农村观察，（4）：14-28，92-93.
石敏俊，金少胜. 2004. 中国农民需要合作组织吗？浙江大学学报（人文社会科学版），34（3）：35-44.
世界银行. 2008. 2008年世界发展报告——以农业促发展. 北京：清华大学出版社.
寿勉成，郑厚博. 1937. 中国合作运动史. 南京：正中书局.
舒尔茨 T. 1999. 改造传统农业. 梁小民译. 北京：商务印书馆.
斯蒂格利茨 G. 2006. 产业组织. 王永钦，薛锋译. 上海：上海人民出版社.
斯科特 J. 2001. 农民的道义经济学：东南亚的反判与生存. 程立显，刘建译. 北京：译林出版社.
斯科特 R. 2002. 组织理论：理性、自然和开放系统. 黄洋，等译. 北京：华夏出版社.
宋金田，祁春节. 2013. 农户合作行为形成与发展——基于新制度经济学视角的案例分析. 华中农业大学学报，（6）：44-52.
苏群，陈杰. 2014. 农民专业合作社对稻农增收效果分析——以江苏省海安县水稻合作社为例. 农业技术经济，（8）：93-99.
苏晓云. 2012. 贫困地区农民合作经济组织实证研究——基于广西凤山县的调查与思考. 毛泽东邓小平理论研究，（5）：88-94，117.
孙葆春，隋姝妍，牟少岩. 2013. 合作社成立、成长、成熟过程中的关键节点及其社会资本作用机制研究. 农村经济，（7）：123-125.
孙林. 2001. 新中国农业经济思想史. 上海：上海财经大学出版社.
孙晓华，秦川. 2012. 基于共生理论的产业链纵向关系治理模式——欧洲和日本汽车产业的比较及借鉴. 经济学家，（3）：95-102.
孙亚范. 2003. 现阶段我国农民合作需求与意愿的实证研究和启示——对江苏农户的实证调查与分析. 江苏社会科学，（1）：204-208.
孙艳华，刘湘辉，周发明，等. 2008. 生产合同模式对农户增收绩效的实证研究——基于江苏省肉鸡行业的调查数据. 农业技术经济，（4）：55-64.
孙艳华，周力，应瑞瑶. 2007. 农民专业合作社增收绩效研究——基于江苏省养鸡农户调查数据的分析. 南京农业大学学报（社会科学版），（2）：22-27.
泰勒尔 G. 2007. 产业组织理论. 北京：中国人民大学出版社.
唐宗焜. 2003. 中国合作社政策与立法导向问题——国际劳工组织《合作社促进建议书》对中国的意义. 经济研究参考，（43）：2-23.
唐宗焜. 2007. 合作社功能和社会主义市场经济. 经济研究，（12）：11-23.
唐宗焜. 2012. 合作社的真谛. 北京：知识产权出版社.
陶武先. 2004. 现代农业的基本特征与着力点. 中国农村经济，（3）：4-12.
万广华，程恩江. 1996. 规模经济、土地细碎化与我国的粮食生产. 中国农村观察，（3）：31-36.
万俊毅. 2008. 准纵向一体化、关系治理与合约履行——以农业产业化经营的温氏模式为例. 管理世界，（12）：93-102.
万俊毅，欧晓明. 2010. 产业链整合、专用性投资与合作剩余分配：来自温氏模式的例证. 中国农村经济，（5）：28-42.

万俊毅，彭斯曼，陈灿. 2009. 农业公司与农户的关系治理：交易成本视角. 农村经济，(4)：25-28.
汪爱娥，包玉泽. 2014. 农业产业组织与绩效综述. 华中农业大学学报，(4)：70-75.
王贵宸. 1988. 中国农村经济学. 北京：中国人民大学出版社.
王宏州，黄季焜. 2016. 农民的风险和共担风险偏好研究. 农业经济问题，(11)：86-94.
王军. 2014. 北美农业合作社发展新动向及其启示. 中国农业大学学报，(3)：269-274.
王凯，韩纪琴. 2002. 农业产业链管理初探. 中国农村经济，(5)：9-12.
威尔科克斯 W. 1987. 美国农业经济学. 刘汉才译. 北京：商务印书馆.
温涛，王小华，杨丹，等. 2015. 新形势下农户参与合作经济组织的行为特征、利益机制及决策效果. 管理世界，(7)：82-97.
温铁军. 2009. 合作社的组织创新与交易成本降低. 中国合作经济，(10)：21-22.
吴彬，徐旭初. 2009. 农民专业合作社的益贫性及其机制. 农村经济，(3)：115-117.
习近平. 2001. 中国农村市场化研究. 清华大学博士学位论文.
夏英. 2008. 我国农民专业合作经济组织发展中的政府行为与相关政策法规. 农村经营管理，(11)：17-21.
夏英，宋彦峰，濮梦琪. 2010. 以农民专业合作社为基础的资金互助制度分析. 上海集体经济，(4)：26-29.
小林康平. 1998. 体制转换中的农产品流通体系——批发市场机制的国际对比研究. 菅沼圭辅助，王志刚，周燕译. 北京：中国农业出版社.
谢欣，周向阳. 2016. 农户参与订单生产对其收入影响的实证研究——以湖北省建始县和重庆市黔江区为例. 中国物价，(2)：54-57.
徐更生. 2007. 美国农业政策. 北京：经济管理科学出版社.
徐旭初. 2003. 合作社的本质规定性及其它. 农村经济，(8)：38-40.
徐旭初. 2005a. 农民专业合作组织立法的制度导向辨析——以《浙江省农民专业合作社条例》为例. 中国农村经济，(6)：19-24.
徐旭初. 2005b. 中国农民专业合作经济组织的制度分析. 北京：经济科学出版社.
徐旭初. 2006. 农民专业合作：基于组织能力的产权安排——对浙江省农民专业合作社产权安排的一种解释. 浙江学刊，(3)：177-182.
徐旭初. 2008. 新情势下我国农民专业合作社的制度安排. 农村经营管理，(11)：13-16.
徐旭初. 2012. 农民专业合作社发展辨析：一个基于国内文献的讨论. 中国农村观察，(5)：2-12.
徐旭初. 2014. 农民合作社发展中政府行为逻辑：基于赋权理论视角的讨论. 农业经济问题，(1)：19-29，110.
徐旭初. 2016. 还谈在脱贫攻坚中发挥农民合作社的内源作用. 中国农民合作社，(8)：39.
徐旭初，吴彬. 2010. 治理机制对农民专业合作社绩效的影响——基于浙江省 526 家农民专业合作社的实证分析. 中国农村经济，(5)：43-55.
徐旭初，吴彬. 2012. 减贫视域中农村合作组织发展的益贫价值. 农业经济与管理，(5)：18-24.
徐旭初，吴彬. 2016. 贫困中的合作——贫困地区农村合作组织发展研究. 杭州：浙江大学出版社.
徐旭初，吴彬. 2017. 异化抑或创新?——对中国农民合作社特殊性的理论思考. 中国农村经济，(12)：2-17.
徐勇，邓大才. 2006. 社会化小农：解释当今农户的一种视角. 学术月刊，(7)：12-20.
徐兆铭，乔云霞. 2003. 美国五次并购浪潮及其历史背景. 科技情报开发与经济，(5)：145-147.
徐志刚，张森，邓衡山，等. 2011. 社会信任：组织产生、存续和发展的必要条件?——来自中国农民专业合作经济组织发展的经验. 中国软科学,（1）: 47-58.
徐忠爱. 2007. 公司和农户契约选择与履约机制研究. 北京：中国社会科学出版社.
许军涛. 2015. 贫困治理中的合作经济组织参与研究. 华中师范大学博士学位论文.
许先. 2003. 美国农业社会化服务体系发展的经验与启示. 山东大学学报（哲学社会科学版）,（4）: 124-128.
杨德寿. 1998. 中国供销合作社发展史. 北京：中国财政经济出版社.
杨格 A. 1996. 报酬递增与经济进步. 贾根良译. 经济社会体制比较,（2）: 52-57.
杨欢进，杨洪进. 1998. 组织支撑：农业产业化的关键. 管理世界,（4）: 207-210.
杨枝煌. 2008. 我国生猪产业风险的金融化综合治理. 农业经济问题,（4）: 31-34.
杨志宏，翟印礼. 2011. 超市农产品供应链流通成本分析——以沈阳市蔬菜市场为例. 农业经济问题,（2）: 73-78，112.
叶敬忠. 2013. 没有小农的世界会好吗?——兼序《新小农阶级》中译本. 中国农业大学学报（社会科学版）, 30（3）: 12-21.
伊藤顺一，包宗顺，苏群. 2011. 农民专业合作社的经济效果分析——以南京市西瓜合作社为例. 中国农村观察,（5）: 2-13，95.
尹成杰. 2008. 关于建设中国特色现代农业的思考. 农业经济问题,（3）: 4-9.
尹广文，崔月琴. 2016. 能人效应与关系动员：农民专业合作组织的生成机制和运作逻辑——一组基于西北地区村域合作社的实地研究. 南京农业大学学报（社会科学版）,（2）: 36-43，153.
于建嵘. 2007. 农村群体性突发事件的预警与防治. 中国乡村发现,（1）: 114-117.
于丽红. 2015. 美国农场信贷体系及其启示. 农业经济问题,（3）: 101-109，113.
苑金凤，刘琦，王倩，等. 2014. 我国农产品电子商务发展特征——以淘宝网为例. 电子商务,（2）: 7-8.
苑鹏. 2001. 中国农村市场化进程中的农民合作组织研究. 中国社会科学,（6）: 16-18.
苑鹏. 2008. 农民专业合作经济组织发展的未来展望. 农村经营管理,（11）: 10-12.
苑鹏. 2009a. 部分西方发达国家政府与合作社关系的历史演变及其对中国的启示. 中国农村经济,（8）: 89-96.
苑鹏. 2009b. 农民专业合作社的财政扶持政策研究. 经济研究参考,（41）: 3-11.
苑鹏. 2013. “公司+合作社+农户”下的四种农业产业化经营模式探析——从农户福利改善的视角. 中国农村经济,（4）: 71-78.
苑鹏. 2014. 中国特色的农民专业合作社发展探析. 东岳论丛,（7）: 106-112.
苑鹏. 2015. 日本综合农协的发展经验及其对中国农村合作社道路的借鉴. 农村经济,（5）: 118-122.
苑鹏，丁忠兵. 2018. 小农户与现代农业发展的衔接模式：重庆梁平例证. 改革,（6）: 106-114.
苑鹏，刘凤芹. 2007. 美国政府在发展农民合作社中的作用及其启示. 农业经济问题,（9）: 101-106.
苑鹏，潘劲. 1998. 关于合作社基本概念、基本原则的再认识——以色列合作社运动的反思. 中国农村观察,（5）: 4.
曾亿武，郭红东. 2016. 农产品淘宝村形成机理：一个多案例研究. 农业经济问题,（4）: 39-48，111.
曾亿武，郭红东，金松青. 2018. 电子商务有益于农民增收吗？——来自江苏沭阳的证据. 中国农村经济,（2）: 49-64.
张德粹. 1946. 农业合作. 上海：商务印书馆.

张红宇. 2015a. 新型农业经营主体发展趋势研究. 经济与管理评论，(1)：104-109.
张红宇. 2015b. 以制度和政策创新促进现代农业发展. 中国改革，(3)：10-12.
张红宇. 2016. 中国强势农业的金融支撑. 中国金融四十人论坛，(7)：12.
张红宇，李伟毅. 2014. 新型农业经营主体：现状与发展. 中国农民合作社，(10)：48-51.
张晋华，冯开文，黄英伟. 2012. 农民专业合作社对农户增收绩效的实证研究. 中国农村经济，(9)：4-12.
张利庠，张喜才. 2011. 外部冲击对我国农产品价格波动的影响研究——基于农业产业链视角. 管理世界，(1)：71-81.
张鸣峰，林初有，谢科成. 2015. 县级城市集约式农产品电子商务模式探讨——以句容为例. 电子商务，(10)：19-20.
张思华. 2008. 政府农业管理效力研究——构建大农业部门管理体制探讨. 北京：中国农业出版社.
张晓山. 2006. 创新农业基本经营制度发展现代农业. 农业经济问题，(8)：4-9，79.
张晓山. 2008. 农村的制度变革和组织创新. 理论视野，(5)：16-19.
张晓山. 2009. 农民专业合作社的发展趋势探析. 管理世界，(5)：89-96.
张晓山. 2010. 有关土地股份合作社的评论. 中国农民合作社，(5)：28.
张晓山，党国英. 2002. 丹麦农村社会的政治结构初探. 中国农村观察，(6)：59-68.
张晓山，苑鹏. 2009. 合作经济理论与中国农民专业合作社的实践. 北京：首都经济贸易大学出版社.
张学军. 2011. 论美国农业经销合作社规范的演变及其启示. 浙江大学学报（人文社会科学版），(4)：119-133.
张永丽，柳建平. 2005. 合作社立法与欠发达地区农村社会经济发展. 甘肃政法学院学报，(6)：97-101.
张雨，吴俊丽，李秀峰. 2004. 保障食品安全的供应组织模式. 北京农业职业学院学报，18(5)：39-42.
张忠根. 2016. 农业经济学. 2 版. 杭州：浙江大学出版社.
章元善，许仕廉. 1935. 乡村建设实验（第 2 集）. 北京：中华书局.
赵泉民. 2009. 中国乡村合作经济困境的制度经济学分析. 天津社会科学，(4)：72-80.
赵晓峰，邢成举. 2016. 农民合作社与精准扶贫协同发展机制构建：理论逻辑与实践路径. 农业经济问题，(4)：23-29，110.
赵绪福，王雅鹏. 2004. 纺织用农业原料贡献的演变、困境与对策. 湖北农业科学，(2)：12-15.
赵云平，张宏升. 2009. 我国乳业成长的阶段性分析及政策取向. 农业经济问题，(8)：50-53.
郑风田，程郁. 2005. 从农业产业化到农业产业区——竞争型农业产业化发展的可行性分析. 管理世界，(7)：64-73.
中国赴美农业保险考察团. 2002. 美国农业保险考察报告. 中国农村经济，(1)：68-77.
中国合作事业协会. 1946. 抗战以来之合作运动. 郑州：大象出版社.
中国社会科学院农村发展研究所，国家统计局农村社会经济调查司. 2015. 中国农村经济形势分析与预测（2014—2015）. 北京：社会科学文献出版社.
中央银行经济研究处. 1936. 中国农业金融概要. 上海：商务印书馆.
周立群，曹利群. 2001. 农村经济组织形态的演变与创新——山东省莱阳市农业产业化调查报告. 经济研究，(1)：69-75，83-94.
周应恒，胡凌啸，严斌剑. 2015. 农业经营主体和经营规模演化的国际经验分析. 中国农村经济，

（9）：80-95.
朱纪广，李二玲，史焱文，等. 2014. 农业产业集群发展中的共同演化分析——以鄢陵县花木产业集群为例. 人文地理，（3）：109-114.
朱启臻，王念. 2008. 论农民专业合作社产生的基础和条件. 华南农业大学学报（社会科学版），（3）：16-19.
祝宏辉. 2007. 新疆番茄产业实施订单农业生产方式的效果评析. 农业技术经济，（3）：89-95.
高岡熊雄. 1912. 経済全書—農業政策Ⅰ. 東京：宝文館.
高岡熊雄. 1915. 小農保護問題. 東京：同文館.
頼平. 1987. 現代農業政策論—農業政策の基礎理論. 東京：社団法人家の光協会.
横井時敬. 1927. 小農に関する研究. 東京：丸善.
Abdulai A，Birachi E A. 2010. Choice of coordination mechanism in the Kenyan fresh milk supply chain. Review of Agricultural Economics，31（1）：103-121.
Adger W，Brown K，Tompkins E L. 2005. The political economy of cross-scale networks in resource co-management. Ecology & Society，10（2）：410-411.
Alchian A A. 1950. Uncertainty，evolution，and economic theory. Journal of Political Economy，58（3）：211-221.
Alchian A A，Demsetz H.1972. Production，information costs，and economic organization. The American Economic Review，62（5）：777-795.
Andrei C，Jos B，Stefano P，et al. 2013. Quality in cooperatives versus investor- owned firms：evidence from broiler production in Paraná Brazil. Managerial & Decision Economics，34（3~5）：230-243.
Arie S. 1955. Collective settlements in Israel. The Town Planning Review，（4）：255-270.
Arrow K J. 1975. Vertical integration and communication. The Bell Journal of Economics，6（1）：173-183.
Bain J. 1968. Industrial Organization. Hoboken：John Wiley & Sons.
Barrett C B，Bachke M E，Bellemare M F，et al. 2012. Smallholder participation in contract farming：comparative evidence from five countries. World Development，40（4）：715-730.
Bellemare M F. 2010. Agricultural extension and imperfect supervision in contract farming：evidence from Madagascar. Agricultural Economics，41（6）：507-517.
Berkes F. 2009. Evolution of co-management：role of knowledge generation，bridging organizations and social learning. Journal of Environmental Management，90（5）：1692-1702.
Bernard T，Dercon S，Taffesse A S. 2012. Beyond fatalism：an empirical exploration of self-efficacy and aspirations failure in Ethiopia. Working Paper，No. 46，International Food Policy Research Institute（IFPRI）.
Berthon P，Pitt L F，Ewing M T，et al. 2003. Norms and power in marketing relationships：alternative theories and empirical evidence. Journal of Business Research，56（9）：699-709.
Bijman J. 2008. Contract farming in developing countries：an overview. Working Paper，Wageningen University.
Bijman J，Iliopoulos C，Poppe K J，et al. 2012. Support for Farmers' Cooperatives. Final Report，Wageningen：Wageningen UR.
Bijman J，Kamphuis B M，Wiersinga R C，et al. 2010. Linking Small-scale Farmers to Modern Retail Chains：The Case of China-SPAR. Wageningen：Wageningen Academic Publishers.
Bodin O，Crona B I. 2009. The role of social networks in natural resource governance：what relational

patterns make a difference? Global Environmental Change，19（3）：366-374.

Bokusheva R，Valentinov V，Anpilogova V. 2007. The investment behaviour of Russian farms. Post-Communist Economies，19（1）：53-71.

Bontems P，Fulton M. 2009. Organizational structure，redistribution and the endogeneity of cost：cooperatives，investor-owned firms and the cost of procurement. Journal of Economic Behavior & Organization，72（1）：322-343.

Bonus H. 1986. The cooperative association as a business enterprise：a study in the economics of transactions. Journal of Institutional and Theoretical Economics，142（2）：310-339.

Bourguignon F，Fournier M，Gurgand M. 2007. Selection bias corrections based on the multinomial logit model：Monte Carlo comparisons. Journal of Economic Surveys，21（1）：174-205.

Brouthers K D，Brouthers L E. 2003. Why Service and manufacturing entry mode choices differ：the influence of transaction cost factors，risk and trust. Journal of Management Studies，40（5）：1179-1204.

Cakir M，Balagtas J V. 2012. Estimating market power of US dairy cooperatives in the fluid milk market. American Journal of Agricultural Economics，94（3）：647-658.

Capitanio F，Coppola A，Pascucci S. 2010. Product and process innovation in the Italian food industry. Agribusiness，26（4）：503-518.

Carlsson L，Berkes F. 2005. Co-management：concepts and methodological implications. Journal of Environmental Management，75（1）：65-76.

Carter M R. 1987. Risk sharing and incentives in the decollectivization of agriculture. Oxford Economic Papers，39（3）：577-595.

Chaddad F R. 2010. Inter-organizaitonal relationship in the US agri-food system：the role of agricultural cooperatives//Fischer C，Hartmann M. Agri-food Chain Relationships. Wallingford：CABI Publishing.

Chaddad F R，Cook M L. 2004. Understanding new cooperative models：an ownership-control rights typology. Applied Economic Perspectives and Policy，26（3）：348-360.

Chambers R，Conway G. 1992. Sustainable rural livelihoods：practical concepts for the 21st century. Institute of Development Studies（UK）.

Chavas J P. 2011. Agricultural policy in an uncertain world. European Review of Agricultural Economics，38（3）：383-407.

Chen K，Jefferson G H，Singh I. 1992. Lessons from China's economic reform. Journal of Comparative Economics，（16）：201-225.

Coase R H. 1937. The nature of the firm. Economica，4（16）：386-405.

Comanor W S，Frech H E. 1985. The competitive effects of vertical agreements? The American Economic Review，75（3）：539-554.

Cook M L. 1995. The future of U.S. agricultural cooperatives：a neo-institutional approach. American Journal of Agricultural Economics，77（5）：1153-1159.

Cook M L，Burress M J. 2009. A cooperative life cycle framework. Rural cooperation in the 21st century：lessons from the past，pathways to the future. An International Workshop，Rehovot，Israel，June：15-17.

Cook M L，Chaddad F R，Iliopoulos C. 2004. Advances in cooperative theory since 1990：a review of agricultural economics literature//Hendrikse G W J. Restructuring Agricultural Cooperatives.

Haveka: Erasmus University Press.

Cramer G L, Jensen C W, Southgate D D, Jr. 2001. Agricultural Economics and Agribusiness. New York: John Wiley and Sons Inc.

Crozier M, Friedberg. 1977. L'acteur et Filesysteme. Paris: Editions du Seuil.

Deng H S, Xu Z G, Huang J K. 2011. The role of potential profit in the formation and development of farmers' professional cooperatives. China Economic Quarterly, (4): 1515-1532.

Deng H S, Huang J K, Xu Z G, et al. 2010. Policy support and emerging farmer professional cooperatives in rural China. China Economic Review, 21 (4): 495-507.

Efroymson C W. 1950. Collective agriculture in Israel. Journal of Political Economy, 58 (1): 30-46.

Ehrlich P, Raven P. 1964. Butterflies and plants: a study in co-evolution. Evolution, 18(4): 586-608.

Enzing C M, Pascucci S, Janszen F H A, et al. 2011. Role of open innovation in the new product short and long-term market success: evidence from the Dutch food and beverages industry. Journal of Chain and Network Science, 11 (3): 235-250.

Escobal J A, Cavero D. 2012. Transaction costs, institutional arrangements and inequality outcomes: potato marketing by small producers in rural Peru. World Development, 40 (2): 329-341.

Eswaran M, Kotwal A. 1985. A theory of contractual structure in agriculture. American Economic Review, 75 (3): 352-367.

EY, Cambridge Econometrics Ltd and Arcadia International. 2014. The Economic Impact of Modern Retail on Choice and Innovation in the EU Food Sector: Case Studies Report. Luxembourg: Publications Office of the European Union.

Fama E F, Jensen M C. 1983. Separation of ownership and control. Journal of Law and Economics, 26 (2): 301-325.

Feng L, Hendrikse G W J. 2012. Chain interdependencies, measurement problems, and efficient governance structure: cooperatives versus publicly listed firms. European Review of Agricultural Economics, 39 (2): 241-255.

Ferrier G D, Porter P K. 1991. The productive efficiency of US milk processing co-operatives. Journal of Agricultural Economics, (42): 161-193.

Fischer C, Hartmann M, Reynolds N, et al. 2009. Factors influencing contractual choice and sustainable relationships in European agri-food supply chains. European Review of Agricultural Economics, 36 (4): 541-569.

Fischer E, Qaim M. 2012. Linking smallholders to markets: determinants and impacts of farmer collective action in Kenya. World Development, 40 (6): 1255-1268.

Ford D, Gadde L, Hakansson H, et al. 2012. Managing Business Relationships. Chichester: John Wiley and Sons Inc.

Francesconi G N, Heerink N, Haese M D. 2010. Evolution and challenges of dairy supply chains: evidence from supermarkets, industries and consumers in Ethiopia. Food Policy, 35 (1): 60-68.

Fulton M. 2005. Producer associations: international experience//Sonntag B H, Huang J, Rozelle S, et al. China's Agricultural and Rural Development in the Early 21st Century. Canberra: Australian Centre for International Agricultural Research.

Galdeano-Gómez E, Céspedes-Lorente J. 2008. Environmental spillover effects on firm productivity and efficiency: an analysis of agri-food business in southeast Spain. Ecological Economics, 67 (1): 131-139.

Ganesan S. 1994. Determinants of long-term orientation in buyer-seller relationships. The Journal of Marketing，58（2）：1-19.
Geyskens I，Steenkamp J E M，Kumar N. 1998. Generalizations about trust in marketing channel relationships using meta-analysis. International Journal of Research in Marketing，15（3）：223-248.
Geyskens I，Steenkamp J E M，Kumar N. 2006. Make，buy，or ally：a transaction cost theory meta-analysis. Academy of Management Journal，49（3）：519-543.
Granovetter M. 1985. Economic action and social structure：the problem of embeddedness. American Journal of Sociology，（91）：481-510.
Greene W H. 2007. Econometric Analysis. Upper Saddle River：Prentice Hall International Inc.
Greiner L E. 1989. Evolution and revolution as organizations grow. Readings in Strategic Management，76（3）：55.
Guo H D，Jolly R W. 2008. Contractual arrangements and enforcement in transition agriculture：theory and evidence from China. Food Policy，33（6）：570-575.
Haakonsson S J，Jensen P D Q，Mudambi S M. 2013. A co-evolutionary perspective on the drivers of international sourcing of pharmaceutical R&D to India. Journal of Economic Geography，13（4）：677-700.
Handfield R B，Bechtel C. 2002. The role of trust and relationship structure in improving supply chain responsiveness. Industrial Marketing Management，31（4）：367-382.
Hanisch M，Rommel J，Müller M. 2013. The cooperative yardstick revisited：panel evidence from the European dairy sectors. Journal of Agricultural and Food Industrial Organization，11（1）：151-162.
Hansmann H. 1988. Ownership of the firm. The Journal of Law，Economics，and Organization，4（2）：267-304.
Hansmann H. 1996. The Ownership of Enterprise. Cambridge：Harvard Universiy Press.
Heerink N. 2006. China's new rural income support policy：impacts on grain production and rural income inequality. China and World Economy，214（6）：58-69.
Hellin J，Lundy M，Meijer M，et al. 2009. Farmer organization，collective action and market access in Meso-America. Food Policy，34（1）：16-22.
Hobbs J E，Kerr W A，Klein K K. 1998. Creating international competitiveness through supply chain management：danish pork type. Supply Chain Management，3（2）：68-78.
Hobbs J E，Young L M. 2000. Closer vertical co-ordination in agri-food supply chains：a conceptual framework and some preliminary evidence. Supply Chain Management，5（3）：131-143.
Höhler J，Kühl R. 2014. Position and performance of farmer cooperatives in the food supply chain of the EU-27. Annals of Public and Cooperative Economic，85（4）：579-595.
Hortmann-Scholten A. 2011. Germany's role in Pan-European trade. Presentation to the EPP Congress，Münster，Germany，May 19，VEZG/Chamber of Agriculture，Lower Saxony.
Huang Z，Liang Q. 2018. Agricultural organizations and the role of farmer cooperatives in China since 1978：past and future. China Agricultural Economic Review，10（1）：48-64.
Huygens M，Baden-Fuller C，Bosch V D，et al. 2001. Coevolution of firm capabilities and industry competition：investigating the music industry 1877-1997. Organization Studies，22（6）：971-1011.
Iliopoulos C. 2013. Public policy support for agricultural cooperatives：an organizational economics

approach. Annals of Public and Cooperative Economics，84（3）：241-252.
Iliopoulos C，Cook M L，Hendrikse G W J，et al. 2012. Support for Farmers' Cooperatives，Experiences of Non-EU OECD Countries. Wageningen：Wageningen UR.
Ito J，Bao Z S，Su Q. 2012. Distributional effects of agricultural cooperatives in China：exclusion of smallholders and potential gains on participation. Food Policy，37（6）：700-709.
Jia X，Huang J，Xu Z. 2012. Marketing of farmer professional cooperatives in the wave of transformed agrofood market in China. China Economic Review，23（3）：665-674.
Johnson C S，Foster K A. 1994. Risk preferences and contracting in the US hog industry. Journal of Agricultural and Applied Economics，26（2）：393-405.
Jones B D，Baumgartner F R. 2005. The Politics of Attention：How Government Prioritizes Problems. Chicago：University of Chicago Press.
Just R E，Pope R D. 1978. Stochastic specification of production functions and economic implications. Journal of Econometrics，7（1）：67-86.
Kalaitzandonakes N，Bjornson B. 1997. Vertical and horizontal coordination in the agro-biotechnology industry：evidence and implications. Journal of Agricultural and Applied Economics，29（1）：129-139.
Kellerman A. 2012. Society and Settlement：Jewish land of Israel in the Twentieth Century. Albany：SUNY Press.
Kim S，Kim N，Pae J H，et al. 2013. Cooperate "and" compete：coopetition strategy in retailer—supplier relationships. Journal of Business and Industrial Marketing，28（4）：263-275.
Kimball M S. 1988. Farmers' cooperatives as behavior toward risk. The American Economic Review，78（1）：224-232.
Klayman M I. 1970. The Moshav in Israel. A Case Study of Institution-Building for Agricultural Development. New York：Praeger Publishers.
Klein S，Frazier G L，Roth V J. 1990. A transaction cost analysis model of channel integration in international markets. Journal of Marketing Research，27（2）：196-208.
Knudsen D C，Hansen F. 2008. Restructuring in cooperatives：the example of the Danish pork processing industry，1968-2002. The Professional Geographer，60（2）：270-284.
Koller E F. 1950. Vertical integration of agricultural cooperatives. Journal of Farm Economics，32(4)：1048-1058.
Kühl R. 2012. Support for Farmers' Cooperatives，Country Report Germany. Wageningen：Wageningen UR.
Leong C，Pan S，Newell S，et al. 2016. The emergence of self-organizing e-commerce ecosystems in remote villages of China：a tale of digital empowerment for rural development. MIS Quarterly，40（2）：475-484.
Li L，Guo H，Bijman J，et al. 2018. The influence of uncertainty on the choice of business relationships：the case of vegetable farmers in China. Agribusiness，34（3）：597-615.
Liang Q，Hendrikse G W J. 2013a. Cooperative CEO identity and efficient governance：member or outside CEO? Agribusiness，29（1）：23-38.
Liang Q，Hendrikse G W J. 2013b. Core and common members in the genesis of farmer cooperatives in China. Managerial and Decision Economics，34（3~5）：244-257.
Liang Q，Hendrikse G W J. 2016. Pooling and the yardstick effect of cooperatives. Agricultural

Systems, (143): 97-105.
Liang Q, Hendrikse G W J, Huang Z, et al. 2015. Governance structure of Chinese farmer cooperatives: evidence from Zhejiang Province. Agribusiness, 2 (31): 198-214.
Lin J Y, Cai F, Li Z. 1998. Competition, policy burdens, and state-owned enterprise reform. The American Economic Review, 88 (2): 422-427.
Lipton M. 1968. The theory of the optimizing peasant. Journal of Development Studies, 4 (3): 327-351.
Ma W, Abdulai A. 2016. Linking apple farmers to markets: determinants and impacts of marketing contracts in China. China Agricultural Economic Review, 8 (1): 2-21.
Macdonald J M, Korb P. 2011. Agricultural Contracting Update: Contracts in 2008. Economic Information Bulletin Number 72, ERS, USDA.
Macneil I R. 1978. Contracts: adjustment of long-term economic relations under classical, neoclassical and relational contract law. Northwestern University Law Review, (72): 854-902.
Macneil I R. 1980. The New Social Contract, an Inquiry into Modern Contractual Relations. New Haven: Yale University Press.
Maddala G S. 1986. Limited-dependent and Qualitative Variables in Econometrics. Cambridge: Cambridge University Press.
Markelova H, Mwangi E. 2010. Collective action for smallholder market access: evidence and implications for Africa. Review of Policy Research, 27 (5): 621-640.
Markelova H, Ruth M, Hellin J, et al. 2009. Collective action for smallholder market access. Food Policy, 34 (1): 1-7.
Maskur A. 2016. Local government action for developing primary cooperatives in Indonesia. Social and Behavioral Sciences, (219): 499-506.
Masten S E. 2000. Transaction-cost economics and the organization of agricultural transactions. Industrial Organization, 9: 173-195.
Mathewson G F, Winter R A. 1984. An economic theory of vertical restraints. The RAND Journal of Economics, 15 (1): 27-38.
Mathewson G F, Winter R A. 1987. The competitive effects of vertical agreements: comment. The American Economic Review, 77 (5): 1057-1062.
Matopoulos A, Vlachopoulou M, Manthou V, et al. 2007. A conceptual framework for supply chain collaboration: empirical evidence from the agri-food industry. Supply Chain Management: An International Journal, 12 (3): 177-186.
MERIP. 1977. A survey of israeli settlements. Middle East Research and Information Project Reports, (60): 13-20.
Milford A B. 2012. The pro-competitive effect of coffee cooperatives in Chiapas, Mexico. Journal of Agricultural and Food Industrial Organization, 10 (1): 1515-1542.
Mishra A K, Kumar A, Joshi P K, et al. 2016. Impact of contracts in high yielding varieties seed production on profits and yield: the case of Nepal. Food Policy, (62): 110-121.
Miyata S, Minot N, Hu D. 2009. Impact of contract farming on income: linking small farmers, packers, and supermarkets in China. World Development, 37 (11): 1781-1790.
Moore H L. 1994. Ensuring Contract Producers' Interest are Protected. Washington: National Council of Farmer Cooperative.

Moschini G，Hennessy D A. 2001. Uncertainty，risk aversion，and risk management for agricultural producers. Handbook of Agricultural Economics，1（A）：87-153.

Moustier P，Tam P T G，Anh D T，et al. 2010. The role of farmer organizations in supplying supermarkets with quality food in Vietnam. Food Policy，35（1）：69-78.

Mungandi S，Conforte D，Shadbolt N M. 2012. Integration of smallholders in modern agri-food chains：lessons form the Kascol Model in Zambia. International Food and Agribusiness Management Review，15（3）：155-176.

Navis C，Glynn M A. 2010. How new market categories emerge：temporal dynamics of legitimacy，identity，and entrepreneurship in satellite radio，1990-2005. Administrative Science Quarterly，55（3）：439-471.

Nilsson J. 1998. The emergence of new organizational models for agricultural cooperatives. Swedish Journal of Agricultural Research，28（1）：39-47.

Nilsson J，Svendsen G L，Svendsen G T. 2012. Are large and complex agricultural cooperatives losing their social capital? Agribusiness，28（2）：187-204.

North D C. 1990. Institutions，Institutional Change and Economic Performance. Cambridge：Cambridge University Press.

North D C，Thomas R P. 1976. The Rise of the Western World. Cambridge：Cambridge University Press.

Nourse E G. 1992. The economic philosophy of co-operation. The American Economic Review，12（4）：577-597.

Novkovic S. 2008. Defining the co-operative difference. Journal of Socio-Economics，37（6）：2168-2177.

Österberg P，Nilsson J. 2009. Members' perception of their participation in the governance of cooperatives：the key to trust and commitment in agricultural cooperatives. Agribusiness，25（2）：181-197.

Ostrom E. 1990. Governing the Commons：the Evolution of Institutions for Collective Action. New York：Cambridge University Press.

Park T，Mishra A K，Wozniak S J. 2014. Do farm operators benefit from direct to consumer marketing strategies? Agricultural Economics，45（2）：213-224.

Pascucci S，Lombardi A，Cembalo L，et al. 2013. Governance mechanisms in food community networks. Italian Journal of Food Science，25（1）：547-557.

Pattison D. 2000. Agricultural Cooperatives in Selected Transitional Countries. Discussion Paper，International Cooperative Agricultural Organization.

Patzelt H，Shepherd D A. 2009. Strategic entrepreneurship at universities：academic entrepreneurs' assessment of policy programs. Entrepreneurship Theory and Practice，33（1）：319-340.

Paul C，Knuth U，Knierim A，et al. 2014. AKIS and advisory services in Germany. Report for the AKIS Inventory（WP3）of the PRO AKIS Project.

Pergelova A，Angulo-Ruiz F. 2014. The impact of government financial support on the performance of new firms：the role of competitive advantage as an intermediate outcome. Entrepreneurship and Regional Development，26（9~10）：663-705.

Poulton C，Dorward A，Kydd J. 2010. The future of small farms：new directions for services，institutions，and intermediation. World Development，38（10）：1413-1428.

Poulton P L, Huth N I, Carberry P S. 2005. Use of simulation in assessing cropping system strategies for minimising salinity risk in brigalow landscapes. Australian Journal of Experimental Agriculture, 45 (6): 635-642.

Ragkos A, Abraham E M, Papadopoulou A, et al. 2017. Effects of European Union agricultural policies on the sustainability of grazing land use in a typical Greek rural area. Land Use Policy, (66): 196-204.

Ran A. 1995. The beginnings of modern Jewish agriculture in Palestine: "Indigenous" versus "Imported". Agricultural History, (3): 438-453.

Rehber E. 1998. Vertical integration in agriculture and contract farming. Working Paper.

Reynolds B J. 2012. Joint ventures and subsidiaries of agricultural cooperatives. USDA Rural Development Research Report.

Richardson G. 1972. The organization of industry. Economic Journal, 4 (82): 883-896.

Richmond W, Rader S, Lanier C. 2017. The "Digital Divide" for rural small businesses. Journal of Research in Marketing & Entrepreneurship, 19 (2): 94-104.

Robbins S P. 1974. Managing Organizational Conflict: A Nontraditional Approach. Englewood Cliffs: Prentice Hall.

Rogers R T, Petraglia L M. 1994. Agricultural cooperatives and market performance in food manufacturing. Journal of Cooperatives, (1): 1-12.

Rosenthal G, Eiges H. 2014. Agricultural cooperatives in Israel. Journal of Rural Cooperation, (42): 1-29.

Russell R, Hanneman R, Getz S. 2013. The Renewal of The Kibbutz: From Reform to Transformation. New Brunswick: Rutgers University Press.

Schiller S, Hülemeyer K, Behrmann C. 2014. Study on investment in agricultural research: review for Germany, Impresa country. Impresa Country Report.

Schulze B, Spiller A, Theuvsen L. 2006a. More trust instead of more vertical integration in the German pork production? Empirical evidence and theoretical consideration. Paper Prepared for Presentation at the 99th EAAE Seminar "Trust and Risk in Business Networks", Bonn, Germany, February.

Schulze B, Spiller A, Theuvsen L. 2006b. Vertical coordination in German pork production: towards more integration? Paper Presented at the 16th Annual World Forum and Symposium "Agribusiness, Food, Health, and Nutrition", IAMA Conference, Buenos Aires, Argentina, June.

Scott J. 1976. The Moral Economy of the Peasant: Rebellion and Subsistence in Southeast Asia. New Haven: Yale University Press.

Sen A K. 1966. Peasants and dualism with or without surplus labor. Journal of Political Economy, 74 (5): 425-450.

Sexton R J, Iskow J. 1992. The competitive role of cooperatives in market-oriented economies: a policy analysis. Paper presented at Cooperatives in Agriculture: International Comparisons Symposium, Jerusalem, Israel.

Shanin T. 1971. Peasantry: delineation of a sociological concept and a field of study. European Journal of Sociology, 12 (2): 289-300.

Sharon A. 1995. Collective settlements in Israel. The Town Planning Review, 25 (4): 255-270.

Shepherd A W. 2007. Approaches to linking producers to markets. A review of experiences to date. Working Paper, FAO, Italy.

Shiferaw B, Holden S T. 2000. Policy instruments for sustainable land management: the case of highland smallholders in Ethiopia. Agricultural Economics, 22 (3): 217-232.

Shleifer A, Vishny R W. 1994. The politics of market socialism. Journal of Economic Perspectives, (8): 165-176.

Silverman D. 1971. The Theory of Organizations. New York: Basic Books.

Singbo A G, Lansink A O. 2010. Lowland farming system inefficiency in Benin (West Africa): directional distance function and truncated bootstrap approach. Food Security, 2 (4): 367-382.

Song Y, Vernooy R. 2010. Seeds and synergies: innovating rural development in China. Rugby, Ottawa: Practical Action Publishing and International Development Research Center.

Song Y C, Qi G B, Zhang Y Y, et al. 2014. Farmer cooperatives in China: diverse pathways to sustainable rural development. International Journal of Agricultural Sustainability, 12 (2): 95-108.

Staatz J M. 1987. Farmers' incentives to take collective action via cooperatives: a transaction cost approach. ACS Service Report, USDA, (18): 87-107.

Strambach S. 2010. Path dependence and path plasticity: the co-evolution of institutions and innovation—the German customized business software industry//Boschma R, Martin R. The Handbook of Evolutionary Economic Geography. Cheltenham: Edward Elgar.

Sykuta M E, Cook M L. 2001. A new institutional economics approach to contracts and cooperatives . American Journal of Agricultural Economics, 83 (5): 1273-1279.

Sykuta M E, James H S. 2004. Organizational economics research in the U.S. agricultural sector and the contracting and organizations research institute. American Journal of Agricultural Economics, 86 (3): 756-761.

Tan J, Peng M W. 2003. Organizational slack and firm performance during economic transitions: two studies from an emerging economy. Strategic Management Journal, 24 (13): 1249-1263.

Telser L G. 1960. Why should manufacturers want fair trade? The Journal of Law and Economics, (3): 86-105.

Theil H, Finke R. 1983. The consumer's demand for diversity. European Economic Review, 23 (3): 395-400.

Theuvsen L, Franz A. 2007. The role and success factors of livestock trading cooperatives: lessons from German pork production. International Food and Agribusiness Management Review, 10 (3): 12-21.

Thiele S, Weiss C. 2003. Consumer demand for food diversity: evidence for Germany. Food Policy, 28 (2): 99-115.

Tolno E, Kobayashi H, Ichizen M, et al. 2015. Economic analysis of the role of farmer organizations in enhancing smallholder potato farmers' income in middle Guinea. Journal of Agricultural Science, 7 (3): 123-137.

Traill B, Meulenberg M. 2002. Innovation in the food industry. Agribusiness: An International Journal, 1 (18): 1-21.

Trebbin A. 2014. Linking small farmers to modern retail through producer organizations—experiences with producer companies in India. Food Policy, (45): 35-44.

Veugelers R, Cassiman B. 1999. Make and buy in innovation strategies: evidence from Belgian manufacturing firms. Research Policy, 28 (1): 63-80.

Wade R. 1990. Governing the Market. Princeton: Princeton University Press.

Wan G, Cheng E. 2001. Effects of land fragmentation and returns to scale in the Chinese farming sector. Applied Economics, 33 (2): 183-194.

Wang H H, Zhang Y P, Wu L P. 2011. Is contract farming a risk management instrument for Chinese farmers? Evidence from a survey of vegetable farmers in Shandong. China Agricultural Economic Review, 3 (4): 489-505.

Wang J, Yang Y, Huang J. 2015. Information provision, policy support, and farmers' adaptive responses against drought: an empirical study in the North China Plain. Ecological Modelling, (318): 275-282.

Wei Y. 2007. Regional development in China: transitional institutions, embedded globalization, and hybrid economies. Eurasian Geography and Economics, 48 (1): 16-36.

Williamson O E. 1975. Markets and Hierarchies: Analysis and Antitrust Implications. New York: The Free Press.

Williamson O E. 1979. Transaction-cost economics: the governance of contractual relations. Journal of Law and Economics, 22 (2): 233-261.

Williamson O E. 1988. Corporate finance and corporate governance. The Journal of Finance, 43 (3): 567-591.

Williamson O E. 1993. Calculativeness, trust, and economic organization. Journal of Law and Economics, 36 (1): 453-486.

Williamson O E. 2000. The new institutional economics: taking stock, looking ahead. Journal of Economic Literature, 38 (3): 595-613.

Wolf E R. 1955. Types of Latin American peasantry: a preliminary discussion. American Anthropologist, 57 (3): 452-471.

Wolf E R. 1966. Peasants. Englewood Cliffs: Prentice Hall.

Wollni M, Zeller M. 2007. Do farmers benefit from participating in specialty markets and cooperatives? The case of coffee marketing in Costa Rica. Agricultural Economics, 37 (2~3): 243-248.

Wu S Y. 2006. Contract theory and agricultural policy analysis: a discussion and survey of recent developments. Australian Journal of Agricultural and Resource Economics, 50 (4): 490-509.

Xu X C, Shao K, Liang Q, et al. 2013. Entry of Chinese small farmers into big markets: from enterprise-led structures to farmer cooperatives. The Chinese Economy, 46 (1): 7-19.

Xu Y, Hendrikse G W J, Guo H, et al. 2017. Characterizing cooperatives in China//Hendrikse G W J, et al. Management and Governance of Networks. Berlin: Springer International Publishing.

Young O R. 2006. Vertical interplay among scale-dependent environmental and resource regimes. Ecology and Society, 11 (1): 27-40.

Young O R. 2010. Institutional dynamics: resilience, vulnerability and adaptation in environmental and resource regimes. Global Environmental Change, 20 (3): 378-385.

Zarfaty J. 1983. The Moshav in Israel: possibilities for its application in developing countries//Stewart F. Work, Income and Inequality. London: Palgrave Macmillan.

Zeng Y, Jia F, Wan L, et al. 2017. E-commerce in agri-food sector: a systematic literature review.

International Food and Agribusiness Management Review，20（4）：439-459.
Zhang L Y，Wu B. 2018. Farmer innovation system and government intervention：an empirical study of straw utilisation technology development and diffusion in China. Journal of Cleaner Production，（188）：698-707.
Zhang X Y，Hu D H. 2011. Farmer-buyer relationships in China：the effects of contracts，trust and market environment. China Agricultural Economic Review，3（1）：42-53.
Zimmerman M A，Zeitz G J. 2002. Beyond survival：achieving new venture growth by building legitimacy. Academy of Management Review，27（3）：414-431.

后　记

因本专著由多位作者协同完成，在此，特对各个章节的作者与贡献作如下说明：

第一篇由黄祖辉牵头负责、梁巧协助完成。

第二篇由黄祖辉牵头负责、王军协助完成。其中，第三章由潘劲执笔，第四章由丁忠兵执笔，第五章由黄祖辉、梁巧、董涵执笔，第六章由苑鹏、张瑞娟执笔。

第三篇由张晓山牵头负责、王军协助完成。其中，第七章由王军执笔，第八章由赵黎执笔，第九章由张滢执笔，第十章由曹斌执笔，第十一章由刘铁柱执笔。

第四篇由郭红东牵头负责、李霖协助完成。其中，第十二章由郑军南、徐旭初、黄祖辉、郑思宁执笔，第十三章由傅琳琳、黄祖辉、徐旭初执笔，第十四章由李霖、郭红东执笔，第十五章由高璇卿、李霖、郭红东执笔，第十六章由高璇卿、李霖、郭红东执笔，第十七章由李霖、郭红东执笔。

第五篇由徐旭初牵头负责、吴彬协助完成。其中，第十八章由徐旭初执笔，第十九章由徐旭初、吴彬执笔，第二十章由朋文欢、黄祖辉执笔，第二十一章由徐旭初、朋文欢执笔。

第六篇由黄祖辉牵头负责、梁巧协助完成。其中，第二十二章由徐一宁、黄祖辉、梁巧执笔，第二十三章由曾亿武、郭红东执笔。

第七篇由苑鹏牵头负责、梁巧协助完成。

除此之外，也特别感谢徐一宁、李霖、李懿芸、阿迪拉、董涵、刘桢、叶海键、白荣荣、刘晔虹、叶子等在文本编辑和校对等方面的投入和贡献。